浙江省文化研究工程指导委员会

浙江文化名人传记精选修订丛书

原 主 编：万 斌

执行主编：卢敦基

兵学泰斗

蒋方震传

张学继 著

浙江人民出版社

图书在版编目（CIP）数据

兵学泰斗 ：蒋方震传 / 张学继著. -- 杭州 ：浙江人民出版社，2024. 12. -- ISBN 978-7-213-11850-0

Ⅰ. K825. 2

中国国家版本馆CIP数据核字第2024HQ6945号

兵学泰斗：蒋方震传

BINGXUE TAIDOU JIANG FANGZHEN ZHUAN

张学继 著

出版发行	浙江人民出版社（杭州市环城北路177号 邮编 310006） 市场部电话：(0571)85061682 85176516
责任编辑	高辰旭 张苗群
助理编辑	王易天晓
责任校对	杨 帆 汪景芬
责任印务	程 琳
封面设计	王 芸
电脑制版	杭州天一图文制作有限公司
印 刷	浙江新华数码印务有限公司
开 本	710毫米×1000毫米 1/16
印 张	22.75
字 数	345千字
插 页	6
版 次	2024年12月第1版
印 次	2024年12月第1次印刷
书 号	ISBN 978-7-213-11850-0
定 价	92.00元

“浙江文化研究工程成果文库”总序

有人将文化比作一条来自老祖宗而又流向未来的河，这是说文化的传统，通过纵向传承和横向传递，生生不息地影响和引领着人们的生存与发展；有人说文化是人类的思想、智慧、信仰、情感和生活的载体、方式和方法，这是将文化作为人们代代相传的生活方式的整体。我们说，文化为群体生活提供规范、方式与环境，文化通过传承为社会进步发挥基础作用，文化会促进或制约经济乃至整个社会的发展。文化的力量，已经深深熔铸在民族的生命力、创造力和凝聚力之中。

在人类文化演化的进程中，各种文化都在其内部生成众多的元素、层次与类型，由此决定了文化的多样性与复杂性。

中国文化的博大精深，来源于其内部生成的多姿多彩；中国文化的历久弥新，取决于其变迁过程中各种元素、层次、类型在内容和结构上通过碰撞、解构、融合而产生的革故鼎新的强大动力。

中国土地广袤、疆域辽阔，不同区域间因自然环境、经济环境、社会环境等诸多方面的差异，建构了不同的区域文化。区域文化如同百川归海，共同汇聚成中国文化的大传统，这种大传统如同春风化雨，渗透于各种区域文化之中。在这个过程中，区域文化如同清溪山泉潺潺不息，在中国文化的共同价值取向下，以自己的独特个性支撑着、引领着本地经济社会的发展。

从区域文化入手，对一地文化的历史与现状展开全面、系统、扎实、有序的研究，一方面可以借此梳理和弘扬当地的历史传统和文化资源，繁荣和丰富当代的先进文化建设活动，规划和指导未来的文化发展蓝图，增强文化软实力，为全面建设小康社会、加快推进社会主义现代化提供思想保证、精神动力、智力支持和舆论力量；另一方面，这也是深入了解中国文化、研究中国文化、发展中国文化、创新中国文化的重要途径之一。如今，区域文化研究日益受到各地重视，成为我国文化研究走向深入的一个重要标志。我们今天实施浙江文化研究工程，其目的和意义也在于此。

千百年来，浙江人民积淀和传承了一个底蕴深厚的文化传统。这种文化传统的独特性，正在于它令人惊叹的富于创造力的智慧和力量。

浙江文化中富于创造力的基因，早早地出现在其历史的源头。在浙江新石器时代最为著名的跨湖桥、河姆渡、马家浜和良渚的考古文化中，浙江先民们都以不同凡响的作为，在中华民族的文明之源留下了创造和进步的印记。

浙江人民在与时俱进的历史轨迹上一路走来，秉承富于创造力的文化传统，这深深地融汇在一代代浙江人民的血液中，体现在浙江人民的行为上，也在浙江历史上众多杰出人物身上得到充分展示。从大禹的因势利导、敬业治水，到勾践的卧薪尝胆、励精图治；从钱氏的保境安民、纳土归宋，到胡则的为官一任、造福一方；从岳飞、于谦的精忠报国、清白一生，到方孝孺、张苍水的刚正不阿、以身殉国；从沈括的博学多识、精研深究，到竺可桢的科学救国、求是一生；无论是陈亮、叶适的经世致用，还是黄宗羲的工商皆本；无论是王充、王阳明的批判、自觉，还是龚自珍、蔡元培的开明、开放，等等，都展示了浙江深厚的文化底蕴，凝聚了浙江人民求真务实的创造精神。

代代相传的文化创造的作为和精神，从观念、态度、行为方式和价值取向上，孕育、形成和发展了渊源有自的浙江地域文化传统和与时俱进的浙江文化精神，她滋育着浙江的生命力、催生着浙江的凝聚力、激发着浙江的创造力、培植着浙江的竞争力，激励着浙江人民永不自满、永不停息，在各个不同的历史时期不断地超越自我、创业奋进。

悠久深厚、意韵丰富的浙江文化传统，是历史赐予我们的宝贵财富，也是我们开拓未来的丰富资源和不竭动力。党的十六大以来推进浙江新发展的实践，使我们越来越深刻地认识到，与国家实施改革开放大政方针相伴随的浙江经济社会持续快速健康发展的深层原因，就在于浙江深厚的文化底蕴和文化传统与当今时代精神的有机结合，就在于发展先进生产力与发展先进文化的有机结合。今后一个时期浙江能否在全面建设小康社会、加快社会主义现代化建设进程中继续走在前列，很大程度上取决于我们对文化力量的深刻认识、对发展先进文化的高度自觉和对加快建设文化大省的工作力度。我们应该看到，文化的力量最终可以转化为物质的力量，文化的软实力最终可以转化为经济的硬实力。文化要素是综合竞争力的核心要素，文化资源是经济社会发展的重要资源，文化素质是领导者和劳动者的首要素质。因此，研究浙江文化的历史与现状，增强文化软实力，为浙江的现代化建设服务，是浙江人民的共同事业，也是浙江各级党委、政府的重要使命和责任。

2005年7月召开的中共浙江省委十一届八次全会，作出《关于加快建设文化大省的决定》，提出要从增强先进文化凝聚力、解放和发展生产力、增强社会公共服务能力入手，大力实施文明素质工程、文化精品工程、文化研究工程、文化保护工程、文化产业促进工程、文化阵地工程、文化传播工程、文化人才工程等“八项工程”，实施科教兴国和人才强国战略，加快建设教育、科技、卫生、体育等“四个强省”。作为文化建设“八项工程”之一的文化研究工程，其任务就是系统研究浙江文化的历史成就和当代发展，深入挖掘浙江文化底蕴、研究浙江现象、总结浙江经验、指导浙江未来的发展。

浙江文化研究工程将重点研究“今、古、人、文”四个方面，即围绕浙江当代发展问题研究、浙江历史文化专题研究、浙江名人研究、浙江历史文献整理四大板块，开展系统研究，出版系列丛书。在研究内容上，深入挖掘浙江文化底蕴，系统梳理和分析浙江历史文化的内部结构、变化规律和地域特色，坚持和发展浙江精神；研究浙江文化与其他地域文化的异同，厘清浙江文化在中国文化中的地位和相互影响的关系；围绕浙江生动的当代实践，深入解读浙江现象，总结浙江经验，指导浙江发展。在研究力量上，通过课题组织、出版资助、重点研究基地建设、加强省内外大院名校合作、整合各地各部门力量等途径，形成上下联动、学界互动的整体合力。在成果运用上，注重研究成果的学术价值和应用价值，充分发挥其认识世界、传承文明、创新理论、咨政育人、服务社会的重要作用。

我们希望通过实施浙江文化研究工程，努力用浙江历史教育浙江人民、用浙江文化熏陶浙江人民、用浙江精神鼓舞浙江人民、用浙江经验引领浙江人民，进一步激发浙江人民的无穷智慧和伟大创造能力，推动浙江实现又快又好发展。

今天，我们踏着来自历史的河流，受着一方百姓的期许，理应负起使命，至诚奉献，让我们的文化绵延不绝，让我们的创造生生不息。

2006年5月30日于杭州

目录

前　言

蒋方震是以军事理论家、军事教育家而彪炳史册的。因为学贯中西的军事理论造诣、卓越的学术成就以及在军事教育上的贡献，他被称为“一代军学权威”“兵学泰斗”。

“关心国家安危的民族先觉”

著名记者陶菊隐曾经这样评价蒋方震：“百里先生以一介书生，受中东、日俄两役的刺激，才决心弃文习武。他一生以国防为其中心思想，以建军工作及军人之精神教育为其不二职志。绝无个人权位之私心，不愧关心国家安危的民族先觉。”[①]著者以为，陶菊隐的这一评价是相当中肯的。

一、学贯中西的军事人才

1840年鸦片战争爆发，英国侵略者以坚船利炮敲开古老中国的国门后，西方与东方的列强接踵而来。在这些侵华列强中，又以与中国为邻的沙皇俄国和日本帝国的野心最大，对中国的威胁也最大。1894年中日甲午战争爆发，大清帝国又惨败于日本，中国的民族存亡危机又大大加深了。此时的蒋方震，虽还只是一个13岁的寒门少年，但也强烈地感受到民族危机的严峻性。

由此可以看出，蒋方震这个出身寒微的少年，有着一颗忧国忧民的赤子之心。

---

① 陶菊隐：《蒋百里先生传》，中华书局1948年版，自序第1页。

1901年，蒋方震由杭州知府林启保送赴日本留学，初入东京清华学校，学习日文及普通课程。从东京清华学校毕业后，蒋方震决定弃文从武，于同年12月进入东京初级武学校成城学校。毕业后入伍，成为士官候补生。1903年12月，蒋方震由东三省总督赵尔巽保荐，进入日本陆军士官学校中华队第3期步兵科学习。浙江同乡蒋尊簋入同期骑兵科。光复会领袖章太炎称赞说："浙江二蒋，倾国倾城。"同期的中国留学生还有蔡锷、张孝准[①]等，蒋方震与蔡锷、张孝准被称为中国留学生中的"士官三杰"。1904年10月24日，蒋方震以第1名的成绩毕业于士官学校。根据惯例，日本明治天皇亲自为蒋方震赐佩刀，对士官毕业生来说，这是一项殊荣。

1903年2月，在东京的浙江留日同乡会创办《浙江潮》，第一任主编是光复会会员孙翼中，蒋方震与蒋尊簋、王嘉榘、许寿裳、蒋智由等是主要撰稿人。同年夏天，孙翼中回杭州接任《杭州白话报》总编辑，《浙江潮》由蒋方震与王嘉榘接办。报刊史专家方汉奇先生指出，《浙江潮》"论说栏和军事栏的一些专著，多数出于二蒋特别是蒋方震之手"[②]。蒋方震在《浙江潮》上发表的文章，大胆揭露帝国主义的侵略本质，指出地大物博的中国是帝国主义侵略的主要对象之一。蒋方震惕于"天下之大患在俄"的说法，撰写《俄罗斯之东亚新政策》，断言在帝国主义列强中，最为狡诈且最具扩张性的是沙皇俄国。针对帝国主义列强侵略所造成的空前严重的民族危机，蒋方震在研究了西方资产阶级革命的历史和学说后，认为民族国家的建立是历史的必然，并指出了一条民族主义的救国救民的道路。蒋方震主张陶铸国魂，"以统一吾民之群力，发达吾民之爱国心"，以"与异族抗"。[③]

著名历史学家章开沅指出："在革命风暴到来的前夕，国魂问题的郑重提出，是近代中国民族运动发展到正规的资产阶级民主革命阶段的一个表征，它

---

① 张孝准（1881—1925），字运龙，湖南长沙人，清末留学日本、德国，辛亥后曾任南京留守府军务厅厅长、湖南省军事厅厅长等职。1913年"二次革命"失败后流亡日本，奉黄兴之命，与云南都督蔡锷保持秘密联系。护国战争期间，曾任护国军军务院的驻日委员。

② 方汉奇：《中国近代报刊史》上册，山西人民出版社1981年版，第208页。

③ 参见谭徐锋主编：《蒋百里全集》第一卷政论，北京工业大学出版社2015年版，第5—6页。

标志着中国人民的爱国主义觉悟达到了新的水平。”[①]而蒋方震的论述正是这一高度的体现。

1906年，25岁的蒋方震结束为期6年的留日生涯，回到祖国。浙江巡抚张曾敭函请蒋方震去杭州主持编练新军，但蒋方震拒绝了。不久，经在求是书院时的老师陈仲恕推荐，蒋方震前往东北，在盛京将军赵尔巽的幕府任参议。[②]蒋方震之所以舍近求远，去东北任职，是因为他认为沙皇俄国是中国最凶恶的敌人，东北首当其冲，是中国国防的第一线。蒋方震去东北，是希望为建设中国的第一线国防贡献自己的力量。到东北后，蒋方震告诉赵尔巽：“我在日本学的是初级军事，中国国防应当取法乎上，当今之世，德国陆军最强，我希望有到德国实习陆军的机会。”蒋方震的请求得到批准，赵尔巽拨出万元巨款，派遣蒋方震、张孝准、林摄三人赴德国深造。

蒋方震到德国后，先入德国第七军团任见习连长，该军团驻防于德国柏林近郊。蒋方震在日本近卫第一联队时，曾经研究过德国战术，到德国后，他又如饥似渴地读了许多德国军事名著，军事学识水平有了很大提高。蒋方震后来回忆说：“欲明未来先谈过去，我是先在日本军队中研究德国战术，他们根本是一条路线，老师教一句记一句，自己尚不会用思想，后来到德国读了德国战术著述家巴尔克的《德法两国战术之异同》才发生对于法国战术的兴趣，才知道兵法（包括战术和战略）有种种的不同，才知道一国要有一国固有的兵法，不可盲从，不可硬造。”[③]

蒋方震在德军见习期满后，又遍游德国和意大利两国的风景名胜。古老而又充满现代活力的西方文明，给蒋方震留下了深刻的印象。蒋方震在德国期间，除了钻研军事学，还阅读了大量西方文学、哲学书籍，如《歌德集》、德译《莎士比亚全集》、《席勒集》、但丁《神曲》等，广泛涉猎了西方的文学、哲学和艺

---

① 章开沅：《论国魂——辛亥革命进步思潮浅析之一》，《华中师院学报（哲学社会科学版）》1981年第4期。

② 陶菊隐在《蒋百里传》一书中有另一说法：蒋方震到东北担任督练公所总参议，似乎不准确，因为督练公所成立于1907年。

③ 《蒋百里全集》第三卷兵学下，第38页。

术，为以后多方面的发展打下了基础。在这一点上，应归功于赵尔巽在经费上的慷慨大方。

1910年秋，蒋方震陪同清皇室成员、驻德国公使荫昌回国，为迎接德国皇太子访华做准备。在启程回国前，蒋方震拜见了德国著名军事理论家、《战略论》的作者伯卢麦。伯卢麦向蒋方震概要地阐述了50年来战略战术的变迁，将一册新版《战略论》赠给蒋方震，并将《战略论》的中文翻译权当面授予蒋方震。当蒋方震大喜过望，准备辞出时，伯卢麦以手抚蒋方震之肩，很亲切地对他说："抑吾闻之，拿破仑有言，百年后，东方将有兵略家出，以继承其古昔教训之原则，为欧人之大敌也。子好为之矣！"①

蒋方震从1901年出国留学，在日本6年，在德国4年。前后10年的留学生涯，使蒋方震成为学贯中西的军事人才。

二、难以实现的理想抱负

回国后，蒋方震应清皇室要人、士官同学良弼的邀请，出任清廷禁卫军管带（相当于营长），驻防南苑。1911年3月，赵尔巽从四川总督回任东三省总督兼管东三省将军事，奏调蒋方震为东三省督练公所总参议，得到清廷批准，并赏二品顶戴。陶菊隐说："百里到东北的第一课，就是建立东北第一线国防，这是他生平最快意的工作，也是他最拿手的工作。"②

蒋方震向赵尔巽提出，东北边防要以日俄为假想敌。东北是清王朝的龙兴之地，东北边防也颇受清室重视。蒋方震认为在东北大有可为。但为时不久，辛亥革命爆发。赵尔巽是忠实的保皇派，倚重由土匪武装改编而来的巡防营，疯狂镇压革命党人。这样一来，巡防营统领张作霖很快控制了奉天局势，成为奉天的实力派人物。蒋方震因为曾主张裁撤巡防营，得罪了张作霖，险些遭到张作霖的毒手，不得不忍痛离开关内。政局的急剧变化，使蒋方震建设东北国防的理想落空。这是蒋方震一生中受到的第一次重大挫折。

中华民国成立后，北洋军阀首领袁世凯窃取了中央政权。1912年12月15

① 《蒋百里全集》第三卷兵学下，第69页。

② 陶菊隐：《狷介与风流：蒋百里传》，群言出版社2015年版，第31页。

日，蒋方震出任保定陆军军官学校校长。到任的第一天，蒋方震即在就职演说中许下了庄严的诺言：

> 今日之谈陆军者，不曰德国，即曰日本。这两国我皆到过，其军队我皆深入考察过，他们的人也不是三头六臂；他们的办法，也没有什么玄妙出奇。不过他们能本着爱国精神，上下一心，不断地努力，所以能有这样的成就。我相信我们的智慧能力，我不相信国家终于贫弱，我们的军队终不如人。我此次奉命来掌本校，一定要使本校成为最完整之军校，使在学诸君成为最优秀的军官。将来治军，能训练出最精锐良好之军队。我当献身这一任务，实践斯言！万一不效，当自戕以谢天下！

蒋方震以为从此可以大干一番，完成其建军救国的宏愿，但无情的现实又给了他当头一棒。蒋方震的改革计划在军校主管单位陆军部军学司的刁难下寸步难行。蒋方震愤怒地说："我从此认识了这一班狐群狗党的下流军人。"[①]为抗议腐败的北洋军阀官僚，蒋方震决定履行上任时的庄严承诺，以自杀殉职。1913年6月18日晨，蒋方震开枪自戕，由于未伤及要害，经抢救治愈枪伤后，他辞去了校长职务。

1914年5月，袁世凯成立类似于前清军机处的陆海军大元帅统率办事处，以陈宧、段祺瑞、刘冠雄、萨镇冰、荫昌、王士珍等为大办事员，大办事员下设立参议处，蒋方震与程璧光、陈仪、姚宝来、覃师范、张一爵、姚鸿法、唐宝潮等8人任参议。此时，云南都督蔡锷也被袁世凯调到北京，担任参政院参政、经界局督办等职务。蒋方震与蔡锷是关系至密的朋友，他们都有为国家军事建设出力的美好愿望。不久，他们联络阎锡山、张绍曾、尹昌衡等11人组织了军事研究会，经常聚会讨论和演讲各种军事问题、军事计划。蒋方震埋头于军事理论研究，撰写了《孙子新释》、《孙子浅说》（与刘邦骥合作）、《军事常识》等军事理论著作。特别是《军事常识》于1917年由商务印书馆出版后风行

① 《蒋百里全集》第八卷附录，第128页。

一时，成为民国初期影响较大的军事理论著作，堪称近代兵书中的一部杰作。

刚到北京时，蒋方震与蔡锷对袁世凯抱有很大幻想，希望忠心辅佐袁世凯从事国防建设，使国家走上强盛之路。然而，袁世凯逐渐暴露出来的专制独裁、卖国的面目，迅速使蒋方震与蔡锷的幻想破灭。蒋方震与蔡锷一致认为，袁世凯、段祺瑞之流私心太重，地域观念太深：他们心中只有北洋小团体，没有全国观念；即使他们愿意放手让南方人练兵练将，训练出来的新军也只能成为一人一系争权夺利的工具，而绝不能用以捍卫国家。这跟蒋方震、蔡锷建立现代化国防的理念背道而驰。于是，他们很快抛弃了利用袁世凯建军这一不切实际的幻想。当袁世凯帝制自为、大开历史倒车的时候，蔡锷挺身而出，领导护国战争，粉碎了袁世凯的复辟梦，蒋方震也参与了这场战争。当蔡锷因病重不得不辞去四川督军兼省长之职，准备东渡日本就医时，他电蒋方震入川，商讨善后事宜。蔡锷本想请蒋方震任四川督军署参谋长兼代督军，但蒋方震只愿以总参议的名义陪同蔡锷赴日本就医。蔡锷不得不改变初衷，任命罗佩金为参谋长兼代督军、戴戡为代省长。

蔡锷于9月14日入住日本九州福冈医科大学接受治疗，但终因病入膏肓，沉疴不起。蔡锷临终前怀着无限的遗憾对在身旁照料的蒋方震说："我早晚就要和你们分手了。我们建设国防尚未着手，而现代战争已由平面转立体，我国又不知道落后了多少年！我不死于对外作战，死有余憾。"一代英雄早逝，蒋方震失去了一位志趣相投的良友。11月下旬，蒋方震、石陶钧等护送蔡锷灵柩归国，并以学弟的名义挥泪写了一篇声情并茂的《蔡公行状略》，回顾了好友短暂而轰轰烈烈的一生。

三、新文化运动的健将

自袁世凯复辟帝制失败后，北洋军阀统治失去了统驭的中心人物，中国政局便进入了梁启超所谓"神奸既伏，人欲横流，而进于演水濂洞，演恶虎村"的时期，连原来表面上的"大一统"局面也不复存在，大小军阀轮番粉墨登场，割据称雄。在这样的时代背景下，蒋方震的建军理想更是无从谈起。

这一时期，蒋方震拜梁启超为师，追随梁启超，并成为梁启超的"智囊"和得力助手，参与新文化运动和"联省自治"，对其倾注了热情。但是，所谓的

“联省自治”变成了军阀割据的护身符和幌子，这场看似热闹的“联省自治”运动终于以闹剧收场。

梁启超认为，军阀是万恶之源，只有裁兵或废兵，中国才有希望，但军阀不会自行裁兵。他号召国民行动起来，改掉不爱管事、不会管事的旧习惯，成立“国民废兵运动大同盟”，协同动作，探讨、宣传废兵运动，只要坚持下去，就能达到目的。按照梁启超的设想，蒋方震主持《改造》杂志，首先发起废兵运动。接着，《太平洋》《东方杂志》《孤军》《努力周报》《新湖北》等杂志和一些报纸也陆续发表了大量宣传和讨论“废兵”“裁兵”“废督”的文章，形成了一场声势不小的裁兵运动。蒋方震在这场裁兵运动中是主角之一，他投入了很大精力，撰写了一本长达8万字的《裁兵计划书》，对裁兵的理论、方法和步骤进行了详细的探讨。蒋方震主张，在裁兵之后，中国应该实行民兵制，这种制度最适合自卫而最不适合侵略，与中国的历史与环境亦相符合。蒋方震反思，自清末以来，国人（包括他自己）鼓吹军国主义，不但未能使中国由积弱变为强大，反而造成了今日伪军阀横行的局面。有鉴于此，蒋方震认为，瑞士等国家实行的义务民兵制是一种最进步的军事组织制度。它最基本的特点在于使军事生活与民事生活融成一片。

蒋方震设计的裁兵方案，在理论上是很符合当时人们的愿望的。但问题是，拥兵自重的军阀根本不可能接受这样的方案。正如当时舆论所指出的：让军阀去裁兵，无异于“与虎谋皮”[①]，是根本做不到的。

四、扶植保定军校同学掌权的愿望落空

20世纪20年代初，保定军校毕业的同学在全国军界已经有了相当大的势力。例如，湖南的师、旅、团长绝大多数是保定军校毕业生；广西新桂系的军事领袖中，除了李宗仁一人外，其余黄绍竑、白崇禧、黄旭初、夏威等都是保定军校毕业生；四川的邓锡侯、刘文辉、田颂尧、孙震等也都是；山西除了阎锡山、商震、徐永昌以外，其余的高级干部多数也是保定军校的学生。蒋方震最得意的门生唐生智也已在湘军中崛起，这些都使蒋方震抱有极大的希望。

---

① 《与虎谋皮》，《申报》1922年6月25日。

蒋方震的学生龚浩也回忆说，湖南在北伐前军事力量分为三派：一是谭延闿派，即速成、士官派；二是赵恒惕派，即实力派，掌握大权；三是唐生智派，即保定派。其时，保定军校一、二、三期同学任重要军职者有16人之多，唐生智阶级最高，已任师长。“由我居间联络，藉唐父承绪先生的生日请客，一致奉蒋方震先生为精神领袖，奉唐生智为实际领导人，形成‘保定大团结’，隐然结成力量。”

蒋方震对唐生智寄予厚望。万耀煌、龚浩都说，蒋方震之所以出任吴佩孚的参谋处处长，与吴佩孚周旋，也是为了间接维护唐生智。龚浩说，“蒋方震先生任吴佩孚参谋长（应为参谋处处长——著者注），意在利用职位多拨一些汉阳兵工厂之武器给予湖南军队”。

唐生智（1889—1971），字孟潇，湖南东安县人，晚清湘军名将后代，其祖父做过广西提督。1926年6月2日，唐生智投奔广州国民政府，就任国民革命军前敌总指挥兼第八军军长，加入革命阵营。在北伐战争中，唐生智指挥所部在两湖和河南战场战功赫赫。

1927年10月，桂系李宗仁、白崇禧利用唐生智与程潜、谭延闿等湖南实力派的矛盾，联合程潜、谭延闿讨伐唐生智，实行各个击破的策略。结果，唐生智大败，于11月11日宣布下野，后流亡日本避难。

1929年，蒋介石与桂系李宗仁、白崇禧之间的矛盾激化，蒋介石有意起用唐生智以打击桂系。蒋方震奉命前往日本，找到在大阪隐姓埋名、深居简出的唐生智，劝他重新出山。蒋方震还说：“为了倒蒋不妨拥蒋。”唐生智接受蒋方震的建议，于1929年4月到北平接管由白崇禧控制的唐军旧部。此后，唐生智采纳蒋方震的建议，对蒋介石实行韬光养晦之策，以待时机，东山再起。1929年12月，唐生智以为反蒋条件成熟，在河南起兵反蒋，结果很快被蒋介石打败。蒋方震作为唐生智反蒋的幕后军师，受此牵连，被蒋介石送进了监狱，度过了将近两年的牢狱生活。

五、与最高当局由疏远到亲近

1932年“一·二八”事变后，唐生智由改组派推举为国民党第四届中央执行委员，重新进入国民党中央。

唐生智向蒋介石建议，派蒋方震赴西欧各国进行军事考察。蒋介石同意后，任命蒋方震为国民政府军事委员会高等顾问。蒋方震对于能够有机会为中国抗战效力，自然十分高兴。1936年3月26日，蒋方震偕夫人左梅及三女蒋英、五女蒋和从上海乘坐意大利邮船“维多利亚”号启程出国，同行的还有返任的驻法国大使顾维钧、驻意大利大使刘文岛这两位外交官，刘文岛也是蒋方震的学生。蒋方震此次出国，考察了意大利、奥地利、南斯拉夫、捷克、匈牙利、德国、法国、英国、美国、加拿大等10个国家，历时8个月，于1936年12月初回到上海。

当时正是第二次世界大战前夕，欧洲各国的军备竞赛已进入白热化阶段，世界军事形势的发展给蒋方震带来了极其深刻的震撼。他感叹道：“世界的变迁，真如电光流火。”蒋方震将对各国的考察成果先后写成7份报告，就“国家总动员”等重大战略问题作了详尽阐述。

蒋方震回国后，应蒋介石电召赴西安报告考察情况。12月11日，蒋方震飞抵西安，次日凌晨即发生了震惊世界的西安事变。蒋介石在临潼华清池被扣，下榻西京招待所的蒋方震与陈诚、陈调元、蒋作宾、陈继承、卫立煌、万耀煌、蒋鼎文、朱绍良、张冲、邵元冲、蒋伯诚等军政大员也一并被西北军杨虎城部特务营看管了起来。蒋方震偶逢这件惊天动地的大事变，便利用自己无党无派的“客卿”身份、社会名流的“超然”地位，在张学良与蒋介石之间斡旋，化解危机，起了不可替代的作用。30多年前，著者在《团结报》撰文指出：“南京政府中止军事行动，为南京与西安的和平谈判铺平了道路。其间的斡旋者有蒋方震，因此，不应该忘记他的作用。”①

由于过去那段拥唐反蒋的历史，蒋介石对蒋方震始终心存隔阂，尊而不亲。但自西安事变中“同难”且因蒋方震斡旋有功，蒋介石对蒋方震的态度为之一变，开始亲近起来。有了最高当局的重视，蒋方震更加有了用武之地，人生的最后两年，是他最繁忙也最精彩的两年。

蒋方震早年自戕伤害了心脏，加上他烟酒过量的生活习惯，终因心脏病发作，于1938年11月4日骤然去世，享年57岁。当时正逢全民抗战的伟大时代，

① 张学继：《蒋百里与西安事变的和平解决》，《团结报》1991年2月13日。

蒋方震这个满腹韬略的军事理论家、军事教育家，本来可以为中华民族的抗战大业发挥更大作用，但天不假年，他的早逝无疑是中华民族的重大损失。

学贯中西、会通古今的军事思想

蒋方震是近代中国少有的学贯中西、会通古今的军事理论家。几十年间，他一直用如椽大笔不断地著译，为建立中国自己的军事学理论贡献了毕生的智慧与精力。蒋方震在中国近代军事学领域的贡献集中体现在以下几个方面。

一、全面系统地介绍西方近现代资产阶级的军事理论

鸦片战争后，中国人开始认识西方的“坚船利炮”。从清政府镇压太平天国运动开始，经洋务运动时期的大练水师、甲午战争后的小站练兵，直至清末新政从中央到地方大练新军，中国军队的装备、编制及官兵的选拔制度都开始模仿西方，开启了军事近代化的进程。与此同时，西方的军事思想逐步传入中国。在引进和介绍西方近现代资产阶级军事理论方面，蒋方震是贡献最大的一位。

（一）对资产阶级战争观的介绍

战争是军事科学研究的主要对象。什么是战争？如何认识战争？这是军事科学研究必须搞清楚的。蒋方震在《孙子新释》中运用西方资产阶级军事学家的观点，对战争作了全新的诠释。他在阐释“兵者，国之大事”一句时，引用了毛奇、克劳塞维茨、伯卢麦三位德国军事学家对战争的定义。毛奇在《普法战史》一书开章中说：“往古之时，君主则有依其个人之欲望，出少数军队，侵一城，略一地，而遂结和平之局者，此非足与论今日之战争也；今日之战争，国家之事，国民全体皆从事之，无一人一族，可以幸免者。”克劳塞维茨在《战争论》一书中对战争的定义是：“战争者，国家于政略上欲屈敌之志以从我，不得已而所用之威力手段也。”伯卢麦在《战略论》第一章中说：“国民以欲遂行其国家之目的故，所用之威力行为，名曰战争。”[①]上述三家的解释表达了西方

---

① 《蒋百里全集》第三卷兵学下，第70—71页。

资产阶级对战争本质的认识，即战争的爆发不是偶然的行为、孤立的事件，不是某个人（包括君主）一时的心血来潮，而是有着深刻的政治经济背景，战争是由政治经济矛盾冲突而引起的，战争是这种矛盾的特殊表现形式。在上述三种定义中，以克劳塞维茨的定义最为精确深刻，故蒋方震就采用克氏的定义来诠释战争。蒋方震在《军事常识》一书中说："战争为政略冲突之结果，是为近世战之特性。日俄之争，俄罗斯之远东政略，与日本相冲突也。今日之欧战，德国之世界政略，与英俄相冲突也。庸讵不可以交让乎？藉曰政略可以交让也，国是而可以交让乎？国本而可以交让乎？不可以让，则彼此各以威力相迫，各欲屈其敌之志以从我。近世兵学家下战争之定义曰：战争者，政略之威力作用，欲屈敌之志，以从我者也。夫曰'屈其志'，乃知古人攻心之说，真为不我欺也。"①蒋方震指出，研究战争绝不可被那些琐碎繁杂的政治外交事件所迷惑，而要"寻他一个总因出来，因为开战的原因，是经济问题，所以收于战争的结果，也是经济"②。从扑朔迷离的战争风云中去认识战争的本质，这是一个巨大的历史进步。

（二）介绍西方的义务兵役制

蒋方震早年留学日本时，曾翻译《军国民之教育》。但日本、德国军国主义的盛行，使日、德成为两个侵略成性的国家，并酿成第一次世界大战的惨祸。蒋方震反思历史，认为军国主义绝对不适于中国。他说："军国主义者，姑无论其于理为不正当，于事为不成功。即正当矣，成功矣，亦决非吾中国之所得而追步者也。今日则事实既以相诏矣。三十年来，弃其固有之至宝，费高价，购鱼目，而且自比于他人之珠！呜呼！此亦拜邻之赐多多也。"③

蒋方震认为，中国应当实行义务民兵制。这种制度最适合自卫，最不适合侵略，与中国的历史传统和环境最相符合。他指出："我国家根本之组织，不根据于贵族帝王，而根据于人民；我国民军事之天才，不发展于侵略霸占，而发展于自卫；故吾今者为不得已乃创左之宣言。我国民当以全体互助之精神，保

① 《蒋百里全集》第二卷兵学上，第83页。

② 《蒋百里全集》第一卷政论，第295页。

③ 《蒋百里全集》第一卷政论，第289页。

卫我祖宗遗传之疆土，是土也，我衣于是，我食于是，我居于是，祖宗之坟墓在焉，妻子之田园在焉，苟有欲夺此土者，则是夺我生也，则牺牲其生命，与之宣战!”①

蒋方震撰写了《裁兵计划书》《军国主义之衰亡与中国》《中国之新生命——军国主义与立宪政治之衰亡》《如何是义务民兵制?》《义务民兵制草案释义》《义务征兵制说明》以及《国民军事学》（又名《共武论》）等文章和著作，并请刘文岛、廖世勋翻译法国社会党首领卓莱氏的《义务民兵制草案》，附于其《国防论》一书。蒋方震对卓莱氏拟的《义务民兵制》高度评价，说：“卓莱氏以政党之魁，而对于兵事上知识之完备，眼光之正确，专门家且惭焉，则信乎法国议员之可以任陆军总长，而赳赳者乃悉降心焉。盖惟政治家教育家等能共负此自卫国难之责，不以此至难之业，至高之荣誉，专付之军人，而后武人偏僻之见可以消，专横之弊可以免。呜呼！此亦一治本之策也，世之君子，盍其念诸。”②

（三）对制空权理论的介绍

制空权理论是意大利军事理论家朱利奥·杜黑（Giulio Douhet，1869—1930）创立的。杜黑出生于意大利南部那不勒斯附近的卡塞塔镇，军人世家出身。1888年，他毕业于意大利陆军炮兵学校，从此开始了充满荆棘的军旅生涯。1921年，杜黑出版了第一部著作《制空权》。1927年，该书再版时，杜黑对它进行了增补，并提出了一些新的观点。《制空权》一书的主要观点：一是未来的战争将不再只是双方军队在战场上进行单纯的交战，而成为整个国家全民之间的全面战争，也是总体战争。二是建立一支能夺取制空权的独立空军。这是杜黑军事思想的核心。杜黑对“制空权”下了定义：“掌握制空权表示一种态势，它能阻止敌人飞行，同时能保持自己飞行。”杜黑认为：“掌握制空权就是胜利。没有制空权就注定要失败，并接受战胜者愿意强加的任何条件。”杜黑将此信条视为进行战争的基本原则，把夺取制空权作为保证国防的必要和充分条

① 《蒋百里全集》第一卷政论，第289页。

② 《蒋百里全集》第一卷政论，第310—311页。

件。杜黑认为，夺取制空权的方法就是在空中采取进攻行动，积极的进攻行动不仅是夺取制空权的重要方法，也是掌握整个战争主动权的前提。而要夺取制空权，除了依靠一支强大的空军外，别无他法。为保证有效地夺取制空权，空军应该由轰炸机、战斗机和少量侦察机组成，其中进攻性力量应占主体，也就是说，空军是一支进攻性的队伍，不适用于防御，这是由其特性决定的。三是独立空中作战是未来战争中战略行动的主要样式。四是国防力量建设必须以空军为重点。五是必须加强国家航空工业中的民用航空建设，这是建立强大空中力量的基础。①

杜黑制空权理论的提出，是一个具有划时代意义的创举，标志着空军学术思想体系的诞生。现代军事斗争，特别是空中军事斗争，基本上是沿着杜黑预言的方向发展的，这证明了杜黑军事学说的科学性和权威性。

蒋方震敏锐地认识到杜黑制空权理论的巨大价值，认为这是“未来战理，即战略之曙光”②。蒋方震撰写了《现代空军力量之基础》一文，对杜黑主义进行了全面介绍。他写道：“空军思想上的根本的转变，发生于杜黑祖国的意大利，它在空军发达史上，第一个把空军部队编成很大的单位，名之为独立空军，以便危急时加以独立使用。意大利空军之帅巴尔霸将军就是在他担任意国空军部长时，运用他强韧的人格，把杜黑的理想付之实施，把空军与陆军，海军和殖民地部队完全分离。此后意大利未经任何动摇，而成立了一个新的空军组织，所谓独立空军自成一个单位，在全体战争范围内实行它固有的任务。杜黑主义在意大利成功以后，他国也立即追踵步武。人们虽由于‘道德上’‘人道上’的原因，不敢公然承认杜黑这种全面主义，但暗中已经有了变相的组织。”③

蒋方震评估说：“这一种现代空军武力的研究，无非对于空军的现状与元素，描出一个轮廓而已，空军就是建造在这轮廓上的。这种原则方面的知识，乃判断空军将来战争的引用时的先决条件。本书所举的数字装备，空间的大小，

① 参见袁品荣主编：《享誉世界的十大军事名著》，海潮出版社1998年版，第351—382页。

② 《蒋百里全集》第三卷兵学下，第310页。

③ 《蒋百里全集》第三卷兵学下，第229页。

功能的范围，仅以现在达到者为度，至于将来战术上、战略上、技术上的发展，不敢骤为断言。要知在技术方面，时代的进展是没有限量的，空军的基础在将来还要变化，空防地理的空间之愈趋复杂，乃确实可以看到的。在空军武力上固定不变者不是形式，而是形式的变化，空军的不固定性，正是空军的特性。”①

在《考察义国空军建设之顺序与意见》的报告中，蒋方震对中国的空军建设提出了具体的建议。可惜的是，南京政府在空军建设上成果有限。在1937年全面抗日战争爆发后，中国有限的空军很快损耗殆尽，日军完全掌握了制空权，并对中国的陪都重庆展开疲劳轰炸，使中国军民的生命财产遭遇了巨大损失。这一历史教训值得牢记。

（四）对总体战思想的介绍

西方自第一次世界大战以后，确立了全民战争的理论。蒋方震在介绍西方的总体战理论时指出，“未来的战争不是‘军队打仗’而是‘国民拼命’；不是一定短时间内的彼此冲突，而是长时间永久的彼此竞走”②。因为战争已扩大到经济、外交、文化等各个领域，一切现代国家的国防虽以军备为中心，但没有一个国家只凭借军力而不运用其他力量，“现代之战争非单纯兵力之战争，乃为全体民族之战争”③。蒋方震进而指出：“未来战争有三个方式：（一）武力战；（二）经济战；（三）宣传战。”④

与总体战相伴而来的是总动员问题。蒋方震在《总动员纲要》（报告第一号）、《总动员纲要》（报告第二号）及《总动员之意义及其实施办法纲要之说明》等报告与讲演中，对总动员作了全面的阐述。蒋方震指出，军队动员与总动员的区别就在于：“军队动员是以军队为主体，向国内吸取一部分材料，而加以组织。总动员是以国家为主体，将国内一切的一切，熔铸锻炼起来，成功一

① 《蒋百里全集》第三卷兵学下，第233页。

② 《蒋百里全集》第三卷兵学下，第52页。

③ 《蒋百里全集》第三卷兵学下，第191页。

④ 《蒋百里全集》第三卷兵学下，第204页。

个的国力。有这个力量，国家才能自保，国民才能活命。”①

当然，蒋方震对西方资产阶级军事理论的介绍是全面的，除以上所列举的几个方面，还包括军队编制、战略战术、军事教育等多方面的内容。1936年12月，蒋方震从欧美考察回国后，有人以“世界军事之新趋势”为题邀请蒋方震作文，他回答说自己在欧洲看到的军事年报概括总结的是欧洲1935年的军备情况，“在我为新，在彼为旧”，因此只能“顺故而知新”，他鼓励有志之士关注世界军事的最新发展。

对于蒋方震在介绍西方军事理论方面的贡献，学术界及社会各界一直给予高度的评价。

有学者将蒋百里与蔡锷、李烈钧、杨杰等合称为“近代中国四大军事学家”，并且指出：“在四大军事学家里，蒋百里先生是最渊博的一位。”②陶菊隐先生称蒋百里“不仅为中国唯一的军事学者，还具有矫矫不凡的政治天才及文学天才”③。朱季武说：“蒋方震先生是中国第一流的军事专家。”④黄兴中说：“一个真正懂得自己民族，同时又真正了解别人国家，这不只是‘知己知彼’‘百战百胜’的战略家，是‘知人则哲，自知则明’的思想家”，“百里先生的学术思想，好比高山清泉，暗室明灯，给我们后代子孙，无穷的反省与觉悟，每句话都有清新的意义与深思，他个人的生命虽然太短了，然而先生的思想却永垂不朽”。⑤龚浩对他的老师蒋百里先生的军事学术有如下的评价：“先生好学深思，闻一知十，以军事学为基础，旁及政治经济而融解此三者为一体，成一精深博大之新军事思想。兼以四度游欧，擅长德、日、英、法、意诸国语文，故能周览群籍，博纳众书，发孙（武）吴（起）曾（国藩）胡（林翼）之秘旨，挥欧美名将之房奥，以故世界大势、国际动态，了如指掌，洞察枢机，岂独以知军事、娴韬略、精通文史哲学、穷尽社会科学见称于世哉！顾先生虚怀若谷，

① 《蒋百里全集》第三卷兵学下，第175—176页。

② 静菴：《忆蒋百里先生》，《文画周刊》1938年第6期。

③ 陶菊隐：《悼蒋百里》，《杂志》1938年第6期。

④ 朱季武：《评介蒋百里先生著〈国防论〉》，《今天》1938年第11期。

⑤ 黄征夫：《蒋百里论（人物，及其思想，理论的体系）》，《杂志》1945年第6期。

盛德若愚，孜孜矻矻，若不可终日者。用是集古今学术之大成，为中外权威所崇敬，举世目之为近代罕见之军事哲学大家，信不诬也！”[①]接着，龚浩进一步指出：“吾中华民族历史之悠久，文化之湛深，乃孕育诞生近代罕见的军事哲学大家如先生其人者！先生洞世界之变化，痛国族之衰微，本其爱祖国之赤忱，致力于新国防新军事之研究，摘其英华，而融会贯通之，造诣之深，世罕其俦。惟先生探政治之结症，决经济中之原理，故其战略尚守而非攻，主自卫而反侵略。其要旨具见于遗书《国防论》暨其他著述中。此伟大之遗产，岂独吾国军事家政治家视之为宝典，即世界人士亦奉之为圭臬。先生之学术勋业，与普（鲁士）之毛奇、法（国）之福煦，同垂不朽矣。”[②]黄征夫说：“在我所见到的人物中，蒋先生是最伟大而永远使人记忆敬仰的一个。他的伟大……在他那渊博儒雅精致的历史的和军事国防等伟大的思想与学识以及一种伟大的精神……蒋先生死讯一经传播，海内外不论识与不识一致悲悼，《大公报》甚至说‘国家失了瑰宝’，我想也不算过分称美吧！像蒋先生这样的人物，在中国到底是很少见的。在国防思想方面，蒋先生至少是中国国防思想的一个开山祖。”[③]著名学者钱基博说：“中国兵之有学，将必于先生肇之。”[④]长虹在《纪念蒋百里》一文中指出：“蒋百里的军事学，就是（中国传统）军事学的一个结束，国防科学的一个开始，更确当些说就是，中国军事学的一个结束，欧洲国防科学（在中国）的一个开始。怎么说呢？因为，军事学研究的对象只是军事，国防科学研究的对象，军事之外，还有政治、经济、外交、文化种种问题。就蒋百里的主要著作来说，他所注意的主要对象仍是军事，可是对于经济，特别是国防经济，他也三番五次讨论过了。又因为，中国的军事学本来是以政治经济为军事的主要着眼点的，所以蒋百里的军事意见（理论），正是恢复了中国军事学的本来面目，可是，他之所以达到这样意见又是由于研究欧洲，特别是德国国防科学的一种结果。德国的，乃至欧洲的国防科学，并不能完全适用于中国，可是，一

①② 龚浩：《哭蒋百里先生》，《会务旬报》1939年第83期。

③ 黄征夫：《蒋百里先生回忆录》，《政治月刊》1942年第6期。

④ 钱基博：《蒋百里先生文选序》，《苏讯》1948年第89—90期。

种实质上的介绍工作，是由蒋百里来完成了。”[①]

当代学者又有如下更详细的评价：20世纪初期，中国人所了解的西方军事科学还只限于军事技术的某些方面和军事学术的一部分，对军事学术的大部分内容和军事理论、军事思想的研究还是空白。蒋方震对西方军事科学和理论的翻译与介绍，拓宽了近代中国军事学研究的领域，展示了世界军事科学发展的广阔天地，推动了西方军事科学知识的传播与普及，使国人得以了解世界军事理论和科学发展的新趋势。另外，蒋方震对西方军事理论和科学的介绍，打破了中国军事学自晚清以来模仿日本、德国军事体制的格局。中国近代的军事知识主要来源于日本和德国两个国家，可是自18—19世纪以来，世界军事科学飞速发展，法国、英国、美国、瑞士、意大利都形成了自己的军事理论和军事特色。因此，如果把眼光仅局限于日本与德国，就不利于了解整个世界军事科学发展的趋向和其他国家先进的军事科学理论。虽然蒋方震曾在日本和德国学习军事，但他的眼光并不囿于日、德，而是瞄准世界上一切先进的军事理论与学说，他介绍了法国军事家的理论与著述，介绍了瑞士和美国的义务兵役制，也介绍了意大利的空战理论，各取所长，为我所用。[②]还有学者指出：“先生之军事学，不但为中国之泰斗，即欧美日本之军界，今年亦极力推重，其论文译载于德国军事杂志者，备为德国军人所传诵，于此足征其价值之一斑。”[③]由此可见，蒋百里先生在军事理论方面的贡献已经超出了本国的范围，在国际上也有重要影响。

二、首创国防经济学理论

蒋方震军事思想的核心是他首创的国防经济学理论。

蒋方震的国防经济学理论，发端于《军事常识》，并在《裁兵计划书》《义务民兵制草案释义》《中国五十年来军事变迁史》等论著中继续发展了国防经济思想；1934年发表的《从历史上解释国防经济学之基本原则》，正式提出了国防经济学的理论。1937年夏，蒋方震在出版《国防论》时，又写了《国防经济

---

① 长虹：《纪念蒋百里》，《战时文化》1939年第1期。

② 参见吴晓迪：《蒋百里对中国近代军事学的贡献》，《上海大学学报（社会科学版）》1996年第5期。

③ 黄征夫：《蒋百里先生回忆录》，《政治月刊》1942年第6期。

学》(导言第一种至第三种)。至此，他提出了完整的国防经济学理论。

蒋方震指出："我于世界民族兴衰，发见一条根本原则，就是'生活与战斗条件一致者强，相离者弱，相反者亡'。"①

这个结论来自蒋方震对于古今中外各民族兴亡史的科学考察，是他多年来研究国防问题得出的精辟见解。

论者指出，蒋方震的这个结论"完全是对的"："经济生活同战斗生活总是一致的。因为什么呢？因为经济的技术条件，和战斗的技术条件总是一致的。农业社会产生的武器是梃，手工业社会安定所产生影响的是坚甲利兵，机械工业社会所产生的，自然是枪炮和飞机。战斗的原因，也总是为了经济。吴楚之战是因采桑而爆发，中英之战也是因鸦片而开端。制胜战争，问题是在于：作战的经济目的是否可以制胜的？作战的和与作战一致的经济的技术条件是否可以制胜的？一种形态的经济生活正在上升的时候，那里的战斗生活也是上升的。反之，一种形态的经济生活正在衰落的时候，那里的战斗生活也是衰落的，这是由时代而论，经济生活同战斗生活也是一致的。"②

余子道先生在《蒋百里国防经济思想述论》一文中，对于蒋方震的国防经济理论有如下的评价："蒋百里的国防经济思想含有丰富、深邃的内容，涉及于历史、军事、经济、科技等诸部门学科，既富于科学哲理，又具有现实指导意义，是中国近代军事思想发展史上的一个丰碑。作为中国资产阶级民主主义和爱国主义军事家的杰出代表，他的国防经济思想处处渗透着强烈的爱国精神和民族精神，体现了救亡图存、富国强兵、振兴中华的时代精神特征，在军事学术上博采中外，融合古今，而又自成一家，成为近代中国军事理论中的一块瑰宝。虽然，他不可避免地带有历史的局限，但它在理论上和实践上的意义是不能低估的。在加强社会主义的国防现代化建设的今天，是很有必要对它进行认真研究的。"③

---

①《蒋百里全集》第三卷兵学下，第5页。

② 长虹：《纪念蒋百里》，《战时文化》1939年第1期。

③ 余子道：《蒋百里国防经济思想述论》，《军事历史研究》1990年第3期。

三、抵抗日本侵略的国防战略构想

蒋方震从留学日本学习军事开始，就立下志愿，要为改变自己祖国被侵略、受奴役的命运而奋斗。蒋方震认定日本军国主义是中国最危险的敌人，中华民族要想真正获得自由独立，必须同日本军国主义进行总的清算，同日本军国主义进行总决战是中华民族无法回避的课题。在蒋方震的军事思想中，他那颇有预见性和前瞻性的抵抗日本侵略的国防战略构想占有极为重要的地位，也是他对近代中国军事思想发展的又一重大贡献。

（一）确立假想敌国

蒋方震指出，国防建设的前提条件是认清敌国，搞清楚谁是我们的敌人和对手。他说："无兵而求战，是为至危，不求战而治兵，其祸尤为不可收拾也。练兵将以求战也，故先求敌而后练兵者其兵强，先练兵而后求敌者其兵弱，征之以中外古今之事，而可信者焉。"①

既然确立假想敌国如此重要，那么谁是中国的假想敌国呢？蒋方震认为，在清末，日、俄这两个邻国是中国最凶恶的敌人。而自1917年俄国发生十月革命后，日本就成了中国唯一的敌国。1922年，蒋方震发表《军国主义之衰亡与中国》一文，明确断言："吾们所最感危险的，就是那近邻富于侵略性的国家。"②蒋方震还说："我们跟日本人这一仗非打不可，几十年来，日本一直不希望中国出现领袖人物，不希望看到中国统一。"

蒋方震断定日本是中国最危险的敌人。他号召国民注意研究敌国（日本）的情况，认为对于敌国的研究越精密，关于战争的准备也就越周到。在欧美，对敌国进行深入细致的分析是很普遍的，连一般的报纸也经常做这种工作，但在中国，这样的分析却很少，非但普通国民不了解敌国情况，就连军人也知者寥寥，这是十分危险的。

（二）抗日持久战战略

蒋方震在认定日本是中国的敌国后，分析了中日两国的条件：中国是个大

---

① 《蒋百里全集》第三卷兵学下，第293页。

② 《蒋百里全集》第一卷政论，第299页。

国，同时又是穷国弱国；日本是个小国，但同时是个富国强国。由于这样相反的条件，中日一旦交战，“彼利急，我利缓，彼利合，我利分，彼以攻，我以守，此自然之形势，而不可逆者也”[①]。中国应根据中日两国的国情和特殊的地理形势，制定一套特殊的战略战术。他说，“《三国志》里刘玄德有句话说得好，‘今与我争天下者曹操也，彼以诈，我以仁，必事事与之相反，乃始有成’。我们对于敌人制胜的唯一方法，就是事事与之相反，就是他利于速战，我都用持久之方法来使他疲弊。他的武力中心，放在第一线，我们都放在第二线，而且在腹地内深深地藏着，使他一时有力没用处”[②]。

蒋方震科学地预言中国的抗日战争必须是持久战。他还说：“感谢我们的祖先，中国有地大、人众的两个优势条件，不打则已，打起来就得运用拖的哲学，拖到东西战争合流，我们转弱为强，把敌人拖垮而后已。”[③]

应当指出，抗日持久战是国人的共识。但是，中国正面战场所坚持的持久战理论与敌后战场所坚持的持久战理论是两个完全不同的理论体系，不可混为一谈。正面战场所坚持的持久战理论，由蒋方震等多年来坚持倡导，并在国民党统治集团内形成共识。而敌后战场所坚持的持久战理论，以毛泽东1938年发表《论持久战》为标志，形成了最完备的理论体系。这两个持久抗战理论体系分别支撑了两个战场的抗战，均对中国抗日战争的胜利作出了杰出贡献。

（三）关于“国防中心区”建设的构想

“国防中心区”是一个国家抗击外敌入侵的战略总后方。为了达到保存自己、消灭敌人的目的，必须在战前和战时，从本国国力、国防安全、工业布局、交通运输条件、战略方针乃至作战计划等实际出发，综合考虑，统筹兼顾，慎重选择，积极建设“国防中心区”。

抗日战争爆发前，面对日本的疯狂侵略，一些具有远见卓识、忧国忧民的谋国之士纷纷提出了建设“国防中心区”的设想。20世纪30年代初，任南京国民政府军事委员会参谋次长的杨杰在《关于国防中心问题的意见书》中提到，

---

① 《蒋百里全集》第三卷兵学下，第298页。

② 《蒋百里全集》第一卷政论，第299页。

③ 陶菊隐：《蒋百里传》，中华书局1985年版，第136页。

南京、武汉、成都、洛阳、西安五处可以作为“国防中心区”建设的候选城市。

在各种关于“国防中心区”建设的构想中，蒋方震的构想具有重要地位。早在1923年，蒋方震在乘火车从上海去北京的途中路过徐州时，曾对随行的学生龚浩（唐生智的参谋长）说过：“将来有这么一天，我们对日作战，津浦、京汉两路必被日军占领。我们国防应以三阳为据点，即洛阳、襄阳、衡阳。”[①]到20世纪30年代，蒋方震又完善了他的“国防中心区”建设构想。他主张把国防线划定在大约东经113度线上，即大体北起太原，经洛阳、襄阳南至衡阳（即“三阳线”），大致是中国东部平原与西部山地的连接带。他提出，此线以东地区，宜利用空间换取时间，消耗和疲敝敌人，同时积蓄力量，加强战略后方；此线以西，资源丰富，幅员辽阔，足以持久抗战。中日全面战争爆发后，中国战时大本营宜设于芷江、洪江一带，这地区有森林、矿产，又有沅江流贯其间，是天然的防守地带。空军基地则以昆明为宜。对于蒋方震的设想，陶菊隐评论说：“他的意见虽不失为高瞻远瞩，但是后来的大本营设于更西的重庆，而芷江仅成为停战后的受降地点，可见理想与事实还是有相当距离的。”[②]

蒋方震根据预测，提出了一系列关于国防建设的设想。他非常注意中国工业的布局，以为无论从地理还是民族性来讲，湖南都是中国的心脏地带。一旦战事爆发，沿海一带首当其冲，所以工业布局应当着眼于山岳地带。为了便于防空及坚守险要，应以南岳为工业核心，将工业区分布于株洲至郴州之线。他具体提出把湖南建设为国防工业的中心，配置于株洲至郴州之间的湘中地区，而以南岳为核心。他预计中日开战后，长江流域九江以下都不是安全区，石油储备应建于庐山、衡山和湘西武陵山脉三处。

蒋方震还直接参与了南京政府抗日战略计划的起草工作。唐生智回忆说：“平常，我对蒋百里及一些朋友也常谈起抗日的问题，并和蒋百里讨论过抗日的办法。他去重庆代理陆军大学校长时，还在冷水滩下车，在我家里住过两天。对于上海、南京战事的计划，我同他也谈过，他提了些意见。执行部起草后，

---

① 陶菊隐：《蒋百里传》，中华书局1985年版，第55页。

② 陶菊隐：《蒋百里传》，中华书局1985年版，第96页。

由蒋（介石）核定：以上海、杭州湾为第一线，昆山、无锡、苏州、杭州一带为第二线，江阴、镇江为第三线，南京、京杭公路为第四线。”

蒋方震关于“国防中心区”建设的设想也得到了南京政府及资源委员会的重视。1934年1月23日，国民党四届四中全会通过《确定今后物质建设及心理建设根本方针案——关于物质建设部分》，提出国防建设的全盘设想：“一、确定国民经济之中心，于富有自然蓄积并不受外国商业金融支配之内地，以下列步骤发达之：①统一之于中央政府权力之下。②国家及私人大工业，今后避免其集中于海口。③以各种合作社筹划农业金融，并以政府之力推销其农产物，使经济中心区之农村复兴。④改订赋税捐纳制度，以保育工农事业之发达。⑤道路航路之开辟，以此地为织网之中心，尤须首先完成西向之干路，使吾国于海口外，尚有不受海上敌国封锁之（出）入口。二、于经济中心区附近不受外国兵力威胁之区域，确定国防军事中心地。三、全国大工厂、铁路及电线等项之建设，均应以国防军事计划及国民经济计划为纲领，由政府审定其地点及设备方法。”[①]在资源委员会随后拟订的三年重工业建设计划中，提出“拟以湖南中部如湘潭、醴陵、衡阳之间为国防工业之中心区域，并力谋鄂南、赣西以及湖南各处重要资源之开发，以造成一个主要经济中心”[②]。1935年，国民党五届一中全会通过《确定国民经济建设实施计划大纲案》，规定基本工业、重大工程建筑均须择国防后方安全地带来建设。

1935年12月底，中国与德国达成原则协议，商定德国输华物资以军械为主，另加中国建设国防重工业所需的器材设备。国民政府利用德方提供的1亿马克贷款，在1936年财政年度（1936年7月至1937年6月）中拨款1000万元，供资源委员会兴办重工业之用。根据工业布局原则，资源委员会决定在湘潭建设一个重工业区，包括一座设计能力为年产10万吨的中央钢铁厂，一个年产飞机发动机300台、汽车800辆、原动机2.5万马力以及其他机械的中央机器厂，还有生产电器的中央无线电厂、电瓷厂和中央电工器材厂等。湘中同时也成为

① 荣孟源主编：《中国国民党历次代表大会及中央全会资料》下册，光明日报出版社1985年版，第228页。

② 王德中：《论我国抗战“国防中心区”的选择与形成》，《民国档案》1995年第1期。

国防工业选址的重要地区。1936年2月10日，兵工署根据蒋介石核准令，将规模最大的现代化制炮厂选址于株洲。还设有新的炮弹、枪弹厂，征地5439亩，对外保密称“炮兵技术处”，计划生产100毫米榴弹炮、75毫米野炮。原汉阳兵工厂炮厂、上海兵工厂枪弹制造设备均并入此厂。抗日战争爆发后，中原地区的巩县、汉阳兵工厂炮厂和上海兵工厂枪弹制造设备均并入此厂，巩县、汉阳兵工厂和汉阳火药厂均先迁湘中、后移湘西，湖南在战时兵器工业生产中占有重要地位。在邻近湘中工业区的萍乡，中德合办的中国航空器材制造厂于1937年4月动工兴建，计划生产德国容克斯中型轰炸机，前3年年产20架，之后扩充，但建厂工程完成一半后便因七七事变而迁昆明，最后并入贵州大定飞机发动机厂。中国汽车制造公司也曾拟建于株洲。长沙原有炼锌厂，为满足战时对兵工用铜的需要，1937年12月12日在长沙建成湖南临时炼铜厂。1938年2月，又在长沙建立湖南临时炼铜厂，湘中遂成有色金属工业重镇。由于湘中工业区建设取得进展，武汉失守前，长（沙）、湘（潭）、株（洲）、萍（乡）蔚然成为中国国防工业要地，形成长沙“国防中心区”。①

抗日战争的历史已经证明，中日两国军队基本上相持于蒋方震预计的“三阳线”附近，日军虽间或越过此线西侵，但限于兵力，不能持久，大多又撤回此线以东。历史证明了蒋方震的预见性。曹聚仁说：抗日战争前夕，“在我的师友中，能够断然论定中日之间非战争不可，而且断定这一场是长期战争，战场一定在平汉粤汉线以东的，只有蒋方震先生一人”②。

（四）对第二次世界大战的预测

1935年夏，蒋方震在致蒋介石的函中比较准确地预测了第二次世界大战爆发的时间，并提出了中国政府应当采取的对策。该函写道：

> 窃方震此次北行，关于日人在北方情形，随时留意，综其大致要得三点：一、察绥暂时必无问题，以关东军目下尚无余力，可以出师。二、平

① 参见王德中：《论我国抗战“国防中心区”的选择与形成》，《民国档案》1995年第1期。

② 曹聚仁：《我与我的世界》，人民文学出版社1983年版，第571页。

津问题，则一部分财阀（别财阀有妒意）与驻屯军相勾结，重心全注于沧石一路，此可由外交交涉处理者也。三、山东目下虽无事，而日参部之少壮军人时时怀有野心，思援平津之例，进兵一旅乃至一师，方震自泰安到济南之夜，总领事有野即来访，揣其语气，已不啻明言军部有此计划，此急宜慎重防范者也。窃惟国际情势，日益紧张，时机最长亦不过三四年，我中国国力现尚有限，若欲事事周备，事不可能，今惟集中力量于致胜之一二要点，使两三年内，能完成一固体，则自余枝叶，可临时补救。①

第二次世界大战于1939年爆发，果然没有超出蒋方震的预料。

（五）抗日必胜论的阐述者

在抗日战争爆发前后，“三日亡国论”等失败主义论调盛行一时，对中国的抗日事业危害极大。对此荒谬论调，蒋方震挥笔撰写了一系列文章，大力宣传抗日必胜论，给“亡国论”等荒谬论调当头棒击。

蒋方震在《抗战的基本观念》一文中写道：

我们中国人的思想有两种基本点为西洋人所不易了解。

第一点是我们的乐观态度，这乐观并非眼前的一点的享乐，而是悠长的永久的希望。我们对于历史，终于五千年一回溯，三千年一综括。在欧洲人看来，三五千年前的老古董，学问上研究固属有益，与实际的人生则不相干。在新教育家看来，这徒然造成了时代的落伍。但中国人却从这种历史教育中间养成了一种特性，在今日就发生了影响。中国人是：因为时代经过既久，社会变迁自多，所以他的历史观念是强者未必永久强，弱者未必永久弱，汉、唐、宋、明，曾经几度的败亡，但未来复兴的一个模糊的希望始终涌现于国民潜意识里。王夫之（船山）、顾亭林（炎武）在宗族失败以后，仍是拼命著书。这种例子只有最近一位德国海塞尔博士，在德国战败后重新把本国历史叙述一遍，提倡一种乐观精神。我觉得他的功效，

① 《蒋百里全集》第六卷函札，第153页。

比了费希特的演讲还重要些，但较之顾（炎武）、王（船山），犹不能望其项背。

这种悠久的乐观态度，非今日物质文明眼前享乐的人们所明白。也许有人说现代的文化与从前不同，然而真正拿历史的眼光来看，文化之所以为文化，就在其传染性，发酵性。假如不“化”，就不得谓之“文”，所以文化这回事，第一是敌我同化。蒙古人、满洲人会骑马，西洋人、日本人会用机器，但他骑马我也能骑，他用机器我也可以用。假如说，我们机器与武力不如人，所以决不能取胜，那么历史上复国英雄与革命志士起事的时候，弱国对抗强权的时候，武力与器械总是不如人，但终究获得最后胜利。这是什么原因？福煦将军指挥了一千万人以上的武力，握有全世界的补充，他却说一句话：“只有自认打了败仗的人，才是真正打了败仗。”我们须知福煦将军是先有了这个根本信仰，然后英法美的武力才交给他。换句话说，因为法国人精神的坚决，所以物质能从贫乏里一天天充沛起来，武力能从弱小里一天天强大起来。

我们今天退出上海，但我们自信是胜利的。我们今天退出南京，我们也自认是胜利的。这种说法并不抽象，也不空洞，我有正式的科学根据。须知我们是农业国家，并非工业国家，后者全部国力集中几点。一个纽约可抵半个美国；一个大阪可抵半个日本。中国因为是农业国家，国力中心不在都会。敌人封锁、内地隔绝的上海，只是一个死港。点缀着几所新式房子的南京，只是几所房子而已。他们与中国的抵抗力量，完全没有影响。你们把南京比纽约、伦敦、巴黎、柏林，这就错了。史丹法尼他倒懂此心理，他说现在中国人人心头有一个南京，日本空军炸毁了几所新式建筑，并不算一回事。

第二点便是我们的决心，是直觉的，不是计算的。毛奇将军有一句名言：“先要算，后要断。”现在的欧洲军官一天到晚只是算，平生难逢一次断。但战史的经验告诉我们，平时的计算无论如何精密，到了战时仍不可靠。毛奇将军这句话的价值，就是把“算”和“断”分为两件事。断的时候就不能算。假如算定稳打胜仗然后打仗，这种军官就不成其为军官。

从世界的眼光看来，敌人的飞机有多少，武器有多少，我们只有多少，我们当然不能和日本打仗。但我们的国民，我们的领袖已经在计算中经过了六年，现在不能计算，只能断。我们现在的抗战，便是我们的直觉，但这种直觉已经过了一番计算的洗练。你们现在再用纯粹计算的眼光来看我们这次抗战，就是轻视我们断然决然的意志。战略家异口同声说，战争目的在于屈服敌人的意志。屈服一个将军的意志，使他放弃抵抗，这是可能的；屈服一个政府的意志，使他改变政策，这是可能的；但要屈服一个民族求生存求自由的意志，这在古今中外都是不可能的。就中日战争来说，抗战乃我们民族决心的表现。①

蒋方震还对野心勃勃的日本军阀提出忠告说：

我于民国11年就下一敌情总判断（见《裁兵计划书》），“德国此次战败之原因，自兵略言，即是目的不明了，理由不单简；自宣战的理由言之，是攻俄；自军事之动作言，则攻法；自最后之目的言，则对英。失败之大原因即完全因为侵略主战。野心家视此土既肥，彼岛更美，南进北进，名曰双管齐下，实是宗旨游移，而其可怜之人民只有一命，则结果必至于革命而后已”。

日本的军事后辈们！你们一辈子研究军事学问，锻炼军人精神，连“宗旨游移”四个字的大毛病还不能了解，靠一点不完全的从欧洲偷来的小技术，混充东方主人翁？回回头罢！我是千万分的好意呵！②

对于蒋方震的卓越见解，薛光前评价说：“抗战以来，百里先生发表的文章，每每使国人于苦闷中，求得安慰，于失望中，求得鼓励。他那深渊的思想，好像一种光，于黑暗中益显得光芒万丈，遍射到各个心灵的深处。他那高超的

---

① 《蒋百里全集》第一卷政论，第397—400页。

② 《蒋百里全集》第一卷政论，第429页。

见解，又好像一种波，在汪洋中激荡得万马奔腾，影响到全体精神的去向。所以假定一个国家，是好比一座机器的话，那么蒋百里先生决不是一个轮子，或是一个螺丝钉，而是机器赖以动作的发动机。他是国家生命的电力，全体民族的脑筋！”①

总之，蒋方震的抗日国防战略思想已被历史证明是完全正确的。1931—1945年抗日战争与1894—1895年中日甲午战争相比较，中国无论在对战争的认识上，还是在政治、经济与军事的配合上，都有了根本的进步。特别是持久战战略成为国共两党都认同并坚持的战略，对抗日战争的胜利起了决定性作用。从这个意义上说，蒋方震这位爱国的军事理论家的贡献是不可磨灭的。

关于“得志”与“不得志”的问题

蒋方震一生只任过3个有职有权的实职：数月的清廷禁卫军管带、6个月的保定军官学校校长、2个月的陆军大学代校长（实际到任不足1个月），其余所有的职务都是总参议、参议、参谋处处长、顾问一类的虚职。蒋方震先后担任过东三省总督赵尔巽的督练公所总参议、浙江都督蒋尊簋的总参议、袁世凯总统的陆海军大元帅办事处一等参议、四川督军兼省长蔡锷的总参议、吴佩孚的参谋处处长、孙传芳的顾问、南京政府军事委员会委员长蒋介石的顾问、国防参议会议员。所有这些职务，多数是挂名的虚职，属于“客卿”性质。

中国青年党首领曾琦鉴于蒋方震的不得意，曾以晚清名臣左宗棠前半生做幕僚、后半生“立奇勋”的故事来慰勉之。蒋方震赋诗一首答谢，诗云：“天地埋忧余我在，万人如海一逢君；已将高咏开愁眼，知欲挥戈挽夕曛。泪尽惺惺十年事，劫方浩浩九边氛；但哀心死我何说，破国人才要策勋。”

蒋方震故友之子黄萍荪曾经这样说：“开玩笑似的，我曾给蒋百里先生推过命，断定他的格局是‘十全大破’。‘十全大破’者，是偃蹇一生，不为世用，也可说是怀才不遇，遇则不终之意。这在平常人，原不足怪，若以百里先生的

---

①《蒋百里全集》第八卷附录，第107页。

学问气度，说是不能大用，终难置信。况且他是真拿得出东西，真有人所不及的地方在。可是，他自学成归国，出任第一任保定军校校长，因学生不听教训，愤而自戕，弹穿腹背不死，被袁世凯讥为与教书先生之假‘绝粒救国’‘断指登坛’者之沽名无异，命曲同丰接其遗缺以后，就南北流离，如酬应品似的戴了好多年‘参议’‘顾问’的帽子；不但终其生未能一握军符，即连什么总长、部长、次长乃至厅长一类的位子，都没有他的份儿。虽然是以军略家名于一时的这样一个角色。”①

1936年春夏之交，黄萍荪在西湖再次见到蒋方震时，曾经直截了当地问：“百里先生，人家都说你这一生很少得志的时候，这到底是怎么回事？”

黄萍荪的问题问得有些唐突，但蒋方震是个从不因个人荣辱而哀哀戚戚的人，或许他那天兴致特别好，便滔滔不绝地说了起来：“好，我说一点给你听吧：我之不得志，无待人言，自己也明白，不但一时，恐将终世。然而，你得知道。与其谓蒋百里不得志，毋宁谓用蒋百里者不得时。所谓‘苟有用我者，期月而已，三年有成’。但我为什么不能得人之用呢？夸大些儿，亦如子贡所云‘夫子之道至大也，故天下莫能容’。盖老朽所遇，每有‘良农能稼而不能为穑，良工能巧而不能为顺，君子能修其道，纲而纪之，统而理之，而不能容……’。所以颜回说得好：‘……夫道之不修也，是吾丑也，夫道既已大修而不用，是有国之丑也，不容何病。’但我并不如仲尼一样，临河而叹，曰：‘美哉水，洋洋乎，丘之不济此，命也夫！’我虽不得志，不因此而颓唐。你想，韩非为李斯所害，在缧绁中尚能作孤愤、五蠹、内外储、说难五十五篇，时至今日，学者犹诵其文而忆其人，可见‘志’，不一定在‘得’，要紧的还是在‘传’。况我今日所处，优于韩子者奚止十倍。你瞧我谈笑自如，有半点不乐意的地方透露人前吗？但是，能说‘蒋方震一生不得志’这句话的人，多少总是我的知己。我愿和此人订交，你说是不是？”②

但也有人说：“正因他在政治上没有十分得意，才使他有更多的时间、更多

---

① 《蒋百里全集》第五卷讲演·书法，第35页。

② 《蒋百里全集》第五卷讲演·书法，第41—42页。

的精力，来埋头苦学，做他自己喜欢做的学问。”

从这个意义上讲，蒋方震的“不得志”，使动乱不安的中国少了一个穷兵黩武的军阀或翻云覆雨的政客，而终于有了一个独一无二、满腹韬略的军事理论家、军事教育家。

结　语

以下摘录时人对蒋方震的整体评价，以见一斑：

徐行说：“近三四十年来的军事人物，只有蒋方震（百里）先生算得是近代唯一的军事学专家，中国新军事人物的造就，是由他一手奠定的。他是经历过前清、北洋军阀、国民政府三个时代的训练军事人才，直到他的死，还是在陆军大学校长的任内。不但现在国内主要的将领是他的门生，即现在现役年已在六十以外的几级上将们，也多半是他早年的学生。他好像是一位中国新军事学中的老祖师，他是一位多么令人赞颂的人物啊！”①

李小川对他的拜门老师蒋方震这样评价：“中国军事由老粗掌兵到现代化的阶段，由文人指挥而专门家（军官学生）指挥的阶段，有一人焉，对中国历史文化富于研究，对世界潮流洞若观火，见得到说得出，眼、耳、脑、笔并用而能纲举目张的，恐怕只有百里先生一人了。百里先生天才丰富，情感热烈，为中国建军的唯一人才。他一生名望很高而一生不得其用，这不足为百里先生悲，实为中国前途惜。就百里先生个人来说，惟其不遇其时，所以能以其暇日在国内研究学问，在海外考察军事兼及政治、经济、外交、文化诸大端，不时地注射新血液，不使他本身的学力停滞于一定的阶段。中国学问本是笼统的、散漫的，百里先生能够分析起来贯串起来，他的成就一半建筑在天才上，一半建筑在研究上。”②

黄兴中论蒋方震：“一个真正懂得自己民族，同时又真正了解别人国家，这

① 徐行：《蒋方震与蒋雁行》，《茶话》1946年第5期。

② 陶菊隐：《狷介与风流：蒋百里传》，群言出版社2015年版，第65—66页。

个只是‘知己知彼’‘百战百胜’的战略家，是‘知人则哲，自知则明’的思想家。百里先生真正知道东方，也真正了解西方，既知今（现代）又知古（古代），这岂思想家而已，实是中华民族的‘诚之力，智之光’”，“百里先生的学术思想，好比高山清泉，暗室明灯，给我们后代子孙，无穷的反省与觉悟，每句话都有清新的意义与深思，他个人的生命虽然太短了，然而先生的思想却永垂不朽”。①

综上所述，蒋方震先生是对国家民族有大功之人。陶菊隐先生说：蒋百里先生“对国家有绝大的贡献，对中华民族近代史有重大的影响，那是丝毫不容疑惑的”②。著名学者钱基博先生在为《蒋百里先生文选》所写序言的最后也说：“文章足以经国，先生于是为不朽矣！”③

上述诸位先生的评价并无夸大之处，是站得住脚的。

黄征夫撰写的长篇《蒋百里论（人物，及其思想，理论的体系）》最后一段有几句预言式的文字。他说：“先生学术思想之崇高如此，而德行之纯洁，自甘淡泊，尤其余事，爱护国家民族之热情，至老不衰，更值得后人之崇拜。大约不久的将来，先生的思想及理论，必将受更多人的崇拜信仰，先生有知，当亦可含笑于九原矣。”④蒋方震逝世后，被冷落了近半个世纪之久，直到20世纪八九十年代，大陆学术界才重新关注蒋方震先生，并纷纷开展研究与宣传，有关的研究成果陆续问世，蒋方震研究逐步成为热门课题之一。这正好验证了一句古老的谚语：是金子总会发光的！

---

① 黄征夫：《蒋百里论（人物，及其思想，理论的体系）》，《杂志》1945年第6期。

② 陶菊隐：《悼蒋百里》，《杂志》1938年第6期。

③ 钱基博：《蒋百里先生文选序》，《苏讯》1948年第89—90期。

④ 黄征夫：《蒋百里论（人物，及其思想，理论的体系）》，《杂志》1945年第6期。

第一章　故乡家世童年

故乡与家世

蒋方震的家乡坐落在杭嘉湖平原中部的海宁市硖石镇。

海宁市南枕钱塘江，与萧山、上虞隔江相望，西连余杭，北依桐乡和嘉兴市郊区，东临海盐。总面积681.5平方公里，其中平原占87.1%，河网水道占11.5%，山地丘陵仅占1.4%。海宁地势自西南向东北倾斜，古陆残屿与低丘分布在东北部和东南部，土壤南砂北黏，酸碱度适中，养分丰富，冬夏季风交替明显，四季分明，属东亚季风气候。据考古发现，在距今6000年的新石器时代，就有人类在海宁这块土地上渔猎劳作，繁衍生息。春秋时，海宁为越国属地。秦朝，分属海盐、由拳两县。东汉建安八年（203），陆逊任海昌屯田都尉并领县事。三国吴黄武二年（223），析海盐、由拳，置盐官县，属吴郡，隶扬州，沿袭至宋。元朝元贞元年（1295），升盐官县为盐官州。元天历二年（1329），改名海宁州，这是“海宁”名称之由来。明、清两代，海宁州、县曾经几度更迭。清乾隆三十八年（1773），海宁县升为州，属杭州府，隶浙江省杭嘉湖道。民国元年（1912），海宁州改为县，直至1986年撤县改市，成立海宁县级市，由嘉兴市代管。

海宁南滨钱塘江出海口，外海大潮涌向杭州湾进入钱塘江，形成著名的钱塘潮。大潮涌来时，潮头壁立整齐，波涛汹涌，势如万马奔腾。前人著述中多以“涛山浪屋，吞天沃日”“雪山驾鳌”等词来描述它的壮观景象。但在人类征服自然能力比较低下的古代社会，汹涌澎湃的钱江潮对海宁人民的生命财产构成严重威胁。据统计，13—18世纪的500年间，钱塘江多次“海失故道”，海宁段江岸大塌大涨达11次之多。清乾隆二十三年（1758）后，江道改走北大门，使原属海宁而地处江北的赭山、蜀山等地归属江南，海宁缩小了二三十平方公里。江岸大塌大涨和夏秋台风袭击，海塘塌毁溃口，海水内溢，形成潮溢。据统计，自明代至今的500多年间，有文字记载的潮溢多达74次。宋代女诗人朱淑真曾经在一首诗中这样描写潮溢给海宁人民带来的悲惨景象：“飓风拔木浪如山，振荡乾坤顷刻间。临海人家千万户，漂流不见一个还。”①

早在1200多年前，海宁人民即开始修筑海塘，以抵御潮溢，保护杭嘉湖平原美丽富饶的家园。但由于古代科学技术不发达，海塘难以彻底抵御巨大潮溢的冲刷，海塘修了又垮，垮了又重修。这种人与大自然的长期反复搏斗，磨砺了海宁人民的意志与征服自然的决心和毅力。新中国成立后，中国共产党和人民政府投入巨大的人力、物力和财力，重修了长达50公里的海塘，彻底征服了“蛟龙”。从此，“天下奇观海宁潮”失去了往日的破坏力，成为驰名中外的旅游景观。1957年9月11日（农历八月十八日），毛泽东亲临海宁七里庙观看钱江潮后，挥笔写下《观潮》诗一首：

千里波涛滚滚来，雪花飞向钓鱼台。
人山纷赞阵容阔，铁马从容杀敌回。

每逢传统的农历八月十八日观潮节，海宁盐官镇以及八堡、老盐仓等观潮地，中外游客云集，来参加这一年一度的盛会。

海宁土地肥沃，河网密布，阡陌交错，沟渠纵横，自然条件优越，自古以来就是有名的鱼米之乡、丝绸之乡。水里鱼虾满塘，陆上稻麦飘香、桑麻满园。中国人自古以来就有“人杰地灵”的说法，用之于海宁是非常恰当的。自唐代

① 《海宁市志》编纂委员会编：《海宁市志》，汉语大词典出版社1995年版，第2页。

以后，随着中国经济重心的南移，海宁进入了人才鼎盛的时代。据统计，从唐代至清末，海宁通过殿试考中进士的有366人，其中状元1人、榜眼3人、探花1人。这366名进士中，唐代3人，宋代74人，元代3人，明代101人，清代185人。在封建社会，科举是仕宦的必由之路。通过科举，海宁出现了陈家、查家、王家、蒋家、许家等世家大族。海宁陈家明、清两代中进士者31人，举人107人，秀才442人。科甲鼎盛必然带来仕宦高峰。明、清两代，陈家官列九品以上者共192人，未入流者数百人，其中大学士3人，尚书、侍郎、巡抚、布政使11人，有“一门三宰相，六部五尚书”之称。袁花查家在明、清两代考中进士20人、举人76人。清康熙一朝，查家即有10人中进士，查慎行、查嗣瑮、查嗣庭兄弟三人相继考中进士，授翰林院编修，留下了“一朝十进士，兄弟三翰林”的佳话。

海宁自宋代以来人才辈出，成为名人荟萃之地，可谓“人文之盛，甲于四方”。鸦片战争以后，面对西方近代科学文化与文明的输入，海宁再度得风气之先，又出现了一个人才高峰。除本书主人公蒋方震外，近代自然科学先驱李善兰、国学大师王国维、著名学者张宗祥、诗人徐志摩、武侠小说大师金庸等一批声誉卓著的人物纷纷脱颖而出，大放异彩。本书传主蒋方震正是群星中一颗耀眼的明星。

蒋方震出生在海宁硖石镇。硖石镇古称“硖川”，唐后易名“硖石”。明代《硖川志》记载，“硖川古称夹谷，初本两山相连，秦始皇东游过此，凿之”。于是，形成了今天境内河道纵贯，东山（沈山，海拔88.9米）、西山（紫薇山，海拔46米）两山并峙的局面。那位不可一世的秦始皇为什么要劳费心机来开凿这并不起眼的硖石山？据说，秦始皇东游至海宁硖石时，随行的术士向秦始皇进言，称此地有一股王者之气。秦始皇听到此言，深恐影响嬴氏万世一系的帝业，立即下令在镇上凿河，以泄其王气。

据蒋氏宗谱记载，硖石蒋氏源出姬周，周公三子伯龄封于蒋（今河南潢川），因以为氏。东汉建武年间，第四十八世孙澄公迁居江苏宜兴。宋室南渡时，该支一部分随迁至今浙江临安（杭州），后又由临安迁海宁盐官，后世继迁伊桥之蒋村。清康熙年间（1662—1722），蒋氏第一百零八世孙云凤公（即蒋方震的第五世祖）由海宁蒋村迁居硖石镇。云凤公生四子（受基、仁基、肇基、开基），分为四房，子孙繁衍，成为硖石镇上的第一大姓。蒋氏先人世代为农商，定居硖石后经营典当业，逐渐发达，成为海宁后起的世家大族之一。

近代以来，海宁蒋氏以藏书著称。清道光朝，蒋楷筑“来青阁”藏书楼以聚书，所藏多宋、元善本，以及金石书画，与同时代的“拜经楼”（主人为吴骞）、“向山阁”（主人为陈鳣）并称。

蒋方震的祖父蒋光煦（1813—1860），字日甫，又字生沐，号雅山，晚号放庵居士，世称东湖先生，是一位有名的藏书家和金石鉴赏家。他的书斋取名“别下斋”，其典出自《论语·季氏》：“孔子曰：‘生而知之者，上也；学而知之者，次也；困而学之，又其次也；困而不学，民斯为下矣。’”南宋学者王应麟反其意而改为“困而学之，庶自别于下民”。蒋光煦对此深为赞赏，遂以“别下”命名书斋。他一生累计藏书达到10万余卷，成为海内知名的藏书家。蒋光煦精于校勘，与江南名儒俞樾、管芷湘、许光治等时相切磋，所著《东湖丛记》《斠补隅录》成为版本目录学者必备的案头工具书。他还著有《花树草堂诗稿》《别下斋书画录》等。蒋光煦不仅藏书，也刻书，所刻的《别下斋丛书》90卷、《涉闻梓旧》100卷，校勘精审，被称为清代善本，海内闻名。此外，他所镌刻的“群玉堂”“英光堂”米芾残帖，勾勒逼真，深得行家重视。著名历史学家吴晗在《江浙藏书家史略》中对蒋光煦给予了很高的评价。清咸丰十年（1860），太平军进入浙江，随即攻占硖石镇。蒋光煦避居乡间。太平军的一把火，将蒋氏房屋基业及“别下斋”的藏书毁于一旦，仅剩米芾残帖碑30余块（1949年新中国成立后，蒋氏后人将此珍贵文物贡献给了国家）。蒋光煦经受不住如此巨大的打击，不久即呕血而亡。

蒋光煦生子女21人，其中5人夭折，16人长大成人，男、女各半。8个成年男子的名字是：学勤、学济、学藻、学浚、学溥、学焘、学烺、学慈。

蒋方震的父亲蒋学烺（1851—1894），字泽久，生下来就没有左臂，只在左肩下垂着一条二三寸长的没有骨头的肉。因此，蒋学烺一生下来就受到父亲的嫌弃。

这里还有几个故事。一则说蒋光煦喜爱第五子，但第五子偏又早殇，殓葬时蒋光煦用朱笔写了一篇咒，附在亡儿左臂上，所以第五子转世时失去了左臂。还有一则说，蒋光煦与东山塔院一老僧往返，他因想念亡儿，曾问老僧此儿能否再来。老僧回答说：来是一定来，就是缘满，来也不喜欢了。[①]因此，当蒋光煦当真看到生下没有左臂的蒋学烺时，以为是爱子转世来讨债的，内心十分嫌弃。蒋光煦去世后，太平军也很快退出了硖石镇，蒋氏兄弟重返硖石故乡，分立门户，在一片废墟上重立家业。受人嫌弃且无自食能力的蒋学烺即被家人送到硖石近郊马桥伞墅庙做了小和尚。蒋学烺做了几年小和尚，却不喜欢念经，20岁那年，在同邑名医朱杏伯（《辞通》编者朱起凤的祖父）的帮助下还俗学医，学成后即往来于海盐、平湖间行医，人称壶隐先生。蒋学烺胞兄蒋学溥（字泽山）于光绪元年（1875）中举人，后任广州广雅书院山长。蒋学溥悯念其弟飘零在外，便与族人及朱杏伯商议，由族人拨出房屋3间、族田15亩（另有一说，小屋两间、田30余亩）让蒋学烺回硖石认祖归宗。后来，蒋学溥又与朱杏伯为蒋学烺娶了海盐女子杨镇和为妻。杨镇和系海盐儒生杨笛舟之独生女，自幼父母早亡。杨镇和与蒋学烺结婚后，在海盐天宁寺旁赁屋定居。

婚后3年，即1882年10月13日（农历九月初二），杨镇和生下他们唯一的儿子蒋方震。人们在当时不可能预料到，这个出身卑微的小男孩，将凭借他的天才和勤奋，成为近代中国著名的军事理论家。

蒋氏世系：云凤——仁基——星槐——光煦（生沐）——学烺——方震（百里）——昭、雍、英、华、和。

海宁“神童”

蒋方震的母亲杨镇和虽系寒门孤女，却颇为精明能干，而且知书识字。自蒋方震4岁起，杨太夫人即开始教他识方块字。据说，父亲蒋学烺虽有残疾，但性格开朗，能一只手吹笛，又能随口编唱词。这些因素可能对蒋方震性格的形成产生了影响。

---

① 《蒋百里全集》第八卷附录，第123页。

蒋方震稍长，杨太夫人就教他学唐诗和“四书”。蒋方震记忆力超强，所学诗文，辄朗朗成诵。杨太夫人还常给他讲述《封神榜》《三国演义》《水浒传》等故事。日子一长，蒋方震就能在童年伙伴以及亲戚家有声有色地讲故事了。有时，蒋方震跑到镇上的小茶馆里，爬到茶客们喝茶的桌子上，大声讲述姜子牙登台拜将、孙行者大闹天宫等故事。讲到情节紧张处，他倏地把小圆眼儿一瞪，小辫子一抖，茶客们都被他逗得哈哈大笑。至今，海盐、袁花镇一带还流传着“小百里茶馆说书”的故事。

鼎力帮助蒋学烺成家立业的朱杏伯老先生见蒋方震如此聪慧，十分欣慰，他断言：“此儿聪慧，远胜乃父，他年定破壁飞去。”①

百里成名后，以口才敏捷、风趣横生著称。此种才能在其少年时代即已打下了基础。

蒋学烺自幼体弱多病，后来又染上了目疾、肝病，全家的生活就靠他夫人杨镇和编补竹衫来维持。竹衫是当时上层社会人士暑天所穿的衬衣，用丝线将极细的一段段竹枝串缝，编成各种镂空花纹，极为凉爽。竹衫断了线便需缝补。缝补竹衫是一门需要有高度耐心的精巧技艺。杨太夫人13岁成为孤女，就靠这门手艺自食其力。婚后，她仍以这门手艺补贴家用。因此，全家的生活是极为艰难的。当蒋方震已达入学年龄时，家里却因贫困无力聘请教师。适在此时，客居海盐的硖石同乡张冷生请塾师课其子，便邀蒋方震为他儿子伴读。

这一年，蒋氏世交、海宁袁花镇的查芸孙先生因事来到海盐，顺访蒋学烺。查先生早就听闻蒋方震的“神童”之名，便于席间试之，蒋方震果然应答如流；查芸孙先生又出联嘱对，蒋方震所对下联也相当妥帖。查芸孙先生大喜，当即提出以次女查品珍相许，跟蒋方震父母订下了儿女婚事。

蒋方震在海盐张家伴读期间，学完了《诗经》《尚书》，已经能作应制诗及制艺之起讲。1892年，蒋方震之叔婶马氏在硖石原籍延师课其子蒋方霆（字冠千）。冠千与方震同年。蒋学烺应弟媳马氏之邀，让蒋方震回硖石就读。家塾就设在“别下斋”老屋。学生除冠千、方震外，还有族人及亲戚子弟共10余人。

---

① 许逸云编著：《蒋百里年谱》，团结出版社1992年版，第3页。

塾师倪勤叔是一位饱学之士。方震跟随倪师攻读6年，先后学完了《左传》《礼记》《周易》等“十三经”，打下了比较扎实的国学根底。倪先生不仅学问好，书法也好，他写得一手小楷，摹写《灵飞经》绝肖。蒋方震继承了倪先生的衣钵，也练就了一手好小楷，成为近代首屈一指的书法家。

1894年对蒋方震来说是国破家亡的一年。这年8月，中日甲午战争爆发。12月，父亲蒋学烺病逝海盐，享年44岁。方震扶榇归葬硖石原籍，母子俩从此回到硖石原籍居住。

甲午战争以清政府的惨败而告终。清政府被迫签订了丧权辱国的《马关条约》，割让台湾及其附属岛屿、澎湖列岛、辽东半岛，赔偿白银2亿两（连同后来赎回辽东半岛的3000万两，共计2.3亿两）。甲午战争的失败，给年轻的蒋方震带来了深深的刺激。

当时与蒋方震一同就读的总角之交张宗祥回忆说：“甲午中日之战，深深刺激了我们两小的思想。但是我们连旅顺、大连和马关究在何处，尚有点认识不清，何况日本所以强盛、中国所以衰弱的种种大道理，而书房桌子上所摆的书是不会告诉我们这些道理的。我们急得没法，只好找报纸，查地图，相约各人知道一点就互相告知。接着又是戊戌变法。我们这个时候已经能考书院，得到一点膏火之资了。恰好双山书院购进了四大橱经、史、子、集和时务、策论、算学、格致等书。我们听见了这一消息，真如穷人得着了宝藏，连忙请求老师每天早一二小时下学，到书院中看书。书院中一间小屋静静陈列着四个书橱，除了我们两人之外，连一个人影都不见。房门钥匙是交给我们的，书橱是不锁的。我们第一次争先要看的是《日本国志》和《普天忠愤录》之类，因为我们急于要获得关于甲午一役的知识。随后各人捡爱看的书看。我看的史、地一类为多，他看的文学一类为多。短短的七八个月中，总算得了一个大概。”①

蒋方震也说：“《新智识论》就在那个时候开始的，这就是甲午战争，从此刺激了我的新智识，我学会了看报。也在那时，所以平壤、牙山、大东沟、九

① 《蒋百里全集》第八卷附录，第124—125页。

连城、威海卫、刘公岛，这种地理上的名字，很熟地挂在嘴边。”①

由此可以看出，蒋方震虽然出身寒微，却身怀忧国忧民的赤子之心，可谓“天下兴亡，匹夫有责”的典范。后来，蒋方震将一生的主要精力投入国防建设和研究，与此有极大的关系。蒋方震的爱国主义思想，即萌芽于此一时期。

蒋方震偕母亲回硖石原籍定居后，每月固定收入为房租4元，每年租米6石，不足以维持生计。杨太夫人仍修补竹衫以贴补家用。因操劳过度，杨太夫人于1895年大病一场，且久治不愈。年轻的蒋方震便模仿古人割股疗亲的故事，偷偷割下左臂上一块肉煎汤给母亲喝下。后来，虽然杨太夫人的病好转，但蒋方震的创口却因感染而溃烂流脓。杨太夫人发觉情况有异，唤蒋方震到病床前查看，见脓血几乎浸透了包裹创口的几层烂棉絮和布条，母子相抱痛哭一场，并急延医为蒋方震敷治，才使创口痊愈。从此，贤母孝子之名闻于乡里，传为美谈。

1897年，蒋方震学完“十三经”，所作诗文颇有文采，他被乡里耆宿视为“才子”。当时，海宁知州林颖（字孝恂，系林长民的父亲、林徽因的祖父）特别欣赏蒋方震的才华，曾在他应试安澜书院的策论上亲加评语，称之为“国家栋梁”。

从科举到实学

1898年春，蒋方震参加童子试，历经州、府、院八考，均名列前茅，顺利考取秀才。同年夏，补郡学生员。考取秀才后，蒋方震面临两种选择：一是继续走科举之路，应考举人、进士；另一条道路则是开馆授徒，当私塾先生。

当时正值戊戌变法前夜，维新变法思潮高涨。蒋方震醉心于康梁变法自强之说，如饥似渴地学习宣传维新思潮的报刊书籍。这年秋天，蒋方震到上海，进入新创办的“经济学堂”，学习法语与数学等。同学中还有后来成为国民党元老之一的邵力子。当时每月学费、膳费需5元，蒋方震向亲友借了10元钱到上

① 《蒋百里全集》第四卷文史，第351页。

海，两个月即已用完。正当蒋方震为学费苦恼时，以慈禧太后为首的顽固派于同年九月二十一日发动了政变，囚禁光绪帝。谭嗣同等六君子喋血北京菜市口，康梁逃往海外，“百日维新”彻底失败。上海“经济学堂”随即停办。[①]蒋方震只好回到家乡，与张宗祥两人继续苦读新思潮著作。张宗祥后来回忆说：“梁（启超）氏办《新民丛报》，学者思想大变。余亦弃帖括，专究史地政治之学”，“自恨读书晚，愤于时事，遂昼夜不辍。月必六七夜读至天明，即不复睡。与百里约，不问何书，日尽数卷，互相问答。不能答者，罚停阅他书”。[②]

第二年春，蒋方震应聘到硖石以西不远的伊桥镇，为孙氏塾师。孙氏亦当地望族，藏有《经世文编》等当时罕见的大部头文献书籍。蒋方震在授课之余，时加浏览，从而更加开阔了眼界。此外，蒋方震还参加了海宁州安澜书院、硖石镇双山书院、袁花镇龙山讲舍、桐乡县白社书院等处的月课。当时考书院有膏火费，视成绩而定，每篇二三元不等。1935年，蒋方震旧地重游，集句成对联一副，追忆当年风物：“依旧赏新晴，碧波清漪方镜小；西风摇绮步，暮烟疏雨野桥寒。”

这年清明节，蒋方震回硖石扫墓，于同族塾师处看到了新任桐乡县令方家澍（字雨亭，民国名将方声涛之父）所拟观风题。当时惯例，新县令到任后，往往出试卷以观察当地学风，名曰“观风卷”。方家澍所拟观风卷共30题，文体虽沿用制艺、诗赋、策论的老套，但题意革新，均有关实学、时事，限期1个月交卷。蒋方震见到后，不禁怦然心动，急忙将题目抄下来，返回私塾奋笔写作近1个月，完成了近10万字的答卷。然后，他亲自如期将答卷送到桐乡县衙门交卷。方县令读完蒋方震的答卷，深为他的文采所折服，每篇均细加评语。总的评语是：“此真我中国之宝也。”方家澍将蒋方震的答卷取超等第一名，破例发给奖金及膏火费银币30元（当时书院每月膏火费3—4

① 关于在上海求学的经历，后来蒋方震在自己主编的《改造》杂志上发表的《是不是奢侈的装饰品?》一文中有如下的追述：“年十七既毕业于家塾，是为戊戌，乃出沪上，时沪上学校方勃兴，学膳零用月约需五元，而我家之所恃以生活者，月四元之租金，岁六石之米也。当是时茫不自知以假于戚友者十元，住校二月，携法语进阶、笔算数学、代数备旨以归，事实所迫，无可如何也。”

② 许逸云编著：《蒋百里年谱》，团结出版社1992年版，第17页。

元，约合米1石），并派帮助阅卷的学者高啸桐亲自到伊桥，请年方18岁的蒋方震到桐乡相见。

1900年春，蒋方震到桐乡谒见方家澍，方县令降阶相迎。两人纵谈天下大事后，方县令亲自留膳。方家澍与杭州府知府林启（字迪臣）、海宁州知州林颖均是福建侯官县人，他们思想开明，在浙江为官期间不遗余力地提倡新学，奖掖后进，留下一段佳话。方家澍深爱蒋方震之才，当即劝他弃科举，讲求实学。不久，蒋方震考入杭州知府林启创办的新式学堂——求是书院（今浙江大学前身）。

求是书院创办于1897年，是浙江第一所新式学校。林启任总办，陆懋勋为总理，陈汉第任监院。求是书院的学生分内院生和外院生两种。蒋方震与许寿裳、邵裴子、夏元瑮等均是外院生。所学课程以国文、英文、数理化为必修科，后来又加日文，学生可自由选读。实际上，学生们的国文程度相差不大，而西学则都是从头开始。英文教本为《英文初阶》《进阶》等，并读文法。算学自心算至代数，取材于《笔算数学》《代数备旨》《形学备旨》《八线备旨》等。物理、化学所用课本多译自英国中学教本。此外，求是书院还有"四种人人必读书"，即陶葆廉的《求己录》、黄宗羲的《明夷待访录》、严复所译赫胥黎的《天演论》与曾（国藩）胡（林翼）文集。

蒋方震在求是书院期间，参加过两次国文考试，题目分别为《殷书顽民颂》《汉晋士风不同说》，两次均得第一名。课余，他又应东城书院月试，五试均名列第一。从此，"硖石才子"的美名传遍了省城杭州，其文章被争相抄传。蒋方震在求是书院的学费及生活费用，主要来自考书院所得的膏火费及奖金。方家澍县令亦时有接济。

蒋方震后来回忆道，"年十八以考观风而见知于侯官方高二公，时高先生方在杭，佐侯官林公办求是书院，劝余入学，而迟回不敢决者，则上海之苦痛经验犹震撼于余心，若复以五元一月之膳宿费相强者，吾惟有束手归耳。顾有一事足壮吾胆，则吾先伯曾读书于杭，以考之书院所得膏火，乃自给而有余，且观风之试得三十元之奖金，虽为友人没其半，犹有十元之余，及复重冒前年之险，携十金以渡杭。果也考书院而从容足以自足也”[①]。

1900年的中国，又面临着一场空前严重的民族危机。兴起于山东、河北等地的义和团运动，很快波及清朝统治的中心京津地区，并迅速演变成中国人民与帝国主义及清政府进行殊死搏斗的伟大革命运动。位于中国东南的杭州，虽然远离这场运动的中心，但求是书院、紫阳书院等书院中一批富于爱国思想的青年学生也在关注着祖国的前途与命运。这年秋天，蒋方震与张恭、蒋倬章（字六山）、敖嘉熊、王嘉榘、蒋尊簋、许寿裳、沈祖绵等组织了一个研究时事的小团体——浙会。浙会成员张恭、蒋六山接受了湖南会党的“富有票”，返回金华一带散发，组织会党武装，以响应唐才常领导的自立军起义。但唐才常未及发难即被清政府逮捕，旋即遇害，自立军起义流产。据说，蒋方震获悉唐才常遇难的消息后，写了一首吊唁唐才常的诗，被求是书院总理陆懋勋得知，差点被开除，经陈汉第力争才得免。

---

① 《蒋百里全集》第一卷政论，第164页。

第二章　从东洋留学到西洋

日本士官学校"中国三杰"

求是书院创办之始，林启即积极主张派遣书院高才生赴日本留学。林启认为，日本在明治维新后不过20年，一跃成为强盛国家，值得中国学习，且日本与中国国情基本相同，距离又近，赴日留学可节省费用，派1人赴西洋留学的费用可供派遣赴日学生10人。因此，林启极力倡导求是书院学生赴日留学。1898年，林启集资送求是书院的4名高才生——何燏时、陈榥、陆世芬、钱承志赴日留学，这是我国学子留学日本之创举。

1901年春，陈汉第与林启、方家澍商议后，决定派遣蒋方震等人赴日留学。赴日留学是蒋方震的愿望，但当时社会风气未开，"父母在，不远游"的传统道德观念根深蒂固，况且蒋方震又是家中独子，有寡母需要侍奉，蒋氏族人对于蒋方震准备出国之事议论纷纷。幸运的是，杨太夫人虽然没有读过多少书，但很开明，她力排众议，支持儿子出国深造。

对于出身寒微的蒋方震来说，出国留学面临的另外一个十分实际的难题就是经费。他后来回忆说：

> 欲望无穷者也，小试成功而大胆之留学日本计画乃起。时《译书汇编》第一期，有广生谓年有百二十元即可以留学东京，顾此百二十者，又何从

出？然有一事足以促进我之大胆行动者，是为译书，吾当时虽不知东文（即日语），然我知半年后翻译之事必不难，乃以千字一元之译业为根据而吾东矣。

临行，乃得方公函曰："吾知子不得已万不得已而为此也，拟年赠百元以资旅费。"然吾东而方公卒。我乃译书，其第一部，则《学问自修法》，即所谓《修学篇》者是也（吾与适之初次见面，适之乃询我以此，吾心益怦怦焉）。嗣后三年，且译书日得人助，然吾始终未尝受政府公家丝毫之费而毕业于士官学校。[①]

1901年4月，蒋方震来到日本东京，开始了留学生涯。

他到日本后，首先进入横滨的东亚商业学校学习，在该校学习的还有来自湖南宝庆府的蔡锷等中国学生。蒋方震与蔡锷在此认识，后成为志同道合的好朋友。蔡锷是梁启超在长沙时务学堂的学生之一，通过蔡锷介绍，蒋方震认识了梁启超，并拜他为师。1902年2月，梁启超在日本横滨创办《新民丛报》半月刊，继《清议报》之后继续宣传资产阶级改良主义思想学说。蒋方震与蒋智由、麦梦华、韩文举、马君武、罗孝高等人先后担任编辑与撰稿工作，协助梁启超办刊。

不久，蒋方震与蔡锷即离开了东亚商业学校，于1901年12月以自费生的资格进入设在东京的陆军成城学校学习。蒋方震在成城学校学习期间，与蔡锷、范源廉等联络浙江、湖南的部分留日学生30余人，秘密结社，歃血为盟，以倾倒清廷、建设新国家为宗旨，东京留学生之秘密结社，即由斯发轫。这些秘密结社的学生，其政治主张并不一致。第一派认为应急起改革政治。他们认为和平手段既无望，即当先事破坏，再图建设。此派人数最多，庚子之役中与唐才常同时殉难诸人均属此派。第二派认为宜从事军事学问，期握统御并训练国民之实权，而后于国事有济。第三派认为他国之富强，源于教育，我国欲与齐驱，非先教育国民不可，故决应注意教育。范源濂等人属于此派。以上三派各持其

① 《蒋百里全集》第一卷政论，第165页。

说，但彼此相谅，认为不可偏废，唯当本各人之能力，行其所信，以期殊途同归，共图国是。蒋方震的政治观点属于第二派，主张从做好军事学问入手。从此以后，蒋方震再也没有进一步参加政治活动，中国同盟会在日本东京成立，蒋方震也没有参加。

据说，蒋方震在成城学校期间，还参与了邹容《革命军》一书的起草工作。据当时在成城学校的湖北留学生刘成禺回忆："（邹）容字幼丹……当予等入成城学校习陆军预备时，幼丹每日必来谈。予携新会腊肠多斤，课毕，围炉大谈排满，每人各谈一条，幼丹书之。书毕，幼丹则烘腊肠为寿。月余，所书寸余，腊肠亦尽。胡景伊、蔡锷、蒋百里，皆当时围炉立谈人也。松坡签其稿面曰'腊肠书'。"①

邹容（1885—1905），字蔚丹，一作幼丹，四川巴县人。1902年秋赴日，入东京同文书院。在日本期间，他如饥似渴地阅读了大量的西方政治书刊，积极参加留学生的政治活动，迅速站到反清革命派一边。1903年3月，他与张继、陈独秀等人愤于清廷驻日公使馆官吏姚煜的横暴与丑行，剪去姚的辫子。为此，邹容与张继不得不于4月16日回到上海。邹容回沪后，对他在日本写成的"腊肠书"进行增删润色，并由章太炎作序，于1903年6月上旬在上海大同书局出版，书名《革命军》。这本约2万字的小册子，以西方资产阶级的自由、平等、天赋人权学说为基础，大声疾呼革命，要求推翻集专制、卖国与种族压迫于一体的清朝政府，由野蛮而进于文明，除奴隶而为主人，建立一个独立民主的中华共和国。这本小书系统地阐发了资产阶级民主主义革命的思想和主张，加上文笔浅近犀利，说理明澈，情感丰实，很快便在社会上受到热烈欢迎。著名革命党人吴樾说：得到这本书后，"三读不置"。在偏远地区，这本书竟卖到10两银子一本，许多热血青年还竞相传抄。《革命军》一书充满激情的呐喊，可谓振聋发聩，惊天动地，成为当时革命的最强音。

吴玉章曾赋诗云："少年壮志扫胡尘，叱咤风云《革命军》。号角一声惊睡梦，英雄四起挽沉沦。"

---

① 刘成禺：《世载堂杂忆》，中华书局1960年版，第149页。

革命领袖孙中山称赞说："此书感动皆捷，其功效真不可胜量"，"即昔日无国家种族观念者，亦因之而激发历史上民族之感慨矣"。①

这部书的写作与出版，应主要归功于执笔人邹容，他是这本书的第一作者。但参与创作的蒋方震、蔡锷、胡景伊等人无疑也有一份功劳和贡献。

1903年春，蒋方震从成城学校毕业。同年3月26日，经日本陆军大臣寺内正毅批准，蒋方震与许崇智等人被分发到近卫师团近卫步兵第一联队见习，成为士官候补生。

1903年12月，蒋方震进入日本东京的陆军士官学校中华队第三期步兵科学习。

陆军士官学校是日本的一所初级军事学校，它的前身是1868年创办的京都兵学校，次年迁往大阪，称大阪兵学寮。1871年迁往东京，称东京兵学寮。1873年海军兵学寮成立后，改称陆军兵学寮。1874年，根据《陆军士官学校条例》，正式建立陆军士官学校。1875年第一期学员入学，招生对象为初中毕业生，学制3年，下设步、骑、炮、工4个专业。1889年进行教学改革，实行士官候补生制度，招生对象改为高中毕业生。至1945年，共招收61期，培养军官36900名。1896年增设后勤专业。1898年，日本陆军教育总监部成立，学校转属教育总监部领导。根据清政府与日本政府达成的协议，自1901年起，在陆军士官学校设立中华队，培养中国留学生。中华队第一期学生于1901年12月1日入学，这期学员中后来成名的有张绍曾、蒋雁行、王廷桢、陆锦、吴禄贞、唐在礼等；中华队第二期学生于1902年12月1日入学，后来成名的有哈汉章、良弼、蓝天蔚等；中华队第三期学生于1903年12月1日入学，由于缺少这一期的学生花名册，这一期共有多少中国留学生已无从得知。但可以肯定的是，除蒋方震外，还有蔡尊簠（浙江人，骑兵科）、蔡锷（湖南人，骑兵科）、许崇智（广东番禺人）、张孝准（湖南人）等几位。②

按照清政府与日本政府的约定，陆军士官学校不接受自费的中国留学生，必须有清政府驻日本公使馆的身份保证。而要得到清政府驻日公使馆的保证，

---

① 黄彦编：《孙文选集》中册，广东人民出版社2006年版，第134页。

② 参见中国社会科学院近代史研究所《国外中国近代史研究》编辑部编：《国外中国近代史研究》第九辑，中国社会科学出版社1987年版，第226页。

必须被列入各省总督巡抚送来的名单。蒋方震是通过梁启超的关系，得到东三省总督赵尔巽的保送，才得以进入士官学校中华队第三期的，这也是蒋方震毕业回国后选择赴东北任职的一个重要原因。

蒋方震出身寒门，自小营养不良，身体瘦弱，从外表看，是个典型的江南书生。进入军校后，要骑马打枪，蒋方震起初身体很不适应。为了不拖后腿，蒋方震在刻苦学习知识的同时，十分注意锻炼身体。每日清晨起床后，他都会进行跑步、翻单双杠、骑马驰骋等运动，体质明显好转。一天，在日本弘文学校学习教育学的求是书院同学钱均夫（一作钱均甫）到士官学校找蒋方震。钱均夫远远看见一个体态清瘦的男子在操场上练习翻铁杠子，走近一看，才知道就是出国前原本有点弱不禁风的老同学，不禁大吃一惊。蒋方震对他说："我每天在此锻炼身体，你来看，我的身子不是比以前结实多了吗？"经过刻苦锻炼，蒋方震的骑马术也大为提高。他后来讲述心得体会时说，要做到马上无人、胯下无马，人与马浑然一体，才有资格讲骑马术。因此，蒋方震在学校里得到了"善骑者"的称号。

1904年10月24日，蒋方震以第一名的成绩毕业于士官学校。人们将同期毕业的蒋方震、蔡锷、张孝准三位中国留学生称为"中国士官三杰"。而浙江籍留学生中，又以蒋方震与蒋尊簋成绩最好，被称为"浙江二蒋"。章太炎称誉道："浙江二蒋，倾国倾城。"

蔡锷等人毕业后立即回国，先后在江西、湖南、广西、云南等省参与编练新军，整军经武。而蒋方震与张孝准等同学则选择继续留在日本深造军事学术。起初，蒋方震拟入日本陆军经理学校将校班学习，但因为这一年日俄战争爆发，陆军经理学校将校班取消，蒋方震不得不继续留在陆军士官学校见习一年。

从陆军士官学校中华队第四期开始，进入该校学习的中国留学生越来越多，第四期有75人，第五期有57人，第六期有98人。在陆军士官学校中国留学生的极盛时期，单是浙江求是书院送来的学生就有10余人。蒋方震见此机会，便与投考生合办了一个临时的士官预备班。他们在士官学校对面一日本老妇家里租赁了一间房屋，每逢星期日借用半天。茶水由房东供应，租赁金则由听课的留学生分摊。教师仅有蒋方震一个，由他讲授“入学须知”及日本军事知识，包括日军编制法、动员法、军人精神教育、排连营团长的职守等。蒋方震讲课的资料都来自他平常所学的课本和自己在日本军队中见习的经验。蒋方震口才出众，任何枯涩的材料，他都能够讲得生动有趣，深受听讲者的欢迎。

《浙江潮》主创之一

1899年戊戌政变以后的几年间，中国大地风云变幻，接连发生了义和团运动、八国联军入侵、自立军起义、沙俄强占东三省等重大事件，使原本风雨飘摇的中国社会更加动荡不安，民族危亡迫在眉睫。为了寻找救国救民的真理和学习先进国家的经验，知识分子纷纷出洋留学，蔚成风气。与中国仅一水之隔的日本，成为中国留学生的首选之地。据统计，1900年中国留日学生仅100人左右，从1901年起人数激增，到1904年已超过3000人。这些留学生来自全国各地，而以湖北、湖南、江苏、浙江、福建、广东、广西、四川、安徽等省居多。

随着留日学生人数的增加，各省留日学生纷纷成立了同乡会。1902年11月，浙江同乡会在日本东京成立，蒋方震当选为干事。据1903年3月的统计，在东京的浙江留学生已达到130人。①按照《浙江同乡会简章》规定，浙江同乡会“为吾浙留学生及官绅之游历或寄居日本者所组织”，其宗旨“以笃厚乡谊为主”。浙江同乡会的义务分甲、乙两种。“（甲）对待会内之义务：一、凡会友有疾病事，本会有救助之义务。二、凡会友有无故为人毁损名誉事，本会有力争之义务。三、凡会友于私德上有关碍公共名誉事，本会有劝戒之义务。四、凡会友有困难事，须得共同扶翊者，可由本人或同人报告干事，经干事酌度事宜，开临时会集议，视力所能为竭力赞助。五、乡人初到海外者，除会馆例应招待外，本会更尽招待之义务。（乙）对待会外之义务：一、本会对待内地，有输进文明之义务。二、本会对待会外之同国人，有互相联络、互相亲

① 参见浙江省辛亥革命史研究会、浙江省图书馆编：《辛亥革命浙江史料选辑》，浙江人民出版社1981年版，第82页。

爱之义务。”[①]简章规定，同乡会设干事员7人，分掌各项事务。其中，庶务3人，负责一切庶务兼纠仪；书记1人，负责纪事及一切往来信件；会计1人，负责银钱收支并预算一切用费；杂志1人，总理杂志事宜；调查1人，总理调查事宜。浙江同乡会的常设事业共两项：一是出杂志一种，月刊；二是设调查部，专门调查浙省事宜。

根据《浙江同乡会简章》，《浙江潮》杂志第1期于1903年2月17日（清光绪二十九年正月二十日）在日本东京出版。第一任主编孙翼中，钱塘县人，原是浙江求是书院的教习。他于1901年出了一道带有强烈反清意识的作文题《罪辨文》。学生史寿白平日有反清思想，将另一同学文章中的“本朝”改为“贼朝”，被一施姓同学得知，将其文呈控于浙江巡抚和杭州将军。这本是大罪，但浙江巡抚任道镕和求是书院总理劳乃宣极力压制，才使事情得以大事化小。但孙翼中本人无法在国内立足，不得不远走日本，成为浙江留日学生中的活跃人物。《浙江潮》创刊后，孙翼中担任主编。蒋方震与蒋尊簋、王嘉榘、许寿裳、蒋智由等是《浙江潮》的主要撰稿人，鲁迅等人也曾为其撰过稿。1903年夏，孙翼中回国接任《杭州白话报》总编辑，《浙江潮》由蒋方震与王嘉榘等接办。

气势澎湃的《浙江潮》发刊词，学术界有人认为是由蒋方震起草的。虽然这一说法没有直接证据，但至少可以肯定的是蒋方震参与了写作。《发刊词》中写道：

> 我浙江有物焉，其势力大，其气魄大，其声誉大，且带有一段极悲愤极奇异之历史，令人歌，令人泣，令人纪念。至今日则上而士夫，下而走卒，莫不知之，莫不见之，莫不纪念之。其物奈何？其历史奈何？曰：昔子胥立言，人不用，而犹冀人之闻其声而一悟也，乃以其爱国之泪，组织而为浙江潮。至今称天下奇观者，浙江潮也。
>
> 秋夜月午，有声激楚，若怨若怒，以触于吾耳者，此何为者也？其醒

① 浙江省社会科学院历史研究所、浙江图书馆编：《辛亥革命浙江史料续辑》，浙江人民出版社1987年版，第207—208页。

我梦也欤？临高以望，其气象雄，其声势大，有若万马奔腾，以触于我目者，此何为者也？其壮我气也欤？夫子胥之事，文明之士所勿道，虽然其历史可念也。呜呼！亡国其痛矣，不知其亡，勿痛也；知之而任其亡，勿痛也；不忍任其亡而言之，而勿听，而以身殉之，而卒勿听，而国卒以亡。呜呼！忍将冷眼，睹亡国于生前；剩有雄魂，发大声于海上。古事往矣，可勿言矣，而独留此一纪念物，挟其无穷之恨，以为吾后人鉴，吾后人可勿念哉？

抑吾闻之，地理与人物，有直接关系在焉。近于山者，其人质而强；近于水者，其人文以弱。地理之移人，盖如是其甚也。可爱哉，浙江潮！可爱哉，浙江潮！挟其万马奔腾、排山倒海之气力，以日日激刺于国民之脑，以发其雄心，以养其气魄。二十世纪之大风潮中，或亦有起陆龙蛇，挟其气魄以奔入于世界者乎？西望葱茏，碧天万里，故乡风景，历历心头。我愿我青年之势力，如浙江潮；我青年之气魄，如浙江潮；我青年之声誉，如浙江潮；吾愿吾杂志亦如之。因此名以为鉴，且以为人鉴，且以自警，且以祝。①

《浙江潮》现存第一至第十期，第十一、第十二两期合刊仅见篇目预告，大约在1903年底停刊。《浙江潮》每期都印5000册，而且有几期重印过多次，风行海内外，影响很大。由于撰稿人都用笔名发表文章，很难区分作者身份。有学者指出，《浙江潮》“论说栏和军事栏的一些专著，多数出于二蒋特别是蒋百里之手”②。蒋方震以“飞生”笔名在《浙江潮》上发表的文章有：《俄人之性质》（载第一、第二期）、《俄人之东亚新政策》（载第一、第二期）、《国魂篇》（载第一、第三、第七期）、《真军人》（载第三期）、《近时二大学说之评论》（载第八、第九期）。此外，蒋方震还在1902年12月14日出版的《新民丛报》上发表了《军国民之教育》一文。上述诸文在清末思想界均产生了重要影响。

① 《浙江潮发刊词》，《浙江潮》1903年第1期。

② 方汉奇：《中国近代报刊史》上册，山西人民出版社1981年版，第208页。

概括起来，蒋方震这一时期的思想有以下几个方面的内容。

第一，大胆揭露帝国主义列强的侵略本质。

19世纪末，各主要资本主义国家都过渡到帝国主义阶段，垄断资本集团为了争夺商品和资本输出的场所，在全世界划分势力范围、掠夺原料产地，展开了掠夺殖民地及落后国家和地区的竞争。蒋方震在《国魂篇》《俄人之东亚新政策》及译著《俄人之性质》（原著者为英国记者赫威克）等文章中，对帝国主义进行了鞭辟入里的分析和揭露。他指出帝国主义兴起的原因："帝国主义者，民族主义为其父，而经济膨胀之风潮，则其母也。十九世纪之中叶，全欧之人，既劳心尽力，日日以建造民族的国家为事，及夫国家已成，宪法已立，则昔日之愿望遂，优哉游哉，以生息于好天地之下，于是休养生息而生齿益以增。读近时之人口增加表，可以见也。夫地不加辟，而人口日繁，于是不得不出而殖民于新地，此亦天然强迫力之大，使之出于不得不然者也。"①于是，帝国主义"以强大之兵力"，"侵略他国版图，增益己国领土"。蒋方震指出，"近顷以来，无论天之涯、地之角，有一事之起，则无不是帝国主义者为之根"②。蒋方震还指出："自今以往，列强之侵略中国政策，盖已不在政治上，而在经济上矣，而经济上之竞争，其祸乃更毒于政治上，何以故？譬之是犹人也，朝割其一手，夕割其一足，其人必痛而警醒也易，而其反抗之力大，而其人犹可以复生也。若举全身之精血而吸之，其犹茫然皇然，莫知其由，未几乃病瘵以死矣。"③

蒋方震还具体描绘了在帝国主义经济侵略下中国士农工商的悲惨景象。他说："亚洲之东，忽又现一黄金世界，其土广，其产富，其气候适，天下之可爱者，未有如中国者也。于是甲午一役，而政治上之野心起；庚子一役，而经济上之野心起。国民乎，国民乎！须知自今以往，外人之侵我中国者，皆吾民受之，皆吾民受之。二十年之后，政府可以如故，官吏可以如故，而吾民，而吾民，将有一绝大之祸患起；其形状奈何？曰：其商凄凉，其农憔悴，其士困，其工苦，闻其声则号寒啼饥也，问其事则鬻儿荡产也；是其由非刀兵、非水火，

① 《蒋百里全集》第一卷政论，第12页。

② 《蒋百里全集》第一卷政论，第13页。

③ 《蒋百里全集》第一卷政论，第60页。

则以经济上之侵略起，而资生将穷故，故外人之商业日益甚，则我民之生计日益困，况乎衣食穷，则盗贼伏莽日增一日，而水火刀兵之祸，又何能免也？此非吾吓人之言也，夫资本厚则收利广，以我小民之涣而不群，一年之所得，曾不足以当彼一日之收吸，夫闭关之世，遇一二水旱，尚足以酿成大祸，而况彼又日日之吸我膏血者哉！夫以言人，则我中国人最富于商业上知识者也；以言地，则我天产之富，冠绝大地者也。以斯人据斯土，而成败异数，功业相反。吁，是亦天耶！虽然，何以故？曰：无国故。夫未有无国之民，而能自存于大地者也。”[①]蒋方震惕于“天下之大患在俄”的说法，撰写了《俄罗斯之东亚新政策》，断言在帝国主义列强中，最狡诈、最富扩张性的是沙皇俄国。他说，俄罗斯的对外扩张，“以威力政策为先锋，以殖民政策为后劲，以铁道政策为交通两头之本营。其以威力也，用其强以乘人之危。其以殖民也，利其缓以入人之不觉。其以铁道政策也，则又巧其布置，以迫人于无可如何，而其总结点，则着眼于经济”[②]。“天津之役，英法联军以迫我，英也，法也，中国也，其互相注目也，彼乃乘之以取东三省以北之地矣！庚子之役，列强之注目者北京也，而彼又乘之以入东三省矣。乃和议既成，东三省之问题起，世界耳目一动，而彼又逃而入巴（尔）干半岛矣，又逃而问西藏矣。东争则西来，西争则东出，自有国际以来，其神妙之手段，未有如俄人者也。”[③]蒋方震提醒国人，如再不警醒，则“可萨克（今译哥萨克）之殖民地，将包山东、直隶而有之，而黑龙江、黄河之水将全赤，而我国民且将望北九叩首以大呼顺民也”[④]。

第二，针对帝国主义列强侵略所造成的空前严重的民族危机，蒋方震提出了一条民族主义的救国救民的道路。

蒋方震在考察了西方资产阶级革命的历史和学说后指出，民族国家的建立是历史的必然。他认为，欧美列强以民族主义为立国之本，以民族主义建立自己的国家。“其在德意志，其在意大利，则所谓祖国主义是也。若曰：日耳曼，

---

① 《蒋百里全集》第一卷政论，第13—14页。

② 《蒋百里全集》第一卷政论，第73页。

③ 《蒋百里全集》第一卷政论，第62—63页。

④ 《蒋百里全集》第一卷政论，第61页。

吾祖国也，吾誓守之；罗马，吾祖国也，吾誓守之。其在俄罗斯，则所谓斯拉扶司（今译斯拉夫）统一主义；其在美，所谓美人之美洲；其在日，所谓大和民族，万世一系。凡兹诸说，其始不过一二人言之，一二人信之，而其究竟也，乃其爱国心之源泉，自尊之种子，统一之原动力；虽刀刃迫于身，弹丸迫于目，而彼脑质中终有一‘誓死以守祖国’之灵魂在。呜呼！彼盖以为是国也者，我祖长于是，我父长于是，非人之所有，而我之所有也，虽欲不爱，又何可得也。彼又以为我之国，于以前之历史上，有无限之光荣；于以后之历史上，有无穷之希望者也，虽欲不自尊，又何可得也。彼又以为：凡我同国之人皆我祖所自出，皆吾同胞之兄弟也，虽欲不相结，不相统一，又何可得也。呜呼！十九世纪中掷其无量之头颅血肉，有万死不顾、屡争不已者矣。呜呼！吾知其由，吾知其由。”①

蒋方震指出，所谓国魂，就是“祖国主义”。“祖国主义者何？根于既往之感情，发于将来之希望，而昭之于民族的自觉心。”“吾遍搜古今名士之诗，终不见有所谓‘祖国之歌’者，洞哉吾国，竟无但丁其人哉！虽然，吾今敢为誓言于此：二十世纪中祖国主义而不入中国则已，苟入中国，未有不发达者也。”“嗟夫国民，嗟夫国民，不必怨异族之凌我辱我奚若，而但问我国民之能有建国之意愿及能力与否？果其有焉，则意大利、日耳曼虽亡而复存；果其亡焉，则印度、波兰，虽昔为强国而终见灭于人。故曰：国也者，国民自守之，非他人之所能干预者也。”②

蒋方震最后指出，“我祖国今日有死生存亡之大问题三，曰道德问题，曰统一问题，曰自治问题。吾辈苟举此三问题而解决之，则此三问题做到之日，即我祖国出现之日也。而不然者，则永永沉沦，万劫不复，神明之胄，从此长辞世界矣”③。

有学者指出，辛亥革命前，“在革命风暴到来的前夕，国魂问题的郑重提出，是近代中国民族运动发展到正规的资产阶级民主革命阶段的一个表征，它

---

① 《蒋百里全集》第一卷政论，第10页。

② 《蒋百里全集》第一卷政论，第16—17页。

③ 《蒋百里全集》第一卷政论，第17页。

标志着中国人民的爱国主义觉悟达到了新的水平”[①]。蒋方震的著作则是这一新水平的最高代表之一。

第三，提倡养成健全尚武的国民，以应对帝国主义列强的侵略。

毕业于日本陆军士官学校中华队第六期的阎锡山晚年回忆：“日本人尊敬军人的精神是完全令人佩服的。我在士官学校的时候，有一次宿营演习后军服被汗水湿透，人们取出自己的衣服给我穿上，然后用熨斗把我们的军服洗净弄干，而且招待我们饮水用饭。用完晚饭后，对我们说：‘你们早点休息吧，明天早晨集合的时候，我们叫你们起床，给你们准备早饭，所以请不用担心。’”“另在一次行军中，通过一个村落，我看见有几个上了年纪的妇女，合掌朝着军队好像在拜神似的。我以后问日本人，你们为什么那样尊敬军人？他们的答复是，以前日本政府说过：‘如果敌军来了，就是拜神，神是不能打败敌人的。打败敌人的是军人。所以，与其叩拜神，不如敬军。’因此上年纪的妇女，仍然有着这种印象。”“日本的维新是以发扬武士道、强化军人精神为主要目标。我去日本的头二年，正好是日俄战争时期，我曾经问过日本朋友：‘俄国是大国，军队装备又好（当时日本还不能制造后座炮，在战场上缴获俄国制品开始仿造），你们日本有战胜的决心吗？’‘有！’‘你的话有什么根据？’‘俄国人责备淘气的孩子时，总是这样说，如果不听话，就把你送进士官学校。他们如果有这种轻视军人的心理，我们就有把握战胜他们。’”“日俄战争时，是日本的军人精神最旺盛时期，战后逐渐减弱了。因战争总算结束，社会党（日本社会称之为过激党）就向军人散发传单，上面全是讽刺话，说你们军人死了这么多，日本又得到了什么好处？也只不过是为了军人的荣誉和资本家开发满洲的利益。受到这种煽动，很快就有一小部分军人开了小差。”[②]

19世纪末至20世纪初，社会达尔文主义学说在日本盛行。日本的加藤弘之将达尔文主义的重要著作译成日文，并加以自己的解释。他十分重视“生

---

① 章开沅：《论国魂——辛亥革命进步思潮浅析之一》，《华中师院学报（哲学社会科学版）》1981年第4期。

② 中国社会科学院近代史研究所《国外中国近代史研究》编辑部编：《国外中国近代史研究》第九辑，中国社会科学出版社1987年版，第228—229页。

存斗争”和“物竞天择”的原则，认为在帝国主义时代，这些原则适用于人类社会。强权概念被大大强调，并运用到为生存而进行残酷斗争的世界里，取代了天赋人权的教条。在评价日本在新世界秩序中的地位时，加藤弘之从社会达尔文主义学说出发，得出日本发展为一个新兴的帝国主义强国是理所当然的这样一个结论。这种推理对留日的中国学生产生了很大影响。蒋方震与许多留日中国学生一样，利用这一原理来论证缔造一个崇尚武力的新中国是合理的。

在《真军人》一文中，蒋方震首先考察了军人历史进化的三个阶段：第一期为个人的，用于个人与个人之间；第二期为政府的，用于君与民之间；第三期为国民的，用于国与国之间。之后，蒋方震着重解释了“欧美何以以军人为神圣，而中国何以以军人为贱夫”这一问题。蒋方震指出：“国有主权有意志有目的，与人之有权利有志向等，人欲达己之志而不得而争，则有国法以裁判之。国欲行其意志而至于争，则无最高权以行其国际法，于是最后之手段，乃不得不用，而战争出焉。当是时则国民之死生存亡，视其国军之强弱，以为危险比例之差，若是者为军国民时代。盖军也者，固非用之于国内，而用之于国际者也。惟为国际的，故军为国民应尽之义务，而国民皆兵之义出焉，惟国际的，故军为国家全体之保障，而军人神圣之说出焉，故军国民时代，国守之以民，民即兵也，民卫之以国，国即军也，善治国者即聚人民自保之心以为军，而军尊而军贵。”①

蒋方震指出：“世界各国之养军人也，其目的向外；中国之养军人也，其目的向内。夫军人与警察其性质异，其目的异，其手段异，故军人向外，警察向内；军人主破坏，警察主平和；军人保护国家之主权，警察以维持社会之安宁，而中国乃以警察之目的责之军人，其根本之差点一也。虽然，犹可言者也，而奈何以军人为政府之私用物也？观于此，而知中国贱武之由矣！夫军人之所以可尊贵者，固为其能牺牲一人之私，而为国民尽公义也。今既私之矣，私之则奴隶也，奴隶而不贱，孰则可贱，故西律有犯罪者不得为军人，而中律有罪则

① 飞生：《真军人》，《浙江潮》1903年第3期。

罚为戍。盖军之名虽同，而根本之相去，曾不知几万里矣！此根本之差点又一也。夫既以为私物矣，人之自私也，谁不相若，今必以一人私位之故，而令天下之人，各舍其私，出其血躯，以争遂于生死之际，民虽至愚，未有一无所为而乃能为人死者也。于是，不得已，乃用市侩之手段，以货取，以利禄诱，其来也必其贱丈夫矣！以贱丈夫而欲与世界之爱国爱群之国民哉，则无怪其败也。此其差点又一也。”故此，蒋方震断言：“中国无军人。”①

蒋方震指出，“军国主义，为救中国之方针”。其原因有三：第一，“今日之中国国民之志气已阻丧，非军国主义无以发其进取之精神也”。蒋方震指出：“兵可以败，地可以割，款可以赔，惟国民不可自丧其抱负。抱负者何？凌烁世界之进取心是也。”“故中国今日之危亡不可悲，惟国民已自丧其抱负，此则吾所痛心疾首，因此而征中国之必亡也。”“悲夫！中国昔日病虚骄，而今日已成虚怯症矣！畴昔悍然之气已一挫而尽，其容蹙蹙，其貌忧忧，举国上下，不论新旧志士乡愚，皆若有大难临头之气象，而无不束手以待死；有敢发蹂躏世界之思想者，非痴即愚也！”“举中国之缺点而一一救之，救不胜救，外祸已迫，必不能待吾之从容改善，惟先谋一二非常之举，举全国国民之气一振，之希望一开，之耳目一新，夫而后进步改良，可以言也。若是者，非军国主义不为功。”第二，“今日之中国社会之风纪已败坏，非军国主义无以约整齐严重之风也”。第三，“今日中国公共之道德已腐败，非军国主义无以发公共之观念也”。而“军队者国民道德之源泉，而公共心之组织体也”。②

1902年，梁启超在日本创办的《新民丛报》刊登了蒋方震的译作《军国民之教育》，并加了编者按：“本编为东京军学生蒋君旧译稿，本社以其关系于国民精神重且大，为我同胞所宜日三复也，请于译者，以登报焉。”虽然这是译作，但蒋方震在翻译过程中于文内加了多处按语，或者导入说明，或者阐发己见，使之与中国当时的国情相联系。所以，尽管是译作，但加入了译者的认识与主张，能够很好地向国人推荐和介绍军国民主义。

文章提出军人教育的四大纲，即爱国心、公德心、名誉心和忍耐力。

---

①② 飞生：《真军人》，《浙江潮》1903年第3期。

蒋方震指出，爱国心就是一个国家的国魂或者说灵魂。他指出："国魂者，国之所恃以为国，盖由国民爱国之精神之热血所酝酿胚胎，以成此一种不可思议之妙物。其为用也，乃能举一切上下社会而熔铸之，无大无小，使之成一忘死舍身之烈士。故无国魂乎，何以有军人。无军人乎，何以有国魂。然则乃曰：军人当有此，而国民可以无之也。有此理乎？国也者谁守之？守之则军人也。国也者谁有之？则国民也。国民乎，军人乎，而谓可以分之乎？孰则肯舍死而为人守家产也？人必知此物之为我有也，而后爱之，而后肯舍死以争之。呜呼，我国民其念之哉！中国之兴亡，其祸福与他人无与也。"蒋方震表示："吾欲竭我脑血，为吾国铸一魂。吾欲携吾国民以登于昆仑之巅，明明而东视，见乎二万万里美如锦绣璨如荼火之江山，则大呼曰：是我祖国之所有也。吾欲携吾国民以立于千年以前，历历而上，数见夫四千年来龙斗虎争风雷变色之历史，则大呼曰：是我祖之所读也。呼吁，惟吾祖国之魂，惟吾祖国之魂，尚其归来兮，毋使吾心悲！"①

关于公德心，原作者指出，军队是公共心之组织体，死则同死，存则同存。军人之美德，牺牲一身以为全体。所以，军队以公德为组织之原质，而公德以军队为教育之利器。讲公德，必自军队开始；讲军事，也必自公德开始。蒋方震在此基础上进一步发挥说："公德者何物也？曰一人对于团体所当应尽之义务也。""凡立于群之下，食其利而庇其荫，则必思所以报之矣。宁丧一人而全群，兹群也，盖自我祖我父造之以贻后人，而后人依之以生者也。处今日人类竞争之世，则群之点当以国为极，而养之也，必自实事始，必自小者始。""盖国家之兴废盛衰，直接与个人安危休戚，兹理之触接于脑也，惟军人而尤易而显，则社会而以军人之精神组织之乎，奚患其不爱国也，奚患其无公德也。"②

关于名誉心，原作者指出："负护国之大任，得干城之盛誉，吴子所谓有死之荣，无生之辱。谁不欲负此光荣，横战骨于敌地，洒碧血于国境哉。故名誉心者，无形之军纪也，可以戒恶，可以奖善。惟军人有名誉心，而国乃有威。

①② 百里：《军国民之教育》，《新民丛报》1902年第22期。

军人之名誉也，国威也，则一而已矣。”蒋方震在此基础上发挥说：“吾观日人之于军人也，则尊之敬之，其购物也，为之贱其值；其行军也，则为之洁其膳；而其进队也，则送之曰‘祈战死’；其死于军事也，则为之恤其孤，为之铭之石，铸之像；其死者之衣，则藏之于博物院；其苟有逃者，抑或债军乎，则父不子之，妻不夫之，亲族远之，朋友耻之，盖实无以立于天壤间也。”[①]而反观中国，与处处尊敬军人的日本完全相反，中国人历来轻视军人，把当兵视为最低贱的职业。“若中国则开章第一义曰‘好铁不打钉，好汉不做兵’，其业则贱之，其死则忘之。其败军生归也，则妻子亲族走相贺，然则虽欲其舍身为国又乌可得耶？虽然，要而言之，则仍是无名誉心耳。”[②]

关于忍耐力问题，原作者说：“军人者，拔山倒海而不移其志者也。故必有百折不回之气概，而后百胜之机乃决。我困之时，人亦困之时也；我疲之时，人亦疲之时也。际人之困疲，而我鼓一段之勇气以继之，胜利固不得不归我矣。”“故所谓忍耐力者，在平日之口说易，在临时之实际难；在思想之所及于虚者易，在气魄之直任于事者难。”蒋方震对此补充说：“拿破仑曰：胜败之决，在最后之十五分间。至哉言乎！盖观乎竞马，当最后之数秒时，实决胜之大关键也。慎始慎终固矣。”[③]

蒋方震主张面向全体国民进行军事教育，目的是培养训练新式的尚武国民，即军国民。爱国主义、独立自主、吃苦耐劳、遵守纪律等尚武美德同样适用于黎民百姓，应该由学校、家庭和社会三方面努力，共同对黎民进行教育。

蒋方震指出，普通学校的课程要包括体操、军训和军事常识。他把学校看作军队的缩影，把国家当作军队的扩大。所有学校应该与军事组织保持密切的联系。学校应该按不同的教学阶段，从现役军官或力能胜任的退役军官中选拔部分教员。通过这种方式，使学校成为训练平民的场所，使学生做好为国家服役的准备。蒋方震主张军国民教育必须从家庭开始，父母在教育子女方面要跟学校配合。在学校和家庭之外，军国民教育将在一个重新组织起来的社会里得到继续贯彻。同梁启超一样，蒋方震也对斯巴达式社会感兴趣，

---

①②③ 百里：《军国民之教育》，《新民丛报》1902年第22期。

指望行政、立法、司法等政府各部门都用尚武精神进行改组，那时将产生新一代的国民。①

所谓“军国主义”，按照西方学者劳伦斯·雷德威（Laurence I. Roadway）的解释：“军国主义是崇尚战争、使国家和社会首先服从武装力量的一种学说或体制。军国主义鼓吹一种职能——使用暴力；一种组织机构——军事体制。它具有政策方向和权力关系的两重含义……一个十足军事化的社会还赋予战士特殊地位。当军国主义达到鼎盛时，武装力量将单方面决定基本制度的性质、政权的形式、公民的权利和义务，以及调拨军队所需的国家物资和资金。”②明治时期的日本是军国主义最典型的例子。

应当指出，蒋方震与中国学人士子鼓吹军国主义，是希望用尚武精神组建新式军队，组织近代社会，以应对帝国主义列强的侵略。他们鼓吹尚武，具有相当多的平民化含义，并不希望建立军国主义思想体系。他们既没有实施军事统治的愿望，也不希望军事组织压倒文官机制。他们所追求的是文武结合的政策，希望军方在国防、军国民教育和净化社会道德方面发挥特殊的作用，从而赢得社会的尊重。实现军事化，但不必实行军事统治。尚武是达到目标的手段，军国主义本身并不是目的。

日本人下河边半五郎曾将蔡锷的《军国民篇》与蒋方震翻译的《军国民之教育》两篇文章，合编为《军事篇》一书，先后印行7版，风行一时。《蔡松坡先生遗集》的编者刘达武在《军国民篇》一文后加按语云：“右军国民篇，清光绪壬寅公在日本新民丛报馆为其师梁任公先生襄笔政时所作也，署名曰奋翮生……倭人下河边半五郎尝刺取此篇及新民报中蒋百里先生所著军国民之教育一并汇为军事编以示其国人，至明治末印已七版，其用心盖非鸡林贾人所可拟矣。”③

军国民教育思想在近代中国曾经产生重大影响。1906年，清政府第一次颁

---

① 参见百里：《军国民之教育》，《新民丛报》1902年第22期。

② 中国社会科学院近代史研究所《国外中国近代史研究》编辑部编：《国外中国近代史研究》第二十二辑，中国社会科学出版社1993年版，第174页。

③ 蔡锷：《蔡锷集》，文史资料出版社1982年版，第244页。

布教育宗旨，把“尚武”作为教育方针之一明确规定下来，并规定“凡中小学堂各种教科书，必寓军国民主义”。辛亥革命后，中华民国南京临时政府继续把军国民教育列为教育宗旨之一，并规定军国民教育应占学校教育总课程的10%。1912年9月，中华民国北京政府颁布《教育宗旨令》，重申军国民教育。

赴德国继续深造军事学

1906年，25岁的蒋方震结束了近6年的留日生活回国。

蒋方震回国后的第一件事，便是回故乡硖石省视孤苦无依的老母。当时，清政府正在大力编练新军，亟需大批军事人才。为数不多的日本陆军士官学校毕业的归国留学生，备受各省当局的欢迎。先期回国的蔡锷，即被湖南巡抚端方聘为湖南教练处帮办兼武备学堂教官。不久，蔡锷又应广西巡抚李经羲之聘，担任广西新军总参谋官兼总教练官，又兼随营学堂总理官。蒋方震回国后，浙江巡抚张曾敭立即致函他，邀他立即赴省城杭州主持编练新军。本省人编练本省兵，本是顺理成章的事。不料，蒋方震拒绝了这一美差，他复函张曾敭说：“夫以不教之民，授之以不祥之器，而教之以杀人之事，吾恐今日之惟恐其无者，他日将惟恐其有。”[①]在蒋方震看来，在浙江编练新军只能用于防止内乱，与国防无关，所以他毫不迟疑地拒绝了。

蒋方震在求是书院求学时的老师陈仲恕当时正在盛京将军赵尔巽处当幕僚。经陈仲恕推荐，赵尔巽聘请蒋方震担任督练公所总参议。蒋方震向赵尔巽表示：“我在日本学的是初级军事，中国国防应当取法乎上，当今之世，德国陆军最强，我希望有到德国实习陆军的机会。”蒋方震的请求得到赵尔巽的批准。不久，赵尔巽即派蒋方震、张孝准、林摄三人赴德国深造，并各赠万元巨款。因此，蒋方震后来说，“得极优厚之费用以游德（国）”[②]。

清政府定于1906年10月22日起在河南彰德府举行新建陆军的秋操大典，

---

① 《蒋百里全集》第一卷政论，第181页。
② 《蒋百里全集》第一卷政论，第165页。

派陆军部尚书铁良、直隶总督兼北洋大臣袁世凯为总校阅官，王士珍为总参议，哈汉章为中央审判长，冯国璋为南军审判长，良弼为北军审判长，各省所派的观操人代表一律为审判员。参加秋操的军队，以段祺瑞任统制的第三镇为北军，以张彪任统制的第八镇为南军。南、北两军举行对抗演习，为期一周。这是清政府举办的第一次大规模的秋操，也是对清政府编练新军的一次总检阅。蒋方震与张孝准、林摄三人在赴德国之前奉赵尔巽委派，赴彰德观操。秋操结束后，三人回到盛京向赵尔巽复命，随后即南下，由日本转道赴德国。

蒋方震到德国后，先入德国陆军第七军充任见习连长。第七军军长为麦克森上将，该军驻防于柏林附近的伊堡司瓦德（Ederswalde）。蒋方震在日本近卫第一联队见习时曾经研究过德国战术，但当时只是机械地记录老师的讲解，还不会自己独立思考问题。到德国后，蒋方震读了大量的德国军事著作，军事学识有了很大的飞跃。他后来说："我是先在日本军队中研究德国战术，他们根本是一条路线，老师教一句记一句，自己尚不会用思想，后来到德国读了德国战术著述家巴尔克的《德法两国战术之异同》才发生对于法国战术的兴趣，才知道兵法（包括战术和战略）有种种的不同，才知道一国要有一国固有的兵法，不可盲从，不可硬造。德法两国战术的不同，如今不能细说。举个比方，德国是外家拳，法国是内家拳，我后来读了曾国藩的《得胜歌》，深深地感觉到湘军的战术是有些法国风味，至于国民革命军战术的成功，令人完全回想到拿破仑的散兵纵队互用战术。"①

蒋方震在德军见习时，与德国伯卢麦将军的侄子成为亲密的朋友。有一天，演习结束后，两人并肩骑马回家，进行了一段颇为有趣的对话。蒋方震后来回忆说：

从演习地回家，两人骑在马上谈天说地，我忽然问他："你看我将来在军事上，可以做什么官？"他对我笑着说："我有一个位置给你，就是军事

---

① 《蒋百里全集》第三卷兵学下，第38—39页。

内阁长。”（蒋方震原注：即所谓德皇帝之军事秘书长。）我说：“我难道不配做参谋总长？”他说：“不是这么说的，我们德国参谋部要选择一个有性癖的，或有点疯子气的人做参谋总长。”我说：“那可怪了，不过陆军部长呢？”他说：“参谋部长是公的，陆军部长是母的，我们青年人不想当陆军部长，因为他是陆军的母亲，要有点女性的人，才干得好，鞋子也要管，帽子也要管，吃的，穿的，住的，又要省钱，又要好看，又要实用，所以俄国用擅长军事行政的苦落伯脱金（Kuropotkın）去当总司令，牝鸡司晨，结果失败了。但是专制皇帝多喜欢用这种女性呵！（当时日俄战争，德国军人资为谈助，而对于德皇之用小毛奇有些不平。）参谋总长的性质同陆军部长不同，不要他注意周到，要他在作战上看出一个最大要点，而用强硬的性格不顾一切地把住它。因为要不顾一切，所以一方面看来是英雄，一方面看来是疯子。军事内阁长是专管人事，要是有性癖的人去干，一定会结党会不公平。要是有女性的人去干，就只会看见人家的坏处，这样不好，那样不好，闹得大家不高兴，我是恭维你人格圆满，不是说你没有本领呵！”①

由于赵尔巽在经费上的慷慨大方，蒋方震有了充足的财力去购买图书。除了军事学图书，蒋方震还购买了大量有关哲学、文学等方面的书籍，比如《歌德集》、德译《莎士比亚全集》、《席勒集》、但丁《神曲》等，广泛涉猎了西方的文学、哲学等，为以后在学术领域多方面的发展打下了基础。

蒋方震在德军见习期满后，遍游德国各地的风景名胜，并远赴意大利佛罗伦萨、罗马、那不勒斯等胜地观光游览。古老而又充满现代活力的西方文明给蒋方震留下了深刻的印象，也加深了他对西方文明的了解。

1936年，已是著名军事家的蒋方震，以国民政府军事委员会顾问的名义奉派赴欧洲考察总动员法。蒋方震携夫人左梅与两个女儿蒋英、蒋和同行。蒋方震在德国见到了当年的德文教师阿司特夫人。时隔近30年，阿司特夫人已是一

---

① 《蒋百里全集》第三卷兵学下，第47—48页。

位满头白发的老妇人。当蒋方震的两个女儿叫她“阿妈”（按德文发音，即祖母之意）时，她不禁感慨又兴奋地说起了蒋方震当年在德国生活的情形：“你们的父亲年轻时是蛮漂亮的，而且也很会跳舞，参加跳舞竞赛会，以华尔兹舞得第一名奖，德国名媛都很注意这个年轻漂亮的中国军官。”阿司特夫人接着说：“柏林的树林最多的是橡树，秋深了，叶子飘落下来，平铺在地面上，黄澄澄的，像天工组成的地毯，淡淡的阳光从繁密的丫杈里透出来，恍如一幅灿烂的画图，树林两旁直挺挺地躺着两条人行道，飒飒的松风下，有人席地而坐朗诵歌德的诗，依稀如神仙中人，这就是你们当年的父亲啊。”

说至此，阿司特夫人话锋一转：“不过，你们父亲的德国话……”

阿司特夫人正要往下说，蒋方震抢先插话说：“我的德国话一辈子也说不好，因为发音不准，我国硖石人不但外国话说不好，说国语也是怪腔怪调似的，所以我要北平老妈子教我的女儿们说国语，现在我趁她们年事尚幼就带出洋来，就是要她们舌头轻软时学话比较容易些。”

“但是，你读外国诗却铿锵有韵呀！”阿司特夫人不失时机地褒奖蒋方震。

蒋方震在德国期间还参与了一件极为机密的外交事务。当时，德皇威廉二世认为德国最强，中国最大，美国最富，谋求建立德美中同盟，以压倒英日同盟。

荫昌于1908年9月23日被任命为出使德国大臣。荫昌是蒋方震的拜门老师，故蒋方震亦得以与闻这一重要外交事务。威廉二世于1911年春决定派遣皇太子赴中国游历，与清政府作进一步磋商。荫昌私下告诉蒋方震：“皇太子到中国时，派你为接待人员之一，你必须好好学习外交礼节。”1910年秋，蒋方震为迎接德国皇太子访华做准备，随荫昌回国。

回国前，蒋方震想一一谒见当时德国的著名军事家以求教，但这个愿望未能实现。最后，他通过关系拜见了德国著名军事家伯卢麦。伯卢麦在普法战争时任普鲁士大本营作战课长，战后著《战略论》，轰动一时，该书日文译本在日本多次重印。蒋方震在日本留学时即已熟读该书。到德国后，恰巧他与伯卢麦之侄在同一个部队服役，两人成为挚友。蒋方震从伯卢麦侄子口中获悉伯卢麦的生平经历。其时，伯卢麦已经年过七旬，犹好学不倦。在伯卢麦侄子的介绍下，蒋方震在柏林以南伯卢麦的森林别墅中拜见了他。见面后，蒋方震即向伯卢麦陈述自己的诚意及目的。伯卢麦回答说："余老矣，尚不能不为后进者有所尽力，行将萃其力于《战略论》一书，今年秋当能改正出版也。"随后，伯卢麦向蒋方震展示了各种资料，并向其概述了50年来战略战术变迁之大纲，并将照片一张、新版《战略论》一册赠给蒋方震，还将《战略论》翻译成中文的版权授予蒋方震。

当蒋方震满载收获，准备辞出时，伯卢麦以手抚他之肩，很亲切地对他说："好为之矣，愿子之诚有所贯彻也，抑吾闻之，拿破仑有言，百年后，东方将有兵略家出，以继承其古昔教训之原则，为欧人之大敌也。子好为之矣！"①

不久，蒋方震随荫昌由德国，取道俄国，经西伯利亚铁道返国。当欧亚列车经过莫斯科车站时，清廷出使俄国大臣陆征祥登车随行。

荫昌回国后，清政府指定以新落成的摄政王邸为德皇太子来华时的行馆，并将毁于太平天国炮火的杭州行宫修葺一新，以备德皇太子游览杭州西湖时使用。德皇太子来华后，清政府指定文武各一员专门负责招待事宜，文的是施肇基，武的是蒋方震。蒋方震参与筹备接待事宜，异常忙碌。但后因美国总统选举，积极倡导美国与中国、德国同盟的老罗斯福总统下台，新任总统塔夫脱无意于此种结盟，德美中同盟胎死腹中，德皇太子来华之举也因此取消。后来，德皇改派亨利亲王来华，蒋方震的招待任务亦随之结束。

---

① 《蒋百里全集》第三卷兵学下，第69页。

第三章　从管带、总参议到军校校长

从禁卫军管带到东三省总参议

蒋方震从1901年出国留学，在日本6年，在德国4年，前后共10年。回国时，蒋方震已是29岁的大龄青年，不久回海宁老家探亲，在母亲的严命之下，与海宁袁花镇查芸孙之女成亲。

蒋方震18岁时与查氏定亲，查氏是一位传统的裹小脚的闺秀。蒋方震出国留学后，两人的学识、身份和社会地位形成了巨大落差。蒋方震对这门亲事已是很不满意。蒋方震的母亲杨太夫人亦深恐将来两人文化程度不相等，便很委婉地对查家说："恐怕毕业须待数年，不妨解约。"不料查氏却很痴心地答复说："留学十年等待十年，百年等待百年。"①话已至此，杨太夫人也不好再说什么。蒋方震此次自欧洲回国后，在母亲的严命下，十分勉强地与查氏成了亲。

但查氏完全是旧式闺女，两人无法凑合。对蒋方震来说，这桩婚姻成了极为苦闷的事情。因此，蒋方震后来与日本护士左梅结婚。陶菊隐在《蒋百里传》中，为谊兼师友的蒋方震辩护说："百里的故乡硖石还有查夫人，是百里留学时奉父母之命迎娶的。但以前的时代不同，指腹为婚或者童年结婚，都是父亲攀

① 浙江省政协文史资料委员会编：《浙江文史集粹》政治军事卷下册，浙江人民出版社1996年版，第476页。

交情，母亲讨媳妇，而不是丈夫讨妻子，所以这是不足为百里病。”①

结婚以后，查氏即陪伴婆婆在硖石老家过日子，终身没有生育。在新旧交替的时代，由于男女双方社会地位的剧烈变迁，元配夫人守空闺成为一种比较普遍的现象。比较著名的还有鲁迅的元配夫人朱安、郭沫若的元配夫人张琼华等，都是这种情形。可见，查氏并不是那个时代唯一的牺牲者。

蒋方震完婚后，随即北上出任禁卫军管带。光绪帝、慈禧太后去世后，溥仪继位，摄政王载沣执掌政权。以载沣为首的皇族亲贵为了夺回逐渐旁落的军政大权，采取了一系列排挤汉族大臣的措施，如罢黜权臣袁世凯，以载涛为军谘处大臣兼陆军大臣，载询为海军大臣，良弼为禁卫军统制兼第一协协统，王廷桢为第二协协统。良弼与王廷桢均为日本陆军士官学校中华队第二期毕业生，蒋方震为第三期毕业生，且为步兵科第一名，后又赴德国深造，在国内已经享有盛名。良弼为了巩固清朝的统治，礼贤下士，求才若渴。蒋方震一回到北京，良弼即请他下榻自己位于光明殿胡同的家中，并坚持请他屈就禁卫军标统（相当于团长）。然而，蒋方震很谦虚地说：“这个职务对我来说不是屈就而是高攀，我在日本当过排长级尉官，在德国升任见习连长，如果按级升迁，今后宜为管带（相当于营长）。我任军职也是求学的过程，要一级一级地升上去，不愿躐等以求，以免经验脱节。”②因此，蒋方震担任了清廷禁卫军管带，部队驻扎在京城南郊的南苑。

当时已是辛亥革命爆发的前夜，革命浪潮汹涌澎湃，清军士气普遍低落，人心惶惶，逃兵现象非常普遍，成为清王朝的一大难题。蒋方震任禁卫军管带的4个月期间，所部500人中亦有10余人开了小差，这还算较好的成绩。

蒋方震作为一名纯粹研究军事学的军人，对当时革命与反革命之间的生死搏斗无特定倾向，但他内心非常厌恶清廷，觉得朝廷权贵颟顸、贪婪，是无法长久维护政权的。

1911年3月，赵尔巽从四川总督任上回任东三省总督兼管东三省将军事，

---

① 陶菊隐：《蒋百里传》，中华书局1985年版，第35页。

② 陶菊隐：《蒋百里传》，中华书局1985年版，第20页。

奏请调蒋方震回东三省任督练公所总参议，得到朝廷的批准。督练公所是负责编练新军的机构，督办一般由各省巡抚或总督兼任，不领薪金。其下设总参议1名、参议官1名、副参议2名、总文案1名。当时驻奉天（今辽宁）的新军第二十镇署理统制张绍曾、第二混成协统领蓝天蔚为日本陆军士官学校中华队第一、第二期毕业生，与蒋方震是前后期同学。蓝天蔚是同盟会的秘密会员，张绍曾也有同情革命的倾向，他们虽然政治立场有差异，但同学情谊十分浓厚。

1911年4月18日，管理军谘府事务大臣载涛等奏请“援照旧案，举行秋操”，秋操地点在直隶永平府。参加秋操的部队分为东、西两军，清廷旨派载涛为校阅总监，冯国璋为东军总统官，舒清阿为西军总统官，秋操定于1911年10月16日（宣统三年八月二十五日）举行。清政府举行这次大规模秋操，显然含有炫耀武力、向革命党人示威的用意，因而引起新军中革命党人的强烈不满。奉派参加秋操的第六镇统制吴禄贞、第二十镇统制张绍曾与第二混成协统领蓝天蔚等密议，决定利用参加秋操之机会，暗中私带子弹，相机举行起义。

10月10日（八月十九日），震惊中外的武昌起义爆发，清廷顿时慌成一团，立即下令停止秋操，准备全力应对武昌起义。武昌起义爆发时，张绍曾率领参加秋操的部队刚抵达直隶省昌黎县境内。清政府下令停止秋操，命其将部队开到滦州听候调遣，张绍曾遂下令部队原地待命，并亲自赴京探听消息。当他在得知清廷将派他率领部队南下镇压起义后，立即回到滦州，并与心腹将领急返奉天，与驻扎该地的护理第三镇统制卢永祥、第二混成协统领蓝天蔚商讨对策。张绍曾主张响应武昌起义，但卢永祥对此持坚决反对态度，而“素抱革命主义”的蓝天蔚，因害怕东三省赵尔巽勾结日本驻兵干涉，也不同意立即反正，主张先看形势的发展，选择有利时机后再响应起义。

关于蒋方震在武昌起义爆发前后的政治表现，尚未找到任何原始档案资料。现有的著作大多援引陶菊隐先生在《蒋百里传》一书中的说法。现转录于下：

> 12月初的一天，蒋方震到东三省总督辕门求见赵尔巽，在赵尔巽处任幕僚的陈仲恕是蒋方震的老师，连忙将蒋方震请进来，问他来意，蒋方震说：“长江南北多易了旗帜，我来见赵次帅，请他早点宣布独立。”陈仲恕

连忙说："你真是不知此间实情，几个有实力的领兵大员都是清朝的忠臣，次帅如果要独立，还要通过他们，得他们的首肯。况且次帅恐怕没有这种思想。"正说话间，忽有当差匆匆跑进来对陈仲恕说有统兵大员要求见次帅，而且带有卫队，不知有何举动。陈仲恕听说后，急忙掏出身上带的钱，又向同事借了一些，约有100元，交给当差说："你领这位客人从后门出去，送上火车，车开了再回来。"蒋方震发现情况紧急，立即急奔车站而去，迅速跨上南下的火车，蒋方震上了火车后，一时急欲如厕。按照火车上的规定，在火车没有开动时，厕所门是不准开启的，侍者见是蒋总参议，不敢违命，破例开门让蒋方震进去。为了防止乘客接踵而进，随手将厕门锁起。在厕所中的蒋方震也许不知道，就在这时，那位土匪出身的巡防营统领张作霖已经带着二十几位卫士追上车来，欲得百里而甘心。张作霖找到一位不知情的侍者问："蒋总参议在哪里，我要找他送行呢！"这侍者答以蒋方震未上车，张作霖不信，从头到尾搜查了一遍，果然车中没有发现蒋方震，便以为他不是搭这一班车，这才带领卫士悻悻然走了。蒋方震侥幸地逃过了一难。如果落入胡匪出身的张作霖手中，结果如何，就很难猜测了。

此外，王益知在《辛亥革命与张作霖》一文中也提到了蒋方震，亦摘录如下：

张作霖见了赵尔巽，表示愿以"保卫大帅，镇压地方"为己任。赵认为张这支部队比较可靠，也就挟以自重。在张作霖的伴随下，赵尔巽参加了一九一一年十一月十二日（宣统三年九月二十二日）在省咨议局举行的保安会。场外由张作霖的部队严加戒备。沈阳各界出席者达二百余人。张榕等前后发言，慷慨激昂地要求宣布独立。张作霖突然跳上讲台，持着手枪，气势汹汹地说："今日之会，我们一定要服从大帅的主张，如有反对的，即使大帅容许，我这支手枪是不允许的。"一时会场空气甚为紧张，就在这种恫吓和强迫的情况下，赵尔巽自任保安会长，吴景濂、伍祥祯为副会长，聂汝清、张作霖为军事部正副部长。张榕等原想用保安会挟制赵尔巽，逼他出走，并推举蓝天蔚为关东大都督，不料反为赵尔巽所窃据……赵尔巽还进一步排挤蓝天蔚，他先将成立保安会的经过情形，报告了清廷和袁世凯，并着重指出："协统蓝天蔚与两标素不相洽，全协皆不听从命令。"清廷复电说，"蓝天蔚著开去统领官，交赵尔巽差遣委用"。一九一一年十一月十四日（宣统三年九月二十四日），赵尔巽邀蓝（天蔚）入署，说："因南方风潮日烈，请君去调查，据实以报。"并赠旅费二千元，由伍祥祯（二十镇三十九协协统）转交，危言耸听地促其速行。与此同时他又叫蒋百里做同样的劝告。这就是赵尔巽对蓝天蔚的"差遣方式"。蓝被迫离奉，其原因不外是聂汝清向赵告密和张作霖要和他拼命。其实张作霖的这步举动，有点类似"赌博性的讹诈"，他所率领的一哨马队，共有四五十人，与他的部下张景惠等在讲武堂受训的人数相近，合起来也不过百人，这就是他在省咨议局布置的兵力。当时他的绝大部分队伍，尚远在洮南一带，据《盛京时报》十一月十九日（宣统三年九月二十九日）记载："现在已将前路巡防营张统领作霖调入省城，并其所部马步各营暂住万福客栈，一俟勘定营房，即将分派驻扎以资防守……"可见他的部队，是在开保安会后的几天，才开到沈阳的。这样，张作霖在沈阳的实力与蓝天蔚的新军相比，实在众寡悬殊。蓝天蔚当时倘若向第二混成协士兵晓以大义，动以热情，从而掌握军心，则高举义旗起事，乃名正言顺顺理成章的事，而聂汝清的破坏也就起不了多大作用。至于张作霖的那点人马，更是不堪一击的。可是蓝天蔚何以放弃一切，悄然离沈呢？田桐曾说过："天蔚性豪爽，心地殊光明，其与个人交，则薄于己而厚于人……惟作事少主张，易为人所摇，故与作私交则宜，共公事不尽宜也。"

蓝天蔚离奉后，曾给赵尔巽写了一封信。信中说："天蔚（虽）秉性过愚，（但）素非畏葸之辈，亦非无起义之权，并非无辅佐之人。然某甘辞兵权……者，诚以东省迭遭兵燹，去年大疫，本年大水，不忍视生灵涂炭，我公危险，且恐与日前奏请立宪主旨相背谬（指与张绍曾等合奏事），无以见信于天下耳。……"由此可见，蓝天蔚起初是否有过起义的决心和信心，是很可怀疑的。而劝他离奉的蒋百里，论军事知识虽高人一等，但革命思想却更为薄弱。在蓝出走之后，他不久也入关，做了保定军校校长。后来，由于学生南下参加讨袁，他大不以为然，竟愤而举枪自戕。他二人原是留日同学，如果蓝天蔚决心起义，他再从旁相助，“辅佐得人”，张作霖不一定就能得逞。①

真相如何，还有待于档案史料的进一步挖掘，这里暂且存疑。

蒋方震回到南方时，东南各省及长江流域均已光复。1912年1月1日，中华民国临时政府在南京宣告成立，选举孙中山为临时大总统。浙江军政府首任都督汤寿潜出任临时政府交通部总长。1912年1月15日，蒋方震的同学蒋尊簋被浙江省临时参议会选举为浙江军政府都督。蒋尊簋上任后，聘请蒋方震为总参议，襄助一切。

1912年2月6日，蔡锷向临时大总统孙中山、陆军总长黄兴推荐蒋方震担任南京临时政府参谋总长。蔡锷在电报中对蒋方震的学识与才干极力推崇：

临时政府成立，各部长官皆极一时之选，仰见任官惟贤，无任钦佩。惟缔造伊始，军事方殷，折冲樽俎之才，相需尤亟，苟有所知，不敢壅闻。蒋方震君留学东西洋十余年，品行、学术，经验、资望为东西洋留学生冠，亟应罗致，以餍海内之望。闻蒋已由奉返浙，如畀以参谋部总长或他项军事重要职务，必能挈领提纲，措置裕如，不独中枢有得人之庆，而军国大计亦蒙其庥。锷于蒋君相知最深，为国荐贤，伏希留意。②

出于种种原因，蔡锷的推荐未能得到政府认可。不久，又有人抓住蒋方震曾在清廷禁卫军担任管带一事，向南京临时政府告发，称蒋方震为“汉奸”。为此，南京临时政府陆军总长兼参谋总长黄兴不得不于2月25日公开发表通电为

---

① 中国人民政治协商会议吉林省委员会文史资料研究委员会编：《吉林文史资料选辑》第四辑，吉林人民出版社1983年版，第59—61页。

② 许逸云编著：《蒋百里年谱》，团结出版社1992年版，第44页。

蒋方震辩诬："阅昨日报，有电称蒋方震君为汉奸一节，殊为失实。现在南北统一，人人尽力民国，断未有甘心向虏者。前有小愆，亦在所不咎，请登报声明，以彰公道。"①黄兴是南京临时政府中仅次于孙中山的领袖人物，有他亲自出面澄清，风波得以平息。

辛亥革命风暴过去后，浙江百废待兴，千头万绪。蒋尊簋上任伊始，发表《敬告全省父老书》，提出"维秩序""消意见""安职业"三大施政方针，并采取了一系列政策措施，取得了很好的效果。

第一，整顿军队。撤销各地军政分府，遣散各地所编军队。要求军人重道德、守纪律，上下彼此有如父子兄弟，同力协心，同舟共济，提出"兵与兵和""兵与民和""兵尤当与国和"的三大原则，以调整军民关系。1912年2月，又颁布了《临时维持治安军律八条》：抗捕、拒捕者斩；抢劫掠夺者斩；扰乱商务者斩；藏匿敌探者斩；奸淫烧杀者斩；买卖不公平者斩；要挟罢市者斩。以严厉的法令维持军纪。

第二，解决财政困难。1912年2月14日，颁布了《维持市面公债简章十六条》，将浙江爱国公债票改名为维持市面公债票，拟投总值100万元。特派专员经理其事，并以军政府之信用担保维持，以消除人民的疑虑。100万元公债票投放后，市民踊跃认购，在一定程度上促进了资金周转，缓解了浙江军政府的财政紧张。为了开源，蒋尊簋于1912年2月先后颁布了《令全省各地完纳钱粮》和《令仍行厘金制度》。这两个法令颁布后，全省各地陆续开征。据推算，单田赋一项收入当在200万—300万两，这对浙江摆脱经济困境发挥了很大作用。

第三，革除封建陋习。严禁鸦片，放女足，剪发辫，禁止婢女，严禁买卖人口，禁止拐贩"猪仔"，解放"疍户""惰民""优倡""隶卒"，民众在政治上一律平等，不准歧视；废除刑讯，所有刑具一律销毁；废除老爷、大人称呼，取消主仆名分等。1912年2月5日，蒋尊簋颁布《浙江实行禁绝鸦片议决案》，规定全省以1912年2月17日为禁绝期限，届期土膏店营业执照、吸户牌照、行旅小票一律废止。各地设禁烟局、禁烟分局，派员分往各乡，迅速调查，查有

① 毛注青编著：《黄兴年谱长编》，中华书局1991年版，第278页。

私种之情，应将烟苗犁拔，田亩充公；吸食者应在禁限后10天内，将烟具及剩余土膏呈交当局，私藏烟土膏及烟具者处以三等至五等徒刑，私藏烟具者处百元以下罚金；对到时未戒绝者，据程度不同，按不同方式令其戒绝，最迟不得超过5月底，否则处以拘役或罚金；鸦片禁绝期限一到，鸦片店应停止营业，否则将店屋查封，并处本主有期徒刑。法令一出，各地积极行动，颇具成效，仅温岭县境内铲除烟苗2000余亩，处罚烟犯104名，罚款银洋11万余元。对于上海运往江西、安徽两省的经过浙境的烟土，予以扣留。英国驻杭总领事向浙江军政府多次提出抗议，甚至将军舰开进钱塘江进行恫吓，但浙江禁烟决心从未动摇，终未开禁。1912年2月7日，颁布《改定祠祀议决案》，按不同类型分废止、变更、新建三类。把建在西湖边上及各县祠宇中的那些在历史上助满为虐、起过反动作用或对浙江人民犯下罪行的人物，如盛宣怀、范承谟（范文程之子）、张国良（反抗洪、杨）、崧骏等人的祠予以废止，祠庄地亩充公；对彭玉麟、李鸿章、曾国荃、刘典、杨昌浚等祠进行变更，重新择地合设一祠，各祠公产公款，查明备充公用，将有惠浙人的蒋益澧、左宗棠合祠，公产公款照旧办理；新建包括清先贤黄梨洲（宗羲）、吕留良、齐周华、杭堇浦等祠；为浙皖起义烈士秋瑾、徐锡麟（附祠马宗汉、陈伯平、杨哲商三人）设专祠，扩大张苍水祠（附祠全祖望等），另设国殇社，“悬挂战阵殉难写真”，让后人瞻仰。1912年3月，颁布《令各知县禁止缠足文》，禁止缠足。责成地方官剀切谕禁，各自治会广为劝道。

第四，推行县自治。1912年6月，公布《浙江省自治章程议决案》8章97条。

以上措施取得了很好的效果。吕公望说：“经半年的调整，军政分府撤销了，兵裁者裁了，归并者归并了，军、民、财各政渐上轨道了。”①因此，蒋尊簋成为民国初年浙江深得众望的一位都督，这里面当然也有蒋方震这位总参议的一份功劳。

然而，为时不久，一股暗流即已滋生。浙军将领朱瑞正在觊觎浙江都督的宝座。朱瑞（1883—1916），字介人，浙江海盐人。他毕业于南洋陆军学堂，辛

---

① 近代史资料编辑部编：《近代史资料》总87号，中国社会科学出版社1996年版，第206页。

亥革命前任浙江第八十一标代理统带，是辛亥杭州光复的主要将领之一，旋任北伐的浙军支队长，率3000名浙军与苏军、沪军组成江浙联军攻下南京，朱瑞立有重大战功。南京临时政府成立后，朱瑞被任命为陆军第六师师长，不久又升任陆军第五军军长。南北议和后，孙中山辞去临时大总统之职，袁世凯继任。朱瑞率领浙军凯旋还浙后，通过他的族人朱福诜向袁世凯政府谋求浙江都督一职。朱福诜是前清翰林，曾任河南、贵州学政等职，与现任北京政府临时大总统袁世凯颇有交情。经朱福诜竭力推荐，袁世凯便有撤换深孚众望的现任都督蒋尊簋、提拔朱瑞为浙江都督之意。8月21日，袁世凯明令免去蒋尊簋的浙江都督一职，由朱瑞继任。蒋方震也随蒋尊簋下台，结束了半年多的总参议工作。

保定军校史上最知名的校长

蒋方震辞去浙江都督府总参议后，前往北京，就任北京政府陆军部顾问这一闲职。

这年冬，云南都督蔡锷准备推荐蒋方震为云南民政长，并约他到昆明相晤。一天，蒋方震到陆军部向段祺瑞总长辞行。此时，段祺瑞已得知临时大总统袁世凯准备任用蒋方震为保定陆军军官学校校长，料想蒋方震不会舍熊掌而取鱼，便向他透露了口风。蒋方震听到这个消息，不假思索地回答说："这是一件有关建军的大事，总长如果把这件事委托给我，我就不到云南去了。"①蒋方震的这一果断决定，打破了段祺瑞准备任用私人的预谋，也埋下了恶根。

陆军军官学校设在保定，故人们习惯称之为保定军校。它是在前清保定陆军军官学堂和速成学堂的基础上创办的，于1912年10月正式开学，隶属于陆军部。根据学校条例规定，学校是"造就初级军官之所"，"教训初级军官必修之教育"。学校设步兵、炮兵、骑兵、工兵、辎重兵5个学兵科，每科之下设立学生连。保定军校第一期招收前清各陆军中学堂之高年级学生及入伍生队学生，

---

① 陶菊隐：《蒋百里传》，中华书局1985年版，第24页。

定额为160人。[1]第一任校长赵理泰是北洋派旧式军人，安徽合肥人，与陆军总长段祺瑞是同乡。段祺瑞爱好培植他们的门生，故陆军部军学司司长魏宗瀚、军学司教育科科长丁锦等人结党营私，把持一切。

赵理泰任校长不久就发生了一场大风潮。这次风潮的直接原因是南方入伍生问题。武昌起义爆发后，上海的革命党人组织了学生军，准备参加北伐。孙中山领导的南京临时政府成立后，学生军奉命改编为入伍生团，陆军总长兼参谋总长黄兴曾想以入伍生团为基础，办一所陆军学校。然而，南北议和后，袁世凯篡夺了辛亥革命的成果，南京临时政府宣告结束。入伍生团便经北京政府陆军部批准，插入开办不久的保定军校学习。保定军校的学生多是从陆军小学、陆军中学的正规渠道输送上来的，这些学生认为南方来的入伍生不够入学资格，耻与之为伍，反对他们插班。另外，教官及科队长大多出身于陆军速成学堂，教育器材亦很不完备。因此，同学们颇不满意，与速成学堂出身的教官、科队长有很多矛盾。速成学堂的学生以段祺瑞为总长之陆军部为身后盾，因为段祺瑞曾是速成学堂的总办。陆军部内有不少速成学堂的学生担任了重要职务，军学司司长魏宗瀚即为一例。他们对军校同学大有排斥、打击之意，曾有一位同学因请假外出逾限数小时，竟受开除处分。全校为之哗然，不久就酿成了全校罢课、要求撤换全部速成学堂出身之教官、科队长的风潮。这次风潮是由骑兵科、炮兵科的墙报引起的。墙报大意是：无耻的速成学生们，不学无术，居然要来当我们的官长，大家应该起来把他们撵出校去。随后，墙报接二连三出现了，语气更加激烈。各个连的连排长见风头不对，停止办公，躲藏到官长住室去了。各个连的学生就推出连代表一人、排代表三四人出来维持秩序。赵理泰看到事情闹大了，便在操场集合全校学生讲话，好说歹说，说了三四个小时，但学生们还是坚持主张，一步不让。赵理泰被学生包围，下不了台。这次风潮的主要目标不是教授部门的教官们，而是连长、排长。学生表示，不要速成毕业生当官长，就是当排长都不行。于是，由日本陆军士官学校出身的教官们出

① 张侠、孙宝铭、陈长河编：《北洋陆军史料（1912—1916）》，天津人民出版社1987年版，第322页。

面调停，找各连的连代表们谈话："让速成毕业生当排长、队长吧，连长则由日本陆军士官学校毕业的人来当，你们的意见如何？" 13个连的代表商量后，推刘文岛为总代表出来答复：这个事不好决定，要征求同学们的意见，连代表都不敢做主！于是，调停风潮的教官就推举13个人出来，亲自到各连劝说。但大家还是坚决不让速成学堂的学生当官长，调停没有结果。

在罢课期间，同学们的一切生活和自修活动都由自己轮番负责管理，秩序井然。陆军部坚持要学生服从命令，复课后再听候处理。段祺瑞派军学司司长丁锦和军法司一名军法官前往军校。丁锦集合全体学生，用江苏无锡话大骂学生："今天陆军部总、次长要我来，是准备把你们马上轰出去的。我想你们有些人是误会，你们说速成学生不懂普通科学，不能当你们的官长，就是误会。殊不知他们的普通科学，是在家中自己学的，没有花公家的钱。你们的普通科学则在陆军小学、陆军中学花了公家的钱学来的。现在你们还要闹事，想一想，对得起公家吗！"学生们睁大眼睛看着他。那位军法官也用安徽北部口音说："你们大家想想，你们是军人，军人不服从命令，该当何罪？"虽然他们两人斥责了一番，但还是没有结果。

段祺瑞又责令驻保定的第二师师长王占元、旅长鲍贵卿一面派部队包围监视学校，一面到校召集全体学生进行劝导训诫。《大公报》报道说："保定东关外陆军入伍生大起风潮一节，已志前报，兹闻王统制占元以该生等其势汹汹，恐酿事端，特派军队二营前往该校围墙外驻扎，以资弹压。并闻由该校长官派密查数人，分赴内外，侦探各生之动静，兹已探获为首数人，解赴二镇执法处惩办。"①

与此同时，校长赵理泰发布布告，勒令闹事学生退学离开学校。布告称："本校前有无知学生，诱众要挟，无理取闹，迭经明白开导，始终执迷不悟，无可理喻。刻已一律遵照部令，迫令出校。惟前颇有洁身引退，或先期放假，以避风潮恶习者，以此立志向学，皭然不同，本校长殊深嘉许，现虽人数无多，

---

① 河北省政协文史资料研究会、保定市政协文史资料研究会编：《保定陆军军官学校》，河北人民出版社1987年版，第24页。

而于此等有志各生，仍应照旧培植。合亟通告以上各项学生，仰即赶速，克日回校，切勿观望自误。”①

最后，陆军部又派军法司司长到校查办，召集学生分别谈话，进行分化和威胁。谈话的大意是：陆军部接受学生的要求，是绝不可能的；只有学生服从陆军部的命令，先行复课，听候酌情处理这一条办法，如学生不愿接受，则只有开除出校，并通令各省永不录用；回籍旅费暂由学校垫发，仍责成地方政府追还上缴。当时因将已谈判与未谈判的学生分别隔离，所以未被召谈的学生也不知道查办的内容究竟是什么。结果，接受服从陆军部命令留校者，在1500多人中不过100多人。军法司感到很尴尬，经请示陆军部，仍坚决执行，唯一变化是先发一部分回籍旅费，学生离校后可在外暂住，如有悔悟，仍准回校；若干日以后仍执迷不悟者，再发全部旅费。同学们领得小部分旅费后，恐中缓兵之计，乃有组织地分住于保定及北京的会馆，并推派代表四处活动。那时各省都有军事代表在京，他们中的有些人和同学们在陆军中小学堂即有师生关系，如广东之姚雨平等很支持同学们的要求。同学们又推刘文岛等回湖北向副总统兼都督黎元洪陈诉，请其援助。黎即派人携各报所发表的社会舆论向袁世凯报告。袁即交陆军部处理。国会参众两院议员们针对陆军部处理军校学生的问题，向政府提出质问和不少提案。军事代表中，援助学生者很多，其中以湖南代表仇亮援助最力。国民党的机关报更是乘机发挥，对袁世凯政府口诛笔伐，以援助学生。按段祺瑞的本意，仍坚持全部开除，予以遣散。但有人劝说段祺瑞，全部遣散无异于放虎归山。经各省驻京军事代表的调停，段祺瑞乃下令，南方入伍生先送陆军第一、第二预备学校学习，请愿学生全部回校上课。

1912年10月29日，全部学生回到保定，并在淮军公所邀请北京各省军事代表及保定军、政、警、绅、商、学各界代表，表示谢意。会后，全校学生列队，在北京军事代表和各界代表陪同下返校，风潮基本平息。

---

① 河北省政协文史资料研究会、保定市政协文史资料研究会编：《保定陆军军官学校》，河北人民出版社1987年版，第24页。

当时，在保定军校就读的季方在《白首话当年》一文中，对这场发生在军校的风波有如下的回忆：

1911年我升入保定军校，先当半年入伍生，总队长肖先胜，全队一千七八百人，练习士兵以至班长动作。尚未满期，武昌起义便爆发了。陆军部怕入伍生中有革命种子，就宣布解散入伍生队，发路费让大家回家。南方独立各省都正组织新军，南方回家同学正好参加，虽还没学到多少军官的学识，就都当起连、排长来，也有当团、营长的。

我在上海参加了湖北同学刘文岛、张森组织的“北伐敢死队”，属沪军都督陈其美领导。后来同乡友人王敢（已故）邀我在南通组织地方武装，成立独立营，他自任管带，我任教练长。

未几，南北和议告成。陆军部限令离校学生回保定开学。同学们求知心切，大都放弃了军官职位回校，却无形中迎合了袁世凯裁减南方民军的如意算盘。

回校后入伍生队已算结束，大家都是正式学生了。但校长赵理泰是老官僚，教育长毛继成也无朝气，队长、教官大多速成学堂或行伍出身，大家认为他们都是些不学无术的驽弩骀下乘，对学不到什么东西感到失望与不满；他们对学生亦敌对而有意苛刻，例如，某次有个学生请假逾限几小时，竟遭开除！于是群情愤激，全校罢课，要求把速成学堂出身的教官、队长一律撤换。陆军部坚持要学生服从命令上课，学生坚持要撤换了教官、队长才上课，风潮越闹越大，斗争激烈，相持不下。罢课学生采取轮流值班来管理自己，按时作息，秩序井然，学校当局抓不到为首“闹事”者，陆军部派军学司会同驻保定师长王占元、旅长鲍桂卿先后来威胁“劝导”，学生据理力争；乃又派军法司来，不集体训话，而一个个审问：“你是服从陆军部命令，还是要坚持罢课?”他们自料可以得计，“各个击破”了。岂料一千几百人只有一百多人愿意上课，还是无法开学。于是勒令罢课学生离校，先发一部分回籍旅费，可是若思“悔改”，限期内回校仍予“收留”；若“执迷不悟”，则通令各省永不录用，并责成原籍地方官追缴全部旅费。

于是离校同学各住各省会馆，推举代表四出呼吁请援，乃由各省驻京军事代表（均系陆军中、小学的教官）出面调解：向回校学生保证撤换不称职的教官、队长；由陆军部公告离校学生限期回校。这么一来，本来官僚们求之不得的军校校长一职，可就没人敢当了。①

蒋方震的拜门老师荫昌时任总统府侍从武官长，深得袁世凯的信任。他向袁世凯推荐蒋方震继任校长，袁世凯知道蒋方震是留学日本、德国的“文武全才”，便表示同意。1912年12月15日，袁世凯连下两道总统令，批准赵理泰辞职，令蒋方震继任。命令如下：

临时大总统令

陆军总长段祺瑞呈称，军官学校校长赵理泰因病呈请辞职等语，赵理泰准免本职。此令。

中华民国元年十二月十五日

国务总理　赵秉钧

陆军总长　段祺瑞

临时大总统令

任命蒋方震为军官学校校长。此令。

中华民国元年十二月十五日

国务总理　赵秉钧

陆军总长　段祺瑞

保定军校学生获悉后，立即派学生代表专程到北京欢迎新校长上任。蒋方震也很兴奋，以为从此可以大干一番，完成建军的宏愿。任命发表的当天，蒋方震到学校走马上任，军校1500名学生都到校门口列队迎接。见新校长是个年

① 《蒋百里全集》第八卷附录，第89—91页。

轻的白面书生，身着黄呢子军服，外加红缎里子披风，腰挂长柄指挥刀，足蹬乌亮的长马靴，骑着一匹高大的骏马，十分整齐、严肃、英俊，学生们个个打心眼里敬佩。

蒋方震到任后第一次召集全校师生训话的内容是解释精神教育与学术教育。蒋说："什么叫精神教育呢？譬如四百人与四十人战斗，当然是四百人那一方要获胜，但是那四百人方面没有团结的精神，一个一个地或三五成群地与四十人战斗，而四十人方面是团结一致的就能战胜四百人。什么叫学术教育呢？重要的在于研究心。德国、日本是军事学术优良的国家，难道是天上神仙下凡教会他们的吗！不是，是努力研究军事得来的。"①

蒋方震接着谈了自己在日本、德国研究十余年的一些体会。他说："今日之谈陆军者，不曰德国，即曰日本。这两国我皆到过，其军队我皆深入考察过，他们的人也不是三头六臂；他们的办法，也没有什么玄妙出奇。不过他们能本着爱国精神，上下一心，不断地努力，所以能有这样的成就。我相信我们的智慧能力，我不相信国家终于贫弱，我们的军队终不如人。我此次奉命来掌本校，一定要使本校成为最完整之军校，使在学诸君成为最优秀的军官。将来治军，能训练出最精锐良好之军队。"蒋方震最后对全体学生说："你们在辛亥革命军中，当过各级军官的不少，今天能够辞了军职来到校中当学生，这种精神，可望'凌欧驾日'。今后一切事情，方震率先躬行。如果我作好了榜样，你们不跟着来，当以严厉制裁。如果方震不尽职责，办不好学校，当以自戕以明责任。"②

随后，蒋方震本着这种精神，采取了一系列措施对学校进行认真的整顿。

第一，抓清洁卫生与严肃纪律。蒋方震认为，清洁卫生与严肃纪律是一个国家文明盛衰的明显标志。不清洁象征民族的衰老，不严肃象征国民散漫而无组织。所以，他一到校就叫西装裁缝师傅量好全体学生的身材，然后按照每个学生的身材为他们各订做了一套新军服、一双皮鞋、一双马靴，其他一切装备

---

① 王成斌等主编：《民国高级将领列传》第三集，解放军出版社1999年版，第448页。

② 王成斌等主编：《民国高级将领列传》第三集，解放军出版社1999年版，第449页。

也都换上新的。他对学生的仪表也非常重视，凡是帽子未戴正、纽扣未扣好、皮带未扎紧的，他都亲手给以纠正。

第二，改善学生的伙食。蒋方震坚持每天巡视厨房，考察食物的样式与营养成分，并与学生同桌共餐。

第三，严格规章制度。规定学生要互相帮助、互相监督，每七人为一组，一人犯规，全组同罚。蒋方震每天上下午都要到操场巡视一遍，晚上查宿，检查制度落实情况。

第四，调整教官队伍。蒋方震请求陆军部将能力差的军校教育长毛继承调走，推荐他在日本陆军士官学校的同学张承礼为教育长。张承礼是日本陆军士官学校中华队第四期毕业生，能力过人。蒋方震上任后大胆改革，迅见成效，与张承礼的得力相助有很大关系。那些不称职的教官也一一予以调换，他亲自物色日本陆军士官学校毕业生为教官，如炮兵科科长谭学夔、步兵科科长邱志龙、骑兵科科长邹志权以及教官涂永、杨言昌、臧式毅等，都是蒋方震精心挑选出来的军界新秀。他们教学认真负责，学生受益匪浅。

第五，提高教学质量。蒋方震规定，外语与战术两门课，非请假，不准缺课。如遇教官请假，他就自己代课。他还经常集合教官，指示战术教学要点，要求教官除按教材教课外，还应讲述可能发生的临时变化，培养学生临机应变的技能。每逢周六下午，蒋方震必集合全体教官和学生举行讲演会，讲述古今中外军事名人的言行，告诫诸生注意军人修养，提倡精神教育。他还亲自签名赠给每位学生一册梁启超所著的《中国之武士道》，其内容是关于军人忠于国家、忠于职守的嘉言懿行。蒋方震还仿照德、日两国军队的成规，定期举行师生大会餐，以养成共同生活的习惯和增进师生感情。

经过蒋方震的一番精心整顿，保定军校的面貌迅速发生了重大变化，令人耳目一新，蒋方震也因此赢得了军校师生的敬重。军校第一期学生苗玉田回忆说："蒋方震接任校长后，对学生的军事学习和生活，关切备至。给学生讲话时，经常以我国衰弱，应如何奋发图强来勖勉学生。对军事学科设有步、骑、炮、工、辎重。各兵科的训练尤为注重，经常考查、督促。对学生的态度既严肃又爱护。课余时间，他经常在俱乐部里同学生一起打球、游戏，由于他的性格洒落、活泼，平易近人，因而学生和他在一起，毫无拘束之感。蒋方震很关心学生的生活。他说，为了让学生吃好喝好，多花几个钱没有关系。由于上述种种原因，学生们对蒋方震校长有极好的印象，相互之间建立了深厚的师生感情。”①

就在这时，发生了一件有趣的事。

有一位湖南籍学生唐生智，对蒋方震这位赫赫有名的军事权威并不怎么崇拜，总觉得他沉毅有余、锋芒不足。一天，唐生智和同学刘文岛、陈铭枢、欧阳起莘等打赌，他声称要打蒋方震校长两个耳光，其他同学听了大吃一惊。唐生智知道，蒋校长有一个习惯，每天半夜12点必到学兵寝室查铺，巡视一周以后，即到寝室外尿桶前小便。一天凌晨，唐生智等蒋方震小解时悄悄下床，赤脚跑到蒋校长身边，抬手“啪啪”两记响亮耳光，边打边骂说：“欧阳起莘，你解手怎么穿错了我的鞋子？”然后，他又佯装吃惊地说：“哟！是蒋校长，对不起！”蒋方震遭此奇袭，一则怕同学们听见有失威严，二则既属“误会”，不便追究，也就挥手放过，不知者不为罪了。但此事还是迅速在军校学生中传开，他们对唐生智的行为褒贬不一。唐生智本人为蒋方震的宽容深感不安，于是主动登门认错，而蒋方震豁达大度，不但不怪罪他，反而赞赏他胆识过人，更加器重他。蒋方震亲切地问他：“辛亥革命的一年里，你在革命队伍中有什么感想？”唐生智回答：“我觉得复兴民族、打倒列强，一定要革命，革命一定要有纪律严明的军队，没有武力，空谈革命，就是放空大炮！”蒋方震听后，频频点头说：“好！要把建立这样一支军队作为一桩事业来对待，目前就要好好读书，要遵守校规，要立志做人。”蒋方震写下孔子名言“好学、力行、知耻”六字相赠，勉励唐生智好学近乎智、力行近乎仁、知耻近乎勇。②经过这件事，唐生智受到一次深刻的精神教育，决心牢记老师教诲，以不惜牺牲一切的精神来完成理想中的建军事业。

蒋方震任职3个月后，次第举办了野外、课堂、内务、人事管理等各种检

① 《蒋百里全集》第八卷附录，第86—87页。

② 参见彦奇主编：《中国各民主党派史人物传》（三），华夏出版社1991年版，第92—94页。

阅，无论在形式还是实质上，学校都有显著的进步。因此，他更想对学校做一番彻底的改革。但当时把持陆军部的北洋派巨头、陆军部总长段祺瑞手下分为新旧两派，魏宗翰、丁锦是袁世凯小站练兵时代的旧人，他们自以为地位高且不可动摇，而保定军校则是培养新式军人的学府，新旧两派如同水火之不相容。段祺瑞手下的新派如徐树铮等人，因与蒋方震素无历史渊源，也不肯助以一臂之力。蒋方震提出炮兵科要增加炮，骑兵科要增加马匹，步兵、工兵、辎重兵科要增添设备以充实教育内容，以及改善学生伙食、服装等，每一项都需要经费。蒋方震向陆军部请求拨款，他们起初还有所敷衍，但次数多了，就不再批准，总是劝蒋方震节省开支，莫做极端改革之事。另外，蒋方震想撤一些学识很差但与段祺瑞、魏宗翰、丁锦等有关系的连排长，也仍然得不到同意；对蒋方震多方物色的从东西洋留学归国、愿到军校任职的人才，陆军部也多方挑剔，不予批准。蒋方震认为，要办第一流的军官学校，就该不惜任何代价，因此不愿维持现状。为此，蒋方震曾经多次到陆军部交涉，均无结果。蒋方震大为气愤，甚至十分气愤地说："我从此认识了这一班狐群狗党的下流军人。"①

据袁世凯的亲信唐在礼回忆，段祺瑞主持的陆军部之所以刁难蒋方震，是有其深刻背景和原因的。唐在礼说："蒋（方震）由德归国后，袁世凯很器重他，同时也不免怀疑他与民党党人有关联，只叫他担任保定军官学校的校长。蒋在当时确是留学外洋归国学生中杰出的文武全才，当时日本对我国的侵侮非常严重，蒋对此极为愤恨，亟欲借军事教育发扬尚武精神，他提出了练兵雪耻的条陈，主张改变小站练兵的老办法，实行革新，扩大军官学校，创办中国士官学校。他主张不用日本军事教育方法，完全采用德国方式。袁世凯对此表示赞成，并经统率办事处批准。那时袁克定（袁世凯长子，人称太子——著者注）崇拜德国的思想是很突出的，对蒋的一套非常欣赏，蒋因此兴致勃勃地提出了一套军事教育计划并拟制了军费预算，还对学生们宣传他的计划和计划实行后的预期效果。不料此际受着段祺瑞和陆军部军学司司长魏海楼（魏宗瀚，字海楼——著者注）横加阻碍，未予核准。魏是段所创办的北洋军官速成学校出身

① 《蒋百里全集》第八卷附录，第128页。

的，也是段安插在陆军部里的。那时在中国军界人物中，北洋速成派与日本士官派的明争暗斗已经相当厉害，这矛盾象征着段与袁的抵触，但很显著的是军界中日本士官派的势力最雄厚，他们都一向主张一切采用日本式。这些人一面反对蒋，妒嫉蒋，贬抑蒋，另一面就在暗地里掣他的肘，不仅对他的计划预算不予通过，在人事任用方面也使蒋遭遇到很大的困难。”[①]

魏宗瀚利用手中的职权，千方百计地破坏蒋方震的改革计划。对此，军校内具有正义感的职员十分不满，联名向陆军部呈递了上告书，列举了种种不正常的情况：一是军校有的职员有恃无恐，“数月长假”，或者“放弃责任”，考试都不临场，视职责如儿戏。校长斥责，却毫不悔改。二是某马术教官极不负责，不到5个月的时间，马匹倒毙三分之一。该教官公开向蒋校长行贿，送银圆500元，遭到蒋的严厉申斥。此后，该教官便旷职两月不归，而军学司非但不予治罪，反而说此人很能干，并予以嘉奖。三是步兵三连排长刘克厚原为北洋速成学堂毕业，留学日本振武学校。刘克厚工作一向积极，蒋方震校长很器重他。但陆军部军学司却以刘克厚没入士官学校为借口，将其撤职，并将他赶出了军校。四是军校某连苗姓连长学识水平甚低，自知不能胜任，不愿误人子弟，主动请求军学司准予长假。但军学司反极力维持，不予批准。五是教学用书本已由有关方面批准统一教材，军校多次呈领，军学司却搁置不问，致使教学受到影响。六是学生李森春、赵仲英、张鸿藻、唐英四人逾假不归，根据章程，应予开除。但军学司故意刁难，不准开除此四人，并在给军校的批复中“批词严峻，凌辱并加”。遵守军纪的反受申斥，违犯军纪的反而无罪。七是炮兵科科长谭学夔热心教育，兢兢业业，却遭到炮兵科其他人的嫉恨，炮兵排长竟以联名请假相要挟，致使谭不得不决定离职而去。蒋校长为了挽留谭，亲赴军学司求情，竟然不能见魏宗瀚一面。军学司某科长丁锦公然对蒋校长说，魏司长与谭学夔意见甚深，誓不并立。[②]但由于段祺瑞刻意包庇，军校学生的上书没有起任何作用。

---

① 中国人民政治协商会议全国委员会文史资料研究委员会编：《文史资料选辑》第五十三辑，文史资料出版社1964年版，第206页。

② 参见河北省政协文史资料研究会、保定市政协文史资料研究会编：《保定陆军军官学校》，河北人民出版社1987年版，第26—27页。

此时，以袁世凯为首的北洋军阀与以孙中山为首的革命党人之间的矛盾正日益激化。1913年3月20日，袁世凯收买歹徒在上海火车站刺杀国民党代理理事长宋教仁后，北洋派与革命党人已势不两立。袁世凯正在准备镇压南方的革命党人，而革命党人也在紧锣密鼓地准备反抗袁世凯的专制独裁统治。保定军校中请假离校、潜赴南方准备参与反袁活动的学生日见增多。蒋方震对此很不理解，他对学生说："中国的事业方才开始，青年们学业未成，何急急为？""诸葛亮为什么要等三顾茅庐而后出山？主要是因为他对天下大势尚未成熟耳！"但言者谆谆，听者藐藐。

季方在《白首话当年》一文中说："我想蒋百里先生为人方正严肃、一腔热忱，要为国家培养一批人才，但不仅反动的袁政府陆军部不支持他；就是他关切爱护的学生，也不能体谅他这一片苦心，而竟纷纷离去……这怎么不叫他失望，而走投无路，终于自杀呢？"①

蒋方震感到陆军部有意刁难，校事受阻，学生离校，学校前途不容乐观，于是决定履行诺言，自杀殉职。

6月17日晚，蒋方震叫侍童史福磨好墨，然后自己关上门，给军校教育长张承礼、在海宁老家的杨太夫人各写了一封遗书，给好友蔡锷写了一封诀别长函，给陆军部总长段祺瑞写了告别信。写好致段祺瑞的信后，蒋方震又亲手将它扯成了碎片。蒋方震写给张承礼（字耀庭）的遗书如下：

耀庭吾兄鉴之，仆于校事，不能尽责，今以身殉职。所有后事，处理如左：对于总长处，望即以告学生之语告之。惟有一言不能不加入者，对于军事，非有一至善之目的不能达到，勿以彼善于此之言聊以自慰也。校中款项，责成某经理提回，内有仆薪饷五百元，留作二侄女下半年结婚时费用足矣。家母处，望告以仆之死为殉职、殉国，善为劝解为祷。家中薄田数亩，老母寡妻，尚能度日。如能时常询问，聊慰高堂之寂寞也。十年知交，半年同事，知无不言，言无不尽，一朝永别，能无惨然！魂魄有灵，

① 《蒋百里全集》第八卷附录，第92页。

二十年后当再相见也。[①]

留给杨太夫人的遗书则说："为国尽忠，虽死无关重要，然于陆军及民国前途有益。遗币二百，薄田数亩，聊供赡养。"[②]

写给军校教官张翼鹏并转诸教官的信则说："半年以来，诸君之惠我者至矣。仆实不德，今以身殉职，是别无他法也，欲以此尊重职守之观念是也。此致印鹍（张翼鹏字）吾兄转诸同事诸君同鉴。"[③]

6月18日晨，蒋方震在军校操场集合全校学生进行最后一次讲话。平常他对全校学生讲话时，在他左右总有教官二三十人陪同，这一天却没有教官参加。他身着黄色卡其布军装从办公室走出来，站立在尚武堂的石阶上，用严肃的目光巡视全体学生一遍后才开始说话。

讲话的大意是："我到校一年多以来，你们很守纪律，服从我的命令，专心钻研功课，你们对得起国家，对得起我，我却对不起你们，没有尽到应尽的责任。譬如说，炮兵需要炮却没有炮，骑兵需要马却没有马，以及其他兵科教育上应设备的器材等都不能满足要求。便是有些话还不能对你们说的，如果我是一个外国人，一个外国军人，那么，这里不好，我走到别处去就是了。我嘛，是中国人，中国军人，到处都是一样，我走到哪里去呢？而且一走了事，这个念头太没有责任观念了，所以我不能走。"

蒋方震足足说了四五十分钟。平时他讲话时，语气是很流畅的，但那天的语调却很低沉，而且始终没有发出"稍息"的口令。说完后，他用深情的目光再次巡视学生一遍，最后说了一声"立正不要动"，便转身向办公室走去。不久，即传来一声沉闷的枪声。学生们齐向办公室门口望去，只见校长很痛苦地站在石阶上，双手用力地按着他的指挥刀。学生刘文岛突然大喊："校长自杀了！"这时

---

① 河北省政协文史资料研究会、保定市政协文史资料研究会编：《保定陆军军官学校》，河北人民出版社1987年版，第104页。

② 许逸云编著：《蒋百里年谱》，团结出版社1992年版，第49页。

③ 河北省政协文史资料研究会、保定市政协文史资料研究会编：《保定陆军军官学校》，河北人民出版社1987年版，第104—105页。

学生们发现校长军装胸部被鲜血浸透了，纷纷上前抢救。教育长张承礼急忙打电报给北京总统府，请求派医生来抢救。袁世凯闻报后，令交通部总长曹汝霖向日本驻华公使馆求助，请他们派一名最好的外科医生到保定军校抢救蒋方震。

蒋方震自戕时，是用勃朗宁手枪对准自己的胸部开了一枪。恰巧蒋方震的贴身侍卫李如意当时就跟在身边，李如意见他要自杀，情急之下，将枪拉了一把，结果子弹从蒋方震的肋骨穿出，未伤及心脏。尤其让人惊奇的是，子弹穿透前胸后背时皆从骨缝中穿过，一根骨头也没有击断或击碎。经过日本医生诊治后，蒋方震恢复良好。不过，蒋方震从此落下了怕受凉的毛病，终年须以厚布围胸，方觉舒适。①

蒋方震自杀事件传开后，不仅在保定军校掀起了轩然大波，而且震动了全国。

以教官张翼鹏、杨言昌为中心的留日派（湖南的瞿寿禔以速成学堂学籍加入为例外）数十人，联名向总统府控告陆军部魏宗瀚、丁锦任用私人、把持军事教育的种种罪状。而炮兵科科长韩建铎则联络连排长若干人，出面反驳（韩建铎以日本陆军士官学校学籍加入速成系也是例外）。军校学生多数悲愤万分，如丧考妣。全体同学推举刘文岛为总代表，唐生智、陈铭枢等为各科代表，通电全国，并上北京请愿，指责陆军部魏宗瀚、丁锦等任用私人，破坏军事教育。各省都督和社会名流也纷纷表示关切。副总统兼湖北都督黎元洪特派代表来看望蒋方震的伤势并安慰学生；直隶总督冯国璋派他的军医处处长到校为蒋方震治疗；云南都督蔡锷发表通电，要求政府认真查明事情真相，追究责任。袁世凯迫于舆论，装腔作势地下了一道严厉命令：

> 据保定军官学校职员张翼鹏等呈称，校长蒋方震在校自戕，系因陆军部军学司司长排除异己，任用私人，刁难把持，诸事掣肘等语。军事教育关系重大，岂容部员任性妄为。校长蒋方震以身殉职，情殊可悯。陆军部

① 参见浙江省政协文史资料委员会编：《浙江文史集粹》政治军事卷下册，浙江人民出版社1996年版，第477页。

军学司司长魏宗瀚于所辖军校，果有前项情弊，实触徇私溺职，应即派荫昌、陈宧按照原呈各节，秉公确查，据实具复。[①]

但段祺瑞百般袒护魏宗瀚。命令下达后，段祺瑞即密召总统府侍从武官长荫昌、参谋本部次长陈宧二人商议解决办法。段祺瑞故意把魏、蒋的矛盾说成是“私嫌”，并貌似公允地要求秉公查办。荫昌、陈宧先后派朱庆澜、黄慕松、李士锐到保定军校调查，学生们推选总代表刘文岛、张森陈述一切。调查结束后，以荫昌、陈宧两人的名义上报袁世凯大总统。报告称：

……军官学校教官张翼鹏等感于该校长蒋方震之自戕以身殉校，热诚所鼓，故电请维持该校办事手续，来往公文。该教官等责非专司，自难洞悉。所呈各节，容有急不择词之处。外间不察情形，妄相测度，以致众口沸腾，议论蠡起。查军学司长魏宗翰对于军官学校之完全计划，固未能尽见实行，然核其情节，多为经费支绌致艰筹备。检该校往来文牍，逐细推勘，事实显著，并无有意刁难掣肘之处。校长蒋方震在事之日，即以完全教育之责引为己任，并有不达教育完善之目的，当自戕以谢诸生之言。竟以时局不定，经济困难，校事之进行不副其理想之希望。该校长责任心重，郁郁自戕。观其遗书，绝无反对个人之意。昨奉发下该校长印函，缕述崖略。自称任事半载，进益毫无。惟方震一人之咎，无天可怨，无人可尤。受良知之督责，抱厌世之悲观，勉企于罪不逃刑，稍减罪戾。不意一弹洞胸，尚延残喘，物议纷扰，转出多门。是方震未死，学校受伤，始不能为校尽力，终且以求死累校，转使区区爱校之心无以自白等语。词意恳挚，与遗书所言如出一口，足证局外揣测，究非该校长殉职之本意。该校长学问精深，素为陆军总长段祺瑞所器重。只以国体初更，百端草创，完全教育未能一蹴而及。热血所激，忽发厌世之想。抑知军学司所辖非止军官一校，统筹全局，不能顾此失彼，

① 河北省政协文史资料研究会、保定市政协文史资料研究会编：《保定陆军军官学校》，河北人民出版社1987年版，第28页。

在未审当局情事者，固不免责难于首事之人，而财力有限，亦有不能不渐次改良之处。该司长虽因此致受攻击，其实皆未得事相之真相等。窃念学校学司均关系军事教育，至为重要，又均隶陆军部管辖，该部总长段祺瑞用人行政悉秉大公，素为军界所翕服，亦为同僚所共信，对于军学前途尤属著意整顿，渐加终必著良好之结果。应请仍将此案饬下段总长存部参阅，以便随时考核。是否有当，理合呈请大总统钧鉴施行。谨呈。

应当说，这份呈文是一个极其世故、文过饰非的官僚报告。它不仅完全洗刷了魏宗瀚等人的罪责，而且极力给陆军部总长段祺瑞、军学司司长魏宗瀚等人的脸上贴金，并极力歪曲与否认蒋方震悲愤自戕的客观事实。1913年7月30日，袁世凯在此呈文上批："据呈已悉。交陆军部查照。此批。"这个批示等于把处置权交还给了段祺瑞、魏宗瀚，让他们自己看着办。陆军部的最后处理结果是魏宗瀚调离军学司。所谓"查办"成了彻头彻尾的官样文章。这样一件大事，处理得如此轻描淡写，使当时的有志之士感到十分寒心。正如当时《大公报》所刊载的一篇"闲评"所说："（大总统）震怒之结果，不过如是。彼不足以动政府之震怒者，慎无更效蒋（方震）之自讨苦吃焉！"①

蒋方震枪伤治愈后，正式辞去了校长职务，给学生们每人分发了一张照片以作纪念。军校校长职务则由袁世凯与段祺瑞商量后，委派曲同丰担任。9月3日，袁世凯正式批准蒋方震辞职，并由曲同丰继任校长。

保定军校是我国第一所具有资产阶级教育性质的军事学校，从1912年至1923年共招收了9期学生，毕业生共计6574人。有人统计，在后来的国民党军队将领中，保定军校毕业生占有很大比例。其中，一级上将3人（唐生智、白崇禧、陈诚），二级上将10人，上将（包括追赠上将）14人，加上将衔12人，中将（包括追赠、加中将衔）220人，挂中将衔53人，少将137人，挂少将衔21人。保定军校毕业生在国民党政府的政治、经济及外交方面的影响也很大。

① 河北省政协文史资料研究会、保定市政协文史资料研究会编：《保定陆军军官学校》，河北人民出版社1987年版，第28页。

有40多人担任过国民党政府的重要行政职务，包括行政院代院长、副院长，内政部部长，经济部常务次长，监察院副院长，交通部部长、副部长，航政局局长，驻外公使。还有十几人担任重要省份的省政府主席。更多的人担任过民政厅厅长、实业厅厅长、农业厅厅长、建设厅厅长、财务厅厅长、土地厅厅长、省公安局局长、市公安局局长等。很多人还当选过国民党中央执行委员会委员。在民国军事教育方面，保定军校毕业生也占有很重要的地位。在国民党政府开办的53所军事学校中，保定军校毕业生在其中的31所学校担任过校长、教育长等职务。其中著名的有：一期步兵科的唐生智、万耀煌、杨爱源、蒋光鼐、王天培、孙楚、李品仙，骑兵科的龚浩、门炳岳；二期步兵科的刘峙、陶峙岳、周斓、秦德纯、鲍文樾、熊式辉、赖世璜、廖磊、陈继承、祝绍周，骑兵科的叶琪，炮兵科的刘文辉；三期步兵科的蔡廷锴、徐庭瑶、夏威、毛炳文、张治中、白崇禧、黄绍竑、徐培根、何键、戴戟、陈安宝，炮兵科的刘建绪、周岩；四期步兵科的朱怀冰；五期步兵科的傅作义、张荫梧、董英斌、楚溪春、王靖国，工兵科的严重；六期步兵科的顾祝同、余汉谋、黄镇球、上官云相、熊斌、郝梦龄、赵博生、缪培南、邓龙光、吴奇伟、李汉魂、朱晖日、欧阳驹、叶肇，炮兵科的黄琪翔、郭忏，工兵科的邓演达、叶挺，辎重科的刘茂恩、李扬敬；七期骑兵科的陈长捷；八期步兵科的周至柔、裴昌会、王以哲、胡伯翰、刘珍年，炮兵科的罗卓英、马法五、陈诚、宋肯堂，工兵科的柳际明；九期步兵科的周福成、边章五、何基沣、张克侠、刘万春、李觉、牟中珩，炮兵科的董振堂、刘多荃等。此外还有在保定军校肄业的曹浩森、刘文岛（一期）、陈铭枢（二期）、钱大钧（留学预备队）、邹作华（留学生预备队）、王懋功等。①

蒋方震任保定军校校长不足一年，但他是保定军校历史上学问最大、名气最高的校长。凡是保定军校毕业生都以做蒋方震的学生为荣，因此，蒋方震可谓桃李遍天下。无论蒋方震走到哪里，都会受到热烈的欢迎和热情的接待。

---

① 参见河北省政协文史资料研究会、保定市政协文史资料研究会编：《保定陆军军官学校》，河北人民出版社1987年版，第158—210、229—533页。

奇缘结成一桩异国婚姻

蒋方震自戕后，袁世凯令交通总长曹汝霖到日本驻华公使馆，请求派最好的外科医生前往抢救。日本使馆立即派出平户医生和一名女护士前往保定。[①]

平户医生赶到保定，为蒋方震进行了仔细的检查，发现子弹从背部射入，从前胸穿出，未伤及心脏要害。平户医生对在旁的军校教育长张承礼说："这是一个奇迹，是不幸中之大幸。子弹已穿出，手术是不必要的了；现在如抽出血水，恐影响心脏，不如留待自干。照目前的情形诊断，病人没有危险，但也需要长期休养，不让他再消极，精神的安慰比药物的治疗更重要。"

平户医生对蒋方震的伤口进行消毒并包扎后，于第二天离开保定，返回北京。应军校学生代表的要求，留下同来的女护士佐藤屋登继续护理蒋方震。平户医生交代佐藤说："蒋校长命不该绝，你看护他时，应好言相劝，鼓励他放宽眼界，你所负的责任比我重。"

佐藤屋登生于明治二十三年（1890），日本北海道人，毕业于日本护理助产专科学校，到帝国大学附属医院产科实习5年后来中国服务。据说，北海道是日本出美女的地方，佐藤屋登不仅长相艳如桃李，而且有一副极好的心肠。佐藤屋登每天给蒋方震把脉、量体温、递饮食，渐渐地和他开始交谈起来。一天，她对蒋方震说："忍是大勇者之所为，自杀不是勇敢而是逃避人生责任。人生责任应以大无畏的精神，冲破一切难关，以求实现其伟大理想。如果不能忍耐，将来如何能够成大功立大业？如果有热血、有志气的好男儿轻言牺牲，国事尚有何人来承担，如何对得起国家和培养人才的老前辈？"[②]

对事业和爱情都感到失望乃至绝望的蒋方震[③]，突然遇到这么一位妙龄女

① 按照1901年签订的《辛丑条约》，日本在北京的东交民巷日本公使馆派有220名驻军，并配备有军医和护士。

② 陶菊隐：《蒋百里传》，中华书局1985年版，第31页。

③ 1911年，蒋方震奉母命与查氏结婚后，拒绝与查氏同房，并多次向至交好友倾诉他的苦恼。他的朋友除了替他叹息外，也只能劝他忍耐。

子，心中顿时起了很大的波澜。后来，蒋方震对他的随员张禾草说："日本这个国家除开两个特点，其他真是虚空，够不上称崇。所谓那两个特点，就是女人当看护，男人当侦探。日本的女看护真是像钻在病人身里的脑子，为了看护病人真会不顾一切发疯似的看护而牺牲。男人呢？他们为了生存有时时刻刻防御人家的必要，这是他们三百年来锻炼成功的一种特状；所以侦探小说，日本从早就有，他们还有几种做贼的教科书，名字就叫'忍术'。"①

有一天，蒋方震意味深长地对佐藤护士说："我依你的话不再轻生了。可是以后遇到生死关头，没有像你这样的人在我身边提醒我，谁来鼓励我的勇气呢？"

佐藤护士从蒋方震的话和眼神中察觉出蒋对她有点意思，但她对此毫无心理准备。她在心中嘀咕道："我照应他，安慰他，向他说些人生的大道理，这是我职务上的责任，怎么会引起他想到别的念头上？"

几个星期后，佐藤护士因事返回日本东京。不久，蒋方震的伤势基本稳定，他便到天津休息了3个月，然后回北京东单牌楼的川田医院继续疗养。袁世凯委派蒋方震担任总统府军事处参议，月薪300元。

这时蒋方震决定正式向佐藤护士求婚。他请求大总统袁世凯保媒。袁世凯将此事委托日本驻华公使伊集院，伊集院又委托平户医生出面征求佐藤屋登的意见。据说，平户医生对佐藤护士说："蒋某人确实是中国的人才，我应当祝贺你。但就医生的立场来说，他的病不会完全好，就是好了，也无活动社会的能力，你须自作打算。"对此，佐藤却表示，这或者是职务上的误会，她没有旁的意见。

不久，蒋方震直接写了一封信，让他的贴身侍从当面交给佐藤，叫佐藤不要离开他。但佐藤下不了决心，感到左右为难，便托词回了日本。

佐藤回到日本后，蒋方震仍不死心。他不知通过什么关系，居然找到了佐藤在日本的住址，一封封热情洋溢的求爱信跨越海洋送到佐藤手中。佐藤被纠缠得不耐烦，便给蒋方震回了一封不太客气的信："我说假话说不来，现在不妨

① 《蒋百里全集》第五卷讲演·书法，第138页。

以真情相告。日本女子嫁给中国人有很多困难，而我必得父母之命，因此难上加难。我已向父母请示过，父母认为日本不是没有好青年，何必嫁给一个身带暗伤的中国人。看来事已无望，你就死了这条心吧！"

话虽如此，但佐藤护士心中对这位痴情的异国男子还是动了心。据说，佐藤父母几次请人为女儿作媒，但佐藤始终不点头。

蒋方震接到佐藤的这封"绝交"信后，见恳求不奏效，便干脆耍起无赖来。他写信给佐藤护士，威胁说："我因你而生，你现在又想置我于死地，好，我马上就到日本来，要死也死在你的家里。"据说，蒋方震还寄给佐藤屋登一把小刀及一封信，信中说："假使你不回来，那你可以把那'刀'寄回来……"蒋方震的这种战术果然奏效。面对这个寻死觅活的求爱者，佐藤终于投降了。

佐藤护士将蒋方震写给她的信一股脑儿地拿出来，交给父母，并将她与这位中国男子认识的前后经过和盘托出。佐藤的母亲仔细看完这些信后，终于开了口："一个人呱呱落地时，就把一生的命运带来，你救过他一次，就再救他一次吧！爱情是无国界的，我料他终生不会亏待你，你若舍弃他而嫁别人，此生必耿耿于怀，这对你也是很不利的。"

佐藤的父亲见母女俩均已同意，也不便再持异议，只是无可奈何地对女儿说："你若是受了委屈，随时可以回来，我把你应得的一份产业留下来等待你。"

蒋方震见目的已经达到，也就不再寻死觅活了。他托海宁同乡、日本陆军士官学校中华队第四期同学周承菼护送佐藤来中国，自己则兴高采烈地赶到天津塘沽码头迎接。他请周承菼作现成的媒人，在天津的德国饭店举行了简单的结婚仪式。第二天，夫妻双双回到北京。

佐藤与蒋方震婚后的岁月，是中日两国关系极度恶化的时代。在这样的时代大背景下，一个日本女子嫁给一个中国军人，其所受到的压力无疑是沉重的。

据说，佐藤在决定和蒋方震结婚、辞别父母时，曾经祭告祖先："佐藤已经死去，其本人现为一中国妇人，因仰慕蒋将军及热爱中国而嫁至蒋氏。"

婚后，蒋方震为妻子取了个中国名字——左梅。左梅从此改穿中国服装，学说中国话，且绝不与日本人往来。结婚以后的几十年里，除1916年蒋方震陪蔡锷将军赴日本治病时，左梅随行并回家看了一次父母，此后直到去世，她也没有回过日本。有趣的是，左梅一辈是姊妹5人，她自己也生了5个女儿。左梅从不教女儿学日语，也不提起自己的身世，以致少年时代的女儿们均不知自己的母亲是日本人。

作为蒋方震的妻子，左梅充分发挥了日本女性温柔贤惠的特点。蒋方震在官场上并不得意，长期担任顾问、参谋长、参议之类的闲职，收入有限。但由于左梅治家有方，蒋方震廉而不贫、劳而不苦，两袖清风地过了一生。

辅佐袁世凯以德国模式建军

1913年10月，袁世凯采取调虎离山之计，将深孚众望的云南都督蔡锷调到北京，任命他为陆军部编译处副总裁（总裁由陆军部总长段祺瑞兼任）。此后，又相继任命蔡锷为政治会议议员、参政院参政、经界处督办。

蒋方震与蔡锷是关系至密的同学与朋友。蒋方震住东城锡拉胡同，蔡锷住西城棉花胡同。两人来往甚为频繁。他们都希望能够为国家军事建设出力。不久，他们联络阎锡山、张绍曾、尹昌衡等人组织了军事研究会，经常聚会讨论各种军事问题、军事计划，还请外国军事学家讲演，以谋求改进军事教育、提高军事学术水平。

袁世凯为了集中军权，于1914年5月8日下令裁撤前总统府军事处，成立陆海军大元帅统率办事处，掌管全国军事。陆海军大元帅统率办事处由袁世凯直接掌管，下有大办事员6人，他们分别是参谋次长陈宧、陆军总长段祺瑞、海军总长刘冠雄、海军司令萨镇冰以及荫昌、王士珍。陈宧是黎元洪的人，黎兼参谋总长，但从未到职，一直由陈代理。袁世凯让陈参加，有拉拢黎的意思。荫昌是旗人，曾任军谘大臣、陆军大臣，于5月9日被任命为总统府侍从武官长。此人极力捧袁，很受袁的赏识。王士珍是所谓“北洋三杰”之首，为人低调，没有私人班底，袁世凯对他比较放心，因此他很受袁世凯的尊重，在办事处握有相当大的实权。①大办事员下设立参议处，蒋方震与程璧光、陈仪、姚宝

① 有的论著说蔡锷是袁世凯任命的总统府统率办事处大办事员，这一说法是错误的。

来、覃师范、张一爵、姚鸿法、唐宝潮等8人担任参议，另有参议处行走张厚琬（日本陆军士官学校中华队第六期毕业）、刘邦骥（日本陆军士官学校中华队第一期毕业）、龚光明（日本陆军士官学校中华队第二期毕业，一说是第三期毕业）、铁忠等人。办事处下面还设有军政处、军令所、军械所及总务厅等机构。总务厅厅长为唐在礼，负责管理办事处总务。统率办事处成立后，袁世凯命陆军部、海军部将重要公事移到统率办事处处理，把这两部的实权抓到自己手上，在军事方面加强了个人专制独裁。蒋方震虽然名义上只是统率办事处的8名参议之一，但因为深受袁世凯的器重，实际上成为大元帅统率办事处的核心人物之一。

1914年10月，袁世凯在军事上采取了另一个重大措施——建立模范团。模范团的建立始于蒋方震的条陈。蒋方震痛恨日本侵侮中国，很想借军事教育发扬尚武精神。他提出练兵雪耻的建议，主张改变清末以来模仿日本练兵的老办法，完全采用德国的军事教育方法，创办中国的军官学校。

袁世凯正忧心北洋军暮气沉沉，战斗力不强，欲建立一个类似军官教导团性质的军事学校，使之在军队中起模范作用，逐步改造北洋军队。袁世凯也意识到，刚愎自用的段祺瑞羽翼已成，在陆军中隐然形成以段祺瑞为中心的强大势力。这刺激着袁世凯进行改造北洋军队的工作。

袁建立模范团的另一个重要目的是建立绝对忠于自己的军队，确保皇位。特别是，他想到其子袁克定与北洋旧军队素无密切关系，对那些宿将不能加以指挥，如不为“太子”培养好羽翼，将来难以立足。袁世凯基于以上考虑，认为蒋方震的设想正可利用，力表赞成。“太子”袁克定对段祺瑞不买自己的账极端嫉恨，急于在军队中树立自己的威望，亦很欣赏蒋方震的意见。

段祺瑞不甘心当有名无实的陆军部总长，遂对蒋方震横加刁难，对建立模范团百般阻挠。越是这样，袁世凯就越发感到组织模范团的必要。段无办法，只得同意。[①]一开始，袁世凯提出让袁克定担任模范团团长，段祺瑞顶了一句：“我看他不行吧。”谈了半天，段仍坚持己见。袁最后气急败坏地问：“你看我行

① 参见侯宜杰：《袁世凯全传》，当代中国出版社1994年版，第380—381页。

不行？”这让段哑口无言，气得鼻子都歪到一边去了。[①]

1914年10月，模范团正式宣布成立，其规模相当于一个混成旅。鉴于段祺瑞明确反对袁克定任团长，袁世凯干脆自己兼任团长，陈光远任团副，筹备委员有王士珍、袁克定、陈光远和张敬尧，实际上以袁克定为核心。团本部设在北海，直属于统率办事处。据唐在礼说，“该团教育计划是由蒋方震编制的”[②]。模范团的军官是从北洋各师和保定陆军军官学校第一期毕业生中抽调精选的，原任上中级军官的均充任该团中下级军官。士兵年龄皆为22—26岁，素来忠诚，身强力壮，且为经过战斗洗礼的战士。该团设有步兵、炮兵、骑兵、工兵、辎重兵5科，全面学习德意志帝国的战术和操法。到第二期，袁世凯就直接任命袁克定为团长，陆锦为团副。陈光远和陆锦都是袁克定的亲信，所以模范团实际上由袁克定一手包办。该团的训练计划是由蒋方震草拟的，完全采用德国训练方式。袁世凯向来崇尚德国的军事，对德国皇太子在德国军队中的影响略知一二。模范团的建立，表明袁世凯有意仿效德意志帝国威廉皇帝的办法，为袁克定在军队树立权威，为袁氏家天下作准备。

为使模范团学员成为袁家的忠实爪牙，袁世凯给予优厚待遇，破格晋级提拔，让他们感恩戴德、知恩图报。学员伙食津贴很高，身穿蓝呢制服，毕业后均晋级升用。考试优秀的，袁亲写命令，授予总统侍从武官军衔。模范团驻扎在北京旃坛寺、海淀、南苑等地，常在天安门前的广场进行操练。袁世凯平时很少出门，但为了鼓励模范团，还亲自到天安门城楼上检阅。有一次，袁世凯在中南海向模范团训话说：“你们要认真练，好好干，将来都能带兵，前途很大，我就是从当兵出身的。”[③]

为树立绝对权威，让学员盲目崇拜并效忠自己，袁世凯于1914年11月20日命令“以关（羽）、岳（飞）为武圣”，由全国军人供奉，并指令统率办事处

---

① 参见中国人民政治协商会议全国委员会文史资料研究委员会编：《文史资料选辑》第四十一辑，中华书局1963年版，第246页。

② 中国人民政治协商会议全国委员会文史资料研究委员会编：《文史资料选辑》第五十三辑，文史资料出版社1964年版，第205页。

③ 侯宜杰：《袁世凯全传》，当代中国出版社1994年版，第382页。

拟定供奉礼制。但北京从来没有建立过关岳合祀的庙宇，新建又来不及，便将地安门外西皇城根之白马关帝庙大加修饰，由驻京军队及模范团列队前往行礼宣誓。1915年1月13日，模范团第一期全体官兵在陈光远率领下赴庙宣誓，袁世凯派总统府侍从武官长荫昌监誓，誓词为："服从命令，尽忠报国，诚意卫民，尊敬长上，不惜性命，言行信实，习勤耐劳，不入党会。誓愿八条，甘心遵守，违反其一，天诛法谴。"1915年3月，袁令所有在职军官、在军校就读的学生、在伍士兵举行宣誓大典。宣誓仪式由模范团逐步推广到全国军队。举手宣誓比起供奉长生禄位牌算是开明了，但其效忠袁氏个人的实质一点未变。

模范团很快扩充成师，第一期官兵毕业后即按照袁的计划编成了第十一、第十二师，张永成任第十一师师长，陈光远任第十二师师长。第二期官兵毕业后，以陆锦为师长。对军事一窍不通的袁克定突然插足军队，更加激化了北洋派内部的矛盾，北洋将领多为之寒心，且以段祺瑞为最甚。段祺瑞素来刚愎自用，对统率办事处的成立早已公开表示不满，常常借故拒绝出席该处会议，陆军部的事务也让他的心腹徐树铮代行。段祺瑞对袁克定毫不敷衍，对其左右的人更不客气。因此，袁世凯和段祺瑞的关系日益恶化，段在北京城无法立足，不得不托病请假赴西山"疗养"，北洋军事重心就转移到"北洋之龙"王士珍的身上。1915年5月31日，袁派王士珍署理陆军部部长。王一向对袁唯命是从，遇事绝不敢有所坚持，又不培植个人势力，故袁在军事上很尊重他。为了清洗段的势力，袁世凯授意肃政厅弹劾徐树铮订购外国军火虚报40万元，并以此为由于6月26日免去徐的陆军部次长职务，派田中玉继任。这就埋下了段祺瑞和徐树铮后来拒绝拥护袁称帝的伏笔。①

具有讽刺意味的是，蒋方震希望通过德国模式建立一支强大的国防军，以抵抗日本的侵略；而袁世凯、袁克定父子却企图通过模范团建立一支为其复辟帝制作保镖的御林军。唐在礼说："袁世凯于蒋（百里）自戕未遂之后，特任蒋为将军府将军，抚慰备至。袁就决定利用蒋练兵雪耻的热情，答应实现蒋所提出的改良北洋军队原有制度，实行蒋所编制的全国军事教练计划，

① 参见李新、李宗一主编：《中华民国史》第二编第一卷下册，中华书局1987年版，第516—517页。

企图达到他确保皇位、武力统一的阴谋。”[①]蒋方震不仅在建军目的上与袁氏父子南辕北辙，还被迫卷入了北洋派上层的权力斗争，无法自拔。蒋方震的建军理想注定无法实现。蒋方震在看清袁氏父子的企图后，很快与蔡锷等人加入了反袁的行列。

最早的一批军事学术著作

中华民国成立以后的几年间，蒋方震在以满腔热情从事军事教育及国防军建设的同时，还发挥自己的学术特长，潜心于军事学术著述，先后写了一批军事学术著作，在军事理论领域崭露头角。

蒋方震的第一部军事著作是《参谋勤务书》。这本书成稿于1912年春夏，书前有蒋方震1912年8月15日写的《缘起》。其全文如下：

自余留日七年，终不获入大学，而独立探讨之志决。此盖历年来笔记之一部也，或采诸名人之著作，或得之一己之经验，或求诸故老之传闻，或得诸友朋之忠告，或钩距于酒酣耳热之余，或搜集于断简残篇之内。当时以其得之难也，辄记之不敢忘。盖参谋事业，例属秘密，而于日为尤甚。彼大学之不能令外人与闻者，亦常义也。后之德，闻见稍稍广矣，而著书除西冷德、扬松二人以外，绝不闻有他作，岂以其探讨之难欤？抑事涉秘密，有不易明言者欤？夫原则者，亘古不变者也。建军之始，入手一误，全局皆乱，非不知秘密之为害，而不知原则之为害也。然吾之所谓原则者，乃彼之所谓秘密者也。当世不乏好学深思之士，余知其需学之急，而又悯夫求学之难也。乃掇拾所闻见，整理其次序。粗能成章者，仅数篇耳，文字尤冗衍不可读。吾不知彼国之所谓参谋勤务学者视此果何如，然篇中于梅克尔日之教师之改革军制，孝鹤施普鲁士大败后之陆军部总长之提倡兵

---

① 中国人民政治协商会议全国委员会文史资料研究委员会编：《文史资料选辑》第五十三辑，文史资料出版社1964年版，第207页。

学，尤低徊反覆，若不胜其感慨者焉。①

从《缘起》可以看出，这本书是蒋方震根据他10年留学期间的笔记整理润色而成的。他写这本书的目的，是想把日本、德国等国家视为秘密的参谋学问公开，让国民普遍知晓，为新生的中华民国军队建设提供指导，避免走弯路。他在书中强调："今日中国之制度，则当以法、美为例（以其与政体有直接关系也），而独于教育，则断乎非取法德、日不可，盖今日各国参谋部之发达，皆自千八百七十年战役而来，教育之要旨，首在战争，不能以政体之偶殊为口实也，观于美国参谋部之效法德制可见矣。"②

根据卷首的目录，全书分3部、10编、40余节。甲部"制度论"共3编，即第一编"中国参谋部之建制"、第二编"各国参谋部之比较"、第三编"战时之参谋部"。乙部"勤务论"共4编，即第四编"动员"、第五编"谍报及侦察"、第六编"给养勤务"、第七编"兵站勤务"。丙部"教育论"共3编，即第八编"教育论"、第九编"参谋旅及兵棋战术诸计划"、第十编"计画书战史之研究方法及其例"。

也许是蒋方震在1912年底出任保定军校校长后，军务繁忙，没有时间再整理著述，故此书最后被搁置，未能及时完稿并与世人见面。它深藏于邃阁幽轩，近百年不为世人所知，直至近年才有学者在国家图书馆的古籍部发现它，使世人得识其庐山真面目。

蒋方震公开发表的第一部军事学著作是《孙子新释》。《孙子》，又称《孙子兵法》，是我国现存最早的军事名著。据史书所载，它是春秋时期大军事家孙武所著。孙武，字长卿，齐国人。其生卒年月，历史无记载。据《史记·伍子胥列传》，公元前512年，经吴国大臣伍子胥推荐，孙武以《兵法十三篇》晋见吴王阖闾。吴王知孙武善用兵，乃命他为将。后孙武率吴军"西破强楚，入郢，北威齐晋，显名诸侯"。在吴国崛起称霸的过程中，孙武发挥了重要作用。孙武

① 《蒋百里全集》第二卷兵学上，第3页。

② 《蒋百里全集》第二卷兵学上，第40—41页。

所著《孙子兵法》总结了我国春秋以前的战争经验，提出了一系列普遍性的战争规律，其中许多著名的论断至今仍是十分经典的军事规律。唐朝初期，《孙子兵法》传入日本，被誉为“兵学圣典”“百世兵家之师”。《孙子兵法》问世后，受到历代兵家的高度重视和推崇。自三国时期曹操《孙子注》问世以后，各代注家层出不穷，出现了许多单注本、集注本以及合刊本，造就了持续千年的“孙子学”。由于孙子的军事思想具有跨越时间和空间的相对稳定性，“孙子学”也成了一门常注常新的学问。

1913年，蒋方震着手注释《孙子兵法》。他在解释注释《孙子兵法》的动机时说：“往者往东（京），得读《大战学理》及《战略论》诸书之重译本，尝掇拾其意义附诠于《孙子》之后，少不好学，未能识字之古义，疑义滋多焉”，“顷者重读《战略论》，欲举而译之，顾念我祖若宗，以武德著于东西，犹复留其伟迹，教我后人，以余所见菲列德、拿破仑、毛奇之遗著，殆未有过于此者也。子孙不肖，勿克继承其业，以有今日，而求诸外，吾欲取他国之学说输之中国，吾盍若举我先民固有之说，而光大之。使知之所谓精义原则者，亦即吾之所固有，无所用其疑骇，更无所用其赧愧。所谓日月经天，江河行地，放诸四海而准，百世以俟圣人而不惑者也。嗟夫，数战以还，军人之自馁极矣，尚念我先民，其自觉也”。[①]

对于蒋方震阐述的这一观点，外国军事家也是赞成的。英国战略学家、“间接路线战略”理论创始人利德尔·哈特（1895—1970）也认为《孙子兵法》“其内容之博大，论述之精深，后世无出其右者”。与2000多年后的克劳塞维茨相比，“孙子的文章讲得更透彻、更深刻，永远给人以新鲜感”。在第二次世界大战期间，利德尔·哈特曾劝中国驻英武官告诫国民党年轻军官，不能只读富勒和他的著作，而“应当就教于《孙子》”，因为《孙子兵法》已把他20多部书中“所涉及的战略和战术原则几乎包罗无遗”[②]。美国的约翰·柯林斯在《大战略》一书中也指出：“孙子是古代第一个形成战略思想的伟大

① 《蒋百里全集》第三卷兵学下，第68—69页。

② 转引自《〈孙子〉新论集粹》，长征出版社1992年版，第18页。

人物……孙子十三篇可与历代名著包括2200年后克劳塞维茨的著作媲美。今天，没有一个人对战略的相互关系、应该考虑的问题和所受的限制比他有更深刻的认识。他的大部分观点在我们的当前环境中仍然具有和当时同样重大的意义。”①

在《孙子新释》一书中，蒋方震根据他留学日本、德国以来学习中西军事著作的心得体会，提出了对战争、国防、战略战术的初步看法。

在解释《孙子兵法》中“兵者，国之大事”一句时，蒋方震引用了三位德国军事家的论述。毛奇在《普法战史》开章说：“往古之时，君主则有依其个人之欲望，出少数军队，侵一城，略一地，而遂结和平之局者，此非足与论今日之战争也；今日之战争，国家之事，国民全体皆从事之，无一人一族，可以幸免者。”②克劳塞维茨《战争论》对战争的定义是：“战争者，国家于政略上欲屈敌之志以从我，不得已而所用之威力手段也。”伯罗麦《战略论》则说：“国民以欲遂行其国家之目的故，所用之威力行为，名曰战争。”蒋方震在引用上述三家的定义后说：“既曰‘事’，则此句之兵，即可作战争解，顾不曰战而曰兵者，盖兼用兵（即战时运用军队）、制兵（即平时建置军队）二事而言之也。兵之下即直接以国字，则为《孙子》全书精神之所在，而毛奇之力辟个人欲望之说，伯罗麦之一则曰国民，再则曰国家之目的，皆若为其注解矣，岂不异哉！”③

《孙子新释》的前半部分曾在1914年《庸言》杂志第2卷第5、第6期连载。后因杂志停办，连载中断。1937年，蒋方震将《孙子新释》全部收入《国防论》，并改题为《中国国防论之始祖》。

蒋方震用西方资产阶级的军事学思想来解释中国古老的《孙子兵法》，对当时的中国人来说，这是一种全新的思想和观念。蒋方震开启了《孙子兵法》注释的全新时代。陈启天说：“民国初元，蒋方震首以现代兵学为《孙子》做新释。虽惜其书仅成第一篇，然从此为研究《孙子》者开一新途径，功殊不□。

① 转引自陶汉章编著：《孙子兵法概论》，解放军出版社1985年版，第1—2页。
② 《蒋百里全集》第三卷兵学下，第70页。
③ 《蒋百里全集》第三卷兵学下，第71页。

近年注释《孙子》之作，渐能温故知新者，殆多由蒋方震启之耳!”

蒋方震的第三部著作是与刘邦骥合著的《孙子浅说》。刘邦骥（1868—1930），字骧逵、襄逵，湖北汉川人，早年就读于武昌两湖书院。1896年5月，被湖广总督张之洞选派赴日留学，先入成城学校，后入日本陆军士官学校中华队第一期学习。1902年3月毕业回国，同年考中恩科举人。随后进入湖广总督张之洞幕府，此后相继担任湖北新军第一镇炮队第一标第三营管带、武昌师范学堂堂长、湖北督练公所帮办、湖北陆军小学堂监督、湖北陆军测绘学堂总办、湖南督练公所军事参议官。1911年辛亥革命爆发后，曾任湖南都督府参谋部部长。袁世凯任临时大总统后，刘邦骥到北京，于1912年11月被北洋政府授予陆军少将，1914年任袁世凯统率办事处参议处行走（候补参议）。刘邦骥与蒋方震是日本陆军士官学校中华队的前后期同学，又同在袁世凯幕府任职，因此有了两人合作著书的机会。

《孙子浅说》全书共13章，各章标题如下：

计篇第一　论军政与主德之关系
作战篇第二　论军政与财政之关系
谋攻篇第三　论军政与外交之关系
形篇第四　论军政与内政之关系
势篇第五　论奇正之妙用
虚实篇第六　论虚实之至理
军争篇第七　论普通战争之方略
九变篇第八　论临机应变之方略
行军篇第九　论行军之计划
地形篇第十　论战斗开始之计划
九地篇第十一　论战斗得胜深入敌境之计划
火攻篇第十二　论火攻之计划
用间篇第十三　论妙算之作用

徐世昌为该书所作的序，也是一篇很有学术价值的历史文献。其全文转录如下：

《孙子十三篇》自汉迄明，注者多至二十余家。其传于今世者，惟《孙子十家注》最为善本。是本为宋吉天保所集，名曰《十家会注》，乃阳湖孙渊如先生得自华阴道藏，校勘梓行于世，即今刘君邦骥《孙子浅说》所依据者也。孙子著书旨趣，刘君衡以今世情势既以发泄无遗。且于《九地篇》“重地则掠”，注家以为因粮于敌者，刘君谓与近时学说相违，行军要素，当定军用价目，招致商贾，则四民不扰，阻力潜消，而在敌地，尤为紧要。若肆行抄掠，则商贾裹足，是自绝其粮道也，此古法之不可行者也。其立论如此，尤非泥古而不适于今者可以伦比。夫国于天地，必有与立，而当群国竞争之世，莫亟于治兵。特兵家者流，大抵以权谋相尚，儒家者流又往往瞢于时事讳言军旅，盖两失之。予惟古之善治国而兼善治兵者，曰管子、曰商君、曰诸葛孔明之三人者，皆先求自治而后用以制敌者也。今观孙子之书，其第一之《计篇》有曰“主孰有道”，第四之《形篇》有曰“修道保法”。刘君揭明其为主德内政之纲要。然则孙子虽兵之权谋家，固亦以制敌之方基于自治，非徒诡道取胜，侥幸一试，遂能长此自立于不败也。且世变相寻，学说之误人最甚。祭公谋父曰：“先王耀德不观兵。”老子曰：“佳兵者不祥。”讲学家视为格言，往往天下已定，上恬下嬉，人不知兵，一再传而遂至大乱。盖承平一统之世，军政弗修，其招祸且有如此者。昔者周公致政，作《立政》以戒成王曰“其克诘尔戎兵”，或犹谓殷难初平，成王始政则然也，乃成康之际，刑错四十余年。召公之诰康王也，曰：“张皇六师，无坏我高祖寡命。”老成谋国，动辄谆谆于戎兵六师者，何哉？盖天下晏然，朝野相安于无事，不期而盗贼内发，不期而边衅偶开，故武备不可以废弛也。其曰“诘尔”，虑军械或不完，军额或不足也。其曰：“张皇”，虑军械虽完、军额虽足，而训练或不精、校阅或不勤也。后世人主用兵制敌者多矣，制敌得志，则如卫、霍之创匈奴，制敌不得志则如韩范之御西夏。论者犹以穷兵非之，不知汉宋之病在不先力求自治，乃并其力求制敌，而概以为不然。是皆误于偃武修文之一说，以故黄帝神明之胄，陵夷积弱，以至于今，几几不能自振也。《孙子》一书文字不多，文义亦非甚艰深，初学皆可以卒读。惟旧注随文解释，散漫无归。刘君依赵岐《孟子注》例，逐篇发明章旨。十三篇丝联绳贯条理井然，于学师讲授尤便，自宜颁之学校，专立为科。俾吾中华民国，知国势岌岌，非武力不足以自存。国家将竭全力以注意于兵，为民人者人人有征调之定期，为军人者人人晓韬略之大意，则此书有功于吾国甚伟。虽名之曰"孙子兵经"，盖亦未尝不可。抑予更有厚望者。古之所重者在军谋，今之所重者在军实。军实之费有百倍于孙子，所谓"兴师十万，日费千金"者。器不出于吾国则购用鲜良，财不裕于平时则制造无力，必自治不失其道而后财用可筹。财用不竭其源，而后军实可备。善读《孙子》者，不徒诩其制敌之神奇，务求其自治之巩固。医国之方，其在是欤！

中华民国四年六月天津徐世昌序①

《孙子浅说》署名蒋方震、刘邦骥合著，但卷首蒋、刘联名上给袁世凯的呈文特别声明："是编草案由邦骥主稿。"徐世昌所撰序言也说是刘邦骥所著。学术界也有人把它看成是刘邦骥的著作，甚至不提蒋方震。蒋方震在这本著作成书过程中究竟起了多大作用，还有待进一步考证。

护国英雄蔡锷的总参议

民国初年，刚到北京时，蒋方震与蔡锷对袁世凯抱有很大幻想，忠心辅佐袁世凯，从事国防建设，希望使国家走上强盛之路。然而，袁世凯逐渐暴露出来的专制独裁与卖国求荣倾向，迅速扑灭了他们的幻想。蒋方震与蔡锷一致认为，袁世凯、段祺瑞之流私心太重，地域观念太深，即使他们愿意放手叫南方人练兵练将，练出来的新军也只能成为一人一系争权夺利的工具，而绝不能用

---

① 蒋百里：《国防论》，陕西师范大学出版总社2023年版，第158—160页。

以捍卫国家。这与蒋方震、蔡锷建立现代化国防的思想完全是南辕北辙、背道而驰的，于是他们抛弃了辅助袁氏建军的幻想。

然而，事情并没有到此为止。袁世凯在镇压了国民党领导的南方各省武装后，得寸进尺，得陇望蜀，政治野心极度膨胀，很快就公开复辟帝制，企图建立万世一系的袁家天下。1915年8月，袁世凯指使杨度、孙毓筠等人组织所谓的筹安会，冒充学术团体，为袁世凯复辟帝制鸣锣开道。筹安会的登场，标志着袁世凯帝制自为活动的公开化。

辛亥革命后一贯实行联袁反革政策的进步党首领梁启超，看到全国人民反袁情绪高涨，袁世凯的覆灭将危及进步党的生存，便决定改变过去的拥袁政策。进步党抢先一步，首先打出公开反袁的旗帜。筹安会成立的第二天，即1915年8月15日，蔡锷从北京搭乘晚车去天津，找到他的老师梁启超，商量反袁行动计划。此后，蔡锷每周都要去天津与梁启超密会。他们商定的计划是："云南于袁氏下令称帝后即独立，贵州则越一月后响应，广西则越两月后响应，然后以云贵之力下四川，以广西之力下广东。约三四个月后可以会师湖北，底定中原。"①

8月20日，梁启超在《大中华》杂志第1卷第8期发表题为《异哉所谓国体问题者》的万言长文，公开亮出了进步党反对袁世凯帝制自为的立场。文章发表后，京、津、沪各报纷纷转载，很快传遍了全国各大城市。

按照计划，蔡锷于1915年12月1日在澳大利亚记者端纳的护送下，成功摆脱袁世凯安排的军警特务的监视，从崇文门火车站乘坐火车到达天津，然后从天津登上了东渡日本的轮船。

蔡锷在出京前特地到蒋方震寓所作了一次密谈，对今后的行动计划进行商讨。蔡锷潜出北京后，经日本，再经上海、台湾、香港等地，取道越南，于1915年12月19日抵达昆明。

蔡锷的到来，对云南正在酝酿的反袁斗争起到了强有力的推动作用，加速了护国战争的爆发。1915年12月22日，袁世凯公开宣布接受帝制，自称

① 谢本书：《蔡锷传》，天津人民出版社1983年版，第92页。

“中华帝国皇帝”。就在同一天，唐继尧、蔡锷、李烈钧等39名将领在昆明举行了庄严隆重的宣誓仪式。随后，组成护国军，以蔡锷为护国军第一军总司令，李烈钧为护国军第二军总司令，唐继尧为护国军第三军总司令。出师计划为第一军攻四川，第二军攻广西，第三军留守云南。1916年1月1日，护国军总司令蔡锷、李烈钧、唐继尧联名发表《讨袁檄文》，正式揭开了护国战争的序幕。

护国战争爆发后，蒋方震在北京也受到了监视。1916年3月，蒋方震决定离开北京南下。临行前，蒋方震写了五封信，其中一封致袁世凯，劝他及早回头、取消帝制，其余几封分致徐世昌、黎元洪、段祺瑞等人，请其在必要时对国是善后多负责任。蒋方震将写好的五封信交给妻子左梅，对她说：“我到南京就有电报来，你接到电报后，就把这几封信发出。北京如发生战事，你不妨到东交民巷暂避。我留二百银圆给你作家用。”次日，蒋方震从北京东城出门，骑毛驴到达廊坊，在廊坊车站买了一张三等车票前往天津，然后由天津转车南下上海。

蒋方震到达上海后，原拟立即转道赴四川，辅助正在四川与北洋军恶战的蔡锷。此时，岑春煊在广东组织“两广北伐联合军都司令部”，以岑春煊为都司令，梁启超为都参谋（相当于参谋长）。梁启超不懂军事，便致电蒋方震赴广东肇庆见面。蒋方震于5月间赶到肇庆，被任命为“出师计划股”主任，执行参谋长的职务。蒋方震提出突击战略，主张出湖南以攻武汉，后因时局急剧变化，这一建议未被采纳。

1916年6月6日，窃国大盗袁世凯在众叛亲离中气绝身亡。皖系军阀段祺瑞以国务院名义通电全国，宣布奉“袁大总统”遗命，由副总统黎元洪代行大总统一职。经过一番讨价还价，南方护国军政府与北京政府达成妥协，南方护国军政府军务院于7月间宣布撤销。

7月6日，北京政府任命蔡锷为四川督军兼省长。蔡锷受命后，立即致电蒋方震，邀请他入川商讨川局善后事宜。蒋方震立即从肇庆取道广州、香港，从海路回到上海，然后将妻子左梅从北京接到上海。随后，蒋方震决定让妻子回日本探亲，并将手中的4000元现款全部送给妻子购买钻戒。左梅却对他说：

“爱面子是东方人的一种坏习惯，有不少人因爱面子反而丢了面子。此款可作家用，你的美意我愿嵌之心坎，而不愿套在指头上。”

蒋方震送走妻子后，立即化装成商人模样，带着随身侍从，乘船由长江溯流而上，在泸州附近的龙泉驿与蔡锷会合。当时，蔡锷的病情已经相当严重，梁启超电邀在重庆的德籍医生阿斯米到泸州为蔡锷治疗。阿斯米作了错误的诊断，强行使用梅毒疗法，给蔡锷打了一针洒尔佛散（西医用于治疗梅毒的药）。这一针打下去，蔡锷病情急剧恶化，出现寒战、持续高烧，咽喉肿痛更甚，饮食难进。从此，蔡锷除声音发哑、喉痛，又有不规则的高烧，致使身体疲惫，体力严重不支。蔡锷不得不于7月5日致电北京政府，请求东渡日本治病。但这一请假电报未获批准，加上四川战乱又起，各方面打电报欢迎蔡锷早日赴省会成都就职，以解决川局善后事务。蔡锷不得已带病于7月29日抵成都视事。蔡锷抵达成都之日，受到热烈欢迎，万人空巷，众人皆以一睹护国英雄的风采为荣。

然而，病不饶人，蔡锷一边处置四川善后事务，一边继续请求离川治病。8月9日，北京政府批准蔡锷养病，给予两个月假期。蔡锷与蒋方震商量，希望他权任四川督军公署参谋长兼代督军，但蒋方震想以总参议之名陪同蔡锷东渡就医。于是，蔡锷改变初衷，上报请求任命他的得力助手罗佩金为参谋长兼代督军、戴戡为代省长。8月9日，蔡锷带领总参议蒋方震、代理副官长李华英、秘书唐巘离开成都，先到泸州，在护国军将领朱德家里休息几天。后从泸州改乘轮船，沿长江一路向东，于28日到达上海，在上海医院治疗了10天，但病情仍不见好转。9月10日晨，从上海乘轮船前往日本治疗。到达日本神户时，日本记者纷纷来访，蔡锷以手指喉，以示喉头失音，无法讲话。随行的蒋方震代为发言说：“将军之病，实因袁氏叛国而起。纳溪之战，将军已感觉喉头梗塞，到泸州时竟至完全不能发声。七月二十日由叙府赴成都，在那里住了九天，病情更为严重。北京当局劝其住西山静养，将军则以不能杜门谢客为虑，所以来到贵国就医。”①

① 陶菊隐：《蒋百里传》，中华书局1985年版，第43页。

9月14日，蔡锷进入日本九州福冈医科大学附属医院治疗。在蔡锷的随行人员中，只有蒋方震通日语，所以一切交涉事宜均须蒋方震出面，“极不便”。不久，蔡锷又致电湖南督军谭延闿，请他派石陶钧东渡协助。尽管经过日本医生近两个月的治疗，但终因病入膏肓，无力回天，蔡锷于11月8日凌晨2时溘然长逝，年仅34岁。

蔡锷临终前一天，由护士勉强扶起，凭窗眺望日本飞机演习，又一次受到刺激。他对蒋方震等人说：“我早晚就要和你们分手了。我们建设国防尚未着手，而现代战争已由平面而转立体，我国又不知道落后了多少年！我不死于对外作战，死有余憾。”他随即口授蒋方震，请其代写遗电如下：

一、愿我人民、政府协力一心，采有希望之积极政策；

二、意见多由于争权利，愿为民望者以道德爱国；

三、在川阵亡及出力人员，恳饬罗、戴两君核实呈请恤奖，以昭激励；

四、锷以短命，未克尽力民国，应行薄葬。

蔡锷刚把话说完，就溘然长逝。蒋方震在蔡锷的遗电后附按语说：“一年以来，公恶衣菲食以戕其身，早作夜息以伤其神，临终之际，犹未能裹尸为憾，然蔡公身虽未死于疆场，实与阵亡者一例也。”①

蔡锷去世后，日方医院对遗体进行了防腐处理，由蒋方震与石陶钧、李华英、唐巇等人负责收殓。其经过，蒋方震等人在致梁启超的电报中有详细交代：“棺木长崎选购最上等者，衣尚旧衣，衿里中衣，上下均用白衣，着全套黑礼服，被褥白湖绉里红缎面。棺内安置生前爱用伽楠珠一串，至鸽并宝大方晶章二个，口含金圆。灵柩现停崇福寺，每日诵经。”②

11月下旬，蒋方震与石陶钧等护送蔡锷灵柩回到上海。接受国人的吊唁。北京政府慑于舆论的压力，决定拨款2万元为蔡锷治丧，追赠陆军上将。12月

① 王成斌等主编：《民国高级将领列传》第三集，解放军出版社1999年版，第454页。

② 《蒋百里全集》第六卷函札，第18页。

20日，北京政府下令为黄兴、蔡锷举行国葬典礼。

蒋方震写了一篇声情并茂的《蔡公行状略》，回顾好友蔡锷短暂的一生。行状最后说：

> 其与军事，盖天才也。公身不魁伟，而绝有力。好弈，终夜不肯休，艺之强者，常以精神不继而负。其书法别成一家。公之东下，天下人无不想见颜色。有面谀者既退，公曰：咄！不算回事，战胜于国外乃为雄。呜呼！公今去矣。公之名成，公之志未遂也。
>
> 蒋方震曰：公尝谓：余衡岳之气未衰也。湖湘之士，旋乾转坤，当有三次。曾（国藩）、左（宗棠），其首次也。公之言信矣。谭（嗣同）、唐（才常）以还迄于公，皆以死勤事，其为一次耶？其为二次耶？呜呼，公之志未遂也！民国五年十二月八日，距公薨后一月，学弟蒋方震既护公灵自东返于沪，乃挥泪为之记。[①]

蒋方震回到上海后，因妻子左梅分娩在即，便于1917年2月偕妻子移居北京迺兹府胡同。1917年4月21日，长沙举行了隆重的国葬仪式，蔡锷被安葬于长沙岳麓山。蒋方震得知后，特地赶到长沙参加了葬礼。

蒋方震返回北京后不久，罗佩金、戴戡即按照蔡锷生前的计划，电促蒋方震入川任督军。他在长女蒋昭出生后的第二天，便南下长沙，拟视察蔡锷坟地后转程入川。

由于在长沙的日本陆军士官学校同学和保定军校学生挽留，蒋方震在长沙住了一段时间。这时，四川内乱已起。4月，罗佩金所率滇军被川军刘存厚部打败，被驱赶出四川，北京政府改任戴戡署理督军、代省长兼军务会办。当蒋方震取道汉口到达重庆时，还没有听到四川方面的任何风声。由重庆改乘山轿西行到达山阴镇时，他突然看到自己的学生李拯中化装成叫花子迎面走来，这才知道川军叛乱将领刘存厚等趁北京张勋复辟之机，纠集川军数万

---

① 《蒋百里全集》第四卷文史，第10页。

围攻成都。戴戡率领黔军8个营坚守了13个昼夜，终力竭城破。7月18日，戴戡、张承礼死于乱军之中。蒋方震得此凶信，庆幸自己在长沙停留了一段时间，才得以捡回一条命。

第四章 转入研究学术时期

担任总统府顾问

自全程陪同蔡锷赴日本治病开始，蒋方震与湖南省省长兼署督军谭延闿建立了联系，并结下了友谊。谭延闿为此曾向北洋政府保荐蒋方震与林摄两位陆军人才，“以备任使”。1916年10月26日，黎元洪大总统据此向陆军部总长发出第32号训令：“蒋方震、林摄着交陆军部存记”。

护国战争结束后，政府论功行赏。1917年1月27日，护国战争重要领导人、云南督军唐继尧密电北洋政府陆军部，以蒋方震、张孝准、石陶钧三人参加护国战争有功，请求授予陆军中将。密电称：“陆军少将张孝准、蒋方震，滇黔护国军参谋长石陶钧，器识闳远，学问优长，于此次战事，参赞机密，筹备饷械，毅力苦心，不辞艰险，实属卓有勤劳，且均历任中将职务，论功行赏，未便独令向隅，拟恳将张孝准、蒋方震、石陶钧三员均授为陆军中将，以资策励。”唐继尧的保举并没有得到完全采纳。2月，北洋政府宣布张孝准、蒋方震加中将衔，石陶钧补陆军少将。直到1918年7月，北洋政府才正式授予蒋方震陆军中将。

蒋方震从四川回到北京时，北京政府已由皖系军阀首领段祺瑞掌握实权。在袁世凯当权时代，蒋方震曾深深卷入袁世凯与段祺瑞的权力斗争，与段祺瑞结下了很深的仇怨。但在1917年张勋复辟事件发生后，蒋方震的老师梁启超与段祺瑞合作，担任段祺瑞内阁的财政部总长兼盐务署督办，这意味着蒋方震在北洋政府内部又有了坚实的靠山。所以，蒋方震回到北京后便担任了黎元洪大总统的军事顾问。

总统府军事顾问虽然是个虚职，但月薪400块大洋实实在在地解决了蒋方震一家的生计问题。蒋方震交给夫人左梅200元作为生活开支，往浙江海宁老家寄50元，余下的作为自己的交际费用。左梅把200元分成柴、米、油、盐、水、电等各项，分袋存放，该用什么钱就解哪个袋，余款则作杂用。由于她精心计划，节俭开支，每月费用勉强够用，唯一招架不住的是客人来得太多。蒋方震恰恰又是个广交天下朋友的人，因而“寅吃卯粮”之事也时常发生。每当捉襟见肘之时，左梅就高挂“免战牌”，客人来了不见，电话响了不接。实在躲不过，见面就是一句“下月再见”，要不就是一通日本话，让对方不明就里。

蒋方震担任总统府军事顾问后，“由致力事业时期转入研究学术时期”，专注于军事学术研究与新文化运动。

出版《军事常识》

早在1915年秋，蔡锷便与蒋方震商量合作写一部“为事实上之研究”的军事著作。但时事变化太快，袁世凯复辟帝制，迫使蔡锷与蒋方震先后投身反袁护国战争。虽然推翻了袁世凯，挽救了中华民国，但身为主帅的蔡锷积劳成疾，病逝于日本医院，以身殉国。好友殉国，让共同著书的愿望成为泡影。作为幸存者的蒋方震，为了纪念已故的好友，决定完成著书计划。他鉴于时事的发展变化，认为“事实无可言矣，乃言其理论”，便舍事实而专言理论，于1917年9月在上海商务印书馆出版了《军事常识》，全面系统地阐述了他与蔡锷深入切磋过的关于国防问题的观点和主张。

《军事常识》全书共8章。前7章分别从政略与战略、国力与武力及兵力、义务兵役制、兵器、编制、教育、军政管理等方面，介绍西方各国和日本近代以来的军事理论与军事、国防现状，并结合中国的国情加以阐述。最后一章是“中国近古军事史记要”，概述自湘军兴起至护国战争为止中国的军事变革。正文后并有附录“湘军以来世界变局年表”。

全书的主要内容可以归纳如下。

第一，在政略与战略部分，阐明国家建设军队必须遵循的基本原理。

蒋方震根据近代资产阶级的战争观以及近代中外战争史，对国本、国是、政略、战争以及军队的作用等基本问题及其相互关系作了阐述。他说：“国于世界，必有所以自存之道，是曰国本。国本者，根诸民族历史地理之特性而成。本是国本，而应之于内外周围之形势，以策其自存者，是曰国是。国是者，政略之所从出也。战争者，政略冲突之结果也。军队者，战争之具，所用以实行其政略者也，所用以贯彻其国是者也，所用以维持其国之生存者也。故政略定而战争生焉，战略定而军队生焉。军者国之华，而未有不培养其根本，而能华能实者也。”①

蒋方震还阐述了练兵的目的。他说：“练兵将以求战也，故先求敌而后练兵者，其兵强，先练兵而后求敌者，其兵弱。征之以中外古今之事，而可信者焉。”②蒋方震指出，练兵之前，必须确定敌国，进行针对性练兵，这样军队才能强大。他说：“凡治兵于四面楚歌之地，欲突起以成功者，其事较难，而成功者独多；治兵于天下升平之日，欲维持于不敝者，其事较易，而成功者乃绝无也。盖惟忧勤惕励之诚积于中，斯蹈厉发扬之致极于外，故曰‘无敌国外患者国恒亡’。呜呼！可以观矣。”③

蒋方震还指出，袁世凯建立北洋军，“练兵二十年而适以自累者，本不正也，政不举也，志不立也”④。换言之，正本、举政、立志，才能达到练兵之目的。袁世凯练北洋军之所以失败，就在于目的不明、宗旨不纯、私心自用。这样练出来的军队不但不能保卫国家主权与领土完整，反而陷入军阀混战、祸国殃民的泥潭，成为罪恶的渊薮，这是值得吸取的历史教训。

第二，在国力与武力、兵力部分，全面阐述国力、武力与兵力三个概念以及三者之间的关系。

---

①③《蒋百里全集》第二卷兵学上，第82页。

②《蒋百里全集》第二卷兵学上，第81页。

④《蒋百里全集》第二卷兵学上，第85页。

蒋方震指出："武力者，国家所用以贯彻其国是之具也，就广义言，武力即国力也；就狭义言，则国力而加以军事的组织锻炼者，是曰武力。"[①]这就告诉我们，归根结底，兵力之源在武力，武力之源在国力。总体国力是国防力量的基础，军事力量的增强必须以国家政治经济实力的增强为基础。

蒋方震指出，一个国家的国力是政治、经济、自然、人口等多种要素的综合体。强大的武力只能建立在强大的充实的国力基础之上。蒋方震认为，就其实质而言，国力包括五个基本要素，即"人""地""物产之生殖力""机械之运动力""政治力"，这些要素是国家武力赖以存在和发展的基础。除了地理等自然条件外，国力又可分为精神条件和物质条件两个方面，其均具有重要性，不应偏废。前者"以国民之体力、智力、道德力为主，而道德力之左右于武力则尤大。即节俭而忍苦，果敢坚毅，富于爱国心，而重义务之国民，较之流于安逸，习为骄奢，陷于怯懦者，其数虽有天渊之差，而武力则有过之无不及者"[②]。既见物又见人，既重视物质建设又重视精神建设，这是蒋方震军事思想的特色之一。

从物质基础来说，"次人心而为武力之原质者，则材用是也"[③]。蒋方震将其归纳为四个方面：农业（粮秣）、工业（武器）、矿业（煤、铁）、牧畜（马、驴）。概括起来，可谓国民经济或财经。

蒋方震指出："兵力者，武力之主体，而兵力非即武力也。武力者，就其用而言也；兵力者，就其体而言也。""兵力与兵数，尤不可混。数也者，就人马材料之数量而言；力也者，则数量外，加算以人马教育之程度，材料品质之精粗者也，故必综合无形有形之两元质，而兵力之真义乃见。有形者易知，无形者难求，其在军费定额有一定之范围者，则数量之增，未必即兵力之大也。"[④]蒋方震认为，兵力的强弱与精神因素和物质条件息息相关。他引用德国伯卢麦《战略论》原文，指出"变国力为武力，则有视乎国家政治之机能"[⑤]。

蒋方震还直言指出，近百年来，西方各国在政治上推行立宪民主制度，在

---

①② 《蒋百里全集》第二卷兵学上，第86页。

③⑤ 《蒋百里全集》第二卷兵学上，第87页。

④ 《蒋百里全集》第二卷兵学上，第88—89页。

军事上推行义务兵役制，两者相辅相成，这是国家得以强大的根本原因。他说：“近百年来，为一切政治之原动，而国制组织之根本者，则立宪制度是也。为一切军事之原动，而国军组织之根本者，则义务兵役制是也。新国家之有是二者也，犹若车之有两轮，鸟之有两翼，而二者之间，尤有至深至密切之关系。自国家言，则立宪制度者，求其个性之发达，故自由者，义取诸分，对内者也；义务兵役者，求其团结之坚固，故强制者，义取诸合，对外者也。自人民言，则既有与闻政治之权利，即当然有保卫国家之义务，是故宪法兄也，征兵令弟也，而双生焉。孕育于法国之革命，自由主义，其先声也；成长于普鲁士之行政改革，民族主义，其中坚也；结果于今日之战争，帝国主义，其尾声也。呜呼！吾人读普国名相斯得因之言，而怦然心动也，斯氏之言曰：‘凡国家失其膨胀之势力于外者，则当蓄其强固之实力于内，是力也，不在其政府，不在其贵族，而在其全国之人民。欲国民之进步发达也，当予以自由，而使各阶级平等于法律之下，故第一，农民当解放也，惟自由之劳动，始能保国于不敝也，当予以土地所有权，惟独立之地主，乃勇于卫其家，即勇于卫其国也；第二，市民当予以自治权也，市政及市会之发达，德族之所以自豪于中古也，摅怀旧之蓄念，历史观念，爱国之源泉也，自治植其础，而官治乃增其力也；第三，贵族当教以惟国家存在，而贵族乃始尊荣，亦惟贵族不自私，而国乃始强盛，特典也，特权也，利之适以害之也。政府有司，不当求智识于簿书，劳精神于会计，首当与国民共生活，而研究其真正之情实，而施政方针当力与当时之实情相应。”①

蒋方震基本上把国防力量分为国力、武力与兵力三个层次，并阐述了三者之间的联系和区别。他强调，总体国力乃是整个国防力量的基础，军事力量的增强必须以国家力量的增强为基础。这种见解是建立在他对资产阶级战争观、近代百年来中外战争史全面总结的基础之上的。这个观点已经接近“综合国力”的国防观念，即在增强综合国力的基础上，强化武力与兵力，建立总体性的国防体制，以战胜外敌入侵，保卫国家的独立和主权。

① 《蒋百里全集》第二卷兵学上，第89—90页。

第三，介绍西方的义务兵役制。

蒋方震首先指出义务兵役制兴起的背景。他说："兵在精，不在多，斯言至矣，盖谓兵力之大小不在其数量，尤在其品质也。虽然，使彼此之精度相等，则求胜之道，将何从？数等者，求其质之精；质等者，求其数之多，自然之势也。既欲其精，又欲其多，而国家之军费，则又有一定之范围，不可愈，于是义务兵役之制起。是故纯粹自军事上之目的言，则征兵制者，以少数之经费，得多数之军队，而又能不失其精度是已。"[①]

接着，蒋方震认为，实行义务兵役制必须具备严格的条件。他说："征兵法者，关于义务兵役之条例也，其条理之繁密，关系之复杂，事务之烦重，盖非有至勇决之方针，不足以启其端，非有至完密之组织，不足以竟其绪也。在昔德法，在今英伦，皆当国难至深之时，始勉焉而为此。人心之好惰也，民非强迫，不肯服兵役，国亦非强迫，不能行征兵也。昔法人首倡征兵，乃一变而为就地制，再变而为代人制，名虽存，实则亡矣。是倡之者固贵乎勇决，而行之者，尤贵有周密完全之计划也。"[②]

蒋方震还详细介绍了近50年来西方各国实行义务兵役制的有关法律规定、行政组织以及征兵步骤等。蒋方震指出，征兵制必须做到"征之能来""来之能教""教之能归""归之能安""临战焉，一令之下，应声而即至"。[③]只有做到这五条，征兵制才能算圆满。

蒋方震指出："若夫一令之下应声而集，是则征兵之最后目的，《管子》所谓'内教既成，不令迁徙'者也。盖必平时之监视严密，计画周到，而临事之征调，始能有秩序而迅速也。各国今日，则自命令下付之方，旅费取予之法，应到之地，应往之路，应用之车船，无不一一豫为规定，而警吏宪兵，则各设其网，以周流巡视乎其间，各机关各人，各有一定之每日行事表，夫而后当开战之日，全国国民不震不惊，寂焉各行其所是，不相扰而益相成，呜呼，极人

---

① 《蒋百里全集》第二卷兵学上，第91页。

② 《蒋百里全集》第二卷兵学上，第92页。

③ 参见《蒋百里全集》第二卷兵学上，第97页。

间之能事矣。故言征兵者，必以战时能圆满召集编入军队，为最后之目的。”①

第四，兵器问题。

蒋方震在书中详细探讨了兵器之种类（包括武器、弹药、器具、材料）、制造武器之原料（包括药、金、革、木）、武器之人工（包括制造、管理、使用）等方面，提出了许多有指导意义的建议。他主张武器制式要统一、管理要严密，凡登记、保管、检查、报告、修理等，都要有细致的规定。蒋方震十分重视武器装备的更新与军事技术的进步，也重视人谋与精神意志的作用，反对“唯武器论”的观点。他指出：“进步者物质，所以进步者，非物质而精神也。”②“呜呼！器之不良也，非器之过也，非财之拙也，人谋之不臧也。精神不进步，而求其效果于物质，不可得也，虽得之，必失之。”③

第五，编制和教育。

蒋方震不仅是军事理论家，也是军事教育家，他非常重视军事教育的作用。他说：“人也，器也，军也，国也，各有其个体，其形式上之一致，则编制之责也，其精神上之一致，则教育之责也。”“军事教育之主体，在军队，不在学校，是也。平时之军队，以教育为其唯一事业，战争之教育，以军队为其唯一机关，学校者，不过军队中一部分人员之补习机关而已。”④蒋方震分别阐述了军事教育的四大纲领：一是求人与器之一致；二是求兵与兵之一致；三是求军与军之一致；四是求军与国之一致。

第六，人事与经理。

蒋方震把军事管理分成陆军部负责的军政和参谋部执掌的军令两大类。其中，军政管理的核心是人与财。他说：“军事上关于用人之制，名之曰人事；关于用财之制，名之曰经理。人事得其道，经理得其法，而军政之义备矣，而陆军部乃能综絜全国军政之纲矣。”⑤要做到“人事得其道”，必须建立符合国情且

① 《蒋百里全集》第二卷兵学上，第99页。

② 《蒋百里全集》第二卷兵学上，第101—102页。

③ 《蒋百里全集》第二卷兵学上，第107页。

④ 《蒋百里全集》第二卷兵学上，第129页。

⑤ 《蒋百里全集》第二卷兵学上，第140页。

公平合理的军队人事制度，培养、升迁、退役等各方面的政策制度规定要尽量公平合理。蒋方震指出，在西方，军队的“经理”已经成为一门内容广泛、自成系统的科学。对于如何做好军队“经理”工作，蒋方震提纲挈领地提出了二纲四目。二纲是“国法之要求，与战争之要求，相一致也”“会计与监督，必相互为用也”；四目是“金钱经理”“被服经理”“粮秣经理”“营（房）膳（食）经理”四大业务。蒋方震指出：“用人得其道，用财得其法，则兵可征，器可制，编制得其用，教育得其据。识人至难也，理财至密也，无诚则法无以立，无志则诚无自生，故曰以必战之志，策必胜之道者，治兵之原则也。”①

蒋方震在书中还阐述了战争的四大特性及其对军人的要求。他说：“战争之特性有四：曰危险，曰劳苦，曰情状之不明，曰意外之事变（格洛维止之说）。危险，故有待于精神之勇；劳苦，故有待于体格之健，与忍耐力之强；情状之不明，故有待于判决之了澈；意外之事变，则有待于临机之处置，与积气之雄。凡此四者，上自将帅，下迄兵卒，皆同受之，而位置愈高者，则要求入于精神领域者愈深，而困难亦愈甚，此平时所贵乎修养磨炼也。”②

蒋方震为《军事常识》所写的序言以高度概括的文字交代了全书的主要内容：“第一章述练兵之目的，在求战，正其本也。第二章述武力之原，在国力，清其源也。三四二章，说人说器，分析其原质，就其个体言也。五六二章，述编制，述教育，综合其联络，述其所以相成也。七章述军政之全体，絜其纲于用人理财。八章述近古之军事史，求诸民族之自觉心，亦得失之林也。”③

有学者指出，蒋方震的《军事常识》一书在比较全面系统地介绍西方近代资产阶级的军事理论学说与制度的同时，结合中国的国情，提出了在中国建立近代化军队与国防建设的基本原则，标志着蒋方震已经初步形成了自己的军事与国防思想体系。④

中国青年党的曾琦在拜读《军事常识》一书后，有感而发，写下《题蒋百

① 《蒋百里全集》第二卷兵学上，第146页。

② 《蒋百里全集》第二卷兵学上，第138页。

③ 《蒋百里全集》第二卷兵学上，第79页。

④ 参见吴仰湘：《中国近代国防理论的奠基——蒋百里思想研究》，人民出版社2012年版，第97页。

里〈军事常识〉二绝》，给予高度评价。诗云：“平生我亦慕曾胡，自笑乾坤一腐儒。识得戎机通义理，知君韬略迈孙吴。风流儒雅夙钦君，一卷阴符抵万军。如此奇才终有济，空谈愧杀杜司勋。”[①]

翻译《职分论》

1917年，蒋方震翻译了英国伦理学家斯迈尔的名著*Duty*，蒋方震将其译为《职分论》，同年由上海商务印书馆出版。

英文“duty”有任务、义务、责任、本分、敬意等意思，蒋方震将其翻译为《职分论》是很贴切的。该书共14章，斯迈尔的原著大量征引了从古希腊、罗马以至普法战争时政治、经济、军事、学术、宗教等领域各种杰出人物忠于职守、尽责任的实例，以论证人类在社会中应遵循的规范和应尽的职责。这是一本关于人类立志修身、为社会谋福利的教科书。蒋方震在翻译时，如遇与中国、日本古人著作中论述相吻合之处，即特加“附注”，以加深中国读者的印象与理解。

第一章“职分、良心”。原著第一段说：“职分者，与有生以俱来者也。生涯之有苦乐情也，而至高至善之人，则决不以此区区一身之幸福、名誉，为其一生之目的，彼之生也，固别有其至强之动力，即导源于众善所归之事业是也。”蒋方震于此加注说：“身修而家齐，家齐而后国治；亲亲而仁民，仁民而爱物。”[②]他又说：“欲尽我之职，以求其仰不愧，俯不怍，则必以发达天赋之良知为第一事。良知者何，则辨别善恶邪正之智识是也。此天之所以与我者，吾侪惟有此智识，故对于天对于人，而负责任。天也者，指挥吾人志意之最高志意也。”“职分之范围无限。大凡一生之富贵贫贱，皆非人力所能为，吾人之所能为者，则竭其力以尽应尽之职分而已。不顾危险损失，而一意忠实于职务，盖为高等人物所不可缺之要件。伟大之事业，今犹古也，将欲成之，不可不有

---

① 曾琦：《题蒋百里〈军事常识〉二绝》，《学艺杂志》1923年第4期。

② 《蒋百里全集》第七卷译述，第129页。

牺牲其一身之大觉悟。”“凡尽职分守义务之观念，见之于军人之生活为尤著。”“我辈欲各尽其职分，则姑以类别之。第一对于天，次则对于家族，次则递推，以至对于社会，对于国家。惟国家之于人民，亦有不可不尽之职分在。”“而此种职分，要多实行于隐密之间。盖公事生涯，人所共见，惟私行上之精神作用，为人所不及知。而人生真正之价值，即视此区区方寸间之重轻以为衡。灵魂之为物，非他人所能左右，惟遇自杀者，则不可救。故吾辈苟能推己及人，使其精神能日进于高尚神圣之域，虽其行甚微，而吾人之职分可为已尽。”蒋方震加注曰：“莫见乎隐，莫显乎微，故君子必慎其独也。”①

第二章“行为上之职分，职分之实行”。“家庭者，职分之习练地也。赤子之生也，自其健康养育，以迄身心意志之发达，一一有俟乎人力。乃其长也，乃渐得种种之思想。当其时，虽有意志，而趋善趋恶，一视其父母之感化何如以为准，必也受善良之感化而后服从自制诸德，乃逐渐以底于成。意志连续以求同一之事物，是曰目的。真正之人物，当其坚守目的以行善也，但求无愧于己，虽极人世之辛酸而不顾，此无他，其志立也。惟陶冶之意志始能确立于人世之风潮，故纳维里曰：品性者，意志之经陶冶者也，而其功必自少年时代始。”“吾侪必竭全力以养成此强固之意志，志不立，则气节堕，而道德失其光，真理失其力，终必为悖德狡智者之所屈，且智识云者，与强固之品性无与，培根有言：不决者，消亡也。彼小智小贤，徒议论而乏实行，何足道哉！”蒋方震加注曰：“井上哲次郎谓阳明之学偏重意育，故日本维新之豪杰多传阳明学者，其修养意志之法别为五条，曰克己，曰进取，曰蕴蓄其精力，曰冷静其精神，曰慎择其目的。”②

原著又云：“个人之生涯，与社会全体之生涯有密切之关系。人各有所职，各有所业，有一人不尽其职，不仅此一人受其苦痛即他人亦不兑受其妨害，以一人之怠惰故，蔓延及于他而不至所届，则无宁早死之为愈矣。”蒋方震加注说：此“职分论之精髓也”。③

---

①《蒋百里全集》第七卷译述，第129—130、132页。

②《蒋百里全集》第七卷译述，第144—146页。

③参见《蒋百里全集》第七卷译述，第152—153页。

“目下青年之危险物，怠惰是也。不从事于修养，故品性曰见其陋劣，谄上而傲下，无信仰无希望，即最后之善根，亦几消灭净尽。顾乃时时闻其不平之声，是所谓有智识之浮浪人也，彼等无评他人之所为极巧妙，而自身则一无所为也，不平嗟怨之声，终不能导彼于实行之域，其魂魄盖随风以聚散。有思想而无行为，能知之而不能信之。”①

第三章“正直、真实”。“正直者，忠实于职务，不为自己之利而欺人者也，尺度斗量之正确，品质标本之一致，以及严格履行约束等，皆高人品性上所不可缺者也。”②

第四章“不为金钱所动之人物”。“人有可以钱买者，有明明乎为自卖其身而奔走者。自卖者，奴隶也；买人之节操者，不正不义之人也。争自由而得选举，而选举乃为贿赂所左右，人民之自由乎，金钱之自由乎，有演说者扬言于众曰：‘余立于自由之地位。’听众中一靴匠答之曰：‘否否，不然，汝所穿之长靴，尚未偿余以值也。’”“人有雷同于多数之癖，哲人锡尔曰：‘多数者何义也，临大事，决大疑，惟少数人，乃能统一其意见，故投票可量而不可数，多数之无识者，跋扈以掌国家之权，早晚终不免于灭亡也。’”“政治社会，往往以黄金地位为重，然官吏若于俸给外有所得，则道德腐败之征也，其害足以坏人心术，紊乱风纪，使一般品性日趋于卑下。”③

第五章“勇气与忍耐”。“勇气者，人生固有之精力，常为人所尊敬者也。人当剪行其职分之际，能不顾生死，从容以赴义者，勇之力也。”“忍者，勇之更进一步者也。弥尔颠曰：‘最能忍者，最能成者也。’欲发挥高尚之品性，蓬勃之精力，伟大之天才，皆不能不经历多少艰难困苦，而忍之功大矣。能忍者终不失其前途之光荣，遇困难而迎之以微笑；当风潮而镇之以无为，盖其功较之猛进者，尤为进也。”“即以战争言，自科学进步，而忍耐乃较勇气为尤重。忍耐者，勇之持久者也。”④

---

①《蒋百里全集》第七卷译述，第153页。

②《蒋百里全集》第七卷译述，第156—157页。

③《蒋百里全集》第七卷译述，第163、167页。

④《蒋百里全集》第七卷译述，第171、179页。

第六章“海军军人及水夫”，第七章“陆军军人”。这两章是关于军人精神的教材。“军人生活，以纪律服从勤勉为主旨，而其感化实大影响于人格，且为天才家所必要之精神集中力，亦因军事生活而发达也。”“军人不可不有牺牲之勇气。”①

第八章“博爱”。“欲人生进于善良幸福之途，则力之外，犹有所谓德者。德者，善之力也，温良恭俭以行之，其有因此而招反抗者乎？有因此而为恶行者乎？无有也。”“爱之为用，有束缚之力，能使物自进于文明，能使人信，信者，人性之最善，而进步之基础也。故亲切之行为，所以诱起人间之美质，能使反对者解其武装，而融化其顽固不变之气质者也。此种原则，岂独人与人，即国与国，政府与政府之间，亦未尝不应用焉而有效者也。充类至尽，则种族地域之僻见，亦将消除，而国际战争，亦未始不能已也。闻者或以为迂远不达事情乎，然吾知必有一日，视战争为可恐可怖之罪恶也。”“爱孟森之言曰：‘仁也者将举此可厌之旧地壳，而一新之此非武装的宠儿（即仁即爱），可以使政治家空漠之外交，陆海军设备之方法，一扫而去，而示人以和平可爱之光，仁能于其所不能行者，则匍匐以赴之，以不可方物之法，潜入人心之奥，为力所决不能到者……以博大广布之故，而转入死境之耶稣教，非犹保存一人类博爱之名耶？吾以为必有一日，人类互相爱，而一切不幸将融化于日光中也。’”蒋方震于此附记：“东方曰孝。伦理之纵者也，西方曰爱，伦理之横者也，合而言之仁也。此节原文言爱，以其意广博，故译为‘仁’也。”②

第九章“传教之勇气”。“传教师之行为，实最勇而最可尊敬。彼携其生命于掌中，而出入于野人蛮族间，气力不足恃，金钱失其用，其恃以自保者，以慈悲之使命自负而已，此非今世所谓思想家者所能梦见者也。”③

第十章“行善之勇气”。“人之生也，非为名誉也，非为幸福也，非为成功也，盖尤有高尚伟大之目的存于其间。德洛曰：‘上帝予吾人以至短之生命，顾此至短者，乃即以成永劫。念之念之，吾人有无数之敌当征服，无数之罪恶当

---

① 《蒋百里全集》第七卷译述，第201—202页。

② 《蒋百里全集》第七卷译述，第218—220页。

③ 《蒋百里全集》第七卷译述，第235页。

防止，无数之危险困难当凌越之，无数之善行当实行之。'"[①]

第十一章"同情"。"同情，人生最大秘诀之一也，所以惩恶而劝善，发达人性之最良部分也。故互爱二字，足以改造世界而有余。"[②]

第十二章"对于动物之亲切"。

第十三章"责任"。"职分者，自生始，自死终，与有生以俱来者也。家庭，其始基也，子女之教育一也，教养皆有一定之程，而贻以善例，其最要也。主仆之关系二也，上下各有应尽之职，而处以亲切，其最要也。由家庭而推之，及于邻里乡党，而至于国，莫不皆然。故无论何人，无职分之观念者，决不能遂其真实之生活也。""人与人相助而社会始成，故社会之权利，各人皆当严遵，人无责任则社会亡矣。司各得曰：'人若不能相助，则人类之亡也久矣。'人之生也，母理其发；其死也，看护者拭其额，其间皆以相互之助力，而始有生存之道。故助力云者，需者有要求之权，具者有供应之责。"[③]

第十四章"人之最后"。

蒋方震在翻译这本书时，以其生花妙笔，译出了许多警世之言。民国时期著名军事教育家徐培根对蒋方震翻译《职分论》的动机和贡献有如下的评论：

> 欧洲文艺复兴，为近代欧洲文明发展之肇端，其关系至为重要。欧洲之所以能冲破宗教黑暗，创造出现代之文明，实由于此一运动唤起人生之醒觉。百里先生认为要发扬中国之文化，亦必须解除过去之束缚，获得思想之自由，始能推陈创新，有所建树。但百里先生又顾虑到自由思想之流弊，易于走向横决放荡，以至沦于堕落罪恶之途。因之，彼又译《职分论》一书，以为人生遵循之规范。《职分论》里说："人之生于世也，必各有不可不尽之职分……而至高至善之人，决不以自身之幸福与名誉为其一生之目的。人之生也，固别有至强之重力，即导源于众善所归之事业是也。"至于事业为何？著者斯迈尔引述许多先哲之言行与行事，归纳为"至高至善

① 《蒋百里全集》第七卷译述，第250页。

② 《蒋百里全集》第七卷译述，第265页。

③ 《蒋百里全集》第七卷译述，第299页。

之人，必须为其家庭、社会、国家乃至全世界之人类谋福祉，乃为人生之职分”。百里先生并引述我国《大学》书中一段“身修而后家齐，家齐而后国治；亲亲而仁民，仁民而爱物”，以为人生职分之解释。本书责任章里说：“职分者，自出生始，自死亡终，实与生以俱来。由家庭推及于乡里、社会、国家，以至于世界全人类，皆有吾人之职分。人与人相助而成社会，故社会之权利与个人之职分，各人皆当遵守，人类乃有生存之道。”百里先生介绍此种学说于人欲横流罪恶滔滔之世，正以箴规时俗，指引迷津，以济人心邪僻之穷也。总之，百里先生当时之介绍新思潮，乃是导引国人奋发向上，以至于至善至美之境域。

随梁启超考察第一次世界大战后的欧洲

1918年底，第一次世界大战结束，巴黎和会即将召开。梁启超作为与中国决定参战有重大关系的人物，经过一番活动，终于得到了出席巴黎和会代表团会外顾问的资格。他后从北洋政府大总统徐世昌那里领得6万元公款，并自筹4万元，解决了欧游经费问题。梁启超精选了一批学有专长的社会名流作为随同人员，他们是蒋方震（军事）、张君劢（政治）、刘崇杰（外交）、丁文江（工业）、徐新六（经济），这些人多对梁启超执弟子礼。

12月28日晨，梁启超携蒋方震、张君劢、刘崇杰、杨鼎甫（负责旅行中的后勤工作）等4人，在上海登上日本邮船会社的“横滨丸”号，开始了长达一年之久的欧洲游历行程。[①]“横滨丸”号在茫茫大海上缓缓行驶。旅行生活是愉快的。每天，他们早早起床，到甲板上看日出。之后便各自学起外语来，有的学法文，有的学英文。午餐后，蒋方震还会陪梁启超下几盘棋。傍晚，大家打打球。晚餐后，大家或围在一起谈论诗文，或向隅而坐撰文著书。日子过得既充实又快乐。

① 因船位紧张，丁文江、徐新六另外乘船经美国转往巴黎。

经过45天的漫长旅行，蒋方震一行终于到达了欧洲之旅的第一个目的地——伦敦。

到达伦敦后，首先映入眼帘的便是战后经济的萧条景象。梁启超记述说，“所居虽一等旅馆，每日恒不饱，糖为稀世之珍，吾侪日进苦莽耳，煤极缺，室中苦寒”①。

但物质生活的艰苦丝毫没有影响他们的游兴，放下行装后，他们首先参观了伦敦著名的大教堂，又到英国议会下院旁听了两个多小时，实地感受了西方资产阶级的议会民主。梁启超等人对此羡慕不已，称赞说：“我听了双方辩论两点多钟，真是感服到五体投地。他们讨论国家大计，像似家人妇子围在一张桌子上聚谈家务，真率是真率到十分，肫诚是肫诚到十分。自己的主张，虽是丝毫不肯放让，对于敌党意见，却是诚心诚意地尊重他。”联系到国内几年来混乱不堪的政治现状，梁启超感慨地说：“我想一个国民，若是未经养成这种精神，讲什么立宪共和，岂非南辕北辙！”“我劝我国民快些自觉罢，从这里下一番苦功啊。不然，我们要应那组织国家的试验，便换了一百个题目，也是要落第哩。”②

在伦敦游览一周后，蒋方震一行于2月18日抵达法国巴黎。当时，有中、美、英、法、意、日等27个战胜国代表团参加的国际和平会议已于1月18日在巴黎召开。这次会议的主要任务是签订对德和约，确立战后世界新秩序。中国政府派出以外交部总长陆征祥为团长，顾维钧、施肇基、魏宸组、王正廷等为团员的代表团出席大会。中国代表团向和会提出了废除列强在华势力范围、撤除外国军警、裁撤外国邮局和无线电台、取消领事裁判权、归还租借地、归还租界、恢复关税自主权等72项希望条件，并要求收回山东主权及废除与日本签订的“二十一条”。但和会除将山东问题列入议程外，否决了其他草案。

蒋方震一行抵达巴黎后，住进了中国驻法公使馆附近的一家旅馆。他们每

① 丁文江、赵丰田编：《梁启超年谱长编》，上海人民出版社1983年版，第878页。

② 梁启超：《梁启超全集》第五册，北京出版社1999年版，第2998页。

晚就和会的有关问题展开讨论，供中国代表团参考。

从3月7日起，利用和会临时休会之机，蒋方震偕梁启超等对第一次世界大战期间的西部战场进行了为期1个多月的考察。由于考察团成员都是中国的社会名流，法国政府特派官员护送随行。他们从巴黎出发，由马恩河经凡尔登入洛林、阿尔萨斯，至莱茵河西岸的联军阵地，再到比利时，沿着缪斯河穿过兴登堡一带，最后返回巴黎。

战后的欧洲大陆已是破败不堪，过去的繁荣已被炮火无情地摧毁吞没了，到处是断壁残垣，狼藉满地。在凡尔登战场，他们还看到满地焦枯，这里一个坑，那里一个洞，德军溃败时遗弃的钢盔、军服、炮弹、指挥刀到处都是，当年战火之猛烈可想而知。更令人触目惊心的是，战场周围遍布着林林总总的新坟，坟头上密密麻麻地竖立着成百上千的十字架，同那残破凌乱的铁丝网互相掩映。此时的天空阴霾四合，细雨蒙蒙，更为战地平添了几分肃杀和凄凉。面对此情此景，梁启超不禁有感而发：“自然界的暴力，远不及人类野蛮人的暴力，又远不及文明人哩。”①

当蒋方震一行参观比利时的列日炮台时，守炮台的士兵已经走光，只剩下最后一人。他向蒋方震等人追述了战时的情景，如德军如何进攻、炮台如何还击。当他谈到炮火连天时最紧张的一刹那，他的眼中也迸出了愤怒的火花，语调也显得非常激昂，手舞足蹈地描述敌我两军肉搏的情况，蒋方震一一将其记在了日记中。

考察欧洲战场后，梁启超有感而作，写了一篇《西欧战场形势及战局概观》，并请擅长军事的蒋方震撰写《德国败战之诸因》，为他们曾经敬仰的德国唱了一曲挽歌。

蒋方震在文章中从“国家之状态不自然”“政略之失败”“兵略上之失败”等方面分析了德国战败的原因：

第一，德国国家状态之不自然，使其时时处在不能不战的地位。对外，德国与法国是世仇，加上德国与英国的冲突，促成英、法、俄三国协定的成功。

① 梁启超：《梁启超全集》第五册，北京出版社1999年版，第3022页。

对内，因为政治上之自由，贫富两极分化，社会主义日趋流行，德国当局一再扩充军备，求战以自保，使德国整个国家陷入不能不战的状态。这种状态或许可以维持一时，但绝不可以长久。

第二，政略之失败，使德国自陷于不可战之地位。蒋方震说：“自威廉二世，而是中之要领亦失，于是法之复仇，俄之南下，英之海外政策，三者汇于一流，包围之势成，而和战根本之主动，不复在德手矣。请言英，德军阀视英德之冲突，一若既定之运命不可逃者然，以为纵无南阿之电，纵无摩洛哥之干涉，海军即不扩张，比之中立即不侵犯。苟德之商工业一日存在，则英必有一日参战，果也必有一日也。拿破仑之世，必有一日与普战也，而究何当于奥之败普之兴也。请言俄，俄德之交破于奥，然战事之证明，则知联奥之得，不足以补拒俄之失。夫奥之为国，不适于民族国家之大势，援奥则逆势而从井救人也，俄之南下，非英之利，拒俄则何为者也。是则三十年来左周右旋，以自陷于万不可战之地位者，德人自取之也。”①

第三，兵略（战略）之失败。蒋方震认为，德国战略上的失败在于过于自信。他列举了德军在三个方面的表现：“马仑役之前，法军之退也，其目的在自全而待机，自由退，非败退也，而贸然减西力以东援，且大胆绕巴黎要塞之前，遂遭败战，其过信一也。凡尔登之役，竭其所有人员材料以攻坚，自以为可胜，则狃于盎威斯要塞之易下也，牺牲数十万，而卒为法人所龁，于兵略上且无丝毫影响，遑论政略，其过信二也。最后之攻击，及五次之多，倾其东力以西，亦自以为必胜，胜诚胜矣，略地多而卒无补于大势，又粘守其线，不肯速退，遂为人所攻，至一退而不可复支，其过信三也。且惟其过信也，故动作反变为不彻底，开战之初，壮丁之未受教育者数百万之多，国民皆兵之义云何，一也。东普要塞之不坚，急则救之，而忘菲烈德牺牲柏林之坚忍，以致西方之失败，二也。瓦萨之役，俄军几不能退，而苟安于正面攻击，三也。罗马尼亚既亡，不乘时以定希腊，逗留国境，以致布加利亚之脱盟，四也。乃至过信飞船长炮可以胁巴黎、伦敦；过信潜艇作战，而引入美人之参战，则尤众目所共见

① 《蒋百里全集》第一卷政论，第373—374页。

者矣。”①

蒋方震最后的结论是：“军阀之为政，以刚强自喜，而结果也必陷于优柔而自亡。外强而中干，上刚而下柔，是其征也。”②

蒋方震的这篇文章受到梁启超的推崇。梁启超后来将其全文收入自己撰写的《西欧战场形势及战局概观》一文，作为第五节的内容，并在文前加按语说：“自德国败后，各国人著书论他致败原因的很多。我觉得我们老朋友蒋百里所著的一篇，最为精到。我就把他录出来，做这一篇的结论。”③

1925年2月19日，陆军四校同学会④在上海春和楼宴请老师蒋方震，并请他做了演讲。此后，蒋方震将《德国败战之诸因》加以补充与改写，以《欧战之大要及德国失败之原因》为题，在陆军四校同学会会刊《武铎》杂志第4期上发表。⑤

考察完欧洲战场，蒋方震一行返回巴黎。在这个资产阶级启蒙运动的发源地，曾经诞生过许多文化巨人的国度，他们流连忘返，广泛接触了法国著名的政治家、外交家、思想家和学者，参观了巴黎的博物馆、图书馆、美术馆，还观看了戏剧。6月初，蒋方震一行前往英国，游历了1个月，广泛接触了英国的社会与文明。7月中旬，他们再度返回巴黎，参加法国国庆和凯旋典礼。之后，又游历了比利时、荷兰、瑞士、意大利、德国。1920年1月初，蒋方震一行由德国返回巴黎，打点行装，于1月18日赴马赛，在那里登上一艘法国邮轮，启程回国。

此次考察欧洲后，蒋方震的军事思想发生了根本性变化。蒋方震早年留学日本、德国时，醉心于“全国皆兵主义”。但第一次世界大战中德国这个军国主义强国的彻底失败，标志着军国主义的破产。蒋方震从第一次世界大战的结局

① 《蒋百里全集》第一卷政论，第374—375页。

② 《蒋百里全集》第一卷政论，第375页。

③ 《蒋百里全集》第一卷政论，第370页。

④ 陆军四校同学会：由清末民初陆军小学、陆军中学、陆军预备学校、陆军军官学校毕业及肄业学生组成，“以爱护共和、砥砺武德、研究学术、联络情谊为宗旨”。1921年起各省开始酝酿成立，1924年正式成立，总会设在上海，首届理事长为向传义，副理事长为臧卓。

⑤ 蒋方震：《欧战之大要及德国失败之原因》，《武铎》1925年第4期。

中发现了“二十世纪中一种中国军事上立国的大方针”①。从此，蒋方震开始放弃军国主义，转而服膺瑞士的民兵制，主张寓兵于农。

20世纪20年代，蒋方震发表的《军国主义之衰亡与中国》指出：“一二年来，‘军国主义’四字，已成为社会上之共同攻击目标；此其原因有二：一、十年来武人政治之结果：社会俶扰，民生困穷，而武人自身之贪暴，尤为国民指摘之媒。二、欧战之兴，西方则感于德军之横暴，东方则感于外交之失败；而军阀派侵略主义之罪恶，遂为一种鼓吹敌忾之用。”②

蒋方震认为，实行军国主义必须具备两个绝对条件、三个相对条件。两个绝对条件：一是贵族政治。“国内有多数之贵族，其组织之坚强，道德之高尚，足以统率全国国民；而其时人民，适当旧历史之信仰未去，而新世界之智识初开。”二是侵略主义。“国外有明了之目标，以为侵略主义之根本；而国民对此目标，有历史上之遗恨，故能于时间空间上，为统一之行动，而能成功。”三个相对条件：“一曰地狭，二曰人稠，三曰国贫。狭则便于组织，稠则富于供给，贫则国民自身感于侵略之必要。在历史上求此种条件理想的适合者，则为十九世纪上半期之普鲁士，二十世纪初元之日本。”他们的军事制度的特点：一是“励行阶级的强迫的军事教育；盖贵族制度，以阶级为团结之唯一要义也”。二是“维持极大之常备兵；盖侵略主义，以攻击速战为成功之条件也”。③

蒋方震认为此种军国主义与中国的国情格格不入。他说：“军国主义者，姑无论其于理为不正当，于事为不成功。即正当矣，成功矣，亦决非吾中国之所得而追步者也。今日则事实即以相诏矣。三十年来，弃其固有之至宝，费高价，购鱼目，而且自比于他人之珠！呜呼！此亦拜邻之赐多多也！”④

蒋方震指出：“我国家根本之组织，不根据于贵族帝王，而根据于人民；我国民军事之天才，不发展于侵略霸占，而发展于自卫；故吾今者为不得已乃创左之宣言。‘我国民当以全体互助之精神，保卫我祖宗遗传之疆土，是土也，我

① 《蒋百里全集》第一卷政论，第293页。

② 《蒋百里全集》第一卷政论，第285页。

③ 参见《蒋百里全集》第一卷政论，第288页。

④ 《蒋百里全集》第一卷政论，第289页。

衣于是，我食于是，我居于是，祖宗之坟墓在焉，妻子之田园在焉，苟有欲夺此土者，则是夺我生也，则牺牲其生命，与之宣战！’是义也，根诸历史，根诸世界潮流。”①

蒋方震还指出：“历史之遗传，与环境之影响，使我国民视侵略为不必要，自卫为当然权利。”②既然旧式军国主义不适合中国的国情，蒋方震便主张参照瑞士的民兵制。其要点：一是撤销常备军，以少数之骨干，立国民军之基础。二是实行平等教育，以互助代阶级，不求得精练之兵，而求得健全之国民。

1923年，蒋方震应上海《申报》的邀请，撰写了《中国五十年来军事变迁史》。文章指出：“欧游以还，乃于世界军事之趋势，与中国立军之大本，粗有所见。”③他说：“中国国民性，适于消极的自卫，而不适于积极之攻战，故坚壁清野，效死勿去，历史每艳称之，而于冒万险以开辟疆土之英雄，则漠然若忘焉。今试横览中原，全国数千万之城寨，非巍然尚存乎？此真我国民自卫性之象征也。外国之城寨，为贵族的，故容积小，武士所专有也。中国之城寨，为平民的，故容积大，人民所共有也，患难与共，而欢欣足以相死，民兵之所以可用，则以其适于国性也。”④

参与梁启超发起的文化事业

五四新文化运动以后，虽然保守派在文化界还有一定力量，但中国的知识界出现了百家争鸣的局面。以陈独秀、李大钊为代表的马克思主义知识分子开始登上政治舞台；以胡适、傅斯年等为代表的醉心于全盘西化的知识分子也在迅速崛起，成为一支不可忽视的力量。

梁启超欧游归来后，文化观念为之一变。他讥讽顽固保守派所主张的“西学中源”说，认为这是故步自封，夜郎自大；同时，批判全盘西化论者“沉醉

---

①《蒋百里全集》第一卷政论，第289页。

②《蒋百里全集》第一卷政论，第290页。

③《蒋百里全集》第一卷政论，第319页。

④《蒋百里全集》第一卷政论，第320页。

西风"，"把中国什么东西，都说得一钱不值，好像我们几千年来，就像土蛮部落，一无所有"[①]。梁启超认为，这是一种地地道道的民族虚无主义，同样也是无知可笑的。梁启超认为，"要发挥我们的文化，非借他们的文化做途径不可。因为他们研究的方法，实在精密，所谓'工欲善其事，必先利其器'"[②]。很显然，他是要用西学作为整合手段，达到复兴或改造中国文化的目的。从此，梁启超极力倡导中西文化融合，反对复古主义和全盘西化主义。从这一观点出发，梁启超率领研究系的一批文化名人，致力于新一轮的社会文化事业。虽然蒋方震没有加入研究系，但他与研究系的知识分子关系密切，并作为梁启超最主要的助手之一，参与了梁启超发起的社会文化活动。

一、主持共学社

共学社是由梁启超发起成立的。1920年3月13日，梁启超从欧洲回到上海不久，即来到设在上海棋盘街的商务印书馆，与该馆的张元济、高梦旦等晤谈，商量编辑出版小本新知识丛书的事宜。梁启超建议成立一个专门的学术团体，组织同人著译，由商务印书馆负责出版。梁启超的这一设想，得到商务印书馆主持出版事务的张元济等人的支持。于是，梁启超一行回到北京后，经过一段时间的酝酿，于4月成立了共学社。除发起人梁启超外，蒋方震、张君劢、张东荪等都是共学社的主要人物，其他发起人还有蔡元培、王敬芳、蒋梦麟、蓝公武、赵元任、张謇、胡汝麟、张元济、蹇念益、刘垣（厚生）、张嘉璈、丁文江、梁善济、籍忠寅等社会名流和文化名人。具体负责共学社活动的则是蒋方震、张君劢、张东荪等人。1920年4月17日，蒋方震在写给梁启超的信中报告说："共学社开会情形及议决规约，今已印就，即寄奉一份。吴品今来谈领用书记庶务一人，渠推荐同学一人，已嘱其日内一来，拟即聘定（此人虽未译书，将来亦有□资格，闻英、日文均佳云）。""震以身体未尽复原，故拟星期一往汤山小住二三日。先生西山之游，能于十日内举行最妙，以此时共学社及图书俱乐部等均陆续进行有眉目也。"[③]

---

① 梁启超：《梁启超全集》第五册，北京出版社1999年版，第2986页。

② 梁启超：《梁启超全集》第五册，北京出版社1999年版，第2987页。

③ 《蒋百里全集》第六卷函札，第19—20页。

按照梁启超的设想，共学社的活动内容不只限于组织著译，还应包括购置图书、出版杂志、选派留学生，以期达到培养新人才、宣传新文化、开拓新政治的目的。但限于经费，共学社的主要活动仍集中在著译新书、奖励出版名著方面。他们组织出版的共学社丛书，分时代、教育、经济、通俗、文学、科学、哲学、哲人传记、史学、俄罗斯文学等10类。丛书入选的标准是“以浅近简明为主”，如有“特别需要之名著”，则经评议会决定后，提交社员翻译出版。从入选的书目来看，并不受梁启超这一派政治见解的限制，例如拉尔金著、李凤亭译的《马克思社会主义》，格雷西著、刘建阳译的《社会主义之意义》等介绍和宣传社会主义的著作也在出版之列。

二、讲学社总干事

1920年，梁启超发起成立了讲学社，其宗旨是邀请世界著名学者来华讲学，每年邀请一人。讲学社的经费来源有三：一是由政府每年资助2万元，二是由商务印书馆每年资助5000元，三是由讲学社董事会成员捐助。董事会由20人组成，他们是梁启超、汪大燮、蔡元培、王宠惠、熊希龄、张一麟、范源濂、蒋梦麟、王敬芳、金邦平、张伯苓、严修、张謇、张元济、黄炎培、郭秉文、胡汝麟、林长民、沈恩孚、陈小庄。蒋方震担任总干事，负责接待来华的学者。

讲学社邀请的第一位学者是美国哲学家杜威。杜威（1859—1952），曾任美国心理学会、哲学学会和大学教授联合会会长，著有《学校与社会》《民主与教育》《哲学的改造》《经验与自然》等。杜威是实用主义哲学的主要代表。他在政治上主张通过教育来改造社会，通过耐心的实验和点滴的改良来革除社会弊病。1919年，杜威应北京大学的邀请来华讲学，第二年即由讲学社续请。除北京外，杜威还先后到沈阳、天津、太原、济南、南京、上海、武汉、长沙、广州等地讲学，轰动一时，影响了中国青年知识分子有关国家、社会、教育、科学等问题的思考。

第二位应邀来华的是英国哲学家罗素。罗素（1872—1970），著有《数学原理》《西方哲学史》等。罗素与杜威被称为西方百科全书式大思想家的最后两位代表。罗素于1920年10月来华，1921年7月回国。在这期间，罗素到上海、南京、杭州、汉口、长沙、北京、保定等地讲学，发表了《教育之效用》《爱因斯坦引力新说》《布尔札维克与世界政治》《宗教的要素及其价值》《中国到自由之路》等10余篇单篇演讲和《哲学问题》《心的分析》《物的分析》《社会结构学》《数理逻辑》等系列演讲。罗素在演讲中宣传中国的当务之急是发展实业、兴办教育和推行基尔特社会主义等，引发了中国知识界关于社会主义问题的大讨论。

第三位来华的是德国生物学家、哲学家杜里舒。杜里舒（1867—1941），于第一次世界大战后应邀在北京各大学作学术讲演。

第四位来华的是印度诗人泰戈尔。泰戈尔（1861—1941），是东方文化的倡导者，他声称此次来华“大旨在提倡东洋思想，亚细亚固有文化复活”。泰戈尔批评“亚洲一部分青年，有抹煞亚洲古代之文明，而追随于泰西文化之思想，努力吸收之者，是实大误”。4月16日，泰戈尔在浙江省教育会演讲时，有人当场散发传单，对泰戈尔的观点进行批驳。传单指出：“轻物质而重心灵，太戈尔也以为是东洋文化的特色。其实中国此时物质文明的程度简直等于零，反之努力提倡心灵思想文化的人，头等名角如唐焕章、江神童（即江亢虎），二等名角如梁漱溟、张君劢，其余若同善社社员，灵学会会员已普遍全国；太戈尔若再要加紧提倡，只有废去很少的轮船铁路，大家仍旧乘坐独木舟与一轮车；只有废去几处小规模的机器印刷所，改用木板或竹简。”“太戈尔所要提倡复活的东方特有之文化，倘只是抽象的空论，而不能在此外具体地指出几样确为现社会进步所需要，请不必多放莠言乱我思想界！太戈尔！谢谢你罢，中国的老少人妖已经多得不得了呵！”[①]沈泽民也指出：“太戈尔实是一个思想落后的人了。他是印度的一个顽固派。纵不是辜鸿铭、康有为一类老顽固，也必是梁启超、张君劢一类新顽固党的人物。”“太戈尔的思想是闲暇的有产阶级的思想，是守旧的国粹派的思想，是神的思想，不是人的思想。”“对于他的思想，我们决不可含糊接受，因为他对于中国青年思想的前途，是有害无益的。”[②]

讲学社邀请来华的四位学者，虽然在中国知识界引起的反响各不相同，但对中国思想界的影响都是巨大的。

---

① 孙宜学编：《诗人的精神——泰戈尔在中国》，江西高校出版社2009年版，第239—240页。

② 沈泽民：《太戈尔与中国青年》，《中国青年》1924年第27期。

蒋方震特别推崇杜威和罗素。他在一篇杂感中指出："杜威、罗素是现在中国学问界唯一的权威者，文化时代的两棵大树，他能不能在中国人心田里生些根，结些果，这是我们现在死活的关头。""我们不一定要杜威、罗素的学问，我们要他做学问的方法；我们不一定要学他的做学问的方法，我们要学他的做学问的人格态度。"①

在另一篇短文中，蒋方震还指出："我从罗素先生这几回临别赠言的里面，觉得罗素脑筋中的中国，最大坏处就是没气力，所以一万人拉，一打人拉，这都是一种旁衬的文章，他的真意就是教大家再拿出点气力来做事。""他临走的几篇文章，大有英雄豪杰的气概。这是他的对症发药，我愿意大家把这几篇近来中国极有价值的文章仔仔细细再考究一番。"②

三、主持编辑《改造》杂志

《改造》杂志原名《解放与改造》，是由张东荪、俞颂华等研究系成员以北平新学会③的名义于1919年9月创办的半月刊。杂志创刊时，蒋方震与梁启超等人正远游欧洲，刊物主要由张东荪负责。创刊号的宣言称其办刊宗旨是："今天的世界虽不是以前的世界，然而以前世界的'残余'（Residuum）尚在那里支配现在的世界。今天的自我虽不是以前的自我，然而以前自我的'残余'尚在那里蒙蔽现在的自我。所以我们当首先从事于解放，就是使现在的自我完全从以前的自我解放了出来，同时使现在的世界也从以前的世界完全解放了出来。""但解放不是单纯的脱除，乃是替补（Complement）。替补就是改造，所以一方面是不断的解放，他方面是不断的改造。综合两方面看来，就是不断的革新。"④很显然，研究系创办《解放与改造》的目的是要以他们的立场和观点，谋求社会的改革。

1920年3月梁启超欧游归来后，认为杂志名称累赘，经与同仁商议，决定

① 《蒋百里全集》第四卷文史，第201页。

② 《蒋百里全集》第四卷文史，第198页。

③ 北平新学会：由梁启超与蒋方震、张君劢、张东荪等人发起，其宗旨是从学术思想上谋求根本的改造，以奠定将来中国的基础。

④ 《解放与改造》第1卷第1期。

自第3卷第1期起改名为《改造》，由梁启超担任主编，蒋方震实际主持编辑工作。由蒋方震起草的发刊词宣称“其精神则犹前志也”。发刊词还指出，“本刊所鼓吹在使文化运动向实际的方面进行”，并提出了16点具体的主张，实际上确定了研究系同仁今后一个时期政治、经济和文化思想的纲领性方针。

这16点主张是：“一、同人确信谋人类之福利，当由群性与个性互相助长：务使群性能保持平等；务使个性能确得自由；务使群性与个性之交融能启发向上。二、同人确信中国民族之不振由于思想不进与制度不良，而不良制度尤为不良之思想所维持，故以为非先思想革命不能颠覆制度。三、同人确信政治改造，首在打破旧式的代议政治。故主张国民总须得有组织的自决权。四、同人确信经济改造，在使人人由劳动而得生存权为最低限度；同时对于自由竞争定有最高度之制限。则去其过甚之两端，既不抹杀智能之高下，复不致有生计压迫之现象。五、同人确信世界改造，在打破国家最高主权之论。国家非人类最高团体；故无论何国人，皆当自觉为全人类一分子而负责任。偏狭之旧爱国主义，不敢苟同。六、同人确信军事上消极自卫主义，为我国民特性；且适应世界新潮。故主张无设立国军之必要，但采兵民合一制度，以自图抵抗强暴。七、同人确信国家之组织，全以地方为基础。故主张中央权限当减至必要范围为止。八、同人确信地方自治当由自动。故主张各地方皆宜自动地制定根本法而自守之。国家须加以承认。九、同人确信国民的结合，当由地方的与职业的双方骈进。故主张各种职业团体之改良及创设，刻不容缓。十、同人确信社会生计上之不平，实为争乱衰弱之原。故主张对于土地及其他生产机关，宜力求分配平均之法。十一、同人确信生产事业不发达，民族无以自存。故主张一面注意分配，一面仍力求不萎缩生产力且加增之。十二、同人确信教育普及为一切民治之根本，而其实行则赖自治机关。故主张以地方根本法规定强迫教育。十三、同人确信劳作神圣为世界不可磨灭之公理。故主张国民有劳作之义务。十四、同人确信思想统一为文明停顿之征兆。故对于世界有力之学说，无论是否为同人所信服，皆采无限制输入主义，待国人别择。十五、同人确信浅薄笼统的文化输入，实国民进步之障。故对于所注重之学说当为忠实深刻的研究，以此自厉，并厉国人。十六、同人确信中国文明实全人类极可宝贵之一部分遗产。故我国人对于先民有整顿发扬之责任，对于世界有参加贡献之责任。”①

根据以上新精神，《改造》杂志特别注重对中国现实问题的研究，先后出版了“新思潮研究”（第3卷第1期）、“废兵问题研究”（第3卷第3期）、“自治问题研究”（第3卷第4期）、“联邦研究”（第3卷第5期）、“社会主义研究”（第3卷第6期）、“教育问题研究”（第3卷第7期）、“军事问题研究”（第3卷第9期）、“制定省宪问题研究”（第3卷第12期）、“翻译问题研究”等九大专号。这些专号是蒋方震精心策划并组织编辑的。1920年7月2日，他就编辑“新思潮研究”专号问题在致梁启超的信中说：“至第一期研究问题，拟仍用文化运动，其原因有三：一、前已提过，恐社员已有准备文字者。二、新文化问题虽空泛，然震以为确有几种好处，现在批评精神根于自觉，吾辈对文化运动本身可批评，是一种自觉的反省，正是标明吾辈旗帜，是向深刻一方面走的。”②

《改造》杂志的主要撰稿人有梁启超、张东荪、张君劢，以及丁文江、瞿秋白、沈雁冰、徐志摩、郑振铎等。蒋方震在主持编务工作的同时，还亲自撰写了一系列文章，如《新思潮之来源与背景》《中国之新生命——军国主义与立宪政治之衰亡》《代军阀而兴者谁》《今日之教育状态与人格》《欧洲文艺复新时代翻译事业之先例》《联省自治制辨惑》《我的社会主义讨论》《社会主义怎样宣传?》《如何是义务兵役制》《裁兵计划书》等，几乎每一专号上都有蒋方震撰写的专文。

1920年下半年到1921年初，蒋方震主持的《改造》杂志参与了一场关于社会主义问题的论战。1920年11月，张东荪借英国哲学家罗素来华讲学的机会，在他主持的《时事新报》副刊《学灯》上发表了《由内地旅行而得之又一教训》，宣称：“我此次旅行了几个地方，虽未深入腹地，却觉得救中国只有一条路，一言以蔽之，就是增加富力。而增加富力就是开发实业。因为中国的唯一病症就是贫乏，中国真穷到极点了。罗素先生观察各地情形以后，他也说中国除了开发实业以外无以自立。我觉得这句话非常中肯又非常沉痛。舒新城君尝

① 《蒋百里全集》第四卷文史，第35—37页。

② 《蒋百里全集》第六卷函札，第22页。

对我说：‘中国现在没有谈论什么主义的资格，没有采取什么主义的余地，因为中国处处都不够。’我也觉得这句话更是非常中肯又非常沉痛。现在中国人除了在通商口岸与都会的少数外，大概都未曾得着‘人的生活’。筑山君自美来信，他说美国农夫比中国中等人家还要好得多，可见得中国人大多数都未经历过人的生活之滋味。我们苟不把大多数人使他得着人的生活，而空谈主义必定是无结果。或则我们也可以说有一个主义，就是使中国人从来未过过人的生活的，都得着人的生活，而不是欧美现成的什么社会主义、什么国家主义、什么无政府主义、什么多数派主义等等，所以我们的努力当在另一个地方。这个教训我以为是很切实的，好高骛远的人不可不三思之。”[①]接着，张东荪又发表了《大家须切记罗素先生给我们的忠告》《现在与将来》等文章，继续宣扬发展资本主义的主张，发表“至于社会主义不防迟迟”“至于劳农主义，我以为……不现实”等观点。张东荪的文章揭开了思想学术界关于社会主义问题讨论的序幕。

1920年11月7—8日，上海《民国日报》副刊《觉悟》连续发表《评张东荪君底“又一教训”》和《再评张东荪君底“又一教训”》，上海《正报》也发表了《人的生活》一文。正在广东的陈独秀也连续给罗素和张东荪写信。这些文章和信都严厉批驳了张东荪“要开发实业便不能谈社会主义”的观点，指出用资本主义生产方式开发实业根本不能改变中国贫穷落后的面貌，因为“资本主义生产制一面固然增加富力，一面却也增加贫乏”。陈独秀在给罗素的信中明确指出，“正好用社会主义来发展教育及工业，免得走欧美、日本底错路”[②]。他还指出，“应该明明白白的提倡社会主义”[③]。

受篇幅的限制，《时事新报》无法刊登大块文章，于是《改造》杂志就承担起了系统论证社会主义与资本主义问题的任务。张东荪在《改造》杂志第3卷第4期发表了《现在与将来》的长文。《改造》杂志第3卷第6期（1921年2月出版）又推出“社会主义研究”专号，集中发表了张东荪、梁启超、蓝公武、蓝公彦、彭一湖、费觉天、蒋方震等人的长篇文章。其中，以张东荪的《一个

---

① 克柔编：《张东荪学术文化随笔》，中国青年出版社2000年版，第98—99页。

②③ 陈独秀：《关于社会主义的讨论》，《新青年》1920年第4期。

申说》、梁启超的《复张东荪书论社会主义运动》、彭一湖的《我对张东荪和陈独秀两先生所争论的意见》等文章最为重要，比较系统地阐发了他们的观点，声称中国的问题是“无知病”“贫乏病”“兵匪病”“外力病”，并认为“资产与劳动两阶级，是没有多少冲突的”，企图以此抹杀地主与农民特别是无产阶级与资产阶级之间的矛盾。张东荪等人还声称无产阶级不仅人数很少，而且没有“阶级意识”，因此无产阶级政党“除了静待以外，无法发展”，并诬蔑广大农民为“大抵蠢然一物，较原始人所差无几”。基于这样的认识，他们断言中国既不能建立无产阶级政党，也不能宣传社会主义；即使一定要宣传，工人听不进，农民听不懂。

马克思主义者则针锋相对、寸步不让，在《新青年》、《共产党》月刊等共产主义小组的理论刊物上发表了许多文章，对张东荪、梁启超的观点与主张进行了严厉批判。比如，李达的《讨论社会主义并质梁任公》（《新青年》第9卷第1期）、陈独秀的《社会主义批评》（《新青年》第9卷第3期）、蔡和森的《马克思学说与中国无产阶级》（《新青年》第9卷第4期）、李大钊的《中国的社会主义与世界的资本主义》（《评论之评论》第1卷第2期）、何孟雄的《发展中国的实业究竟要采用什么方法?》（《曙光》第2卷第2期）等文章，都对张东荪、梁启超等的论调予以有力的批判，对宣传社会主义起到了极为重要的作用。

蒋方震也参加了这场论战，他在《改造》第3卷第6期的“社会主义研究”专号上发表了《我的社会主义讨论》一文。在文章开头说：“因为《改造》第四期有东荪先生一篇《现在与将来》文章，又看《新青年》四号有独秀先生的关于社会主义的讨论，引动了我许多感想，所以我就写出来。不过要先声明一句：我对于经济问题及社会主义问题，从前没有根本研究过，现在正在探讨之中，这篇也不过是探讨时代一种杂乱的思想罢了，这就是说我并不是批评人，是要发表我自已的所见。”[①]蒋方震在文章中表达的基本观点是：“我们知道一八四八年就有共产党的宣言，而资本制度的极盛时代，我们总认定他是十九世纪的后半期。我觉这兄终弟及的比例，在中国尤为适宜。所以我认定绅商阶级的勃兴，

① 《蒋百里全集》第一卷政论，第138页。

是一种事实，同时我认定共产思想的流行，也是一种事实。共产思想，有一个特别强点，就是于中国旧历史上有根据，比较立宪自由，完全舶来的不相同。不过社会主义万万不能做资本主义的老兄，——我知道这不是理论上的'是'——可是事实上的'真'。"[①]"社会主义的运动，是一件急做慢成功的事。急做是理想上的进行，慢成功，是事实上的趋势。我们不能因为慢而不做，尤不可因为做而求其速成，十年来吃速成的亏不小哩！"[②]

蒋方震对张东荪的文章给予了极高的评价："东荪从《旅行内地所出教训》起到《现在与将来》止，中间许多文章，好像是一种极冷静的理性文章。其实中间有一个澈切的感情的冲动，这种感情是从空变实，从他到我，从外张的变为内向。我于他文章的论断未尽同意，可是他文章的动机是极可尊贵的，无论论政论学，经过这一关，确是一种进步。"[③]

之后，蒋方震又相继发表了《一个附白》（《改造》杂志第3卷第10期）、《社会主义怎样宣传?》（《改造》杂志第4卷第2期）两篇文章。蒋方震提出，宣传社会主义，应当从以下三个方面下一番功夫："第一，就是现代经济的常识，应当做一种极广博的宣传。举个例就是像日本福田氏的国民经济讲话，福田并不是社会主义者，但是他能对于地方中学校教员联合会恳切授以现代经济的常识，而且第一句话'社会主义非无一理'，这句话果然社会主义者不愿意听，但是这种间接的宣传，真可谓以无厚入有间了。我记得我十岁时候的村间生活品，还是件件是本地出产，现在东洋的纸，濠州的毛，美洲的油，英国的纱，一动一息都是同五大洲发生关系了，这是何等大事！第二，社会主义上根本的几个原则，应当使知识阶级充分了解。举个例就像河上肇的《贫乏物语》如同个人的罪恶渊源于社会制度之不良，他却用了孔子的先富后教，孟子的恒产恒心及陷于罪的两段，来做马克思的解说，对不对姑且不说，但知用已知来推到未知，确实是一个好办法。第三，文学上情操的鼓舞，使青年趋于同情的模范。举个例就像贺川丰彦的越死线，他带了一点宗教性，是个无抵抗主义的

① 《蒋百里全集》第一卷政论，第140—141页。
② 《蒋百里全集》第一卷政论，第141页。
③ 《蒋百里全集》第一卷政论，第146页。

实行者，但是读他的书，动脉里的血，自然会勃勃地跳动，这是因为所说的实他自己的实在经验，我不敢说现代中国青年没有这样人，但是这样著作还没有见过，而且还没有译过。”①

1922年9月，《改造》杂志出至第4卷第10期后停刊。关于停刊的原因，蒋方震在致梁启超的函中有所说明：“改造杂志姑以本年即第五卷十二号出完后再定办法，盖现在作文诸人生活不定，再积压下去，将愈出愈迟，于销路名声均不大好，不如暂以本卷为止，俟此半年内各方面之部署既定，再商进行。”②

四、主持松坡图书馆

1916年11月蔡锷病逝后，为纪念这位再造共和的英雄，梁启超倡议在上海设立松坡图书馆。这个倡议得到当时许多要人的赞同，众人纷纷捐款，以充作该馆建设经费。1918年，梁启超购买上海徐家汇姚主教路转角的余邨园（原为安徽商人汪效山的私产），并将其改名为“松社”，在大堂中供奉蔡锷将军的栗主。松坡图书馆于1918年11月4日宣告成立。1920年梁启超欧游归来后，决定将松社迁至政治文化中心北京。

1922年9月，梁启超呈请大总统黎元洪批准，将北海公园内的快雪堂及西单石虎胡同7号财政金融学会官房一所拨出，用于设立松坡图书馆。12月，松社成员在北京开会，蒋方震、周大业、张东荪、张君劢、李耀忠、王敬芳、何澄一、蹇念益、石陶钧、陈汉第、林志钧、籍忠寅等出席，正式成立松坡图书馆干事会。会议选举32名干事，推梁启超任馆长，蒋方震主持总编辑部，蹇念益主持总务部。松坡图书馆所藏图书以松社已有的6000余种外文图书和北京政府拨给杨守敬收藏的2.4万余册中文古籍为基础，对外号称藏书10万卷。北海快雪堂为松坡图书馆第一馆，专藏中文图书；西单石虎胡同7号为第二馆，专藏外文图书。

① 《蒋百里全集》第一卷政论，第176—177页。

② 《蒋百里全集》第六卷函札，第30页。

裁兵救国的积极倡导者

裁兵的口号最早是在1919年召开的南北和平会议上提出的。

1919年2月20日，以徐世昌为总统的北京政府和广州军政府各派出10名代表，在上海召开和平会议。在开会之前，一位南方重要人物在上海就和平会议向记者发表讲话，其中提到的一个重要问题就是“裁兵”问题。他指出：“裁兵之议，现已蔚然成为国论，此时即不能一时尽数裁去，而分期裁撤，必须实行，国家始有生机。”①

和平会议期间，广州军政府总代表唐绍仪向和会提出的19项议题中，就有一项是裁兵问题。唐绍仪指出，“废督裁兵，划分军区，厘定军制，实行征兵制，开通全国道路及修浚河道，以安插兵士”②。广州军政府的这个提案，反映了西南军阀削弱北洋军阀，特别是控制中央政府的皖系军阀的实力，保住自己地盘的意图。与此同时，北京政府代表也提出了拟定军队编制、收束额外军队的议题。这是因为北京政府此时财政困难，打算以裁减军队来减少军费开支。南北双方的企图大相径庭，和会也不可能有什么结果。

1919年11月5日，北洋各系军阀曹锟、张作霖、倪嗣冲、李纯、王占元、陈光远、卢永祥、鲍贵卿、孙烈臣、张树元、阎锡山、赵倜、张敬尧、李厚基、陈树藩、张广建、杨增新、姜桂题、田中玉、蔡成勋、齐耀琳、吕调元、何佩瑢、齐耀珊、戚扬、屈映光、刘镇华、曹锐、吴光新等29人联名电请北洋政府徐世昌总统裁兵整税，主张将全国军队裁减二成，每年可节省2000万元。随后，皖系浙江督军卢永祥通电全国，提议废除督军制。云南督军唐继尧、贵州督军刘显世立即发表通电响应，于1920年6月宣布自行解除督军职务。由此可见，“废督”“裁兵”的口号首先出自南北军阀之口，这是他们欺世盗名、互相争斗的一种手段。

---

①《南北和议之昨讯》，《申报》1919年2月9日。

②中国社会科学院近代史研究所《近代史资料》编译室主编：《一九一九年南北议和资料》，知识产权出版社2013年版，第225页。

但这一口号很快就被以梁启超为首的研究系政论家们接过来，大做文章。梁启超认为，中国目前不存在欧洲那样的阶级分野，中国的阶级划分只是无枪阶级对有枪阶级。军阀混战遍及全国，与之相伴的便是百姓的痛苦与呻吟。“几百万兵放在国里头，什么事都没有办法，拿这几百万兵变回人民，这笔养兵费省下来，什么事都有办法。”①因此，梁启超认为，“目前最痛切最普遍最简单的，莫如裁兵或废兵这个大问题，我们应该齐集在这面大旗底下，大大地起一次国民运动”②。梁启超号召全体国民行动起来，改掉不爱管事、不会管事的旧习惯，成立一个“国民废兵运动大同盟”，协同探究、宣传废兵运动，举行公开的联合的大运动，即示威运动。如此坚持下去，兵一定会变为民，无枪阶级对有枪阶级的分野将不再存在，废兵运动也就不成问题了。

按照梁启超的意图，蒋方震主持《改造》杂志后，即准备开展废兵运动的讨论。

1920年7月2日，蒋方震致函梁启超：“废兵运动目下提出，社员中定多空论，拟俟震先将废兵运动之几种先决条件发布后，先引起人家注目，然后提出，较为切实。”③

7月30日，蒋方震又致函梁启超称：“言废兵运动者，因为皖、直之战方罢，国民对此问题易起兴会。现在第一期中拟即发广告，说第二期研究就是废兵问题。日来并草二文附呈，其一拟登之第一期主张类文中，不料志先与我有同感，其思潮研究中忽然做一篇废兵文章，做得极好，可是编辑排比，须费心思矣。”④

继《改造》杂志后，《太平洋》《东方杂志》《孤军》《努力周报》《新湖北》等杂志和报纸也陆续发表了大量宣传和讨论“废兵”“裁兵”“废督”的文章，形成了声势不小的“废督裁兵”运动。

蒋方震是裁兵运动中的主角之一，他花费很大精力撰写了一本长达8万字的《裁兵计划书》，对裁兵的理论、方法和步骤作了很详细的研究。

---

①② 梁启超：《梁启超全集》第六册，北京出版社1999年版，第3409页。

③ 《蒋百里全集》第六卷函札，第22页。

④ 《蒋百里全集》第六卷函札，第23页。

蒋方震认为，今日谈裁兵，不是谈“应裁不应裁”的问题，而是“如何能裁”的问题。他认为，人们当兵是为了生活，裁兵可能，但裁生活则不可能；因此，裁兵“决非打破兵之饭碗，乃在改善兵之生活，即将兵的消费生活改善而为人的生产生活”[①]。“兵”介于“人”与“匪”之间，裁兵的目的应该是使“兵”变为“人”，而不是驱之为“匪”。

针对当时甚嚣尘上的“化兵为工”“移兵作工”的主张，蒋方震认为，在中国产业极不发达的状况下，工厂显然无法容纳如此多的士兵。蒋方震指出，唯一的解决办法是使兵复归于民，化兵为农。北方农业仍有可开垦之田地，而士兵又以北方籍占多数，这正是实行这一办法的有利条件。蒋方震认为，以“化兵为农”为主，在有条件的地方也可以“化兵为工”，如利用工兵筑路、从事建筑业等。

蒋方震也坦承，由谁来主持裁兵是一个难以解决的问题。如果由中央政府来主持裁兵，中央政府没有任何权威，命令等于具文；如果由军阀自身主持裁兵，军阀中无人有此能力；如果由全体国民主持裁兵，此说为义虽然正大，但国民本身是一盘散沙，政治取向亦多元，因此也行不通。至此，问题似乎陷入了绝境。但蒋方震灵机一动，想出了一个“我”。他说：“人若问裁兵者谁，即当应之曰‘我’。‘我’者何，国民之自觉者也。”[②]这个所谓的“我”，只不过是蒋方震在无可奈何之下，聊以自圆其说的一个小发明，当然也是行不通的。

蒋方震认为，虽然中央政府无权威主持裁兵，但这并不意味着政府无事可办。政府的责任有二，即确定军事制度和发展经济。蒋方震指出，裁兵之后，中国应该实行民兵制，这种制度最适合自卫，最不适合侵略，同中国的历史与环境亦相符合。

民兵制的要旨首先在于教育与军事之调和一致。兵卒之教育，则以军营教育与学校教育并进。“教育科目中如体操如行军如射击如乘马，悉在军人及教育家监督之下，任人民自为之，惟必不能在营外教育之群众运动（包含军纪及部

① 《蒋百里全集》第一卷政论，第191页。

② 《蒋百里全集》第一卷政论，第222页。

队联合战斗教练），则以六个月之新兵学校教授之。盖表面上军队之色彩愈薄，而实际上教育之程度愈深，而于国民经济上之负担，乃大可减少。此其一也。其在将校教育主旨，则在使军官富于人生之常识，有独断能力，而不成为褊狭机械之才。盖今日物质进步而人民之知识益日开，不治文科者不足以使人，不治理科者不足以使物，民事如是，军事亦如是也。此其二也。”①

蒋方震反思清末以来国人鼓吹强军，不但未能使中国由积弱变为强大，反而形成了今日伪军阀横行的局面。有鉴于此，蒋方震认为，瑞士等国家实行的义务民兵制是最进步的军事组织形式。它的基本点在于使军事生活与民事生活融为一体。蒋方震指出，在中国实行义务民兵制，其基本原则应当是：“一、建制之主义，以自卫为根本原则。绝对排斥侵略主义。二、编制之原则，军事区域之单位宜多，而各单位内之兵力平时宜少。三、建设之顺序，以京汉铁道以西为总根据，逐渐东进以求设备完全。”②

蒋方震主张，在实行新国防制度后，中央军事机关应作重大改组。

第一，将现有的参谋本部、陆军部、海军部合并改组为国防部，国防部总长对国会负责。

第二，裁撤现有的将军府，组织国防会议，以决定国防之大方针。国防会议置议长1人、副议长1人、议员若干人（不超过15人），议长由国防总长兼任，副议长由议员公选，议员由现役资深的陆海军上将、中将担任。发生对外战争时，由以上议员担任各军总司令官。国防部第一次长担任国防会议干事，国防会议议员可以巡阅使名义巡阅各省军队，其区域由大总统以命令形式临时指定。

第三，设立军事教育会议。军事教育会议议长由国防会议副议长担任，议员由陆海军资深中将担任（人数至多不得超过30人），议员在对外作战时担任军长。军事教育会议按兵种分科，各科置科长、科员若干人，专掌各科之专门教育。军事教育会议议员定期巡视各地军队的教育状况。

---

① 《蒋百里全集》第一卷政论，第204页。

② 《蒋百里全集》第一卷政论，第211—212页。

蒋方震的《裁兵计划书》发表以后，正在起草《兵工计划书》的陆世益对其中的一些观点主张不赞同，特撰写长篇论文《蒋百里〈裁兵计划书〉批评》[①]，与蒋方震进行商榷。《来复报》在发表该文时还加了一段“记者附识”：“裁兵问题，为今日吾国存亡生死之问题，朝野莫不注意。众议纵横，嚣然尘上。中推蒋君方震之《裁兵计划书》，研究最为透彻，传诵一时，成为建国最重要之方案。嘉定陆君世益对于‘化兵为工’与‘寓兵于工’等政策研究有素，提倡最先。其于蒋说，颇有异同。特为文以批评之。此文经多数学者之认可(江君亢虎即其一人)。本报乐为介绍之也。”[②]

陆世益在文章中不赞同蒋方震“化兵为农”的观点，坚持主张“化兵为工”。他认为“化兵为工”“于工事最为经济”，“于兵之自身最为适宜而有利”。陆世益还对蒋方震偏重陆军而不注重海军提出了批评。陆世益在文章最后说：“近国民叹息痛恨于军阀及野心家之误国，其实中国何尝有真军阀、有野心家？中国而真有真军阀、野心家者，则今日诚千载一时之机会，必立改所有之军队为工人，所有之军费为资本，实行新军制度与兵工计划，为彻底的改造也。”[③]时隔一年后，蒋方震撰写了《覆陆先生世益论兵工书》，对陆世益的批评作了回应。蒋方震基本上坚持了自己的观点，并进一步作了解释与说明。[④]

蒋方震设计的裁兵方案，在理论上是很符合当时人们的愿望的。但问题是，拥兵自重的军阀根本不可能接受这样的方案。正如1922年6月25日上海《申报》时评《与虎谋皮》一文所指出的，让军阀去裁兵，无异于“与虎谋皮”，是根本做不到的。

很快，人们就意识到，单纯鼓吹“裁兵”“废督”是根本无法实现的。只有变革国家制度，从省自治入手，建立新的符合国情的民主政治制度，才是铲除军阀势力、解决国是的根本途径。因此，伴随着“废督裁兵”运动，又出现了

---

① 该文先后以不同名称发表在上海《来复》1922年第223—228期、上海《东方杂志》1922年第19期、《上海总商会月报》1923年第1期等报刊上，传播较广。

② 陆世益：《蒋百里“裁兵计画书”的批评》，《来复》1922年第223期。

③ 陆世益：《蒋百里〈裁兵计划书〉批评》，《上海总商会月报》1923年第1期。

④ 蒋方震：《覆陆先生世益论兵工书》，《东方杂志》1923年第12期。

“国民制宪”和“联省自治”运动。蒋方震仍以极大的热情参与了这些运动。

对欧洲文艺复兴的独到见解

14—17世纪初，西欧各国先后发生了资产阶级新文化运动，历史上称之为“文艺复兴”。文艺复兴（Renaissance）一词原意是“再生”，也就是指希腊、罗马古典文化的再生。但实际上，文艺复兴并非简单地复活旧文化，而是一种创新。文艺复兴是西欧新兴资产阶级以“人文主义”为旗号、反对以神学为中心的封建文化的运动。人文主义者以“人权”代替“神权”，提倡发展人的个性，增进人的福祉。他们的世界观属于资产阶级范畴。人文主义的核心是资产阶级个人主义。这种新文化、新思想是为资产阶级争取政治自由和经济自由服务的。文艺复兴在当时具有划时代的进步意义，它是一次伟大的思想解放运动，冲破了封建神学的枷锁，具有蓬勃的生命力。在思想解放的推动下，欧洲诞生了许许多多辉映史册的不朽作品，人才辈出，群星灿烂。文艺复兴孕育了西欧近代资产阶级文化，在文学、艺术、哲学、教育和自然科学等方面都取得了辉煌的成就，促进了近代文化的发展，在人类文化史上产生了重大影响。马克思主义经典作家称之为“人类以往从来没有经历过的一次最伟大的、进步的变革”①。

蒋方震在陪同梁启超考察战后欧洲时，对西欧文艺复兴的成就产生了极大的兴趣。在法国，蒋方震与梁启超等人邀请巴黎大学图书馆主任给他们讲述西欧文艺复兴史，蒋方震做了笔记。回国后，蒋方震查阅从欧洲带回来的相关书籍，并广泛搜集资料，开始着手撰写《欧洲文艺复兴史》。

在撰写此书时，蒋方震在搜集资料上下了很大功夫。1920年7月2日，他在写给梁启超的信中说：“《文艺复兴》已成一半，搜集材料甚苦，近得德文书数种，大有助，先生处有日文《佛兰西文学史》（玄黄社发行者已有），恳检数种寄下。”②

---

①《马克思恩格斯选集》第三卷，人民出版社2012年版，第847页。

②《蒋百里全集》第六卷函札，第22页。

蒋方震的著作于1920年12月初完稿后，请梁启超作序。梁启超欣然应允，但下笔后竟一发不可收拾，几天时间便写成了一篇洋洋洒洒6万余字的长篇大论，其篇幅几乎与蒋方震的著作相当。显然，世界上没有这么长的序文，梁启超只好将自己写的序言单独成书，于1921年2月交上海商务印书馆出版，这就是颇负盛名的《清代学术概论》。梁启超认为，清代的反理学思潮以复古为职志，“其动机及其内容，皆与欧洲之‘文艺复兴’绝相类；而欧洲当‘文艺复兴期’经过以后所发生之新影响，则我国今日正见端焉”[①]。因此，梁启超将之视为中国的“文艺复兴”。

梁启超在出版该书之前，请蒋方震作序。蒋方震欣然同意，于1921年1月2日写成。蒋方震的序言全文如下：

方震编《欧洲文艺复兴史》既竣，乃征序于新会，而新会之序，量与原书埒，则别为《清学概论》（即《清代学术概论》——著者注），而复征序于震。震惟由复古而得解放，则主观之演绎进而为客观之归纳，清学之精神，与欧洲之文艺复兴，实有同调者焉。虽然，物质之进步，迟迟至今日，虽当世士夫大声以倡科学，而迄今乃未有成者，何也？

且吾于清学发达之历史中亦有数疑问：

一、耶稣会挟其科学东来，适当明清之际，其注意尤在君主及上流人，明之后，清之帝皆是也，清祖康熙，尤喜其算，测地量天，浸浸乎用之实地矣。循是以发达，则欧学自能逐渐输入，顾何以康熙以后，截然中辍，仅余天算，以维残垒？

二、致用之学，自亭林以迄颜李，当时几成学者风尚。夫致用云者，实际于民生有利之谓也。循是以往，亦物质发达之门，顾何以方向转入于经典考据者则大盛，而其余独不发达，至高者勉为附庸而已？

三、东原理欲之说震古烁今，此真文艺复兴时代个人享乐之精神也，“遏欲之害，甚于防川”，兹言而在中国，岂非奇创？顾此说独为当时所略

① 梁启超：《清代学术概论》，岳麓书社2010年版，第4页。

视，不惟无赞成者，且并反对之声而不扬，又何故？

四、迨至近世，震于船坚炮利，乃设制造局，译西书，送学生，振振乎有发达之势矣。顾今文学之运动，距制造局之创设，后二十余年，何以通西文者，无一人能参加此运动？而变法、维新、立宪、革命之说起则天下翕然从之，夺格致化学之席，而纯正科学卒不扬？

此其原因有原于政治之趋势者，清以异族，入主中夏，致用之学，必遭时忌，故藉朴学以自保。此其一也。康熙末年，诸王相竞，耶稣会党太子，喇吗党雍正（此言夏穗卿先生为我言之），既失败于外，又遭谗于罗马。而传教一事乃竟为西学输入之一障害。此其二也。有原于社会之风尚者，民族富于调和性，故欧洲之复古为冲突的，而清代之复古，虽抨击宋学，而凭圣经以自保，则一变为继承的，而转入于调和，轮廓不明了，此科学之大障也。此其三。民族尚谈玄，艺术一途社会上等诸匠人，而谈空说有者，转足以自尊。此其四。今时局机运稍稍变矣，天下方竞言文化事业，而社会之风尚犹有足以为学术之大障者，则受外界经济之影响，实利主义兴，多金为上，位尊次之，而对于学者之态度，则含有迂远不适用之意味。而一方则谈玄之风犹未变，民治也，社会也，与变法维新立宪革命等是一名词耳，有以异乎？无以异乎？此则愿当世君子有以力矫之矣。①

接着，梁启超为蒋方震的《欧洲文艺复兴史》重新撰写了一篇简短精练的序言：

吾侪游欧中，百里常昌言于俦侣曰：“吾此行将求曙光。”俦侣时辄戏诘之：“曙光已得乎？”曰：“未也。”如是者数四。及将归，复有诘者，百里正色言曰：“得之矣。”至所得为何等，则未尝言。吾侪亦殊无以测其浅深。及读此书，见其论欧洲文艺复兴所得之结果二：“一曰人之发现，二曰世界之发现”，意者百里之得“曙光”，其亦新有所发现于此二者耶。夫

① 《蒋百里全集》第四卷文史，第178—180页。

“世界”则自有世界以来而即存在者也，“人”，则自有人以来而即存在者也。而百里以为欧人于文艺复兴始发现之，则前乎此未尝发现也。而他族之未经“文艺复兴的”之磨炼解放者，皆其未尝发现者也。吾民族其已有此发现耶？否耶，吾甚难言之。虽然，亦在乎求之而已矣。吾侪处漫漫长夜中垂二千年，今之人皇皇然追求曙光饥渴等于百里者，不知凡几也。不求而得，未之前闻。求而不得，亦未之前闻。欧洲之文艺复兴，则追求之念最热烈之时代也。追求相续，如波斯汤，光华烂缦，迄今日而未有止，吾国人诚欲求之，则彼之前蹋，在在可师已。然则此书者，吾不敢径指为百里所得之曙光，然吾有以窥其求曙光所由之路也。百里自言此书根据法人白黎氏讲演，此讲演吾实与百里同听受。本书不过取材于彼云尔，至于论断，则皆百里自摅其心得，吾证其为极有价值之创作，非译述云也。①

蒋方震在该书“导言”中，强调了研究欧洲文艺复兴史对于中国的特殊必要性。“其一，以近世之文化言，则各种事业皆以文艺复兴为其发祥地。文艺美术为思想之结晶体者，无论矣。即近世之政治学术，苟一一穷其源而溯之，实无不发轫于此十四五六三世纪之间。自个性之灵，光焰万丈；用之于外延，而国家之形式成焉；用之于内包，而革命之事业生焉。为问此个性之发达于何始？曰始于文艺复兴。自理知之刃，脱颖而出，其方向之趋于自然者，则科学之基础立焉；其方向之趋于人生者，则哲学之门径辟焉。为问此理知之发展于何始？曰始于文艺复兴。数年以还，天下津津道西洋文化矣，不追穷其所自，随其流掇拾一二，且欲从而实施于社会国家焉，复何当于事乎？此则自研究上言有特殊之必要，一也。其二，以中国今日之地位言，则社会蝉蜕之情状实与当时欧洲有无数共同之点。综其著者，一则新理性藉复古之潮流，而方向日见其开展汉学以尊古相标榜，其末流则尊诸子于经传，而近世首发攻击旧学之矢者，实导源于今文派。且但丁（Dante）以伊文作诗，路德（Luther）以德文译经，是即欧洲之所谓国语文学也。而二人之古学者皆极粹。一则旧社会依个性之发展，

① 梁启超：《梁启超全集》第五册，北京出版社1999年版，第3065页。

而组织日见其弛缓，如近时家庭社会问题皆是；其间冲突俶扰之现象，与夫发扬蹈厉之精神，实与当时有声气相求，歌哭与共之致。察往以知来，觇人以律己，则可知文化运动之来源有所自，而现状纷纭之不可免且不足悲也。此则自反省方面上言有特殊之必要，二也。”①

蒋方震认为，欧洲的文艺复兴是人类精神领域的一声春雷，它直接产生了以下两大结果。一是人的发现。所谓人的发现，也就是人类自觉。在欧洲中世纪神权时代，“人与世界之间，间之以神；而人与神之间，又间之以教会；此即教皇所以藏身之固也！有文艺复兴，而人与世界，乃直接交涉。有宗教改革，而人与神，乃直接交涉。人也者，非神之罪人，尤非教会之奴隶，我有耳目，不能绝聪明；我有头脑，不能绝思想；我有良心，不能绝判断；此当时复古派所以名为人文派也”②。用现代人的话来概括，所谓人的发现，就是以人为中心来观察问题，以人性代替神性，以世间的财富、艺术、爱情、享受代替禁欲主义。他们相信自己的创造力，不相信神赐的力量；强调人生不应该消极遁世，而应该积极进取；主张人应该以丰富的知识和健强的体魄去从事创造，人的高贵不取决于家世门第，而取决于自己的“业绩”。这种新的思潮被叫作人本主义或人文主义。

二是世界的发现。所谓世界的发现，“一为自然之享乐，动诸情者也。中世教会，以现世之快乐为魔；故有旅行瑞士，以其山水之美，而不敢仰视者。而不知此不敢仰视之故，即爱好之本能，无论何时何地，均可发展者也。一为自然之研究，则动诸知者也。中古宗教教义，以地球为中心，有异说则力破之，然事实之不可诬也！有歌白尼之太阳系学说，有哥伦布美洲之发现，于是此世界之奇迹，在足以启发人之好奇心，而旧教义之蔽智塞聪者益无以自存矣”③。

《欧洲文艺复兴史》一书除序、导言外，共九章：

第一章　总论

---

① 《蒋百里全集》第四卷文史，第59—60页。

②③ 《蒋百里全集》第四卷文史，第63页。

第二章　伊大利之文艺复兴（上）

第三章　伊大利之文艺复兴（下）

第四章　法国之文艺复兴（上）

第五章　法国之文艺复兴（下）

第六章　北欧之文艺复兴　弗兰特　日耳曼　英吉利

第七章　宗教改革（上）

第八章　宗教改革（下）——新教之流布及旧教之改良

第九章　结论：文艺复兴之结束

蒋方震认为，文艺复兴可分为广义与狭义两个方面。就狭义言，其为美术之文艺复兴，即中古时代之美术，受希腊、罗马（后总称为古典）艺术之影响而大放光明。其发轫于15世纪意大利的翡冷翠（即佛罗伦萨），至16世纪在威尼斯达到极盛，又北传于法国与德国南部，至17世纪，北进达于荷兰，形成空前绝后的盛观。就广义言，其为思想与文学之文艺复兴。近代政治社会的组织形式，实为北欧人所创造；民族统一、国家统一的观念，为法国人创造；人民自由，则是英、法两国共创。

蒋方震认为，意大利的但丁（1265—1321）为文艺复兴运动的开创者，英国的莎士比亚（1564—1616）为集其大成者，代表了西洋文学的高峰。蒋方震还指出，法兰西学校的成立，开创了政教分离、学术脱离宗教以及科学发达的先河，实为当时一大革命事业。1470年，法国巴黎大学设立印刷所，引发印刷业的革命。从前售价300法郎的书，那时只需2法郎就可以买到。法国人崇拜古典文化，其结果便是进行翻译，即在理解之后进行意译。他们以国民的精神，融合古典文化，自成一种新生命，即形成了法国文学。

蒋方震指出，文艺复兴之弊，即为追求现世物质享乐，个人主义大盛，而怪僻、骄奢、残忍、阴险等恶德相随而来。莎士比亚文集中的恶人，当时实有其徒。蒋方震认为，文艺复兴的根本精神实源于个性之自由，其最高潮为法国大革命。从此，自由、平等、博爱的口号由理想向行动迈出了第一步。自此以后，虽还有国家主义之发生，对个性发展产生影响，但始终不足以抵抗历史之大潮。在第一次世界大战中，协约国之所以取胜，其主因就在于此个性之势力为之也。就人类全体之文化言，法国大革命为文艺复兴潮流之最后阶段。自此，自由发其端，而世界乃别开生面。蒋方震引用文艺复兴时代德国农民的话作为《欧洲文艺复兴史》的结尾：

> 亚当耕，夏娃织。
> 于斯时也，谁为农民？谁为贵族？
> 一切众生，平等无差别！

1921年，《欧洲文艺复兴史》由上海商务印书馆出版，成为我国第一本系统介绍欧洲文艺复兴历史的著作。该书出版后，受到广大读者的欢迎，在14个月内印刷了三次。

对于蒋方震的《欧洲文艺复兴史》，学术界普遍给予好评。著名学者张其昀说："百里先生在六十多年以前，就为我们编纂了《欧洲文艺复兴史》，供给一部他山之石的借鉴，该书网罗宏富，条理详密，断制谨严，至今尚未见其比者，这是非常令人感激与深刻怀念的。"①

著名记者曹聚仁把蒋方震比作文艺复兴时代的大师达·芬奇。他说："文艺复兴时代的人物，都是多方面的，多方面的兴趣和光芒。以文西（即达·芬奇）而论，他是科学的画家，又是雕塑名家，又尝为工程师，在北意大利开了一条运河，又曾在米兰造了许多堡垒。他又是音乐家、格物学家、军事学家，而且为后世飞行设计的幻想人，他真够得上'多才多艺'四字的赞语（这种多方面光芒的人物，当时还很多，即如米克兰哲罗也是身兼绘画、雕塑、建筑、工程、诗人、生理解剖等技术的）。蒋（百里）先生一生，既为军事学家，又为政论家，又擅长文史研究，字也写得很好，也是多方面的。其讲谈说述，滔滔不绝，风趣横溢，也颇有文西的气概。他著作《欧洲文艺复兴史》，对于那时期的气

① 《蒋百里全集》第八卷附录，第300页。

息，体会得很亲切；文字中也流露着闪眼的光芒。”①

《欧洲文艺复兴史》问世至今已百余年。据说，我国的高等艺术学院至今仍将该书列为必修的教材之一。进入21世纪以后，多家出版社重版该书，可见其永恒的学术价值。1924年，上海商务印书馆出版了蒋方震翻译的日本人朝永三十郎著的《近世“我”之自觉史》（又名《新理想哲学及其背景》）。全书分上、下篇，共14章：

上篇：

一、文艺复兴时代“我”之发见

二、中世纪之教权中心主义

三、“我”与教权——神秘说（宗教改革及理性哲学之先驱）

四、“我”与国家——立宪政治运动

五、“我”与理知——主知主义及其反动

六、“我”与自然机械论的人生观及世界观

七、多数“我”问题之连带丧失

八、大我（超个人“我”）之发见——康德

九、大我（超个人“我”）之绝对化浪漫派时期——理想主义之全盛

十、“我”之自律否定理想主义之没落——自然主义之跳梁

十一、“我”自律之回复——新理想主义

十二、德国之新理想主义——西南学派

十三、要约——理性我之自律

下篇：

十四、近世欧洲哲学思想变迁之大势

《近世“我”之自觉史》可能是蒋方震写作《欧洲文艺复兴史》时的参考资料。蒋方震将其翻译出来，正可以作为《欧洲文艺复兴史》的延伸和补充。

① 《蒋百里全集》第八卷附录，第207页。

之后，蒋方震又出版了《欧洲文艺思潮史》(商务印书馆1933年版)。该书共计六章，各章标题分别是：近代思潮与文学（第一章）、浪漫运动（第二章）、各国浪漫运动史（第三章）、自然主义运动（第四章）、各国自然主义运动史（第五章）、新浪漫主义（第六章）。

第五章　“联省自治”运动的拥护者

主张以“联省自治”促成统一

所谓“联省自治”，就是由各省自行制定省宪法，根据省宪法组织省立法、行政、司法机关，由本省人治理本省，进而由各省代表组织联省会议，制定联省宪法（即国家宪法），建立新的国家制度，由此实现全国的和平、统一。

在20世纪初，梁启超、章士钊、冯自由、蒋智由等众多学者及政论家、思想家都提出过中国将来应仿效瑞士、美国实行联邦制的思想。辛亥武昌起义后，各省纷纷以宣布独立的方式响应，南京临时政府的组织和临时大总统的产生都是以省区为单位，选派代表表决与选举的，这在形式上类似于联邦制。在此前后，《东方杂志》等报刊鼓吹联邦制的文章也多了起来。但袁世凯上台后，厉行中央集权主义，联邦派被压制了下去；而袁世凯中央集权式的统一，因其帝制复辟失败而名誉扫地，从而使主张地方分权的呼声日益高涨。段祺瑞上台后，再度推行以北洋派势力为中心的武力统一政策，但段祺瑞及其皖系军阀的统治更加不得人心，不但未能统一中国，反而使南北分裂加剧，北洋派集团内部的派系矛盾也迅速激化。结果，不论是南方的护法军政府，还是北方的北京政府，中央大权均告旁落，只享有名义上的统治权，这就从事实上宣告了北洋军阀首领袁世凯、段祺瑞推行的中央集权统一政策的破产。

在这种时代背景下，实行地方分权即联邦制的呼声再度高涨。1920年7月

22日，湘军总司令兼湖南省省长谭延闿通电宣布湖南自治，“民选省长”，实行“湘人治湘”。11月1日，谭延闿通电“主张联省自治”，“以民治奠国基”，正式打出了联省自治的旗号。之后，四川、贵州、云南、广东、广西、浙江、江西、奉天等省督军和地方军队纷纷响应，赞同“联省自治”或“实行自治”，并制定本省宪法。与此同时，一大批政客和学者也闻风而动，纷纷撰文，阐述在中国实行联邦制的意义和途径。《太平洋》《东方杂志》《努力周报》《改造》等刊物发表了章太炎、唐德昌、丁燮林、王世杰、武堉干、李剑农、张季鸾、胡适等人讨论“联省自治”的大量文章，阐述“联省自治”的内涵及其必要性。

对于联省自治，蒋方震是拥护的。他曾经公开声明：“我们对于北京现在各种自治运动团体的态度。这事要分两层说，一方对于这个运动，我们是极赞成的，表同情的，但就是因为赞成，因为高度的赞成，所以我们希望责备的话是有的，可是责备，不是反对。”①

蒋方震主编的《改造》杂志接连推出了“自治问题研究”“联邦研究”“制定省宪问题研究”三大专号，发表数十篇文章，探讨与联省自治有关的问题。蒋方震本人也写了《同一湖谈自治的一封信》《联省自治制辨惑》等文章，阐述他对联省自治的观点与主张。

对于当时由各省军阀主导的联省自治，中国马克思主义者从一开始就采取了全盘否定的态度。蔡和森指出：“假使民主革命成功，民主政治有确立之可能时，政治上的单一制与联邦制，不过为宪法上一个容易解决或修订的问题。可是这个问题现在横在我们之前，即完全为另外一回事。力能进取的军阀，便倡武力统一，或主张强有力的中央政府（如曹、吴）；仅能自保或希图自保的军阀，便倡联省自治或筹备制省宪，举省长（如川、滇）；同一军阀，进攻时宣布武力统一，退守时宣布联省自治（如奉张）；位置动摇时改称省自治（如浙），或打算取消省自治（如湘赵）；又如湘赵最初之因首鼠两端而宣布省自治，粤陈之想王广东，反对北伐而主张联省自治……凡此种种，无非是封建的残局之下，军阀专政、军阀割据的必然现象和趋势。所以统一派的军阀最忌联治，联治派

---

① 《蒋百里全集》第六卷函札，第77页。

的军阀最忌统一。换过说，就是为帝者不愿众建为王，为王者不愿奉人为帝，或则为帝不成而思王，为王不愿而思帝，完全为军阀间一种斗剧。”[①]陈独秀也认为，“拿联省自治来救济中国，简直是药不对症”，“除增加武力割据的扰乱以外，必无其他好的结果”。

蒋方震不同意这种看法，他认为：“联省自治是割据是妨害统一，简直是一种梦呓。老实说：联省自治实在是打破军阀割据，促成真正统一的唯一妙法。因为五年来南北的分裂，完全是官的军阀的政府的不统一，何尝是人民的不统一，只教使人民的力量，再能够扩充上一厘一毫，哪里会容许这割据的残骸存在！”[②]蒋方震在文章中设计了划分中央与地方权力的方案。中央与地方，各自管其所能管、应管者，而不管其所不能管、不应管者。外交、司法当然应归中央，教育、内务当然应偏重地方，军事、财政则由中央与地方双方兼顾。中央与地方划分权力后，中央的官，办中央的事（无论他在地方还是在中央），绝对对中央负责任；其任免权，绝对归中央所有，比如军官、外交官、司法官、国税诸官。地方的官，办地方的事，绝对对地方（即省议会之类）负责任；其任免权，绝对归地方所有，比如警察、省财政官吏（专管地方财政）、省的行政官吏。至于省长，民选、中央任命均可，不过中央任命的省长不能对省议会负责任。他只能管中央行政事务，万不能兼管地方行政。他可以举劾关监督、烟酒专卖局局长、盐运使，但不能管地方财政厅。民选的省长只能管地方行政事务，他管得了警察，却不能请中央任免军官。蒋方震最后申明：“我们主张的联省自治，是以事为经、以地方为纬，是要统一，不是要分裂。再说一个比方，一个国家，就是一个人，我们说联省自治，是说一个人的身体，神经有神经所管的事，血管有血管所管的事，并不是说一个人应当手自手、足自足地分解开来。”[③]

但蒋方震同时也坦然承认，谈联省自治的人，往往有意无意地回避以下两个关键问题：“第一，他们站在省的位置，对于中央说话，却是理直气壮的，主

① 蔡和森：《武力统一与联省自治——军阀专政与军阀割据》，《向导》1922年第2期。

② 《蒋百里全集》第一卷政论，第360页。

③ 《蒋百里全集》第一卷政论，第369页。

张分权，而对于省以下的地方区分，就不免有些嗫嚅头痛。第二，他们在中国本部二十二行省之内，却是神气充足的，主张自治，而对于本部以外的如蒙藏问题，就不见有怎么主张。总之：湘人治湘，是敢大声说的，湘西人治湘西，却不敢说；浙人治浙，是敢主张的；蒙人治蒙，藏人治藏，却不敢主张。”[①]蒋方震所指出的矛盾现象，正好说明了联省自治制度在中国推行的内在矛盾与难处。

参与湖南省宪的制订

如上所述，湖南省是最早打出“联省自治”招牌的省份。湖南地处南北交通要冲，历来为兵家必争之地。自1913年“二次革命”失败，汤芗铭率领北洋军进入湖南起，湖南成为南北军阀争夺的主要战场。外省的直系、皖系、奉系、鲁系、黔系、桂系军阀先后涌入湖南，蹂躏湖南达七八年之久，特别是汤芗铭（湖北浠水人）、张敬尧（安徽霍邱人）两个“屠夫”在湖南推行的疯狂“屠杀”政策，使湖南创痛巨深。1920年夏，皖系军阀张敬尧被驱逐出湖南，谭延闿以本省人资格入主湘政。外省军队全部退出湖南，多年来湖南第一次没有了客军，人们认为这是湖南实行自治的千载难逢的大好时机，“全体湖南人，几乎都有这个倾向”。

早在1920年3月，旅沪湘人彭璜等人发起并成立了湖南改造促进会。毛泽东起草的《湖南改造促成会复曾毅书》指出中国在20年内没有实现“民治之总建设”的希望，在此期间，湖南应实行“自决自治”，“充分发挥湖南人之精神，造一种湖南文明于湖南领域以内”。[②]此后，以中小资产阶级及其知识分子为主体的各阶层人民，推动着这一反对封建军阀统治的民主运动迅速发展。以“湘人救湘”“湘人治湘”为旗号入主湘政的谭延闿，对于这股思潮，开始时态度犹豫，顾虑重重，但迫于各方面的压力，只好于7月22日代表湖南当局发表通电，

---

① 《蒋百里全集》第一卷政论，第363—364页。

② 参见中共中央文献研究室编：《毛泽东年谱（1893—1949）》上卷，人民出版社、中央文献出版社1993年版，第60页。

宣布“爰本湘民公意，决定参合国会讨论之地方制度，采用民选省长及参事制，分别制定暂行条例，公布实行”。从此，湖南的联省自治运动由舆论鼓吹阶段进入实行阶段。

湖南宣布实行自治后，蒋方震深表关注。他在《同一湖谈自治的一封信》中指出：“欧洲国家中有个瑞士国最是奇怪，好像上帝特地造他出来，给二十世纪欧洲各国，做政治上军事上的模范似的。就地理人民，气质上，看起来，你们湖南很有可以做瑞士的资格，所以我对于湖南的自治运动，特别感觉得有兴致。”①

蒋方震指出：“我觉得你们湖南该自治，什么宪法议会只好由他们闹去。”②在这封信中，他还特别阐述了自治的意义：“自治是自己治自己，并不是湖南人治湖南人，尤其不是湖南的官治湖南人。拿后面二种的治法来挂自治的招牌，恐怕不到几时，那位张敬尧先生难说不再来光降。倪嗣冲是安徽人，他做安徽督军就是安徽能够自治？曹锟、田中玉、唐继尧、陆荣廷，难道不是直隶、山东、云南、广西人?”③

蒋方震认为，“自己治自己之第一条件，就是拿自己的劳力来换自己的饭吃，够了这件资格的人，才配讲自治。像我们靠着养老金或做体面强盗或靠着祖先的遗产为生活的，就未必配得上讲自治。拿自己劳力来生活自己这一个根本条件成立了，然后从此做出发点——就是拿个人做出发点，则是自治云者，是向着一种合众亲爱互助方面进行的。反之，像现在情形，说中央不好，国家不行，所以要讲地方自治——这就是拿国家做出发点，则是自治云者，是向着一种分裂嫌恶抵抗（将来对别的地方还有妒忌）方面进行的，乱子多着哩！这种乱子，可是先要觉悟他不可免，又要知道他不可行，所以国分省，省分县，县分村，村分家，家分个人，这真是最后五分钟的大难关；到了家分个人时代，真正的自治，才会出来。现在真可谓一种豫备的豫备罢咧”④。

正当谭延闿宣布湖南自治，酝酿制宪、民选省长的时候，湘军发生内讧。1920年11月，程（潜）派军人发动倒谭（延闿）兵变，谭延闿被迫辞去湖南督

①③《蒋百里全集》第六卷函札，第71页。

②《蒋百里全集》第六卷函札，第75页。

④《蒋百里全集》第六卷函札，第72页。

军、省长和湘军总司令职务，离开湖南。谭延闿辞职后，湘军另一实力派人物赵恒惕采用阴谋手段镇压了程潜派军人，于1920年11月25日自封为湘军总司令，并由湖南省议会选举林支宇为临时省长，湖南进入赵恒惕专政时代。

赵恒惕上台后，为抵制公民制宪的要求，宣布聘请专家学者制宪。赵恒惕与蒋方震是日本陆军士官学校同学，因此，湖南省宪起草委员会特别聘请蒋方震作为13位宪法起草委员之一。

起草委员中，有12人曾经留学欧美或日本，他们对西方资产阶级政权的政治制度有比较多的了解与认识，而且平均年龄只有37岁。年轻、有热情且较少保守思想，这是他们的长处；但他们对中国的传统政治制度比较陌生，对湖南本省的情况尤为缺少了解，这是他们的短处。

蒋方震与石陶钧是作为军事专家参加宪法起草工作的。对于老同学蒋方震的到来，赵恒惕极为重视。

1921年1月25日，湖南省宪起草委员会正式成立。在开幕式上，蒋方震发表了《论军事与联省自治》的演说，再次阐述了“自治”的真义。蒋方震指出，“我们要知道自治二字，不是从外国硬输入来的‘外国货’，乃是我们自己祖宗藏在家里的一件宝贝，不过被灰土封住罢了。要是磨砻起来，还仍旧是光焰万丈”，“原来中国成功的政治家，都是守着消极的不扰民政策，所以说‘政简刑清’，古书中还有一句话说得好，‘凿井而饮，耕田而食，帝力何有于我哉’，这就是说最良的政府，就是使人民能够自治，政治的要义，也就是使人民能够自治。你看中国那商家有商家的规约，工人有工人的行规，连那乞丐也是有一种组织。至于读书人更不用说，自己花钱，自己读书，自己请先生、办书院，乃至社会慈善事业，也是用的地方公款。这不是人民向来能够自治一个证据么”。①

蒋方震指出，“但是现在世界进步了，仅仅用从前的方法来谋自己生活，可是不够（不过二三十年来将各种事业，教育呵，实业呵，交通呵，种种新制度，叫那惯于消极的官僚性质、疲茶不堪的官僚系统来办，所以没有成功）。如今我们把那固有的事业，扩充起来，这就是把士农工商各种事业纠合拢来成一个政治

① 《蒋百里全集》第一卷政论，第302—303页。

的自治，这就是现在的所谓自治”，“这纠合拢来四个字是自治真正的要义”。[①]

关于自治下的军事制度，蒋方震主张采用瑞士的全民皆兵制。他说：“兄弟是主张裁兵，而不主张消减国民防御力的一个人，而且兄弟又认定裁兵，为充实扩张国民防御力的唯一的手段。你看那欧洲大战场里一片的战场中间有一块小小的地方，四面八方都是打仗，可是谁也不敢侵犯他，这个地方就是瑞士。说来奇怪，在欧洲平时瑞士的兵，算是最少，在欧洲战时，那瑞士的兵，可以说比较的最多就是因为平时少，所以那战时就会多，因为他平时差不多个个都是人民，战时差不多个个都是兵，因为一万杆枪，决不是一万个兵所能拿得动。你想一杆枪的子弹，诸君知道是不是倚靠拿枪这位兵自己来造？自己搬来？所以平时营房里少一个人，就是工厂里多一个人。工厂愈多，造枪造子弹愈容易。此次欧战结果，各国多定了一个工业动员的条例，就是平时的兵工厂，也做生产事业，战时普通工厂，也可以造子弹。”[②]

赵恒惕将蒋方震等13位起草委员安置在岳麓山工专学校教学斋的一间教室里，命令他们在一个月内完成包括湖南省宪法在内的6部法案的起草任务。

赵恒惕是在湖南“公民制宪”和“省议会包办制宪”两种主张互不相让的情况下，宣布采用专家学者制宪的。他的目的很明显，就是希望由他聘请的专家学者制定一部符合他的利益的省宪。为了控制专家学者，赵恒惕又成立了“省自治根本法筹备处”，筹备处主任、副主任及筹备员全部由赵恒惕一手指定。在起草之前，赵还通过各种关系拉拢、笼络起草员，让他们为自己服务。为了防范专家学者，赵恒惕还规定起草员无权征求各公团和群众的意见，各公团领袖和群众不能直接走访起草员，只能以提案的形式，通过赵恒惕控制的省宪筹备处分批送到起草委员手中。而且这些起草员们“自认为在政治理论方面高人一等，看不起各公团和群众”，一切都凭“个人主观愿望和空洞理想”闭门造车。

3月20日，湖南省宪法起草委员会完成了《省宪法草案》《省长选举法草案》《省议会组织法草案》《省议会议员选举法草案》《县议会议员选举法草案》

---

① 《蒋百里全集》第一卷政论，第303页。

② 《蒋百里全集》第一卷政论，第306页。

《法院编制法草案》的起草工作，宣布闭会。

3月21日，保定军官军校湘籍同学在湖南教育会举行欢迎老校长蒋方震大会，到会湘籍同学80余人，其中包括宋鹤庚、鲁涤平等师长以及镇守使、旅长等。大会主持人在致辞中指出："先生此次来湘，系为我湖南制定宪法，公谊上应当欢迎；同人等沐先生教泽，睽隔数年，私情上亦应当欢迎。希望先生加以教训，以便有所遵循。"

蒋方震在欢迎大会上发表了《世界军事大势与中国国情》的演讲。他指出："余于欧游中，乃发见二十世纪中一种中国军事上立国的大方针。此种方针，当现在旧污未去，新力未生以前，必先为思想上的改造，然后始能及于事实。余此次来湘之原因，实以自治一事，正暗合余所发见的方针，而欲将此方针，传布于吾同人者也。所谓方针者何？吾今者当举孙子中最精之一言，以现在事实来解释。孙子有言曰：'能为不可胜，不能使敌必可胜，不可胜在己，可胜在敌。'这就是说军事力量所能做得到的最高点，只有自己保卫自己，那侵略他人的政策，不过一时侥幸罢了。所以世界上，没有侵略政策的国家能永远存在的理由，诸君了解这句话，就可以得一种确信，就是假如我们同最危险的邻居打仗，一定是打胜仗的。"①蒋方震认为，中国民族历来缺少侵略性，而富于自卫性。他说："我们民族得了一种绝大的天惠，国民的生活——进步的生活——件件皆足以自立，所以向来没有侵略他人的必要，所以于侵略民族性的长处极少。可是国民为自卫计，那防卫精神与方法，就特别发展，你看那满中国多么多、多么大的城圈子，还有那历史上著名的万里长城，都是我们自卫能力极发展的证据。还有那坚壁清野、保甲团练等，都是一种自卫手段，至于精神上最没的决心，从华元守宋以还一直到最近代那'城存俱存城亡俱亡'的英雄，历史上也是最多，所以我可以断定中国民族，是最富于自卫能力的。"②

蒋方震指出日本是中国最危险的敌人，并阐明了对付日本侵略的办法。他说："至于从环境的现状看来，吾们所最感危险的，就是那近邻富于侵略性的国

① 《蒋百里全集》第一卷政论，第293—294页。

② 《蒋百里全集》第一卷政论，第298页。

家。《三国志》里刘玄德有句话说得好，‘今与我争天下者曹操也，彼以诈，我以仁，必事事与之相反，乃始有成’。我们对于敌人制胜的唯一方法，就是事事与之相反，就是他利于速战，我都用持久之方法来使他疲弊。他的武力中心，放在第一线，我们都放在第二线，而且在腹地内深深地藏着，使他一时有力没用处，我断定这个办法，一定可以制敌人的死命。”[1]蒋方震同时也指出，不能把国家自卫方针与战略战术上的进攻混淆起来。他说：“有一件事要注意的，所谓‘国民防御’，所谓‘国民自卫’，乃是指着国家军事的大方针而言。同战略上、战术上的攻势、守势，是不可混合的。上文所讲自卫主义、侵略主义的利害，不能拿来作战略战术上之攻击防御的利害讲，而且军事上的自卫主义同军事教育上的攻击精神，不仅绝对不相妨害，还有相得益彰的道理在内。兵略上的攻击精神是战胜的唯一要件，但是要问攻击精神，怎样才能发展？用兵是用众，凡群众运动的要诀，第一要目的明了，理由简单，国民为着自己的生命财产，所以执戈而起，这是最简单的理由、最明了的目的，有了这个攻击精神的核心，只教培养得宜，就可以开花结果。德国此次战败的原因，从兵略上说，就是目的不明了，理由不单简，从宣战理由说起来，是打俄国；军事上动作说起来，是打法国；最后的目的说起来，可是在英国。这个失败的大原因，可是完全根据于侵略主义，抱了一个侵略主义，看见这块土也肥，那个岛也好，但是那可怜的人民，只有一条命，所以结果至于自己革命。要说起那培养攻击精神的方法同材料来，德国人也可谓无微不至了。就是因为没有那个精神的核心到用起来，仍旧是失败，这是真正前车之鉴了。”[2]蒋方震指出：“主义既明了，还要研究那运用的方法，原来我们二十年来所听见看见的战略战术的方式，纯粹是从军国性侵略性的国家转来，而且无形上受了一种神经过敏、情感外张的恶习，动不动就是痛哭流涕的亡国灭种谈。这种议论，本来是一种兴奋剂，多吃了还要害人，他不知道药性本来容易过去，回转头来又骂人五分钟的热心，须知中国人本来富于情感，神经极敏，所以紧要的，就是那情感的内敛。《大战

---

① 《蒋百里全集》第一卷政论，第299页。

② 《蒋百里全集》第一卷政论，第299—300页。

学理》上说得好，情感的发动，须要像北冰洋流下来的冰山一般，远远望去好像是不会动，其实后面是有一种极大的力，在那里永远不断地推进着。如今我们须把外张的劣货排去，要用那内敛的国货。古人说木鸡养到，这才是内敛的一个好比例。从战略战术上说来，就是主力的运用，要自由，要待机，要乘隙，就是要用纵队战术的长处，不要用那横队战术第一线决战的方式。中国拳术的极精者，决不肯先动手，一定要等人家先动，然后得隙而乘之，就是这个原则。关于此点，今天只能把要点说说，现今联军总司令福煦将军著得有两部书，研究得最好，将来能想法译出来，大可为我国内兵家的参考。”①他说：“战争的原素，就是力，所以军队内最重要的就是要富于弹性，比方弯弓，一定要右手向后退，然后那箭才会望前去。就湘省军事状态说来，现在第一支箭是已经到了的，所以现在是从扩充回到收束时代。湘省自卫能力，将来能够发达到多少地步，就看现在收束的力量到怎么地步。所以现在讲收束，越紧越好，越小越好，所以我上文说全兵皆国时代，就是军事的色彩最淡薄的时代，同时，就是自卫能力到最高潮的时代，这个理由，前天已经说过，不再说了。”②

蒋方震在演讲中还高度评价了近代湖南人才的作用与地位，指出：“湖南人才关系全国。第一批即为曾（国藩）左（宗棠）彭（玉麟）胡（林翼），第二批即为谭（嗣同）唐（才常）黄（兴）蔡（锷），均能左右全国。将来改造全国，恐仍在湖南人肩上。希望诸君为湖南第三批人才，造福全国。”

蒋方震演讲结束后，军校同学先后起立发言，感谢老校长的教诲。宋鹤庚师长说：“蒋先生高论，吾人固极钦佩，尤望诸君谨遵所言，见诸实行。”鲁涤平师长说：“蒋先生希望诸君为（湖南）第三批人才，此其责任匪小，望君等勉力为之，勿负先生之期望。”之后，各镇守使、旅长、处长、参谋长等纷纷起立发言，感谢蒋先生的教诲，并希望同胞实行。最后由团长何键致答词，略谓：“今日承蒋先生教诲，及诸长官训示，同人等莫名感谢，自应身体力行，并盼先生时时加以教诲。使下次欢迎先生时，与今次欢迎先生之湖南大有不同。民治

---

① 《蒋百里全集》第一卷政论，第300—301页。

② 《蒋百里全集》第一卷政论，第301页。

日固文明日臻，庶不负先生之期望。”

欢迎大会结束后，全体同学宴请老校长。席间，觥筹交错，气氛热烈。宴会中途，蒋方震端起酒杯起立，大声说：“今日须满饮两杯：一杯祝诸君成功；一杯尚望诸君如与外国冲突时，须为国奋勇出力发言。”接着，某同学起立敬蒋先生三杯，祝先生健康，并恳请老师时颁教益。宾主尽欢而散。

4月21日，赵恒惕将6部法律草案予以公布。

湖南省宪法草案共13章136条，总纲规定：“湖南为中华民国之自治省”，“省自治权属于省民全体”。省长由省议会、省民众团体、县民众团体、一等市民众团体分别成立的四个选举会（每会一权）选举产生。由各厅厅长（后改名为司长）为省务员，组成省务院，“省长所发之命令及其他关于政务之文书，非经省务院长及各主管厅长之副署，不生效力”。草案还宣布：“人民在法律上，一律平等。”同时，规定了人民权利和义务15条，其中包括人民有保护其身体生命、保护其私有财产，以及言论出版、集会结社、信仰、迁徙、营业自由，选举和被选举，请求救恤灾难之权，有受教育、纳税、服兵役等义务。从条文看，省宪草案具有一定的资产阶级民主主义精神。

在赵恒惕聘请学者制订省宪的同时，北洋军阀王占元统治下的湖北多次发生兵变。鄂籍国民党人李书城、孔庚、蒋作宾等来到湖南，与流亡在湘的鄂军团长夏斗寅等密谋乘机驱逐直系军阀、湖北督军王占元，并请求湘军援助湖北。赵恒惕以为有隙可乘，希图占领湖北，将其卷入联省自治范围，以巩固湖南地盘。这样，赵恒惕以援鄂自治为名，于7月间组织援鄂军，自任总司令，任命宋鹤庚为总指挥兼第一军司令，鲁涤平为第二军司令，率湘军攻鄂。起初，湘军及夏斗寅指挥的“湖北自治军”大败鄂军，连下羊楼司、蒲圻、嘉鱼、通城、通山、崇阳。王占元急向曹锟、吴佩孚求援，曹、吴随即派大军南下，进驻武汉。8月上旬，北京政府免王占元本兼各职，任命吴佩孚为两湖巡阅使，萧耀南为湖北督军。8月下旬，吴佩孚直军和湘军重新开战。28日，吴佩孚率7艘军舰进入洞庭湖，直攻湘军后方重镇岳州，并约赣军进攻湘军东侧，湘军腹背受敌，迅速从鄂南败退，死伤惨重。

湘军与直系战争爆发后，此时已在上海的蒋方震对湖南自治的前途深为担忧。8月12日，他写信给老师梁启超说，“到沪后已见时若、立诚、佛苏、组安诸氏，并得醉六函，知湘军现咨且于岳北武南之间，处境甚为困难。立诚等极望先生对于大局有所主张，将来即以湘军代表名义，在沪宣布造成对于中国全局处置之空气，盖仅就湘、鄂局部问题，湘军着着是死着，唯一之活路全在变换大局，而促进奉、直之决裂，实为釜底抽薪之唯一办法。此事在京、津固不能主张，然暗中须设法竭力促动之。就大局言，网罗之横决早一日，即获一日之福（固不独专为湘计），此着做不到，吾辈将受致命伤。盖中山之旅行箧业已整顿完全，桂、川、黔大约已悉偏于孙系，湘军在南已成孤立，而唯一友人之吴，态度既不明了，又直逼处于利害不相容之地位（专就鄂局言），故今日惟有将范围扩大，则湘、吴始有一致之余地。震之浙行，亦专为此；十五号前后将归申一行，或竟不归浙入汉，以急湘军之难，未可知也。上层范围扩大一说，鄙意在京诸人眼光碌碌，未必能注意及此，故先生不宜接言之，宜间接促动之，最好心知其意而表面上变一种形式以诱道之，乃自交通系之倒阁运动，亦未始不可借以打破局面。若能使奉系人说以利害，使胡兄（指张作霖——著者注）出动，则为惠于湘者宁复可量。欲促胡兄出动方法之最便者，莫如先倒阁，而到处宣布吴、湘之密约，谓彼已结合将北向倒徐，此事露风声于徐、胡诸党，彼辈自能活动，岂不甚妙。卢昏懦无能，震惜无引进者，若有将竭力替小徐做走狗，奔走一切矣。事有棋在彼而意在此者，此类是矣”，“致吴书想已发表，此时时局之文似可多做，惟须捉空唱高调耳”。[①]

8月25日，蒋方震与北京政府国会领导人、赞成联省自治的汤漪兼程抵达长沙。蒋方震对记者发表谈话称：“鄙人此次来湘之目的，最为简单。盖于湘中军界朋友学生最多，前次武昌兵变，鄙人曾有书敦促湘省出师，其时虽未实行，实已有所酝酿。故此次出师，鄙人亦以为发动之人，自不便置身事外，故特来加入前敌，以助一臂之力，日内便须前去。论直军兵队，本多于湖南。但中国之兵不宜多，多则乱，胜即争先，败不相救。此是通病。直军可用者仅吴子玉自己所部，其余俱不足用，以湖南四万余人当之，足可抵御。益以沈鸿英之桂

① 《蒋百里全集》第六卷函札，第26—27页。

军，更易为力。但彼方所恃者，交通便利，故可以北方兵力对付湖南一省。湖南能多得交通便利地方，使西南易于集援，亦是一要著。近日前敌湘军阵地稍有变更，此实是一种绝好机会。”①

28日，蒋方震赶赴岳阳前线观察，当天下午与赵恒惕一起回长沙。他的学生唐生智（时任湘军旅长）请求老师“讲句公道话”，蒋方震立即写了一封致吴佩孚的公开信，交《大公报》发表。蒋方震的公开信写道：

子玉将军麾下：

将军犹忆及去年之事乎？保定一役，将军所揭橥以号召天下者为何事乎？则曰：爱国也，救民也。吾侪小民，深信将军之言出由衷，谓必能行践其言也。引领以望者，迄于今岁足一周矣。而国家之政治日益紊乱，而小民之生计日益艰难，而将军之名信日益尊，而将军之兵力日益厚。去年则一皖当道，今年则二皖争雄。小民之愚，诚不知将军去年所以牺牲数万人之生命者为着何来也。

或者曰：将军将以有待耳。此言伪也。夫去年以一师长拥疲卒在南服，犹且剑及履及，诏天下以解决时局。今位益尊，机益大，责任益重，处中原形势之地，而曰吾将有待，待天乎？待人乎？且今何时也？太平洋会议告终，则共同管理之日至矣。而武昌兵变，而天厌军阀之征也。中央之督而不能自治其军，中央之政府而不能自治其督，于此而欲以中央二字告鄂人，鄂人之心不服，湘人之心亦不服也。今将军拥中原之众，挟陆海军之力，以临兵疲财竭之湘，湘人诚自知其弱矣，而犹有策。独不知将军一胜而后，又将何以自处也。夫事之利害，片言决耳，将军得毋以为武力足以威吓天下矣。形势足以控制天下矣。天下者人心也。段氏惟失人心，故有边防军之众不能用；王氏惟失人心，故有武汉之险不能守；得武汉则失天下矣，恃武力则失人心矣。且以武力制武汉，则武汉乃大足为将军累。何者？鄂之地方千里，必节节而防之，则人皆可以袭其后。而将军之身乃不能以武汉焉。多一地，

① 《蒋百里全集》第六卷函札，第80页。

即少一兵也。失天下之人心，减自己之武力，自非至愚，孰肯出此。

将军而诚欲爱国救民也，奉自治之义，为天下倡，则湘鄂敢不惟命是从。即不然，鄂省之事还之鄂地人民，直湘两军各归原防，亦不失为正义之一种。计不出此，而曰吾有兵。去当其兵少，则朝曰正义，夕曰正义。当其兵多，则正义二字绝不出口，而惟武力之是恃，吾恐此后再欲以爱国救民天下，天下不再受将军之欺矣。某浙人也，于湘于鄂于直，初无丝毫利害关系，且从军之始，即自誓不以一枪一弹贻我国民。惟十年来，目击为一己之地位而残民以逞者踵相接，未尝不喟然长叹。以为中原其庶几有人，初不料以自名正义之将军，事到临头，亦无以异于彼碌碌者为也。已矣已矣。而犹不忍将军之以正义始私利终也。故敢贡其区区之愚。

力不足恃也，天壤间可贵者惟同情耳！湘军之战为同情也，将军之战何为乎？惟将军自审之。①

遵照蒋方震的嘱托，梁启超也给吴佩孚写了一封长信，建议吴佩孚与湘军互相提携，以共建“联省自治”的大业。这封信也是重要的历史文献，现将全文照录如下：

子玉将军麾下：

窃闻照乘之珠，以暗投人，鲜不遭按剑相视者。以鄙人之与执事，夙无一面之雅，而执事于鄙人之素性，又非能灼知而推信，然则鄙人固不宜与执事有言也。既今不能已于言，则进言之先，有当郑重声明者数事。其一，吾于执事，绝无所求；其二，吾于南军，绝无关系；其三，吾对于任何方面任何性质之政潮，绝不愿参与活动。吾所以不避唐突致此书于执事者，徒以执事此旬日间之举措，最少亦当与十年内国家治乱之运有关系；最少亦当与千数百万人生命财产之安危有关系。吾既以此时生此国，义不容默尔而息；抑为社会爱惜人才起见，对于国中较有希望之人物如执事者，

① 《蒋百里全集》第六卷函札，第80—82页。

凡国人皆宜尽责善忠告之义。吾因此两种动机，乃掬其血诚，草致此书，惟执事垂察焉。此书到时，计雄师则既抵鄂矣。执事胸中方略，非局外人所能窥；而道路藉藉，或谓执事行将徇政府之意，从事于武力解决。鄙人据执事既往之言论行事以卜之，殆有信其不然，若果尔尔者，则不得不深为执事惜，深为国家前途痛也。自执事挞伐安福，迅奏肤功，而所谓现政府者，遂托庇以迄今日；执事之意，岂不以为大局自兹粗定，将以福国利民之业责付彼辈也。今一年矣，其成绩何若，此无待鄙人词费，计执事所痛心疾首，或更有倍蓰于吾侪者。由此言之，维持现状之决不足以谋治安，既洞若观火也。夫使现状而犹有丝毫可维持之价值，人亦孰愿无故自扰，以重天下之难。今彼自身既已取得无可维持之资格，则无论维持之者费几何心力，终必无所救，而徒与之俱毙；若以执事之明而犹见不及此，则今后执事之命运，将如长日衣败絮行荆棘中，吾敢断言也。而或者曰：执事所规划，殆不在是，执事欲大行其志，则不得不以武力排除诸障。执事今挟精兵数万可以投诸所向无不如意，且俟威加海内后，乃徐语于新建设也。执事若怀抱此种思想者，则殷鉴不远，在段芝泉。芝泉未始不爱国也，当其反对洪宪，拯国体于漂摇之中，其为一时物望所归，不让执事之在今日。徒以不解民治之真精神，且过信自己之武力，一误再误，而卒自陷于穷途。此执事所躬与周旋而洞其症结者也。鄙人未尝学军旅，殊不能知执事所拥之兵力视他军何如？若专就军事论军事，则以贵军齑粉湘军，谁曰不可能。虽然，尤当知军之为用，有时不惟其实而惟其名，不惜其力而惟其气。若徒校实与力而已，则去岁畿辅之役，执事所部，殊未见有以优胜于安福，然而不待交绥而五尺之童已能决其胜负者，则名实使然，气实使然。是故野战炮机关枪之威力，可以量可以测者也；其不可量不可测者，乃在舆论之空气。空气之为物，若至弱而易侮，及其积之厚而扇之急，顺焉者乘之以瞬息千里，逆焉者则木可拔而屋可发，虽有贲获，莫能御也。舆论之性质，正有类于是。三年来执事之功名，固由执事所自造；然犹有立乎执事之后而予以莫大之声援者：曰舆论，此谅为执事所承认也。呜呼！执事其念之，舆论之集也甚难，其去也甚易。一年以来，舆论之对于执事，已由沸点而渐降下矣；今犹保持相当之温度，以观执事对于今兹之役其态度为何如。若执事所举措而忽反于大多数人心理所预期，则缘反动之结果而沸点忽变为零点，盖意中事也。审如是也，则去岁执事所处地位，将有人起而代之，而安福所卸下垢衣执事乃拾而自披于其肩背；目前之胜负，抑已在不可知之数耳。即让一步如现政府所愿望，仗执事威灵以扫荡湘军，一举而下岳州，再举而克长沙，三举而抵执事功德夙被之衡阳。事势果至于此，吾乃不知执事更何术以善其后。《左传》有言："尽敌而返。敌可尽乎。"试问执事所部，有力几许？能否资以复满洲驻防之旧？试问今在其位者与将在其位者，能否不为王占元第二？然则充执事威灵所届，亦不过恢复到民国七八年之局面而止，留以酝酿将来之溃决已耳。于大局何利焉？况耽耽焉惎执事之后者，尤大有人在。以吾侪局外所观察，彼湘军者，或且为执事将来唯一之良友。值岁之不易，彼盖最能急执事之难；执事今小不忍而齑粉之，恐不旋踵而乃不胜其悔也。执事不尝力倡国民大会耶，当时以形格势禁，未能实行，天下至今痛惜。今时局之发展已进于昔矣。联省自治，舆论望之若饥渴，颇闻湘军亦以此相号召，此与执事所夙倡者，形式虽稍异，然精神则吻合无间也。执事今以节制之师，居形胜之地，一举足为天下轻重，若与久同袍泽之湘军左提右挈，建联省的国民大会之议以质诸国中父老昆弟，夫孰不距跃三百以从执事之后者。如是，则从根本上底定国体，然后蓄精锐以对外雪耻，斯真乃爱国军人所当有事，夫孰与快阋墙之忿而自陷于荆棘以终也。鄙人自昔本以书痴闻，比来更日夕淫于典籍，于时事无所闻问，凡此所云云，或早已在执事规划中，且或已在实行中，则吾所言悉为词费，执事一笑而拉杂摧烧之，固所愿也。若于利害得失之审择，犹有几微足烦尊虑者，则望稍割片晷，垂意鄙言。呜呼！吾频年向人垂涕泣以进忠告，终不见采，而其人事后乃悔吾言之不用者，盖数辈矣。吾于执事无交，殊不敢自附于忠告；但为国家计，则日祝执事以无悔而已。临风怀想，不尽欲言；敬颂勋安，伏惟荃察。①

① 梁启超：《梁启超全集》第六册，北京出版社1999年版，第3370—3371页。

当吴佩孚攻入湘北时，因川军已攻入鄂西宜昌，吴佩孚为解除后顾之忧，有意与赵恒惕求和。1921年9月1日，赵恒惕在蒋方震的陪同下，乘坐英国军舰到达岳州（今岳阳），同吴佩孚议和，张绍曾也在场。张绍曾、蒋方震、赵恒惕三人为日本陆军士官学校同学，而张绍曾又与吴佩孚为儿女亲家。在蒋方震、张绍曾的居间调停下，赵恒惕和吴佩孚签订了和约，主要内容是：浙鄂两省按联防旧约，辅助湘省厉行自治；湘鄂赣共同治安方法，依照联防旧约继续进行；此次加入战斗的湘军，限期淘汰；长岳、株萍两路管理方法，由湘鄂赣三省长官协商办理；湘省军民财政，依照新订湖南省宪法，切实整顿；孙传芳军一师驻扎岳州，撤退时间待双方商议。

和约签订后，湖南政局进入相对平静时期。赵恒惕于1922年元旦正式公布《湖南省宪法》，开始了所谓“省治制宪的新纪元”。

此后，蒋方震时常到湖南，他的得意门生唐生智已升为湘军第4师师长兼湘南善后督办，驻军衡阳，成为一方诸侯。蒋方震有时也到衡阳看望唐生智。到20世纪20年代初，保定军校毕业的同学在全国军界已经有相当势力，不仅湖南的师、旅、团长绝大多数是保定军校毕业生，而且像四川的邓锡侯、刘文辉、田颂尧也都是；山西除了阎锡山、商震、徐永昌以外，其余的高级干部多数也是保定军校学生。在吴佩孚和孙传芳部的主要将领中，保定军校的同学也占绝大多数。蒋方震对“保定的同学怀有很大的希望，他每次来湖南时都鼓励湖南的同学做曾文正公，他并且进一步说单有个曾文正尚不够，还需要有个胡林翼，湖南的同学要支持湖北的同学做胡林翼。他叫唐生智派人去各省联系保定的同学，等机会到来时，全国都宣布省和省间不交兵，大家互相援助，这样一来联省自治岂不就成功了吗？因此他要唐派许多人到各省联络，尤其要派人去广东，当时两广亦多保定同学”[①]。

① 《蒋百里全集》第八卷附录，第66页。

第六章　军阀巨头的座上客

为冯玉祥部队讲授军事学

1922年5月，有“基督将军”之称的冯玉祥出任河南督军后，敬慕蒋方震的盛名，经常请他到开封向所部官兵讲授军事学。

同年10月，冯玉祥调任陆军检阅使，所部移驻北京南苑等地。虽然冯玉祥失去了河南的地盘，但他利用这一时机，在南苑等地大力练兵。在两年多的时间里，他练就了一支能攻善战、纪律严明，且具有一定爱国精神的3万人的精兵队伍，这为冯玉祥日后事业的发展提供了助力。

冯玉祥在南苑修建了一座思罗堂，以纪念在湖南常德被疯子击毙的罗感恩大夫。冯玉祥邀请名人到部队演讲时，即以思罗堂作为演讲场所。应冯玉祥之邀赴南苑演讲的名人，形形色色，有讲《易经》《书经》《群书治要》等传统国学的老先生，也有讲新学的王正廷、颜惠庆、黄郛、蒋方震等社会名流。冯玉祥后来回忆说：“我在南苑又重新建造了一座思罗堂，以纪念在常德为疯人击死的罗感恩大夫。我用此堂为请名人给部队讲话的处所。王儒堂、颜惠庆诸先生都在那儿讲演过；黄膺白和蒋百里二先生更应我们的约请，经常地来讲话。黄讲的都是关于国际现势及中国政治的问题，蒋讲的都是军事学方面的问题，每星期两次。使我们全体将领，耳目均为之一新。”[①]

冯玉祥与蒋方震虽然是同年生人，但冯玉祥对蒋方震十分敬重。冯在辑录古今名将治军格言时，把“蒋方震曰”同“岳飞曰”“曾国藩曰”“胡林翼曰”等名句并列其中，并编印成册后发给所部将领每人一本。

1922年12月27日，北京政府授予蒋方震“俊威将军”称号。

将军府是直隶于北洋政府大总统的最高军事顾问机关，将军府将军由大总统从陆海军上将或中将中特任，将军称号由大总统特定。“将军承大总统之命会议军政校阅陆海军。”[②]实际上，将军府只不过是北京政府安置失去兵权或失意军人的闲散机构。

蒋方震接到北京政府的任命时，正在杭州参与浙江省宪法的制定，当即回电称：“兵既当裁，官何可增？国既无兵，又焉用将？”他明确表示了拒绝上任之意。但一个月后，蒋方震却离开杭州，前往北京走马上任了。蒋方震为何突然改变主意呢？当将军府将军，虽然没有实权，但每月数百元的薪水，对蒋方震来说无疑有很大的吸引力。从此，蒋方震又有了固定的收入来源。

蒋方震寓居北京，也不时南下湖北、湖南，看望同学和学生。这是蒋方震一生中最为清闲的时期。1923年春，夫人左梅又生下1个女孩。左梅连生5个女儿，分别取名昭、雍、英、华、和。蒋方震的母亲是一位传统的中国女性，对传宗接代之事极为看重。当左梅连生两个女儿后，蒋母杨太夫人因急于抱孙子，即做主命蒋方震与义女王若梅成亲，纳她为妾。但王若梅始终没有生育。左梅连生数个女儿，婆婆的辞色之间就有不快，给左梅带来沉重的精神压力。但蒋方震对生男生女之事看得很轻，并没有因妻子生女儿而存轻视之意，反而为母亲对左梅的态度而负疚。

1923年3月，从家乡硖石传来母亲病故的消息。蒋方震是个感情非常丰富的人，回想灯下课读和母子相依为命的幼年生活，他痛不欲生，当天南下奔丧，左梅因产后生病住在德国医院疗养，未能随行南下为婆婆治丧。杨太夫人病逝

① 冯玉祥：《我的生活》，黑龙江人民出版社1981年版，第373页。

② 张侠、孙宝铭、陈长河编：《北洋陆军史料（1912—1916）》，天津人民出版社1987年版，第20页。

的消息传到湖南后，蒋方震的得意门生唐生智与保定军校其他同学立即派出龚浩为代表前往海宁吊丧，并派人用竹箩挑了现大洋送到硖石，解决了蒋方震母亲的丧葬费用。蒋方震事母至孝，特地在硖石老宅建造“怀萱堂”以作纪念。为了赶在“断七”开丧时启用，日夜赶工，晚上点汽油灯施工，终于及时完成，派上用场。“怀萱堂”是一座五开间的大厅，方砖铺地，匾额由民国政治家兼书法家谭延闿所书，堂中还挂有梁启超书赠蒋方震南归的对联：“慷慨各努力，闲暇辄相思。”

蒋氏是海宁大族，多亲戚故旧；蒋方震交游广泛，门生故旧遍天下，加上太夫人贤惠有声于乡里，治丧期间，各地吊客纷至沓来，盛况空前。身为孝子的蒋方震，哀痛逾恒，身披袈裟，手持佛珠，盘腿坐在“怀萱堂”前诵经，为母亲超度。

安葬母亲后，蒋方震含泪作书乞梁启超为母亲撰写墓志铭，梁启超爽快地答应了。梁启超所作《蒋母杨太夫人墓志铭》全文如下：

海宁蒋方震丧母既虞，衔哀述先德。且寓书启超曰：“忆昔国难，同伏香港舟中，先生作家书，方震涕不敢侍，窃避以号，今几何时，而方震亦为无父母人也。方震微先生无与归，吾母微先生亦莫能传，知在矜爱，敢乞诔铭。”呜乎，方震书所述者，丙辰四月事，启超方以讨袁世凯在军中。吾父二月弃养，遗言勿许召启超，启超不自省其通天之罪，间数日，辄以书起居吾父，谓父健在，念游子之方而已。方震时方左右我，睹而哀之，今方震亦以奔丧归，触前事而增痛也。启超与方震交逾二十年，居同学，出同游，天下事则同患难，以故知其行谊及其家世最稔。今兹衔恤，疚戚亦同，启超虽不文，于兹铭则义焉得辞。

谨按太夫人海盐杨氏，实龟山先生之裔，二十四传而至笛舟先生，以续学闻，即太夫人父。太夫人生而孤，无昆弟，依母居。七岁遭洪杨乱，困横转徙，数年始定，而母旋殁，太夫人年十三耳。又越十有二年，始嫔于蒋。蒋故浙西名族，方震之王父讳光煦，字生沐，以善校勘能文章为道咸间学者宗，所谓东湖先生也。东湖有子八人，某某讳恩，字泽久，则方震父。东湖诸子皆儒冠袭家业，泽久先生独以先天有肢体疾，弗与。以启超所闻于其里中长老，则其童幼时所历，颇与后稷隘巷平林事相类，故蚤失学而三十始娶。然性绝聪异，卒能以医学起其家云。太夫人之来归在乱后，家已中落，别下斋鞠为茂草，藏书荡然矣。归一年而举方震。又十三年，太夫人年三十有九，而泽久先生殁。方震无同怀兄弟姊妹，与太夫人同也。方震语启超曰："吾母自堕地以迄盖棺，其所历殆非恒人所克堪。髫年避乱，尝饿走一日夜，从乡人乞菜粥，哺外王母。侍外王母疾，风雪夜，涤中衣，腕际龟裂，泪渍之倍痛焉。杨氏世传能截竹为衣，竹似珠，善辟暑，母精其艺，因得自力于衣食。犹且以其间读书史，晓畅义理。自方震始学语，唐诗、孝经及朱子小学，皆母授也。父故羸，尝以肝疾损目，不能视者积年，母布衣木簪，拮据内外，尝曰'昔人所教，勤俭持家，若井臼缝纫之劳勚，米盐布帛之撙节易为耳，若乃无米之炊，量出以计入，斯真难，而以其间侍病人令其心气和平，教幼儿令其神志发越，则尤难'。"呜乎，此太夫人自道甘苦之言，而古圣贤豪杰终身在忧患中，犹能出其所学以格君而泽民者，又岂有他道哉。太夫人之善教盖其天性，方震以独子相依茹荼蘖，而所以督教之者，未尝相宽暇，有过必痛责，责已则叮咛引喻，发其真悔，往往母子相持而泣。方震弱冠踸踔，将游学海外，顾恋母不忍去，太夫人曰："行矣，吾不以流俗人望汝，亦不以流俗人自待，汝夙孤露，能奋自树立，乃所以孝也。"方震学成，服公职，稍有所入以奉母，母则出之以创振坤女学，而躬自董理之。硖石之有女学，自太夫人始也。方震学问文章，世之贤达都能知之，其他日事业所就盖未可测，视时会何如耳。顾启超久与游，独深敬其天性过人。盖尝间关数千里，两度急其友蔡锷、戴戡之难，既不可救，归时则与启超相对作孺子泣。又制行绝介，位至将军，而馇粥恒不继，曾不屑有所攀援，亦未尝戚戚，虽饥不忘天下，嘻，是皆秉太夫人之遗传及其身教以克有是也。太夫人生清咸丰五年乙卯正月十三日，卒民国十二年癸亥三月十四日，得年六十有九。以某年某月某日，葬于某某之原，宜铭。铭曰：

墨氏教任，损己而益所为，斯道久绝于士大夫，而妇能蹈之。其将成教于厥子，以起一世之衰，后之续人鉴者视此辞。[①]

蒋方震在服丧七七四十九天后，在学生龚浩的陪同下乘火车北上，当火车到达徐州时，蒋方震若有所感地对龚浩说："将来有这么一天，我们对日作战，津浦、京汉两路必被日军占领。我们国防应以三阳为据点，即洛阳、襄阳、衡阳。"龚浩听了，觉得老师过于敏感，心中以为"将来中日两国开战，无论怎样，我们的半壁河山不会沦于敌手"。但他又不便与老师抬杠，只好付之一笑。1937年全民族抗战爆发后，当他得到蒋方震老师在广西宜山突然去世的消息后，在第一战区司令长官部驻地河南南阳的诸葛武侯祠中筑"澹宁读书台"（蒋方震晚年号澹宁）以纪念老师，并立碑记述当年老师与他在津浦路火车中的一席谈话。

据说，在蒋方震葬母北返后的一天，冯玉祥所部5位旅长宴请蒋方震，并转达了冯玉祥想请他当参谋长的想法。蒋方震却不愿以无党派超然之身，卷入派系政争漩涡，便顾左右而言他，用别的话岔开了。

到了1923年夏，直系军阀首领曹锟迫不及待地想登上总统宝座。为此，曹锟指使部将冯玉祥、王承斌以武力向大总统黎元洪逼宫。起初，黎元洪还想恋战，僵持数天，黎元洪便下台，离京前往天津。黎元洪离京出走的当天，蒋方震照常到南苑演讲，当他走进旅长张之江的办公室时，室内空无一人。外面有电话打进来，他无意中拿起电话，听到对方兴高采烈地报告好消息："喂，事情办好了，黎老头儿已经乘车出京了哇！"蒋方震刚把电话放下，张之江从外面走了进来。蒋方震把这一消息告诉他，张之江忸怩地问道："您看这件事情应当怎么办？"蒋方震答以"总统好不好是另一问题，总之应求政治解决，军人不应有此动作"[②]。自此，蒋方震对冯玉祥的态度改变，从此不再到冯军中去演讲了。

另据冯玉祥的部下邓哲熙回忆，有一次报纸上误载蒋方震担任冯玉祥参谋

---

① 《蒋百里全集》第六卷函札，第34—37页。

② 陶菊隐：《蒋百里传》，中华书局1985年版，第56页。

长的消息，冯玉祥的部下出面否认，言辞之间对蒋方震很不客气。蒋方震认为这是冯玉祥有意污辱他，因此非常愤恨。邓哲熙还说，蒋方震恨冯玉祥，而唐生智又极为尊重蒋方震，导致了1929年唐生智讨伐冯玉祥的战争。

十四省“讨贼联军”参谋处处长

蒋方震与直系军阀吴佩孚的交往始于1922年9月1日。大约在1923年间，蒋方震正在湖南做客，吴佩孚以直鲁豫巡阅副使名义坐镇洛阳练兵。一天，吴佩孚打电报给赵恒惕，请蒋方震赴洛阳见面。蒋方震的学生劝他不要去，但蒋方震却决定去，他对劝阻的人说：“我一定去，国内外均有人推崇他，我要去看看此人究竟如何，而且老友唐天如（号恩溥，粤人）自视甚高，不轻许人，唐竟肯在吴处效力，他必定有其长处。”

自1922年直奉之战中张作霖败退关外后，直系势力进入全盛时期。吴佩孚以直鲁豫巡阅副使的身份坐镇洛阳，洛阳实际上已成为北方政治、军事的中心。巡阅使署机构庞大，除参议、军需、执法、军械、政务、教育、交际、副官等八大处办事人员外，咨议厅拥虚位而列名顾问、咨议、差遣者有1000人之多。吴佩孚对蒋方震的到来，敬礼备至，言必称先生而不名。

徐行在《蒋方震与蒋雁行》一文中写道：

> 吴佩孚虽然是一个标准军阀，刚愎自用，眼高于顶的人，论事对人，一向具有很深挚的成见。但对于蒋方震，却能以礼相待，特物色为己助，任之为参谋长。吴对部下，一向不肯稍假以辞色，虽手握重兵的大将，那时如冯玉祥、王承斌等人，位置已做到了师长，吴的亲信于学忠，位子也已做到了旅长，但对吴亦只能笔挺地站着，始终不能敌体相对。即使做过他的老师如蒋雁行、李成霖二人亦只能唯唯听命，不能多开口的。参谋长既是他的幕僚，自然亦是他的部下，但他对于蒋方震，却特别例外又例外，很懂得体贤下士之道。吴每次会见蒋方震，总是老早站起身来迎候，肃然起敬，口中高叫“百里先生”，待以前辈先生之礼，从来不曾有一点苟且随

便过。其实论起年龄来，吴的年龄比蒋方震还大四五岁（吴生于1874年，蒋生于1882年，吴比蒋实际上大了8岁），他能对蒋如此敬礼有加，可见吴的心目中，确能认识真正的军事人才。所以，每当公余之暇，吴每派副官恭请蒋方震前来，替他讲说军事作战的学科，以及欧战中种种战役的经过，吴氏听得津津有味，如小学生听老师讲说故事一般的兴奋虔敬。吴的对于蒋方震，确实当得起尽了尊贤受教之道。①

吴佩孚的礼贤下士，使蒋方震对他颇有好感。

1924年，第二次直奉大战爆发前夕，吴佩孚应曹锟急电，由洛阳到北京就任“讨逆军总司令”，调动直系军队十余万，派彭寿莘、王怀庆、冯玉祥为第一、二、三路总司令，分三路迎击奉系军阀。吴佩孚部署完军事后，对蒋方震说：“您以前在奉天主持训练新军，对那边的情形很熟悉，我想请您同去辛苦一趟。”蒋方震与奉系军阀张作霖本有夙怨，无论公谊私情都是同意打奉张的。可是，在这军阀混战时代，他不愿意过于明显地卷入军阀混战，便借口推辞说：“我离开那边多年，今昔情况大不同，未便妄参末议。”

吴佩孚见蒋方震不愿去东北，又想让他去湖南，便对蒋说：“我不放心的是西南，想派两师军队请您指挥，开到湖南，防止他们乘机北伐，我想您不会推辞的了。”对此，蒋方震依然辞谢。吴佩孚也不再勉强。蒋方震虽然不愿替吴承担任何实际责任，但内心里却因这位北方强人对于自己这样一个毫无渊源的局外人，不惜寄以腹心之任，而对吴的好感更深了。

正当直奉两军在山海关一带激战时，直系第三路总司令冯玉祥因长期对曹锟、吴佩孚不满，经过周密的策划，在直奉双方混战的关键时刻，带兵由热河前线回师北京，反戈倒吴，将总统曹锟囚禁，宣布成立“国民军”，是为北京政变（亦称首都革命）。吴佩孚前后受敌，直系军队全线溃退。当冯玉祥倒戈的消息传来，蒋方震不禁大为感慨。10月23日晨，他到清华大学对在那里任教的堂侄蒋复璁说：“子玉（吴佩孚字）是完了，当他危困的时候，我得前去看他

① 徐行：《蒋方震与蒋雁行》，《茶话》1946年第5期。

一趟。”

当时京津铁路火车已停开，蒋方震经友人王赓介绍，搭乘美国驻华公使馆职员的汽车前往天津，然后转往秦皇岛与吴佩孚相见。蒋方震满以为经此大挫折，吴佩孚这位“常胜将军”的气焰也将收敛些，不想却见到这位末路英雄仍大言不惭地在那里高谈阔论。

对于这位刚愎自用且狂妄自大的旧式军人，蒋方震深知多说无益，只好把自己的一些真实想法藏在心中，同时应允南下联络各方。不久，蒋方震由天津南下，在上海慕尔鸣路（今茂名路）租了一所房屋，将妻儿接到上海。

此时，直系后起之秀孙传芳已夺取浙江地盘，出任闽浙巡阅使兼浙江军务督办。孙传芳是日本陆军士官学校中华队第六期毕业的学生，所以他一到浙江，就到处寻找蒋方震，请他出山为他帮忙，蒋方震推辞不得，只好又担任孙传芳的顾问，成为孙传芳的座上客。

吴佩孚在冯玉祥和张作霖两军的夹击之下，在北方无法立足。不久，从大沽口乘船狼狈南下，溯长江到达武汉，寻求东山再起之机会。

1925年8月，段祺瑞执政府宣布奉系军阀杨宇霆、姜登选为江苏、安徽两省军务督办，奉系军阀势力从东北一直延伸到长江下游，使孙传芳感到极大的威胁。为了与奉系作战，孙传芳一面整顿内部，一面派蒋方震、杨文恺前往汉口，联络直系的湖北督军萧耀南及其他各在野将领，拥戴吴佩孚出山，互为声援。10月，孙传芳发动对奉系的战争，并通电拥护吴佩孚出山。

10月21日，吴佩孚见有机可乘，便在武汉宣布：受十四省区将领推戴，就任“十四省讨贼联军总司令”，设总部于汉口东北之查家墩，任命张其煌为秘书长，蒋方震为参谋处长，章太炎为总参议。

吴佩孚就任后，收拾残部，任命张联陞、寇英杰、陈嘉谟为第一、第二、第三路司令，攻入河南省。11月13日，北京政府临时执政段祺瑞下令讨伐吴佩孚和孙传芳，冯玉祥的国民军和张作霖的奉系军队分别沿京汉、津浦铁路南下。但不久，张作霖与冯玉祥的矛盾激化，张作霖派人联络吴佩孚以打击国民军。吴佩孚对冯玉祥的倒戈本就十分仇恨，遂立即决定联张讨冯。对于吴佩孚与张作霖的联合与国民革命军作对的决定，蒋方震曾经一再劝阻，但奈何吴佩孚始终不能接受。徐行在《蒋方震与蒋雁行》一文中说：

> 民国十五年的退出武汉，蒋方震是早有先知之明，在吴未进据武汉时，蒋方震老早劝他悬崖勒马，不要做历史上的罪人。蒋方震这时，他就看到国民革命军势力的不可侮，一定要知己知彼，方能百战百胜。吴的出兵中原，野心南进，想以武力统一中国，早已不名正言顺，况且这些未经精密训练的老弱残兵，怎当得起那些经过三民主义训练的党军？所以成败之势，蒋方震早已明如指掌，他每次都向吴佩孚进着这样的荩言忠告说道："子玉（吴字），你在中国历史上，也早已造就了光辉的一页了，现在正是你急流勇退，博个历史上命名时候。你捧老曹（即贿选总统曹锟）是名不正，言不顺。联奉（即东北张作霖）更是引狼入室，要不得。后方不能巩固，怎能以冒险南进而犯锐利有主义之师？"吴佩孚起初听了他这番话，不过觉得格格不能入耳，后来听得多了，竟疑心蒋方震在为党军作说客，时时用话来恫吓自己，竟一变以往言听计从，尊贤敬礼的态度，疑惑"百里先生"做了南军的"细作"，不但不用其言，并且凶终隙末了……①

吴佩孚见蒋方震反对自己联奉，于是命令司令部里凡是与此有关的往返电报、信函，一律不让蒋方震过目。

不久，吴佩孚即宣布讨冯（玉祥）战争，与奉军张作霖等勾结，南北夹击国民军。1926年3月，吴佩孚击败国民军岳维峻部，夺取了河南省地盘，又沿京汉路北进，先后占领石家庄、保定。蒋方震见吴佩孚对自己言不听、计不从，便请假离开，回到上海，随即向吴电请辞职。吴见他用的是明电，认为"范增辞项王而行，乃是项王的奇耻大辱"，在看了电报后气得半晌说不出话来。

这时，蒋方震的老朋友唐天如也在吴佩孚的幕府，他看到这个局面便出来设法挽回局面。他到上海找到蒋方震，建议他前往汉口向吴作一次礼节性辞行，以弥补双方之间的裂痕。蒋方震接受了老友的建议，主动到汉口见了吴佩孚，

---

① 徐行：《蒋方震与蒋雁行》，《茶话》1946年第5期。

见面时只谈家常，不提军事。这次见面，两人算是握手言和。蒋方震辞出后，随即到湖南访问门生唐生智，并见到了由广州来湖南游说唐生智的国民革命军第4军师长陈铭枢，然后返回上海。

对于北伐战争前蒋方震在南方各军事集团之间的活动，以梁启超为首的研究系内部的意见也很一致。1925年11月9日，梁启超在写给孩子的信中有如下的议论："因为百里在南边（他实是最有力的主动者），所以我受的嫌疑很重，城里头对于我的谣言很多，一会又说我到上海（报纸上已不少，私人揣测更多），一会又说我到汉口。尤为奇怪者，林（长民）叔叔很说我闲话，说我不该听百里们胡闹，真是可笑。儿子长大了，老子也没有法干涉他们的行动，何况门生和后辈？……国事前途仍无一线光明希望。百里这回卖恁么大力气（许多朋友亦被他牵在里头），真不值得（北洋军阀如何能合作）。依我看来，也是不会成功的。现在他与人共事，正在患难之中，也万无劝他抽身之理，只望他到一个段落时，急流勇退，留着身子，为将来之用。他的计划像也是如此。"①

"五省联军"高等军事顾问

孙传芳（1885—1935），字馨远，山东省历城县人，早年毕业于日本陆军士官学校中华队第六期。毕业后回国投军，依次升迁，1921年升至长江上游警备总司令兼第二师师长。1923年3月，被任命为福建军务督理。1924年江浙战争中，孙传芳与齐燮元结盟，从福建挥师进入浙江，打败卢永祥，并收编了卢永祥残余的5个师，实力大为增强，被任命为闽浙巡阅使兼浙江军务督理，成为割据闽浙两省的军阀。

孙传芳于1924年9月25日进驻杭州后，立即搜罗浙江籍的士官同学和地方绅士为其效劳。据张宗祥回忆："孙传芳入浙时，他正在杭州。孙到浙之后，对于士官先后期同学是极拉拢的，一到就把陈公洽（陈仪字公洽——著者注）找去，并到处找百里。当时百里恰在我寓中，孙就如获至宝一般把他请了去，不

① 丁文江、赵丰田编：《梁启超年谱长编》，上海人民出版社1983年版，第1063—1064页。

久请他担任总参议。”①

1925年10月，孙传芳出敌不意，向进驻江苏、安徽的奉军发起猛攻，奉军猝不及防，纷纷后撤。11月初，孙传芳亲至安徽蚌埠督师，与张宗昌部展开激战。在安徽固镇以南的战役中，重创张宗昌所部白俄雇佣军，俘虏张宗昌的前敌总指挥、山东帮务军务兼第四十七混成旅旅长施成滨，并将施公开处决。11月8日，孙传芳在徐州召开庆功大会。同月底，孙在南京正式宣布成立闽浙苏皖赣五省联军，自任总司令兼江苏总司令，成为中国东南五省的实际统治者。

孙传芳广泛招纳东南各省的社会名流，组成了一个庞大的顾问团。这个顾问团由章太炎、张謇、吴士鉴、陈陶遗、俞志韶、王懋赏、丁文江、刘厚生、刘志杰、贾恩绂等任高等政治顾问，蒋方震与日本军人冈村宁茨任高等军事顾问。据说，孙传芳对这些社会名流特别尊重，“孙要做的事，多提出来和大家商量，诸人爱其风格峻整”，无可挑剔。因此，孙传芳很快获得这些社会名流的好感与支持。

蒋方震挂名参谋处长、高等军事顾问，周旋于吴佩孚、孙传芳、唐生智等大小军阀之间。

吴佩孚东山再起之后，尽管赵恒惕对他始终表示服从听命，但因赵一直打着“联省自治”的招牌，对南对北均保持着一种半独立的状态，对吴佩孚南伐广东仍是一个很大的阻力，且吴担心赵与在粤的湘军结合，使自己对湘的局势失去控制，故曾采取扶唐（生智）制赵（恒惕）的策略，派蒋方震到湘南帮助唐生智发展实力，对唐在汉阳兵工厂购买军火亦不加制止。

唐生智实力增加后，即于1926年3月发动倒赵事变，以武力迫使赵恒惕辞去湖南省省长兼湘军总司令职务，并准备接替他的职务。唐生智驱赵后，蒋方震建议他对吴佩孚暂时采取“韬晦”策略，表示自己只是“代赵”而已。不久，蒋方震又奉吴佩孚之命，持北京政府委任唐生智为湖南省省长兼讨赤军前敌总指挥的任命书，要唐生智宣布讨粤。4月20日，吴佩孚又派谭道南到长沙，要

① 浙江省政协文史资料委员会编：《浙江文史集粹》政治军事卷下册，浙江人民出版社1996年版，第480页。

唐生智接受命令宣布“讨赤”，恢复赵恒惕被迫出走之前的状态。这再次遭到唐生智的断然拒绝，吴佩孚决定起兵驱唐。吴佩孚打着“讨粤讨赤”的旗号，任命叶开鑫为“讨贼联军”湘军总司令，分三路攻湘。4月20日，唐叶战争爆发，唐生智不敌，于4月30日败退衡山、衡阳一线。

5月间，蒋方震得了肺病，在上海诊疗后，根据医生的意见，于5月15日起行前往日本治疗。根据日本医生的建议，他准备在日本休息两三个月，并严格戒酒。蒋方震还计划在治愈归国时，绕道朝鲜（当时已经是日本殖民地）及东北进行实地考察。然而，国内时局的发展大大出乎蒋方震的意料，促使他不得不放弃原定的计划，提早从日本回国。

6月2日，唐生智在衡阳宣布就任国民革命军前敌总指挥兼第八军军长职务，正式参加北伐战争。8月中旬，北伐军云集长沙，确立了“先鄂后赣”的作战计划。8月18日，唐生智指挥各路大军从长沙出发，向湖北进军。

北伐战争拉开序幕后，雄踞东南五省的孙传芳的动向就成为人们关注的焦点。据李宗仁说：

我军长驱北进，直如疾风扫落叶，一举而囊括武汉。孙传芳到此才知革命军不可侮，急谋应敌之策。那时我国当代第一流的战略家蒋方震适在孙氏幕中，据说，蒋氏于我军转战汨罗之初，即向孙氏献“援吴（佩孚）三策”。蒋方震的第一策是乘革命军北进和吴军鏖战时，孙氏突出奇兵，自江西全力西进，腰击北伐军，占领长沙，以断北伐军归路。

第二策是待北伐军进围武汉时，孙氏挥海、陆大军溯江西上，解武汉之围，使吴佩孚与北伐军两军相持于武汉以南，相互消耗战斗力，然后孙军待机而动。然此二策都未被孙氏采纳。蒋方震的第三策是让孙传芳把东南五省的兵力向江西布防，以逸待劳，以待北伐军来攻。看来，这一策恐怕是蒋氏三策中的下策。但孙传芳在形势逼迫之下最后采此下策，因为吴佩孚已失武汉，北伐军已经抵定湘鄂。孙传芳急调江苏、浙江、安徽三省军队集中江西，以对北伐军取以逸待劳之势。

李宗仁回忆录中的上述说法，事实上是值得怀疑的。蒋方震的基本态度是促使孙传芳同北伐军合作，不大可能出此攻击北伐军的三策。但是，当时孙传芳对北伐军的攻击确实存在着这三个时机的选择，而孙传芳却选择了最下策的第三个时机，这和孙传芳对吴佩孚和北伐军之战的基本态度有直接关系。

据说，蒋方震与陈仪、陈陶遗、刘厚生等人的观点基本一致，他们都主张孙传芳与国民革命军合作，掉转枪口讨伐奉系军阀。他们轮番向孙进言，并且蒋方震为孙传芳设计了一个北伐进军方案："由五省联军担任津浦线，革命军担任京汉线，以会师京津、统一中国为最后目标。"[①]孙在几位幕僚的怂恿、劝说之下，似乎一度有所动摇。他先后派遣周承菼、陈其采赴广州，试探与蒋介石合作的可能性。

8月下旬，孙传芳召集所部高级将领和幕僚开军事会议，商讨对北伐军的和战问题。会上，孙传芳向部将们透露了合作意识，但是孙部将领出于自身利益，对与国民党合作不表乐观，其中尤以一向以圆滑著称，不作极端论调，只求保全实力的陈调元的态度最为明朗。陈调元表示决不与北伐军妥协，力主出战与北伐军较一雌雄。陈调元主动请缨，又增强了孙传芳用兵的信心，认为五省联军军心可用，战胜北伐之师没有问题。

蒋方震见孙传芳要变卦，急忙约陈仪去见孙传芳，全力劝阻他千万不可轻举妄动。孙不便当面驳斥，便顺口敷衍说。孙传芳刚把蒋方震、陈仪两人支开，就收到江西军阀邓如琢部师长赖世璜与北伐军暗通的电报。孙传芳极为激动，终于力排众议，于9月21日亲赴江西九江督战，蒋方震也跟着到了九江。

对于蒋方震九江之行的战略意图，梁启超在9月29日写给孩子们的书信中透露："时局变化极剧，百里所处地位极困难，又极重要。他最得力的几个学生都在南边，蒋介石三番四复拉拢他，而孙传芳又卑礼厚币要仗他做握鹅毛扇的人。孙（传芳）、蒋（介石）间所以久不决裂，都是由他斡旋。但蒋军侵入江西，逼人太甚（俄国人逼他如此），孙为自卫，不得不决裂。我们的熟人如丁在君、张君劢、刘厚生等都在孙幕，参与密勿，他们都主战，百里亦不能独立异，

① 陶菊隐：《蒋百里传》，中华书局1985年版，第65页。

现在他已经和孙（传芳）同往前敌去了。老师打学生，岂非笑话（非寻常之师弟）。好在唐生智所当的是吴佩孚方面（京汉路上吴已经是问题外的人物），孙军当面接触的是蒋介石。这几天江西的战争关系真重大。若孙（传芳）败以后（百里当然跟着毁了），黄河以南便全是赤俄势力。若孙（传芳）胜蒋（介石）败，以后便看百里手腕如何。百里的计划是要把蒋（介石）、唐（生智）分开，蒋（介石）败后谋孙（传芳）、唐（生智）联和。果能办到此着，便将开一崭新局面。国事大有可为，能成与否不能不付诸气数了。”①

然而，国民革命的潮流已经不可阻挡，孙传芳调集大军在江西战场上与北伐军征战一月余，连遭败绩，损兵折将。11月初，孙传芳狼狈逃回南京。

孙传芳在日暮途穷之际，决定投靠奉系军阀张作霖。孙传芳联奉计划本来是秘密进行的，但是很快被陈陶遗知道。为阻止孙的行动，陈陶遗与蒋方震、丁文江联袂见孙，劝其不要轻率决定联奉。蒋方震对孙传芳说：东南人士对奉军印象不佳，这样做恐怕在政治上站不住。孙传芳仍决定走一步，算一步。

孙传芳主意已定，众人也不好再说什么。蒋方震认为孙传芳由反奉变为联奉，不是联奉而是降奉，大有“竖子不足与谋”之感。远在北京静观局势发展的梁启超更是哀叹说：“时局变迁非常剧烈，百里联络孙（传芳）、唐（生智）、蒋（介石）的计划全归失败，北洋军阀确已到末日了。将此麻木不仁的状态打破，总是好的，但将来起的变症如何，现在真不敢说了。”②

1926年11月19日，孙传芳摆脱众人劝阻，化装成商民模样，轻车简从，由南京前往天津拜见张作霖。经过一番磋商，由孙传芳与张宗昌领衔于30日发表通电，宣布拥戴张作霖为“安国军总司令”，孙传芳、张宗昌为安国军副司令，孙仍兼五省联军总司令。

当孙传芳回到南京时，江浙两省士绅发起的自治运动已经如火如荼地开展起来，浙籍军人陈仪、周凤岐暗中予以支持。12月19日，浙江各界联合会在杭

---

① 丁文江、赵丰田编：《梁启超年谱长编》，上海人民出版社1983年版，第1093页。

② 丁文江、赵丰田编：《梁启超年谱长编》，上海人民出版社1983年版，第1101页。

州开会，通过《浙江省政府组织大纲》九条，并依此选举蒋尊簋、陈仪、张载阳、蔡元培、周承菼、褚辅成、黄郛、周凤歧、陈其采9人为省政府委员，并推荐蒋尊簋为军政长，陈仪为民政长。陈仪派周承菼赴南京面见孙传芳，请求将五省联军撤出浙江，让浙江实行自治。

浙江宣布自治，对孙传芳来说无异于釜底抽薪。12月22日，孙任命爱将孟昭月为浙军督战司令，率军开进杭州，将陈仪驻杭州的部队缴械，并扣押陈仪。3天后，陈仪被押送南京，软禁在五省联军总司令部。

自1926年9月以来，连续发生了夏超、周凤歧、陈仪3位浙籍将领反水叛孙事件；在孙传芳看来，凡是浙军将领，没有一个是靠得住的。因此，孙传芳对陈仪更是恨之入骨，顿萌杀意。但幸运的是，孙传芳的参谋长刘宗纪以及蒋方震与陈仪的私交均不恶，他们都婉言为陈仪求情。就这样，蒋方震利用他对孙传芳有限的影响力，巧妙地救了老友陈仪一命。

第七章　奔走周旋于各派势力之间

以私人代表名义访日

据蒋方震的学生刘文岛回忆，北伐前夕，他作为唐生智的代表赴广州接洽北伐问题时，蒋介石曾向他表示："百里先生如肯参加革命，对革命事业的进展必然大有帮助。他是老成持重的稳健派，稳健派参加革命，能使国人更加认识革命的重要性，具有提高士气和转移国际观感的双重作用。"①

刘文岛随后又拜访了广州国民政府的各位要人，很多人都主张推举蒋方震为国民革命军总参谋长。因为当时挂名总参谋长的第四军军长李济深须留守广州后方，由副参谋长白崇禧兼北伐军总司令部行营参谋长，如果能由蒋方震正式担任总参谋长职，不但他的资历和名望都很相称，而且北伐军从正面出湖南，湘军军人大多是他的学生，指挥起来更加有利。在上海寓居的蒋方震得到这一消息后，却不以为然。因为他刚辞去直系军阀吴佩孚的参谋处长职务，紧接着又去吴佩孚的敌营担任蒋介石的参谋长，外面会有流言蜚语，认为他气节有亏。所以，蒋方震坚决拒绝了蒋介石的好意。

北伐战争开始后，进展极为迅速。北伐军一路挺进湖南、湖北，迅速消灭了吴佩孚集团；接着转战江西，重创孙传芳主力；何应钦指挥的北伐东路军从

---

① 陶菊隐：《蒋百里传》，中华书局1985年版，第64页。

广东进军福建，随后从江西、福建分两路进攻浙江，北洋军阀部队望风而降。在北伐战争的胜利进军声中，国民革命阵营内部很快发生了严重分裂，以蒋介石为首的国民党右派于1927年4月12日在上海首先发动反革命政变，随即在南京宣布成立南京国民政府，与已经迁都到武汉的国民政府公开对抗。于是，国内一时出现了一国三府、新旧军阀林立的复杂局面。

蒋介石在南京另立政权后，即命刘文岛到上海迎接蒋方震来南京。蒋方震到南京后，受到蒋介石的礼遇。在蒋介石的三元巷总司令部，两人进行了多次谈话。蒋方震认为，国民党统一中国没有内部问题，问题在于外交方面，中国的外交第一线是日本，如果日本对中国革命怀有戒心，势必引起中日纠纷。革命军在打倒本国军阀的阶段，对日本宜采取缓兵之计，莫让它袒护中国的残余军阀。等到统一告成，国防建设有了头绪，再和日本清算不迟。蒋介石对此深以为然，随即请蒋方震和刘厚生以私人身份赴日，与日本首相田中义一及朝野人士接洽。

蒋方震等人在日本活动的情况现在还不是很清楚。5月12日，蒋方震、刘厚生拜会了日本首相田中义一，双方进行了会谈。据日本外务省档案反映，田中与蒋方震谈话后，对蒋介石“明显地寄予更大希望”。蒋方震回到南京向蒋介石汇报后，蒋介石大为满意，并打算派蒋方震再次赴日活动。6月间，蒋介石为此致电他的盟兄、“日本通”黄郛征求意见。6月10日，黄回电表示，对蒋方震二次赴日无意见，但他同时建议等在日本的特派员袁良回国报告，进一步了解日本情况后再派蒋方震出去。8月13日，蒋介石在内外交困的情况下不得不辞职下野，蒋方震二次赴日之行也就取消了。

撮合各方联合反桂

蒋介石宣布下野后，李宗仁就任国民革命军副总司令。这时，南京政府实际上已处于桂系首领李宗仁、白崇禧的掌握之中。

据传，蒋方震曾经在武汉东征军总司令唐生智与孙传芳之间牵线，唐生智与孙传芳约定，两军夹击桂系于沪、杭、宁三角地带。当时报纸公布过有关这方面的材料。

第一则材料说："唐孟潇代表赵某由浔（九江）来蚌（蚌埠）会商，夹攻南京。进攻计划均已拟就。各部队常时预备出发。我军乘胜直追。西有唐孟潇之生力军为助，南京指日可复，赤逆不日即行扑灭。切切此令。"

第二则材料说："顷接唐孟潇来电。该军业已整队出发，不日由九江向芜湖进展。与我军会师南京。仰我军各部队由津浦路运河分途并进。即刻出发。此令。"

为了防止唐生智与孙传芳两面夹击南京的局面出现，李宗仁于8月22日亲赴庐山与武汉政府军政首脑汪精卫、唐生智等举行会议。会上，李宗仁首先发言，其中心意思是要求东征军立即停止东进。为此，李宗仁与唐生智在会上展开了一场激烈的唇枪舌战。李宗仁要求东征军立即在安庆停下来，而唐生智则坚决主张将部队开到安徽芜湖。

经过激烈争吵，庐山会议最后达成两项决定：第一，武汉国民政府于9月3日以前迁往南京，与南京国民政府合并，武汉改设政治分会，武汉国民政府负责人谭延闿、孙科先期赴宁，布置迁移事宜。第二，武汉东征军应立即东进，协助南京方面肃清敌军势力。庐山会议使宁、汉两方达成了迁都与合并两府的妥协，这就使唐生智与孙传芳合击桂系的计划难以实行。

在此期间，蒋介石曾经派其盟兄黄郛出面，撮合唐生智与蒋介石之间的合作。黄郛所依靠的中间人就是蒋方震和汪翊唐①。

黄郛夫人在《亦云回忆》一书中有如下的陈述：

蒋先生对百里先生甚有敬意，膺白代表致意不止一次。当时接洽唐生

① 汪翊唐（1887—1953），名时璟，字翊唐，安徽旌德县人。早年留学日本，毕业于陆军主计学校。回国后，历任北洋政府财政总长秘书、汉口中国银行分行副经理、沈阳中国银行分行经理。1937年北平沦陷后投靠日伪，任伪中国联合准备银行总裁，兼华北伪政权的经济总署督办。1945年日本投降后，汪时璟于当年9月携带库存大批金银表册、调查室所搜集的有关金融经济及日伪军情报等文件，由军统特务周济陪同飞往重庆，向蒋介石邀功。蒋避而不见，仅由国民政府文官长吴鼎昌接见，但未得任何具体指示，汪时璟怏怏不乐地返回北平。1945年12月13日，汪时璟被军统当局逮捕归案。1946年1月，汪时璟被押解到南京，随即以汉奸罪被法院判处无期徒刑，关在上海提篮桥监狱服刑，1953年死于狱中。

智方面，除汪翊唐，即希望百里先生，他是唐与汪之师。膺白自己亦甚敬百里先生，在前清末年浙江有两蒋，俱为新军前辈（百器先生尊簋是另一蒋）。张岳军先生在上海任市长，因不曾积极制裁几个人而受到不谅解，其一即百里先生。在一次孙传芳军渡江经政府迅速击走后，上海市场大家看好，忽有人大量抛出公债，数以百万计，不久唐生智反，引起政府注意，抛售者用百里先生的名。这是一件出乎意外的新闻。[①]

对于黄郛的意见，蒋方震也很赞成。他开导唐生智说："膺白（黄郛别号）的主张，也就是蒋先生（蒋介石）同样的主张。现在是你和蒋、桂系、阎（锡山）、冯（玉祥）、张（学良）的势力最大，蒋与桂系之间已有意见，黄膺白主张你和蒋（介石）、张（学良）合作，而以你与蒋先生的合作为中心，再拉拢阎（锡山）、冯（玉祥），这样，桂系也不敢动了。"蒋方震还特别强调唐生智与蒋介石合作的重要性，并要唐与蒋介石结拜为金兰兄弟。但唐生智对蒋介石并无好感，很不情愿与他合作，拒绝了蒋方震与黄郛的建议。

南方北伐阵营的分裂，使孙传芳有了可乘之机。不久，孙传芳倾其6万主力部队冒险抢渡长江，反攻南京。当时，南京政府辖有三路军和海军总司令杨树庄统率的3个舰队。其中，第一路军总指挥何应钦下辖7个军，第二路军总指挥白崇禧下辖5个军及2个独立师，第三路军总指挥李宗仁下辖4个军。孙传芳全军渡江后，何应钦与李宗仁、白崇禧指挥所部在海军舰队的配合下奋起反攻，经过7昼夜的鏖战，孙传芳全军覆灭。

在龙潭战役期间，唐生智采取了坐山观虎斗的态度，既没有与孙传芳联合夹击南京，也没有参加南京方面反击孙传芳的战斗。利用龙潭大战之机，唐生智将所部东征军分驻安庆、合肥、芜湖，任命何健为安徽省主席，将安徽纳入了自己的势力范围。

龙潭战役，巩固了南京政府的地位。在李宗仁的操纵下，1927年9月15日在南京成立了宁、汉、沪三方党部合作的所谓中央特别委员会，代行国民党中

---

① 沈亦云：《亦云回忆》下册，传记文学出版社1971年版，第277页。

央权力。两天后，在中央特委会主持下，新的南京国民政府成立，以谭延闿为主席，下设政务委员会。中央特别委员会表面上容纳了国民党各派系势力，但实际上，大权操纵在桂系李宗仁、白崇禧手中。李、白随即准备以中央特别委员会的名义，下令讨伐唐生智，以扩张桂系的地盘。为此，桂系与湖南实力派程潜、谭延闿秘密结成了反唐联盟。

1927年10月19日，南京国民政府正式决定讨伐唐生智。李宗仁任西征军总指挥，白崇禧为前敌总指挥，下辖第二、第四、第五路军分别由李宗仁（兼）、程潜、朱培德任总指挥。

面对桂系策划的西征战役，唐生智这才感到局势严重。唐生智意识到自己处于不利地位，即命令部队西撤以保存实力。驻安徽宣城的第36军稍作抵抗后，即后撤，第35师也退出安庆、芜湖向西转移。25日，西征军进至安庆。26日，李宗仁赴安庆指挥作战。11月初，两军在湖北广济、蕲春等地开展激战，双方均有重大伤亡，最后唐军不支，纷纷向武汉退却。

讨唐战役发生后，蒋介石认为有机可乘，派陈仪与蒋方震联络，要蒋方震出面劝说唐生智与蒋介石合作。蒋方震通过汪翊唐转告唐生智：不要离开部队，能打垮桂系则打，否则按兵不动，退回湖南，经济上由他（指蒋介石）负责接济。

但唐生智的想法不同，他估计蒋桂之间一定会发生冲突，如不离开部队，纵然打垮了桂系，占便宜的是蒋介石；如自己被桂系打垮了，最后占便宜的还是蒋介石。暂时离开一下部队，凭私人感情的维系，可以拖住两三年不垮。唐生智衡量再三，终于决定不接受蒋介石合作的“好意”，并仿效蒋介石，采取以退为进的策略。1927年11月11日，唐生智在汉口总部召集所部高级将领刘兴、李品仙、何健等开会，决定由刘、李、何指挥全军退守湖南，唐生智本人则以休息为名宣布下野。当夜，唐生智即乘日本轮船顺长江东下，到日本“休养”去了。

唐生智所部退入湖南后，白崇禧、程潜指挥桂、湘军对唐生智部穷追猛打。在大势已去的情况下，唐生智所部被迫接受桂系的改编。这样一来，蒋方震多年来苦心维持的唐生智所部湘军，全部纳入了桂系的旗下。

联络支持反蒋联盟

吴佩孚、孙传芳、唐生智一个个都垮台了，蒋方震一时失去在政坛周旋的资本。蒋方震无可奈何，隐居上海，再次过起了闭门读书的生活。

20世纪20年代的中国政坛，真可谓是城头变幻大王旗，政局瞬息万变。经过几番明争暗斗，最终蒋介石于1928年1月重任国民革命军总司令。经过一番讨价还价，蒋介石与冯玉祥、阎锡山、李宗仁达成暂时的妥协，共同进行第二次北伐，将“安国军大元帅”张作霖赶回东北。张作霖退出北京，于6月4日在沈阳附近的皇姑屯车站被日本关东军炸毙，年轻的张学良少帅在奉系元老的支持下继承父亲的权力。1928年12月29日，张学良在东北易帜，宣布服从国民政府。

1928年10月8日，蒋介石被国民党中央常务委员会任命为国民政府主席兼海陆空军总司令。但是，北伐以后国民党实力派冯玉祥、阎锡山、李宗仁、李济深等的军事实力都有了较大发展，他们割据一方，都想和蒋介石平起平坐，而不愿俯首称臣。蒋介石为了巩固其统治地位，实行所谓“削藩”，从而挑起了国民党新军阀之间长达数年之久的大混战。

蒋介石打击的第一个对象，便是李宗仁、白崇禧领导的桂系。

桂系的军队由两广、两湖沿京广铁路延伸至平汉、平津各线，形成一字长蛇形，力量分散不集中，这是兵家之大忌。由白崇禧指挥进驻天津一线的部队，是原唐生智所部改编而来。李、白对唐生智旧部采取怀柔和分化并下的政策，将收编的唐部改编为4个军：第8军（军长李品仙）、第12军（军长叶琪）、第35军（军长何键）、第36军（军长廖磊）。其中，第8、第12、第36军等3个军编为第十二路军，李品仙任总指挥，由白崇禧以第四集团军总司令部前敌总指挥名义率领第十二路军北上京津唐地区，参加北伐最后战役。第35军由何键率领留守湖南。李品仙、叶琪、廖磊均是在湘军中发迹起家的广西人，李、白以广西同乡关系加以任用；而唐生智所部中的湖南籍高级将领，除何键事先投降桂系而予以保留外，其余刘兴、周斓等均被李、白赶出了部队。

蒋介石在明令讨伐桂系之前，针对桂系的弱点，采取了一系列分化瓦解的措施。其中，第一步棋就是“立唐（生智）倒白（崇禧）”，砍去桂系长蛇形中的头。

早在1928年冬，唐生智即率领亲信随从从日本抵达香港，静观形势变化。不久，蒋介石即派刘文岛赴香港会晤唐生智，唐随即派龚浩由港赴沪，和蒋方震、张群、何成濬、李书城、刘文岛、张笃伦等往返磋商出山时机与条件，先后达数个月之久。

1929年3月，唐生智从香港回到上海。恰在此时，在南京出席国民党第三次代表大会的第53师参谋长周武彝赶到香港秘密会见唐生智。随后，周武彝又到南京进见蒋介石，表示第51、第53师两个师全体官兵竭诚拥戴蒋介石，希望仍派唐生智前去指挥他们。至此，蒋介石决心起用唐生智，并请蒋方震作保人。

蒋方震设了一个连环保的方案，起用唐生智为第五路军总指挥，辖第8军、第9军。第8军是唐生智的旧部湘军缩编而成的；而第9军则是何成濬在北方收编的杂牌军，第9军军长由何成濬兼任，而第五路军又归北平行营主任何成濬指挥，这样一来，何是唐的直接上司，而唐又统辖何的部队，正是你中有我、我中有你，用心良苦。

唐生智受命后，随即派龚浩先行，秘密北上与旧部接洽。唐生智的第五路军总指挥部设在北平西城的顺承王府。唐生智立即迎接老师蒋方震及师母左梅北上，并事前替他们布置了锡拉胡同旧居。蒋方震偕夫人、孩子住入当年与左梅结婚的洞房，过去明月入怀，眼前桃李盛开，这是他一生中最绚烂的一个时期。蒋方震建议唐生智对蒋介石实行“韬晦”之策，以待时机，成就一番大业。

蒋介石立唐（生智）倒白（崇禧），斩去了桂系的“蛇头”。随后，蒋又收买武汉的桂系第7军师长李明瑞等人，他们的倒戈使桂系措手不及。1929年4月5日，蒋介石的中央军迅速攻下桂系重兵盘踞的武汉，桂系全盘崩溃，仅剩下留守广西的黄绍竑一部。

蒋介石在消灭桂系后，担心唐生智手握军权后再次反复，立即对他采取削弱兵权的措施。5月间，蒋介石任命唐生智为军事参议院议长、国军编遣委员会常务委员兼编组部主任，虽未明令免去他的第五路军总指挥职务，事实上却把他长期留在南京“翊赞中枢”。蒋介石还考虑到唐部高级将领都是保定军校出身，如果派蒋方震代替唐生智担任第五路军总指挥，一定可以指挥如意，于是一再电请蒋方震从北平去南京面商。

当蒋方震应邀抵达南京时，蒋介石给以前所未有的盛大规制加以欢迎，自下关至新街口一带，沿途高悬“欢迎军界泰斗蒋方震先生”的横幅标语。下车后，蒋介石设盛宴为蒋方震洗尘，邀请国民政府文武大员出席作陪。宴会结束后，蒋介石邀蒋方震举行秘密谈话，请他出任第五路军总指挥，率领唐生智所部南下河南参与讨伐冯玉祥。但蒋方震不忍以师道之尊而夺门生的兵符，当场辞谢。蒋方震向蒋介石提出两点不能应命的理由：一是第五路军与唐生智具有悠久的历史关系，如果临阵易帅，必将影响士气；二是他以浙江人而领湘军，即使上面将领不反对，必将引起下面士兵的怀疑。蒋方震的理由很充分，蒋介石也不便勉强，只好放弃以蒋方震代替唐生智的打算。

这时，被蒋介石排挤而流亡海外的政客汪精卫，不甘心长期当政治流亡者，指使其亲信陈公博等潜回国内成立所谓中国国民党改组同志会，并联络各地方实力派反蒋，这自然符合唐生智的想法。于是，唐生智秘密与改组派人士联络。1929年7月，唐生智和张发奎、俞作柏在改组派上海总部主持下秘密聚会，商讨军事反蒋计划。

唐生智与改组派秘密串联反蒋的消息被蒋介石获悉。从8月31日起，唐生智被蒋介石软禁在南京。

1929年10月10日，蒋介石与冯玉祥之间的战争爆发。战争开始，冯部宋哲元、孙良诚攻势极为猛烈，蒋军极为被动，纷纷向蒋介石告急。蒋介石一再考虑，此时除利用唐生智所部外，已无兵可调，因此处于用唐与不用唐的两难之中。这时，又是蒋方震出面，担保唐生智不至于与冯玉祥联合，劝蒋用之不疑。蒋介石接受了蒋方震的担保，于10月17日放唐生智归前线指挥所部与冯玉祥军队作战。

唐生智回到部队后，李宗仁即以“护党救国军第八路军总司令兼命令传达所所长”的名义，派叶琪到唐军中传达改组派总部命令，催促唐生智立即联合冯玉祥起兵反蒋。但是，唐生智认为时机尚未成熟，必须先与冯军打一仗，让蒋介石相信和放心，在取得更多、更大的兵权之后，再举反蒋大旗。

10月19日，唐生智到达郑州，制订了一个大胆果断的作战计划，随即赶往距巩县前沿阵地仅数里的一个关帝庙中督战。几场战斗下来，予冯军以重创。唐生智所部攻克洛阳，将冯玉祥所部赶到了潼关以西。但唐生智对冯军并不穷追溃敌，而是适可而止，蓄敌自重。蒋介石为阻止唐与冯玉祥、阎锡山联合，立即赶到郑州与唐见面。

唐生智虽然根底很浅，但政治野心极大，并对部下夸口说“我这一生一定要做一任总统”。抱着做总统的目的，唐生智决定起兵反蒋。

唐生智这一次反蒋的行动计划是，趁四方异动，蒋介石的中央军疲于奔命，武汉、南京空虚之际，起兵南下先占领武汉，以恢复1927年时的态势。然后，东下安徽，与在浦口起兵反蒋的石友三军会合攻占南京。

蒋介石在起用唐生智后，也准备任用蒋方震，以示笼络。蒋方震不愿做政府部长一类的大官，恰巧驻瑞士公使陆征祥辞职照准，蒋方震向蒋介石表示有意出使瑞士，蒋介石也同意，但终因外交部主管拖延办理，直到唐生智起兵反蒋，蒋方震的驻外公使任命还没有下来。

对于唐生智的反蒋计划，蒋方震不仅知道，而且是支持的。他在上海国富门路（今安亭路）寓所设置了无线电台，为唐生智的反蒋行动出谋划策。

张宗祥回忆说：“等到蒋介石清党和宁汉分家，唐孟潇军队驻于河南的时候，百里有一天告诉我说，孟潇当有举动倒蒋。我说，这应该联合西北和阎锡山等军队，方有力量。百里亦以为然，而且认为肯定可以联合。及至报上发表孟潇讨蒋通电时仍用孟潇原衔领头，阎锡山等人皆未列名。我见到了报纸，即雇街车至国富门路语百里曰：‘何以君不阻止？孟潇如此鲁莽，军队南扼于蒋军，万一阎氏在北方也有变动，岂不危险？’百里则曰：‘此电发时阎亦派代表在唐军中，经商定后发出的。’我说：‘阎氏老奸巨猾，极不可恃，我意此电正当推之领衔，使其无可抵赖反复；派一代表，未必可恃。君宜自作计图安全。’”①

① 张宗祥：《蒋方震小传》。

蒋方震还亲自派保定军校第一期学生叶南帆（浙江青田人）游说蒋介石嫡系中央军第6师师长赵观涛反蒋。叶南帆对赵观涛说："我们都是浙江人，蒋介石是浙江人，我们没有不爱护蒋公的道理。可是还有一个蒋百里先生也是浙江人。蒋百里先生对蒋介公之爱护也是无以复加，而今日竟指导唐生智反蒋，其意义之深刻，你们可以想想吧。"

因为第6师团长以上将领都是保定军校同学，又都是浙江人，蒋方震的话对他们自然有很大影响。何去何从？赵观涛一时拿不定主意，最后决定看第13师师长万耀煌的态度而定。万耀煌是湖北人，也是蒋方震的学生。万耀煌早年流落湖南，得到湘军的庇护，但后来万耀煌与唐生智等因故反目成仇，万耀煌成了坚定的拥蒋派，于是策反蒋介石嫡系第6师的行动终于未能实现。

经过一番紧张的联络，唐生智在短期内联络了冯玉祥所部宋哲元、孙良诚以及徐源泉、刘文辉、何键、庞炳勋、吉鸿昌、魏益三等实力派人物。原本商定由阎锡山领衔发表反蒋通电，但阎锡山犹豫不定，唐生智便不理会阎锡山，于1929年12月1日发表由唐生智领衔，宋哲元、孙良诚、徐源泉、刘文辉、何键、刘兴、周斓、王均、庞炳勋、吉鸿昌、魏益三等共75人署名的反蒋通电，公开反蒋。3日，唐生智又单独发表反蒋通电。

唐生智费尽心思纠合起来的反蒋阵营貌似强大，高级将领有75人之多，但各路诸侯王都心怀鬼胎，根本不可能与唐生智采取一致行动。阎锡山接到唐生智的领衔通电后，便指责唐生智"想作第一人"，立即倒向蒋介石，就任蒋介石委派的陆海空军副总司令，参加反唐行列。接着，韩复榘、徐源泉、刘文辉、何键、杨虎城等也相继改变了初衷。结果，唐生智陷入了孤立处境。当唐生智挥军南下，准备夺取武汉时，天公又不作美，河南驻马店、漯河一带下了一场几十年不见的大雪，平地积雪两三尺深，有些地方人陷进去就爬不出来，部队无法行动。加上杨虎城乘机袭占驻马店，拦腰截断了唐生智总部与刘兴、龚浩等先头部队的联系，更使唐生智受到致命一击。

唐生智起兵反蒋后，蒋方震通过在上海法租界寓所架设的电台与在前线的唐生智频频进行联络，并指示行动方案。不用说，蒋方震与唐生智的电信往来自然也都在蒋介石的监控之下。

在唐生智反蒋陷入严重不利局面时，蒋方震曾经电告唐生智“东不如西”，要唐生智率领部队向西挺进，去靠拢冯玉祥以保持西北的局面。

然而，此计也未能实行，唐生智个人仅以身免，流亡到东南亚等地。不久，刘兴等前线将领也被迫缴械投降。从此，唐生智经营多年、纪律严明、能征善战的部队彻底瓦解。蒋方震寄予厚望的这支湘军不再存在。

两年牢狱之灾虽有惊却无险

蒋方震获悉唐生智反蒋彻底失败的消息，不禁“抚膺流涕，若割肝胆”。

1930年元旦，上海市市长张群登门，请蒋方震出国暂避。接着，学生刘文岛又来，传话要蒋方震尽早出国。蒋方震拒绝出国，他说：“我没有刮地皮，没有钱出国，别人的钱我不要，我不会走开。”

蒋军在查抄唐生智第五路军总部时，查获了蒋方震与唐生智的往返电报，发现蒋方震竟是此次事件的幕后主谋。蒋介石有意宽大处理唐生智及其部属，但对幕后指使人蒋方震却并不准备宽大。主持对唐军事的武汉行营主任何应钦在致唐生智部下刘兴、龚浩等人的电报中说“孟潇为人所误”[①]。何应钦虽未明言唐为何人所误，但明眼人都知道这是指蒋方震。这样一来，蒋方震的处境就很危险了。

友人张宗祥得知唐生智总部被查抄的消息后，立即赶到蒋方震寓所，劝其速避。张宗祥说：“（唐）总部被抄，尔之密电本必亦被抄去，子可行矣。此屋后即华界，极不安稳，如无法避去，我大通路寓所可暂住。我与各方面政治活动无关，不如决住我处观变。”张宗祥建议蒋方震到他在大通路的寓所暂时躲避。但蒋方震认为自己与南京政府中的熟人尚多，不必躲避，没有采纳好友的建议。两天后，蒋方震在上海国富门路的寓所即被大批暗探监视，蒋家人不能出门一步。1月15日，蒋方震被押往浙江杭州，途中在海宁老家过了一夜，到杭州后被安置在西湖边的蒋庄，由浙江省政府安排的警官负责看守。

---

① 韩信夫等编：《中华民国大事记》第3册，中国文史出版社1997年版，第4页。

蒋方震被押到杭州后，他的堂侄蒋复璁通过同乡关系，第一个找到了堂叔的关押处，赶到西湖边看望。两人见面时，有千言万语却不知从何说起。蒋复璁想了半天，才开口说：“我刚才在湖滨小饮，店里挂着一副对联，倒也写作俱佳。上面写道：‘能受天磨真铁汉，不遭人忌是庸才’。”对此，蒋方震“嗯”了两声，算是作答。因彼此心情沉重，蒋复璁无心多谈即告退。

当时的浙江省政府主席是张静江。张是浙江吴兴（今湖州）人，是国民党元老，又是蒋介石的盟兄，是坚定的拥蒋派。在张静江看来，蒋方震对南京政府没有什么贡献，蒋介石却待之如上宾。身为浙江人的蒋方震却唆使外省军人唐生智反蒋，不惜与南京政府为敌，如果唐生智直捣南京的目的实现，后果将不堪设想。张静江认为，蒋方震实属罪大恶极，主张予以制裁，并非要蒋介石执行不可。因此，当蒋方震被押到杭州后，张静江对蒋方震的态度极为恶劣。用张宗祥的话说是：“其人极不近人情，且待百里殊无礼。”

但幸运的是，蒋方震的海宁同乡、著名报人许祖谦（字行彬）也在杭州。过去，孙传芳统治浙江时，许祖谦在杭州办《杭州日报》，专门批评揭发孙传芳之隐私，得罪了孙传芳。孙一怒之下，命令上官云相捉拿许祖谦，得蒋方震在孙传芳面前说好话，许祖谦才免了牢狱之灾。如今，蒋方震有难，许祖谦决定报答蒋方震过去的救命之恩。许祖谦找到负责监管的警官陈震泽，要他善待蒋方震，得到其应允，使蒋方震免吃苦头。

一天晚上，负责看管的陈震泽邀请蒋方震饮酒。蒋方震不知道好友许祖谦已经向陈警官打了招呼。而按中国狱中的惯例，请犯人喝酒是替犯人饯行，就是执行死刑的信号。蒋方震生平最喜杯中物，被捕后久已不尝此物，于是不管三七二十一，乐得开怀畅饮。酒喝得差不多了，陈震泽向四周扫了一眼，低声告诉蒋方震：“我手下人都睡熟了，小舟系在湖边，你要走该是时候了。”

“你的责任呢?”蒋方震惊异地盯着他。

“我是个无名小卒。”陈震泽回答。

“我要走，就不会自投罗网。”蒋方震用手弹着香烟灰，又深深地吸了一口烟，然后说道，“我不能连累你。你的好意我不便接受。”

“可是，明后天就得提解到南京去，前途吉凶难测啊!”

陈震泽冒着极大的风险，是真心想放蒋方震一马。但蒋方震倒是对生死看得很平淡，婉言拒绝了他的好意。

蒋介石的盟兄兼军师黄郛在1930年2月13日的日记中写道："黄伯樵来，告蒋方震已由浙押解南京，交总司令部军法处羁押。"由此可知，蒋方震是在2月13日前由杭州被解往南京三元巷看守所羁押的。在押解时，蒋方震还被戴上了脚镣、手铐。

蒋方震被关押后，他的亲友找到蒋方震的好朋友、南京政府军政部次长兼兵工署署长陈仪，请他出面营救。陈仪鉴于蒋介石正在气头上，难以进言，于是嘱咐兵工署总务科长寿昌田至看守所见蒋方震，劝其稍安勿躁，等待时机。

在此前后，因从事反蒋活动被捕的还有国民党元老居正、国民党左派领袖邓演达等重要人物，都一同被关押在三元巷看守所。当时，蒋介石正忙于应付阎锡山、冯玉祥等发起的反蒋战争，一时无暇来处理这些已经落网的政治犯。

蒋方震被捕时，他的夫人左梅正在上海医院治病。左梅出院后，搜集古今中外名人狱中生活的故事，抄给蒋方震参考。3个月后，对蒋方震的看管逐渐放松。不久，左梅接到家属可以探监的通知，将三个大一点的女儿寄宿在上海中西学校，带着两个小女儿来到南京，在三元巷附近租了一所房子。此后，左梅每天带着两个小女儿蒋华、蒋和给狱中的丈夫送饭，并为其整理衣服、洒扫狱房。负责看守的狱卒态度也变得和善起来，每天见了左梅母女，总要问声安。从此，蒋方震便过起了平静而且颇受优待的狱中生活。

蒋方震每天的活动是打太极拳，阅读或抄写佛经，教女儿功课。每天起床后，蒋方震吃过夫人送来的早点，便打半个小时的太极拳。有时候，女儿也跟着父亲练拳。练完太极拳，蒋方震便开始阅读佛经，有时动手抄，久而久之，练就了一手笔飞墨舞的书法技艺。

对于蒋方震的牢狱生活，蒋洁有如下记述："民国19年，先生留滞南京，研究康德的著作很用工夫，记得一天先生很慎重地交出一张像，说是普通书画中所未曾见过的康德像，最能表现思想家的康德神气，命即配框，回来还在相片上题了词句（按：此像当时即挂在狱中墙上）。那年先生精神不很爽利，而谈到哲理文艺，总是兴趣很高，乐而忘倦……同年，先生对于佛法的探究，工夫用得最大，常常整天探索，有时甚至用脑过度，不能安眠。先生爱燃好的香，有时也打坐。说到释迦牟尼的讲经说法，先生一往神情，至今犹在目前。他曾想象地说：'一个老头坐在那里孜孜不倦地高谈佛法，许多门徒肃静聆听，真是一幅庄严妙相。'讲到香烛，他说：'佛法最平等，众生所供奉的烛与香，佛固享受，而烛的光明与香的香味，则普及众人，大家都可同其享受。'先生尊重宜黄欧阳大师，那年常常转命前去问教。在一次大师的诞辰，先生特地写了一幅极大的恭楷小字中堂，录的是一部经文，命送呈作为贺礼……"①

蒋方震在狱中研究佛法的成果之一，就是发表了《佛学之由来及其革命》《礼千佛圆满回向偈》等阐述佛教义理佛法的作品。

蒋方震入狱后，他的好朋友张宗祥、李书城、唐天如等先后前来探监。1930年2月间，张宗祥到南京探监，蒋方震书《纳兰词》相赠。张宗祥在上面题了"愁城鸿雪"，并加跋语介绍。唐天如来看他时，蒋方震赠以所书佛经，并在上面题诗一首：

> 我知友生中，天兄心焦急。
> 贻以一卷经，为报吾心吉。
> 春雷动精灵，春风想颜色。
> 三白须加餐，加餐再努力。
> 立春后第四日起闻雷声十七次，入狱一周内事实也。

除了看经写字，蒋方震每天还要教两个小女儿的功课，给她们讲解唐诗以及《水浒传》《封神演义》《西游记》等中国古典文学作品。吃完晚饭，父女三人则玩桥牌游戏消遣。

蒋方震在狱中还阅读了康德、伏尔泰两位西方学术大师的著作。

在蒋方震关押期间，国内政局又发生了翻天覆地的变化。

1931年宁粤分裂后，中国国民党临时行动委员会负责人、国民党左派领袖

---

① 许逸云编著：《蒋百里年谱》，团结出版社1992年版，第120页。

邓演达与陈铭枢、蔡元培等商定，利用蒋介石调动十九路军进攻广东的机会，准备在军队开进广东后，急入潮汕、梅县等地区，占领东江和闽南一带，然后由邓演达、蔡元培、陈枢铭等发表声明，用武装调停宁粤分裂的办法，建立第三种势力和第三种政权。邓演达的活动，引起蒋介石的忌恨，特别是他的军事策划被蒋介石察觉后，国民党特务机关立即四处搜捕他，必欲置之死地。1931年8月19日，邓演达被抓捕，随即被解送南京关押。邓演达的牢房正在蒋方震的对门，蒋方震偶尔也与邓演达交谈几句。按例，狱中是不许交谈的，每当蒋、邓交谈时，蒋方震的两个女儿便在天井里替他们把风，遇到巡丁过来，即轻轻咳一声，蒋、邓便停止交谈。

1931年11月19日，传来了蒋方震的硖石同乡徐志摩遇难的噩耗。

蒋方震入狱后，家中收入来源断绝，蒋方震夫人在困难之际想出售上海的房子以渡过难关。另外，孙大雨也想出卖一块地皮，徐志摩得到消息后想做个中间人，以得到一笔佣金。所以，徐志摩于11月18日到南京见蒋方震，19日上午乘机从南京飞向北平，结果飞机失事身亡。

对于徐志摩之死，蒋方震的心情久久难以平静。这位同乡与蒋方震关系密切，他的前后两次婚姻均与蒋方震有点关系。1938年9月2日，蒋方震在谈及有关青年的话题时，又情不自禁地联想到了徐志摩，他说：

哪一年是记不起来了。

志摩大概是刚进大学，我住在上海二马路的三泰客栈，因同乡人的关系，志摩与志摩的父亲随便在我的房间里进进出出，他的父亲因我而认识了君劢，因我，君劢也看见了志摩。君劢有好几个姊妹没有出嫁，看见志摩也很喜欢他，那时，志摩没有定亲。志摩的父亲一知道公权君劢在社会上的地位也起了心，而且想成就这一堂亲事。志摩从小是富于感情的人，被他的父亲这样的一说，那样的一劝，也没有什么坚决的表示，在一个很难描写的环境中，总之，张幼仪与徐志摩在“我啦”硖石的丝业公所里结婚（不是拜天地，是文明结婚）。

志摩出国之前在北平见过林徽因，那时的她，虽然年纪小，但已经很动人的了。梁公子送徽因欧游还是两个小辫子在头上甩了甩。那时，志摩的热情、思想、文学的天才正在欧洲开花，毛头小姑娘大起来是很快的，尤其是海风一吹，欧洲的物质文明的环境里一住，看她像春光里的花苞，经过一阵和风，经过一阵阳光，经过一阵雨露，开了，开了，天生存的尤物，到世界上来找美的，找情的。恰巧遇到了志摩，好极，好极。今天一封信，明天一封信。志摩回来了，徽因病倒了。

有一天，志摩去打电报，电报稿子一拿上去，电报局里的发电员就说："为什么？这电报刚才已经发过。"志摩弄得不懂，结果一查，电报的大意是相同的，不过，早一步去的发电人是张某某，"原来如此"，志摩好像做了一个梦刚醒了的样子。

据蒋方震的随员张禾草说，徐志摩与陆小曼这桩轰动一时的婚姻也与蒋方震有关系。他说："（徐志摩）与小曼的这段姻缘正在那个时候生长起来的。也是因为百里叔而认识王军官而认识小曼。一天，志摩在小曼住的旅馆里的床上留给小曼一封信，这封信造成的结果：志摩与幼仪离婚，小曼与王军官离婚，然后，小曼与志摩结婚。"

蒋方震长期被关押，引起社会各界的高度关注。特别是"九一八"事变后国难严重，国民党党内及党外掀起团结救亡运动，蒋方震这样的军事人才更是舆论关注的重点对象。有报纸发表文章指出："我们现在正需要集中军事人才、政治人才，以为国用，为什么又要把邓（演达）、蒋（方震）二君拘禁起来呢？如果一个人真是精诚团结为目的，真是感到自己过去种种的错误的，请再别闹这捉放的一套吧！破坏团结的责任，我们民众是很清楚地可以有目共睹的。"还有人撰文呼吁道："在此和平声中，过去之为政治关系而被扣者均已恢复自由，甚至前被永远开除党籍者，亦蒙恢复其党籍矣，惟蒋（方震）氏仍未离京。目前国难临头，外侮紧迫之际，对内自应团结一致，对外亦宜准备万一，则集中人才亦是要着。如蒋氏者为中国军事上之有数人才，岂可令其湮没无闻，使英雄无用武之地，岂匪惜哉？况既云和平，内战当可永弭，何怀疑之有？蒋氏恢复自由之日当不远矣！"

蒋介石在下台的前夕，于11月29日下令将对自己有严重威胁的邓演达秘密杀害于南京麒麟门外沙子岗。对于同难狱友邓演达之死，蒋方震十分伤感，更担心同样的厄运降临自己头上。他悄悄对前来探监的好友张宗祥说："昨日邓演达枪决了。不知哪一天轮到我，或许就在明天！"蒋方震随即将自己手写的一卷金刚经赠给张宗祥。张宗祥后来将其裱成手卷，并在上面题了"百里狱中书"几个字。

对于蒋方震，蒋介石其实并没有一定要置之死地的意思。

在蒋方震被囚禁期间，他的学生、四川实力派人物邓锡侯、刘文辉、田颂尧等曾经展开过营救活动，请求蒋介石释放他们的老师。国内元老名流李根源、张一麟等具呈蒋介石，请求保释蒋方震，呈文有"外侮亟，将才少"之语，蒋介石批了"照准"两个字，但久之却无下文。

随着国内形势的变化，蒋方震的学生陈铭枢、唐生智又成了国民党中枢要人，特别是陈铭枢身兼国民党中央常务委员、行政院副院长、代理院长及京沪卫戍司令等要职，一时大权在握。唐天如见形势好转，连忙从香港来到南京，再三催促陈铭枢向蒋介石保释蒋方震。看在陈铭枢的面子上，蒋介石在下野前终于同意释放蒋方震。12月中旬，蒋方震获准出狱。当天，在上海读书的3个女儿全部来到南京迎接父亲出狱。一家人在游览了南京玄武湖后乘坐夜车返回上海。至此，蒋方震已在监狱里待了近两年。

蒋方震出狱后，从此彻悟人生，改号"澹宁"，取三国诸葛亮名言"非澹泊无以明志，非宁静无以致远"之意。蒋方震首先写了长幅心经，赠给同样学佛的弟子陈铭枢，以表自己最衷心的谢意。

获悉蒋方震出狱，他的总角之交张宗祥十分高兴，特赋诗两首祝贺。其一，《闻百里出狱》：

江风江雨逼衾寒，喜极翻成梦不安。
闻说六朝山色好，不妨留向客中看。

其二，《闻百里回沪寄诗代柬》：

君向吴淞我汉阳，天教劳燕自分张。
白头期会知能几，况是重生返故乡。
中原谁是济川才，垂老雄心苦不灰。
倘使鼎中不全沸，好分片席筑书台。

第八章　从事著述与构建国防建设计划

影响深远的御日国防建设构想

蒋方震出狱不久，日本帝国主义继在东北制造“九一八”事变之后，又发动了“一·二八”事变，进攻中国经济重心上海。爱国将领陈铭枢、蒋光鼐、蔡廷锴率领十九路军奋起抵抗，张治中率领的第五军官兵，也毅然请缨出征，与十九路军一起，并肩御侮，两军官兵同仇敌忾，一场气壮山河的淞沪抗战由此展开。

十九路军高级将领陈铭枢、蒋光鼐、戴戟以及淞沪警备司令部参谋长林建铭，都是保定军校学生出身，战争打响后，十九路军参谋长戴戟与林建铭不时地轻车简从到富国门路蒋方震的寓所来，请老师指示当前的战略战术，蒋方震倾注全力进行指导。

那时，中日两军在虹口区对垒，中国军队由于对英、美等西方国家有顾忌，不能自由通过租界，而日军则能自由往来于租界。对此，蒋方震愤愤不平地说：“我们为什么不冲进公共租界？为什么在我国领土上敌人可以通行而我们反受限制?”蒋方震还指出，进兵公共租界可以造成有利于我们的形势：一是可乘敌人无备而包抄之；二是可扩大战争范围，迫使英、美不能采取隔岸观火的态度。十九路军将领翁照垣赞成此项意见。可是，当时掌握南京政府党政军大权的蒋介石、汪精卫畏敌如虎，推行所谓的“一面抵抗、一面交涉”的对日政策，一直在乞求国际联盟（简称国联）出面调停，并乞求英、美列强仗义执言，又岂敢进入公共租界，得罪西方列强呢？

不久，南京政府即在英、美列强的调停下，开始与日本方面进行停战谈判，并于5月5日与日本签订了《淞沪停战协定》，协定规定上海至苏州、昆山一带地区，中国军队不能驻守，承认上海为非武装区域，实际上将上海变成了一个不设防、不驻军、不准有抗日组织及活动，由日本与英、美、法等列强共管的自由市。停战协定还规定日军可以在上海多个地方驻扎若干部队，这就给予了日军一个充裕的回旋余地，为之后日本帝国主义再次发动大规模的进攻创造了条件。

据蒋复璁透露，“一·二八”抗战后，蒋方震接受了国民政府当局布置的一项秘密任务，那就是在上海与日本人往还，以便了解日本的动向。当时，日本的达官富商路过上海，大多愿与蒋方震相见，日本驻华的新闻记者尤多往见。因为蒋方震的日本话说得很流畅，议论风生，他们都愿意与蒋方震谈话。开始时，蒋复璁不明内幕，曾经委婉向堂叔进言：此时与日本人来往易受嫌疑，最好断绝，蒋方震笑而不答。直到1937年抗日战争全面爆发后，蒋复璁随蒋方震赴欧洲从事外交活动，有一天在邮船的甲板上散步时，蒋方震才告诉堂侄：他在沪与日本人敷衍，是为将中日之战往后拖延，为中国做充分准备争取时间。

蒋方震认识到中日之战不可避免，中国的国防建设不可或缓。他怀着一颗爱国之心，以无职的在野之身、以极大的热情关注中国的国防建设。

1934年，蒋方震担任农商银行的董事，解决了家庭经济问题。不久，蒋方震即以私人身份赴日本考察。

当时日本举国上下正在疯狂地为发动对外侵略战争做准备。蒋方震到日本后，访问了日本士官学校的同学真崎甚三郎、荒木贞夫等，在谈话中，蒋方震曾当面揭破他们：“你们无论说得怎么漂亮，总不能掩饰侵略的野心。”真崎毫不掩饰地说：“你们东北地广人稀，富源委藏于地，而日本人口众多，不能不求一条出路呀！”对此，蒋方震愤慨地说：“那么你们强占就是了，讲什么冠冕堂皇的理论，岂非欺人自负？”

日本参谋总长闲院宫载仁亲王在官邸宴请蒋方震时，更是露骨地对蒋方震说："中日问题不是一拖能够了事的，中国求助英、美，那是远水难救近火。日本人应当老老实实地讲，中国人应当爽爽快快地回答。蒋介石如果派负责代表来，做出明朗的姿态，我愿尽力协助。"

蒋方震日本之行，实地了解日本军国主义者侵华的野心，这给了他极大的刺激。回国后，他即着手拟定各种国防建议计划，供当局参考。

当时一些具有远见卓识、忧患意识的谋国之士，针对日本帝国主义的侵略，开始提出"国防中心区"选择和建设的问题。他们认为应该选择国防中心区，作为未来抗战的国防中心，并在此基础上，合理安排国家建设。他们当时从地理位置、矿产资源、工农业生产、交通条件等方面，就"国防中心区"宜建于何处，进行了可行性论证。当时任国民政府军事委员会参谋本部参谋次长的杨杰还曾发表《关于国防中心问题的意见书》一文，论述可建国防中心区的城市主要有5处。一是南京。主张把南京建为国防中心，是认为这里是首都、全国的政治中心，且位于经济相对发达的东南富庶地区。但反对者提出，南京距海较近，受敌威胁，且地下水位高，不适于修建深固的国防工程，安全条件较差。二是武汉。位于祖国腹地，平汉、粤汉铁路干线纵贯南北，长江、汉水汇流，是素称"九省通衢"的水陆交通枢纽，且两湖农产丰饶、矿藏富集，但敌人海空力量强大，易于溯江而上，切断交通。三是成都。地处"天府之国"的川西平原，自然资源丰富，农业灌溉发达，而且四川四周崇山峻岭，距海遥远，是一与敌作战的"绝对的最后的守备地带"。缺点是尚无铁路，有待开发。四是洛阳。著名古都，自古为天险要冲、中原重镇，北有太行山，南近伏牛山，土质凝固，利于建筑隐蔽的国防工程，且距陇海、平汉交点郑州很近，战时军运方便。但位置过于偏北，并不理想。五是西安。当时提议将西安建为国防中心区的呼声很高，杨杰就曾从西安的历史、地理、交通、国防资源等4个方面进行了论证。西安曾为汉、唐等盛朝选定的国都，南有秦岭横亘，北为渭水贯流，东控黄河，更有临潼关、散关、萧关、武关等天险作屏障，地质条件适合建造国防工程，陇海铁路可以西延。但大西北尚未开发，经济落后，缺乏工业基础。

蒋方震也参与了这场讨论，他主张把国防线划定在大约东经113度线，即大体北起太原，经洛阳、襄阳，南至衡阳（即三阳线），大致是中国东部平原与西部山地的连接带。他提出，此线以东地区，宜利用空间换取时间，消耗敌人，同时积蓄力量，加强战略后方；此线以西，资源丰富，地域辽阔，足以支持持久战。他认为中日战争是持久的，津浦、京汉两路及沿海的大片国土将被敌占，中国的国防应以三阳（洛阳、襄阳、衡阳）为据点，中国战时大本营宜设于芷江、洪江一带，这个地区有森林、矿产，又有沅江流贯其间，是天然的防守地带。他认为从湖南的地理位置、特性来说，该省是中国的心脏，一旦外敌入侵，沿海地区首当其冲，工业布局应该着眼于国防纵深的山岳地带。因此，他具体提出了把湖南建设成国防工业中心，将其配置于株洲至郴州之线的湘中地区，而以南岳为核心。

在南京政府实业部讨论煤钢计划时，蒋方震着眼于战时工业布局，提出了自己的看法。他说："设厂地点，其初步小型工厂可设于安徽之马鞍山，大冶的铁和淮南的煤，运起来都很便利。一旦对外作战，九江以下都不是安全区。大型工厂宜设于株洲以南、郴州以北，而萍乡的煤，宁乡、醴陵、永兴的铁，其质量都是可用的。"这些建议，得到南京政府资源委员会的采纳，并在后来的建设中得到部分落实。

蒋方震鉴于当时美国的柴油生产严重过剩，柴油的成本又只比自来水稍贵，且提炼3次可用于汽车，提炼5次透明无色，提炼13次可供飞机之用，便以私人身份与美国煤油公司驻沪代理人谈及中国的煤油计划。当美国代理人表示愿与中国政府签订3年内尽量供给柴油、分期付款的合同时，他便拟就了技术、设备、需要、供给的整套计划及统计表，交实业部作进一步的探讨。他计划中的第一储油池设在庐山，第二储油池设在衡山，第三储油池设在武陵山脉川湘边境一带。油池均设于山洞内，他还找到了许多工程师，制定了3年炼油计划，企图利用美国供应柴油的3年时间，开发中国西北部的石油。这些计划被实业部采纳，并递交了行政院。此外，蒋方震还拟定了包括公路、铁路、河川的战时交通计划，供当局参考。

蒋方震的国防中心建设设想，得到了蒋介石的认同。1935年5月15日，蒋介石在国民党云南省党部扩大纪念周上，在以《建设新云南与民族复兴》为题的讲话中说："对倭应以长江以南与平汉路以西地区为主要线，以洛阳、襄阳、荆宜、常德为最后之线，而以川、黔、陕三省为核心，甘滇为后方。”

国民政府资源委员会于1935年成立后，也非常赞成蒋方震提出的国防中心建设构想和主张，在资源委员会拟订的3年重工业建设计划中，明确规定“拟以湖南中部如湘潭、醴陵、衡阳之间为国防工业中心区域，并力谋鄂南、赣西以及湖南各处重要资源之开发，以造成一个主要经济中心”。

但后来的历史证明，蒋方震的估计还是有所不足的。后来蒋介石又提出了以四川为中心建设国防中心区的方案。随着战局的变化，敌军深入中国内地，战前人们提出的南京、武汉、洛阳、长沙等国防中心区先后沦陷，而以重庆为核心的四川才真正成为中国的国防中心区。抗日战争时期中国的大本营也设在四川重庆。

博大精深的国防经济学理论

1934年5月，蒋方震完成了《从历史上解释国防经济学之基本原则》一文，初步形成了国防经济学理论。后来，蒋方震又发表了《国防经济学》（导言第一至第三种），进一步阐述了他的国防经济学理论。

蒋方震在考察了古今中外人类军事发展的历史后，提出了这样一个定律：“我于民族之兴衰，自世界有史以来，以迄今日，发现一根本原则，曰‘生活条件与战斗条件一致则强，相离则弱，相反则亡’。生活与战斗本是一件东西从两方面看，但依经济及战斗的状态之演进，时时有分离之趋势。”

古今中外的历史，提供了生活条件与战斗条件相一致而获得成功的经验。蒋方震指出：“生活条件与战斗条件之一致，有因天然的工具而不自觉的成功者，有史以来只有二种：一为蒙古人的马，一为欧洲人的船。因觅水草就利用马，因为营商业就运用船，马与船就是吃饭家伙，同时可就是打仗的家伙，因此就两度征服世界。”蒋方震认为，中外历史上人类有意识地使两者一致而取得成功的例子也有两种：“一为欧战时才发明，十年来才实行，西人的国家动员；一为中国三千年前已经实施的井田封建，它的真精神就是生活条件与战斗条件之一致。”

蒋方震认为，封建不是部落割据，而是打破部落割据的一种工具。“封”就是殖民，“建”就是生活（经济）、战斗（国防）一致的建设。“井田”指的不是均产，而是一种又可种田吃饭，又可出兵打仗（在当时就是全国总动员）的国防制度。他说：“古时的中国民族，当他走入农业经济时代，就遇着游牧民族的压迫，可是他能应用治水术，编成方阵形的农田（即井田），以拒绝骑兵及战车之突击。这一个方阵，成为一个最小的抵抗单位——同时又成为共同劳作的经济团体，所以中国古代军制即包含于农制之中，所谓‘寓兵于农’。春秋两季，更有大规模的打猎——有收获的秋季演习——或运动会，这种寓兵于农的精神之发展，后来又造成了长城与运河，这长城与运河就是中华民族精神的象征”。蒋方震指出，周公创建井田制，由管仲加以继承，“最后成功的是商鞅，井田制到商鞅已是八百多年，一定是同现在鱼鳞册一样，所以开阡陌，正是恢复井田，这是我发见出来的华族的真本领”。

蒋方震指出，德国在第一次世界大战中之所以失败，就是因为违背了生活与战斗一致之原则。在战前，德国对经济与战争的关系理解得很不充分，其参谋本部出版的《兵学季刊》中只有一篇论金钱和一篇论粮食的文章。讨论战时经济的文章，也只有民间经济学家雷那先生写的一篇《德国国防力的财政动员》。由于德国政府对于经济与战争的关系重视不够，第一次世界大战开始后，德国就发生了严重问题。

蒋方震指出：“军事范围扩充到民生问题，而内政上就发生了许多扞格。战事进行中防市侩之居奇，于国民生活必需品政府加以一定的价格，不准涨价，这是正当的；但是军需工艺品是目前火急所需要，军部却不惜重价地购买，其结果，则工厂发财，农民倒运，多数的农民投身到工厂去，轻轻地暗暗地把土地放弃了。经济生活的根本动摇了，社会的不平衡一天重似一天，而百战百胜的雄师，遂至一败涂地。”

第一次世界大战结束以后，德国“痛定思痛，深深了解了一条原理，是战斗力与经济力的不可分”，“经过了这场创巨痛深的经验，才渐渐地成立了国防经济的新思想”。

生活条件与战斗条件一致，是指一个国家的军事体制和战争机器必须同生产状况和国民经济生活状况相适应，使战争和军队各项基本条件牢牢植根于生产和生活条件，而不是脱离，更不能违反这个条件，也就是有什么样的生产状况和人民生活状况，就建设什么样的国防军事，打什么样的仗。同时，国防军事建设必须有益于国民生产的发展，促进人民经济生活水平的提高。其目标是建立既能发展经济，又能胜任作战的国防军事体制和国民经济体制，两方面相辅相成，才能使国家民族立于不败之地。

蒋方震指出，生活条件与战斗条件两者相一致，是符合事物发展的客观逻辑的，是被人类历史所证明了的必然趋势。随着生产和战争的发展，战斗工具与生产工具日益分离，前者演变为相对独立的武器系统。但是，生产工具与战斗工具两者的分离，只是事物的一个方面，另一方面，两者依然是相互依存和联系的，绝不是互不相干的。不论武器装备发展得多么先进和精密，归根结底依赖和取决于社会生产力的发展。“可以说有强兵而国不富者矣，未有富国而兵不强者也。”

蒋方震认为，国防经济学既是一种理论，又是一种方法。他说，“生活条件与战斗条件之一致，即是国防经济学的本体”，“经济是一种流转能动的事实，所以从事实上求当前解决方法，是治国防经济学的方法”。以“一致”的原理作为理论武器，从发展和能动的现实状况出发，去探索适合中国国情的国防体制，是蒋方震研究的重点。为此，他提出了一系列观点：

一是“一出两便”的国防体制。中国应当建立怎样的国防体制？蒋方震指出，我们需要的是“既能吃饭又能打仗的国防制度”，也就是“一出两便的制度”。这种制度的根本特点在于把国家的民生问题与国防问题统一起来加以解决，把和平的经济生活的建设与战斗的军事生活的建设连为一体，这种制度利于实现平时与战时相结合、民用与军用相结合、地方与军队相结合、经济建设与国防建设相结合。蒋方震指出，实行这样的制度，必须有一个先决条件，就是要有实际与理论绝对一致的人才。

二是“生产国防”型的国防类型。国防建设需要大量的资金，但并不产生经济效益，从而使许多国家不堪重负。蒋方震认为解决这个问题的方向，应当是按照生活条件与战斗条件一致的原理，坚持“生产国防”型的国防建设。蒋方震指出，中国的国防建设，“有两个问题须提前解决”：其中头一个问题便是“如何能使国防设备费有益于国民产业的发展，我们太穷了，应当一个钱要发生二个以上的作用”；第二个是“如何能使学理与事实成密切的沟通”。

三是“专制的政治”与“民主的经济”。蒋方震指出，第一次世界大战以后，世界上出现了一种新农业文化，其特点是：“一、专制的政治，即首领制，如今日美国罗斯福，且权力加增。二、民主的经济，即协作制，以职业代表成协作会议。”

蒋方震指出：“今日世界都处于准战争状态之下，犹欲举大战前的民主政治议会制度以为鼓吹文明之具，真可为不知时务。所以政治上之必用首领制殆无疑义。但是，统制经济名义虽则是国营，实际则是劳资合作。生产与分配均趋合理化，实含有至大之民主精神，故俄之合作社，义之‘行业合作国民会议’都建立在这个精神上。今日首领制之根本不同于古代帝皇专制者，其原因全在于此。这种经济的议会制度，政治的专制办法，实为国民总动员的根据，也就是国防经济学上基本原则之实现。”

四是中国生死存亡的关键在“组织”。蒋方震认为，国力这个东西包括三大要素：人，物，人与物的组织。蒋方震认为，世界上人、物、组织三者俱备的只有美国，有人、组织而物不充分的，是英、法、德、意、日以及欧洲诸小邦，而中国则“处于有‘人’有‘物’而组织不健全之第三组”。“中国之生死存亡之关键，完全在此‘组织’一事。”“今日中国行政范围内未始无系统之可言，如海关，如邮政，确已成功一种制度。虽不敢谓其全善，但较之别种机关，已有脉络可寻。故今日欲谈新建设，则内而中央，外而地方，皆当使一切公务人员有一定不移之秩序与保障，此为入手第一义。”

蒋方震的国防经济思想内容丰富，而且随着时代的变化、认识的深化而不断发展、完善。作为一个具有爱国精神的军事理论家，他的国防经济思想适应了救亡图存、富国强兵、振兴中华的时代要求，具有极为重要的理论意义和现实意义，成为中国近代军事思想发展史上的一座丰碑。

研究文史哲亦有独到见解

蒋方震在狱中曾经潜心研究东方佛学、历史、文学以及西方哲学。出狱后，蒋方震除继续构建其军事及国防理论外，也以很大的精力从事文史哲的研究。哲学方面，他整理狱中读书心得，写成《东方文化史及哲学史》，由上海商务印书馆出版。文史方面，他先后完成了《宋之外交》以及《法西斯与民主》《辅佐阶级与主权阶级》等著作和论文，对于中国历史及知识分子提出了独到见解。

蒋方震历来重视宋代外交史，以为弱国强邻，其外交最可为今日借鉴。该书由蒋方震口述，由谢诒征记录整理而成。蒋方震在序言中写道："谢君诒征编《宋之外交》一书以相示，余喜其制断有法，且事事以先哲之言为评断，而不涉以己意也，用敢为之序曰：昔北平遭拳乱，某氏有诗曰：'多少兴亡谁管得，满城争说叫天儿。'呜呼！叫天儿岂可厚非哉！读书者自命为通人。彼视全体民族若蚩蚩，而不知其自陷于蚩蚩也。彼叫天之所能，若'叹杨家，秉忠心，大宋扶保'者，盖正我北方华族，低徊思慕彼效命疆场之勇士，历千余年蒙古女真之变，而不能时刻或忘者之回声也，孰谓华族不尚武哉！不尚武者，历代之皇帝，与识字之宰相耳。昔宋之太祖，于五代士大夫辱人贱行之余，独垂不杀士大夫之遗训，船山亭林皆尊之以为天牖其衷，焉有为我千年以来，数万亿众民族之所纪念所悲歌所演进遗传，而不能旦暮相忘之边士，而不能自效于危亡之际哉。不然则书中所谓'浔阳江卖鱼，景阳冈打虎'，亦足为社会放一异彩。华族之经两度经验，而犹能视息于此大陆者，以此也夫，以此也夫！"

《宋之外交》共五章，其章节标题如下：

第一章　绪论

第二章　立国方针

第三章　外交经过

　第一节　对契丹

第二节　对西夏
第三节　对金
第四节　对蒙古
第四章　代表人物
第一节　王安石
第二节　童贯
第三节　贾似道与文天祥
第五章　结论

在绪论中，蒋方震指出：“现代中国外交应以过去事实为借镜——北方民族的侵扰中国，远在战国燕赵之际，秦汉以来，北国的边防问题，始终为政府当局力图解决而未能解决者，历代实际的治国才具，对于和戎、御戎等等策略的研究，正有过于对治黄河水患的孜孜研究。凡几千年全国才智应付一种问题所得到的结论与经验，自然必有许多地方足资后世借镜的。我人深信居今日而讲求外交政策，一方面固需参考世界各国的史实先例，但更需从我人祖宗的亲身体验中求得教训，在纯属工程的治水问题，尚须搜求先世的事实，何况关于人事的对外问题？”

蒋方震指出：“宋的外患——民族主义的悲痛——中国一切朝代中间，受到外国压迫最甚、外交失败最惨者无过于宋。无论宋朝最初百年的治迹据云竟可与汉唐比盛，无论宋代的学术思想如何的发达、诗词文章如何的优美，然而一旦外患发作，皇帝捉去了两位，社稷覆亡了两次，所谓中国文化也几乎随之毁灭，所以后世儒者要痛哭流涕的叹息，说是‘汉唐之亡，皆自亡也；宋则举黄帝尧舜以来道德相传之天下而亡之也！’（王夫之宋论）换句话说，历代皆亡于自家人，而宋则亡于异族，历代在外国侵略下，终留有一方干净土，而宋则断送了全部的江山，这种耻辱的事实，再见于明朝的末年，因此前有文天祥、谢枋得，后有顾炎武、黄宗羲这辈爱国者起来，知识阶级的脑髓中总含有民族主义的无限沉痛。”

蒋方震指出：“我人研究宋的覆亡之道，在政治、经济、社会、文哲思想各方面都可以找到重大的原因；我人研究的结果更充分证明了外交与内政的不可分离的关系，证明了‘外交为国势的反映’。不过同时对于宋朝三百数十年间运用的对外政策，一种弱国的对外政策，一种弱国的失败外交，也发现了许多地方或则可使我人警惕戒惧，或则可使我人啼笑皆非，或则可使我人大彻大悟。本书因此从宋的时代背景、立国方针研究到它的外交的经过、当局的人物，提其要领，摭拾如此，以为我人今日的参证，庶几后之视今，不致复如今之视昔。”

蒋方震认为，宋代灭亡的主要原因在于外交失策。他说，北宋于徽、钦两宗时之所以亡国被俘，与宋之外交“结金攻辽”有极大关系。徽宗于宣和二年（1120）与金正式订密约，两面夹攻辽；宣和四年五月，童贯及蔡攸率15万大军攻辽，但这一次北击失败了；七月再举，初胜后又大败。可是金兵却不同了，宣和四年正月举兵攻辽，十二月克辽之燕京，继而灭辽，一路都是大胜的。在兵胜之余，就看不起宋了，到宣和七年十二月，金兵就大举南犯北宋的疆界，渡黄河攻汴梁，势如破竹。北宋在外交军事上连续失败，不数年，徽钦两宗被金兵俘虏北去，北宋就灭亡了。

北宋犯的这个外交大错，在于结金（强的外族）攻辽（弱的外族）。而在地理上，金远在满洲，辽在内蒙古及河北、山西的部分土地地界上，300余年来，辽已与北宋和睦相处，并无灭北宋之心，北宋若不结金攻辽，自己好好修明内政，国势逐渐强盛起来，是可以用自己的力量削弱辽国、恢复汉人失地的，也不至弄出一个以辽“喂”金，使金强大到把自己灭亡的结局。

北宋灭亡后，宋高宗南渡长江，逃到浙江临安（今杭州），以此地作为行都，建立了南宋王朝。金虽强大，但以少数民族的满（实为女真），得了辽与北宋这么大的领土，因此金在120年中，也并不想再去灭亡南宋。

南宋偏安于江南杭州，历时百余年，到蒙古的成吉思汗崛起于大漠，侵入了金所有的河北、山东等地，金与南宋单纯对立的形势就变成为蒙古、金、南宋三国并立的状态。蒙古从北方来，金觉得中都（今北京）不易守，就在1214年迁到汴（今开封）。1234年，不过20年时间，金被蒙古灭亡。在此20年中，蒙古骑兵已在中国西北进行扫荡作战，势力日渐强大，可是南宋与金不知共同抵抗即将来临的危机，依然相互攻战不休，双方兵力消耗殆尽。南宋理宗于1232年又与蒙古订约夹攻金国，终于在次年助蒙古兵攻破金国之汴京（应为蔡州），自己复了仇。可是一个更强悍的敌人蒙古，却站在了自己面前。从1234年金国灭亡，到1279年南宋末代皇帝赵昺在南海跳海，不过45年，南宋以金“喂”蒙古的外交，又蹈了北宋以辽“喂”金外交的覆辙，招致了自己的灭亡。

蒋方震在《结论》中指出，两宋王朝灭亡的原因就在于“小人求诸人”。他说：“宇宙间有一个铁则：孙子说得好，‘能为不可胜，不能使敌必可胜；不可胜在己，可胜在敌’。这是向强者方面说的。孟子道：‘国必自伐而后人伐之。’这是向弱者方面说的。实在是一个铁则，名之曰‘君子求诸己’。没出息的宋朝外交，联金灭辽，联元灭金，结果把天下整个送了，这叫作‘小人求诸人’！”

对中国历史及知识分子在历史中的地位和作用，蒋方震也有其独到的见解。他说：“中国自古以来，就有极丰富的民主思想。所谓传贤不传子，那时候尚未进化到选举制度，而国人皆曰贤，则被誉者即有居上位、秉阿衡的资格，这就是尊重国民的公意。后来君权渐盛，但朝廷中仍有诤臣诤友，直到战国时仍不乏直言婉讽的辩士，以微言大义规劝或说服列国的统治者，直到秦始皇创建大统，乃完全转入君主独裁的时期。”

蒋方震指出：“中国文人最无用，古来士为四民之表率，国家弄到这样衰弱，文人实在应负大部分的责任。读书越多的人，越不能成为最高的统治者，只知如何逢迎君主。说穿了，得到君主的恩宠，至多也不过爬到高层辅佐的地位而已。他们终身的目的不过如此。曹操、司马懿两人一面从政，一面读书，诸葛亮20多岁就出山，都不能算是专心一志的文人，真正的文人，都在皓首穷经的苦读下，变成了饱学的书呆子，纵使少数幸运的能从科举中打开一条出路以显亲扬名，但自己也已经被折磨到中年了，这辈子已是个废物了！”

蒋方震认为，中国政治风气的恶化，曹操、司马懿两人要负很大的责任。他说：“中国人的正义感和个人气节，都误于曹孟德与司马仲达两人之手。曹是特工的始作俑者，同僚和部属的信件也须受检查，甚至行动也得受监视。人人只许谈风月，不得臧否朝政。他的儿子曹丕继承其衣钵，所谓‘煮豆燃萁’，成为千古以来的痛心语。司马懿对他的作风从旁学习，像后来希特勒学习墨索里尼的一样，而且青出于蓝，即以其人之道，还治其人之身。他用装病偃卧的手段以玩弄曹家子弟于股掌之上，结果曹家被吞灭了。司马炎统一寰宇，模仿乃祖的作风，以自私的动机废兵革，收北方郡县兵器，而中国从此更衰弱，卒招五胡之乱，虽有志士刘琨、祖逖等企图兴复，终亦无能为力。就国防的观点而言，魏晋都是中华民族的罪人，秦皇、汉武都不无相当的贡献。”

蒋方震还指出：“唐太宗的母亲是蒙古的歌妓，这个混血儿虽演出手足相残的惨剧，但把国防力逐步恢复起来，总算做了一件好事。他开科取士是开明的统制思想，进一步的愚民政策，从此统治阶级与辅佐阶级截然划分，文人永远的只够臣奴的材料。宋太祖杯酒释兵权，当然也是帝王自私的一贯手段，宋初的杨家将比后来的岳家军更为高明，兵法固臻上乘，武器尤有心得。蒙古人学了他的战术还不打紧，得了他的兵器以之还击中国，且能驰骋欧洲，造成了中国全部沦陷的黑暗时期，但为害更烈的是把火药传到欧洲，日本又从欧洲学到一套军事技术以打击中国，中国以发明家变成了挨打的国家，这实在是痛心的事。”

对于明清两代的历史，蒋方震指出：

崛起陇亩的明太祖，推翻了异族的统治，固不失为民族英雄。但他所推行的特工制度——厂、卫，对人民的统制比以前更变本加厉了，一面远承曹、晋两朝的遗规，一面吸收唐代的科举制度，益以八股的束缚，订立了双管齐下的统制政策。举科举为例，兵士把守考棚，文弱书生看见了兵就吓得浑身战栗，考棚内竹制的桌椅摆成拉长条格子式，考生一排排地坐了，如果有一个考生因惊而颤，同坐的一排都要受他的影响而又文思不扬了。考棚中高低不平的地板，监考兵士走过来踱过去，吱吱地震动起来，考生的手腕也就随之而动摇。考生今天入场，明天才得出场，活像坐了一天的牢，受了一天异样的刑。三年一小考，五年一大考，不知坑死了多少人。等到他们考中了，满头白发出来做官，这类人对国家民族哪里还有多大用处呢？满清利用中国的内乱入关，统制知识分子乃继承明代八股取士的桎梏，其害人程度与女子缠足相等。我所见到的举人、翰林，他们化成灰还是奴才的材料。

我分析起来，中国之大而弱，主要的原因由于不读书的草莽人物做了皇帝！最高的主权阶级——像刘邦、朱元璋等都属于这一类的人，至于等而下之的朱全忠、刘知远之流，那更不必说了。而知识分子则沦为辅佐阶级，历代主权阶级都是说尽了好话，做尽了坏事。人人骂隋炀帝为无道昏君，但他做了坏事自己还肯直言无讳，偶然也会做出一两件好事，像开辟贯通南北的运河等，不像后来的人做了坏事还要标榜自己是个爱国者，是个正人君子。像袁世凯那样为着自己要做皇帝，向日本人献媚，希望日本支持他，结果惹出“二十一条”，他忍痛批准了五九条约之后，还故意下一道密谕给各省督军，说什么“予老矣，救国舍身，责无旁贷”，粉饰起来，硬是像个忍辱负重准备跟日本人拼老命似的，这不是说尽好话做尽坏事吗？清室沦亡之后所继起的那一般军阀官僚，不但发挥了中国固有的特质，还济以西洋所输入的新办法，看起来，政风恐怕会愈演愈下！

第九章　军事委员会高等顾问

逐步接近南京权力中枢

1932年“一·二八”事变后，宁粤（国民政府）由对立转向合作。在举国一致要求收复东北失地、团结抗日的形势下，唐生智改变一贯反蒋的态度，转而拥蒋助蒋。他被改组派推举为国民党第四届中央执行委员会执行委员，重新进入国民党中央，不久又担任南京政府军事参议院院长。唐生智支持蒋介石担任国民政府军事委员会委员长。蒋介石东山再起后，委派唐生智为军事委员会第一厅主任兼训练总监部总监。唐生智上任后的主要工作是准备抗日，他先后编印了《日本军备调查汇要》《步兵操典》等著作，研究未来抗日战争的战略战术，以做到知己知彼，有备无患。

唐生智与蒋介石由对抗转为合作，也有利于蒋方震与蒋介石关系的改善。

1934年夏天，蒋方震全家游览了浙东名胜普陀山，在长生庵小住了一段时间。蒋方震在海滨游泳时得了感冒，回到上海后，又患了肺炎，多日始愈。更加不幸的是，长女蒋昭得了肺结核，肺结核在当时还是一种无特效药治疗的顽症。蒋昭出生于北平，想离开上海，北上养病，于是蒋方震全家暂迁北平，租屋于颐和园，送蒋昭入肺病专科疗养院治疗。不久，蒋方震因事南下，后至青岛小住。8月中旬，蒋昭病情突然恶化，思父至切，左梅夫人急电蒋方震速回北平。蒋方震回到北平的次日，蒋昭即病故，年仅18岁。蒋昭聪慧，有音乐天赋，擅长小提琴，曾考入世界音乐队，相片刊于英文报上。蒋昭容貌风度颇像父亲，因此深得蒋方震的钟爱。其遽然夭折，令蒋方震夫妇非常哀伤。安葬好爱女后，蒋方震全家又迁回了上海。

1934年11月13日，蒋介石指使戴笠的军统特务将上海《申报》总经理史量才刺杀于沪杭公路海宁境内的翁家埠地段。史量才是著名报人，也是具有重大影响力的社会活动家，他的横死引起社会各界的广泛关注，舆论一片哗然。蒋介石为了遮人眼目，一边电唁史量才家属，一边假惺惺地下令破案缉凶，同时又在社会上散布谣言，说史量才死于私仇，上演了一出贼喊捉贼的闹剧。

史量才虽然是上海人，却与海宁有很深远的关系。他与许多海宁籍文人学者是莫逆之交，早年为了修建沪杭公路海宁段，史量才以上海闻人的资格在上海发起募捐；1934年春夏，海宁发生百年不遇的大旱，史量才再次在上海发起募捐，帮助海宁救灾。对于这位恩人兼朋友的遇难，海宁人民决定有所表示。经过充分的酝酿，海宁人民于1935年11月史量才遇难一周年之际，以海宁旱灾赈济会名义在翁家埠史量才遇难处建立了一个占地3亩多的纪念园林，并在园林中立一块“史量才先生纪念碑”，落款为“中华民国二十四年十一月海宁县旱灾赈济会敬立”，文字均为蒋方震书写。碑文由海宁著名报人许祖谦（字行彬）撰文，由蒋方震以魏碑体书写。碑文写道：“大丈夫宁为玉碎，毋为瓦全。此明于死生之道之说。自古迄今，枉其道而老牖下者，直道而猝死非命者不可忘……”全文550字，概括了史量才先生不平凡的一生。在蒋方震去世后，许祖谦写了一首挽诗，回顾了当年两人合作为史量才立碑的往事：“最难下笔史君碑，笑我文章放胆为。石上留名公手写，中伤不复作毛吹。”[①]其实，大家心知肚明，暗杀史量才的幕后元凶就是南京政府当局，但在政府当局的威势下，碑文对此不能直接点破，所以起草碑文的许祖谦不禁感叹“最难下笔史君碑”。

① 邵德法：《精神长存自不朽——蒋方震先生和家乡相关的人和事摭拾》，《国士无双——蒋百里先生诞辰130周年纪念集》，海宁博物馆2012年编印，第37页。

1935年，经由唐生智推荐，蒋介石聘请蒋方震担任军事委员会高等顾问，从此蒋方震开始与蒋介石接近，这也为蒋方震发挥他的报国之志提供了途径。

1935年春，日本制造华北事件，逼迫国民党党部及国民政府军撤离华北，企图在华北制造第二个“满洲国”，将华北分离出去，中日关系再度紧张。蒋方震利用他熟悉日本情况的有利条件，先后给蒋介石提交了数份报告，对中日关系、对日方针等问题提出了一系列真知灼见。

蒋方震给蒋介石提交的第一份报告是《外交管窥：外交方针与外交技术》。报告指出：“外交管窥——外交方针与外交技术：方针者，元首定之，非私定之也。外察国际之形势，内审国家之方向，故一旦确定以后，决不能轻率改易，默揣公年来之方针，本有一贯路线，实属至当不易，并无重新估定之必要。技术者，外交当轴实任之，必须有机变之才智，缜密之顾虑，且非独一人能力已也，自部长以下，外而大使，内而疆吏，下至于秘书之通讯译电，仆役之招待守门，一有不慎，皆可影响及于大政方针，此项人才又急切不易求得，故为今日计，则人才之选择与机轴之配备，非公用一番心力不可……此次北变，敌人口实，似属于方针方面，而就震实际考察，则原因于技术方面者十之八九，故此后技术方面若不注意，专谈方针，实等于空谈。私意以为公宜妙选青年，分配于各使馆及领事馆，然万不可予以较高之位置，惟位低故能活动（且纵失败，不致重伤国家体面）。惟年轻故肯奋斗，且可令其厚积经验。”

1935年春夏之际，蒋方震专程前往华北。实地考察日本人在华北的活动后，专门向蒋介石提交了报告：“窃方震此次北行，关于日人在北方情形，随时留意，综其大致要得三点，一、察绥暂时必无问题，以关东军目下尚无余力，可以出师。二、平津问题，则一部分财阀（别财阀有妒意）与驻屯军相勾结，重心全注于沧石一路，此可由外交交涉处理者也。三、山东目下虽无事，而日参部之少壮军人时时怀有野心，思援平津之例，进兵一旅乃至一师，方震自泰安到济南之夜，总领事有野即来访，揣其语气，已不啻明言军部有此计划，此急宜慎重防范者也。窃惟国际情势，日益紧张，时机最长亦不过三四年，我中国国力现尚有限，若欲事事周备，事不可能，今惟集中力量于致胜之一二要点，使两三年内，能完成一固体，则自余枝叶，可临时补救。”[①]蒋方震在这个报告中，精确地预测到世界大战将在三四年内爆发，显示了相当强的判断力。

汪精卫自1933年3月底复任行政院院长以后，从蒋介石手中取得了相当大的对日外交权，极力推行投降式亲善外交，出卖国家主权以求偏安。从《淞沪协定》《何梅协定》到《秦土协定》，南京政府一次又一次与日本签订城下之盟，丧权失地，华北门户洞开，造成了国亡无日的严重局面。空前严重的民族危机，激起了全国民众对国民党统治的强烈不满，国民党内部不同派别的矛盾也日益加深。亲日派每办一次妥协外交，总要受到国民党内欧美和抗日民主派的攻击和指责，双方斗争愈演愈烈。

在1935年6月19日召开的国民党中央政治会议上，汪精卫及外交次长唐有壬说了华北事件的谈判经过后，蔡元培即站起来问汪精卫：“对日外交究持何策际此时局？殊有请外交当局说明之必要。”汪答：“对日外交这几年来均持‘忍辱求全’四字而行，现在亦复如是。”蔡元培继问：“‘忍辱’云云我辈极明白，‘求全’如何却望予以解释。”汪对此避而不答。这时，一贯突梯滑稽的元老吴稚晖站起来俏言相讥：“‘求全’两字极易解释，简而言之，是指忍辱以后求整个国家能完完全全送给敌人，勿兴抗敌之师而糜乱地方罢了。”汪精卫当众受到奚落，十分难堪，愤然拂袖退出会场。

国民党内对汪精卫的攻击没有因此停止。在国民党中央政治会议上，于右任大骂汪精卫为汉奸卖国贼，孙科不指名地拍案叫骂：“不料以一二宵小公然卖国！”他盛怒之下震翻桌上的茶杯，茶杯滚地摔得粉碎。接着，于右任任院长的南京政府监察院又对行政院北平政务整理委员会6名当事者的媚日卖国行径提出了弹劾，由于华北问题的主持人是汪精卫，这次弹劾也是针对汪精卫而来的。面对反对派的强大攻势，汪精卫一气之下于6月由南京潜赴上海，住进了德国人开设的诺尔医院，闭门谢客，不理政务。

汪精卫到上海后，竭力否认其赴沪是由于政治原因。汪通过其亲信褚民谊对外放出口风说，行政院院长汪先生，因胆石症赴沪就医，病状不轻，恐需要

① 《蒋百里全集》第六卷函札，第153页。

数星期的“静养”云云。

屋漏偏逢连夜雨，监察院的弹劾案尚未了结，又发生了中日航空协定的争执。日本在鼓吹开发华北经济的同时，又向中国政府提出签订中日航空协定，企图控制中国的航空业。对此，汪精卫是赞成的，并力图实现之。7月初，他邀请福建、浙江、江西、湖北四省主席陈仪、黄绍竑、熊式辉、张群共商时局，征询他们的意见。12日，黄绍竑代表四省主席专程到成都，与坐镇成都指挥围追堵截红军的蒋介石谈汪精卫的“病”，并代汪征询蒋对签订中日航空协定的意见。蒋介石坚决拒绝与日本签订中日航空协定，汪得讯后，即致电行政院副院长孔祥熙，请他代理行政院政务，汪精卫本人于7月15日转赴青岛“养病”。7月24日，国民党中央政治会议决定，行政院日常工作由副院长孔祥熙代理。

汪精卫称病不出，南京政府乱作一团。8月7日，蒋方震致电在成都的蒋介石，建议蒋介石出山亲自布置外交工作。蒋方震在电报中说：“窃以为外交最后之时机将去，非我公出山，重新部署，决不足以应付将来之难关。夫势之强弱有定衡，而气之盛衰有消息，外交等于作战，则当乘敌气之衰，而利用我气之盛，自九一八至一二八，敌气至盛，自是稍衰，而张氏乃得安坐于北平者一年余。热河之役又张矣，至停战协定者又稍衰，于是两委员会又得敷北局年余。今北变之后，彼内部合理派乃与投机派力争，重臣乘之，以成四部会议，此敌气之正衰也。而二月以来，我方除别有肺肠者，皆能平心以谋自救，此正我气之盛也。今当乘彼军人气之正衰，策之未定，以最后之决心，国最后之和平，使面目一新，而人心为之一变，则公今日一出，至少可保五年无事，外交成功，可操胜券。”①

8月8日，汪精卫从青岛致电国民党中央执行委员会常务委员会、国民政府主席林森，请求辞去行政院院长及外交部部长，以进一步向反对派施加压力。但此时蒋介石正集中精力围攻红军，还不想自己走上对日外交前台，决定挽留汪精卫。8月18日，蒋介石从成都返回南京，汪精卫也于19日应邀回到南京。汪精卫回到南京后，蒋介石即前往汪的寓所力劝汪复任行政院院长及外交部部

① 《蒋百里全集》第六卷函札，第177页。

长职。20日，国民党中央政治会议否决对汪精卫的不信任案。22日，召开国民党中央常务委员会会议，汪蒋同时出席，会议决定慰留汪精卫。23日，汪宣布复职视事。11月1日，汪精卫在南京遇刺，不得不于12月1日辞去行政院院长及外交部部长。7日，国民党中央改推汪精卫为中央政治委员会主席，蒋介石为副主席兼行政院院长，负责实际行政责任，并以蒋介石的亲信张群任外交部部长。至此，算是采纳了蒋方震的建议。

1935年12月25日，蒋方震又致函蒋介石，建议整理外交机构。蒋方震指出，在中枢确定后，首要的任务是整理机构。从对日外交的角度，应注意以下两点：一是改革驻欧美的外交机构，特派要员去欧美，向驻外使馆转达中央方针及应注意的要点；二是财政、交通、铁道应在统一的经济机构下进行对日交涉。

1936年，西班牙爆发内战，德国、意大利法西斯政府于8月公开对西班牙进行武装干涉，使战争规模扩大为国际性战争。西班牙内战爆发后，时在欧洲考察的蒋方震致函蒋介石，建议对日外交仍当采取容忍主义。蒋方震说："日军并未参加欧战，故陆军装备根本未尝改良，而平时预算，无论若何扩大，终不及当年各国之自由，故陆军新式装备，在在有相形见绌之势。就东亚地势言，彼对俄则我在其左侧后，对英（南洋）则我在其右侧后，正派军人之所以焦燥者惟在于此。日本自退出联盟后，彼之政策已由豪夺而变为巧取，彼决不愿正式开衅，匪独对俄，即对我亦多所顾忌，其唯一之毒恶方策，将为煽动内争，此皆投机派迎合正派之焦急心理所为。故果欲谋一正当之和平解决，则惟用正义派以制投机派，此所谓开诚布公也。若事不获已，则此大半年之内，仍当取忍辱主义，以激起国际同情，而调整本国士气，以待明春。"①

赴欧美考察总动员法

1935年夏，唐生智提议派蒋方震赴欧洲各国考察总动员法，得到军事委员

① 《蒋百里全集》第六卷函札，第193页。

会委员长蒋介石的同意。当时，蒋方震正陪同妻子女儿在青岛避暑。蒋介石电召蒋方震到南京见面，并当面征求他对出国考察的意见。蒋方震在青岛时目睹日本军舰开来开去，视青岛为其海军基地，视中国领土领海为无物，心中憋了一肚子气。因此，对于赴欧洲考察，为中国抗战效力的机会，蒋方震自然珍惜，欣然接受了蒋介石交给他的任务。随后，蒋方震即赴青岛将妻子、女儿接回上海，做出国准备。

蒋方震在出国前，又应蒋介石之邀到南京，两人到南京郊外的汤山温泉共度周末，就有关考察事宜进行了长谈。1936年3月26日，蒋方震偕夫人左梅与两个女儿蒋英（三女）、蒋和（五女）赴欧。与蒋方震同行的还有驻法国大使顾维钧和驻意大利大使刘文岛。他们一行乘坐的是意大利邮船“维多利亚号”。这条船虽然小巧玲珑，但各种设备应有尽有。每到码头停靠时，蒋方震总要带妻女到岸上盘桓一番，趁机向她们讲解当地的风俗人情。在当时的英国殖民地新加坡停留时，英国总督请蒋方震及顾维钧、刘文岛大使参观新加坡刚落成的防御工事。蒋方震惊叹他们设计和施工的雄伟气魄，但又担心这是一座防海而不防陆的要塞，敌人从海上进攻几乎是不可能得逞，如从陆地来，那么这个工程就成了一笔巨大的浪费。果不出蒋方震所料，日军进攻新加坡时，是取道泰国从陆路攻进来的，新加坡的防御工事没有发挥丝毫作用。

经过1个多月的航行，蒋方震一行在地中海沿岸意大利的那不勒斯下船，然后驱车赴意大利首都罗马。驻意大利大使刘文岛是蒋方震的学生。因此，刘文岛邀请老师一家下榻于大使馆，并周到接待。

当时的中国驻意大利大使馆是一座中世纪式样的建筑，坐落在罗马Via Asmara，树木扶疏，幽雅有致。蒋方震到罗马后，通过刘文岛，找到当时正在罗马大学师从斯坦法尼教授攻读博士学位的薛光前，向他了解第一次世界大战意大利财经赋税改革的情况。薛光前博士论文的题目就是《意大利经财改革》，他向蒋方震介绍了意大利财政赋税改革的要点。总的原则是使全国财富合理分配和使全国资源作有效的利用。具体措施则包括：培养税源；改良田赋及土地税；核实稽征；简化税类税率；统一营业发票；改良货物税及营业税；废除遗产税等。薛光前还特别强调，新兴国家的财政不能量入为出，一定要量出为入。财政收支平衡，只是会计上的一种术语。真正能理财的人，一定要顾到国家在各方面的需要而宽筹财源，使供应无匮。

蒋方震听了薛光前介绍斯坦法尼的财政论后，大为欣赏，当即让薛光前将谈话要点做成书面报告，送他复阅。蒋方震收到报告后，立即转呈蒋介石核阅，并在报告上面签注了意见，建议中国政府聘请斯坦法尼担任财政顾问，这个建议为蒋介石采纳。

蒋方震此行的主要任务是考察欧洲各国的总动员法。他与意大利军方人物进行了广泛的接触，并拜见了意大利首相墨索里尼。在意大利期间，蒋方震还偕妻子、女儿再度游览了罗马各地的美术馆、博物院、王宫遗迹、教堂建筑。在游览过程中，蒋方震对同行的两个女儿蒋英、蒋和一一讲述各新旧名胜古迹产生的时代背景、历史沿革、神话传说等，两个女儿将爸爸的讲述即时笔录下来。后来，蒋方震根据两个女儿的笔记整理成《罗马游记之片段》，文章分三部分：古迹与新迹，美术与宗教，个人与群众。蒋方震在文章前还写了一段前言："我这番出国考察，首先拜访了欧洲的南国，而且是南国的南都——罗马。我这次是重游，旧的怀念与新的怅触，如像三春的花雨缤纷，经过我的心目。这些伟大的古迹不够，还加上些伟大的新迹。如果我是英国人或许五十年后的中国人，我一定点头微笑地说：'倒也不坏！'但我这回出来，身历了创巨痛深的国难，看见一个国家十几年内会整个从弱变强，那得不感奋，那得不起野心，那得不为之赞叹！我把这种赞叹拉杂地讲给我同游的两个女儿听（一个年17，一个年13），他们信手地记了一些，如今整理为下面这几讲。"一年后，蒋方震将此篇游记改名为《现代文化之由来及新人生观之成立》，收入《国防论》。

在意大利盘桓近2个月后，蒋方震携家人前往奥地利首都维也纳，将家人交付驻奥公使刘崇杰照看，随后只身一人前往南斯拉夫、捷克斯洛伐克、匈牙利等国考察军事。他在捷克斯洛伐克参观了布拉格秋操，并参观了世界闻名的斯柯达兵工厂。游历了3个月后，蒋方震回到维也纳与家人会合，然后一家人启程前往德国。

德国是蒋方震此行考察的重点国家。德国国防部部长白伦堡将军是蒋方震早年留德时同营实习的朋友。在白伦堡招待蒋方震的宴会上，蒋方震得知白伦堡的女儿在德国一所贵胄学校读书，便请求白伦堡给贵胄学校的校长写了一张便条，介绍蒋方震的两个女儿——蒋英、蒋和到该学校读书。那位校长接到白伦堡的便条后，不仅同意接纳蒋方震的两个女儿上学，而且腾出自己的房间给蒋方震的两个女儿住，这让蒋方震喜出望外。蒋方震对女儿的教育，一直是因材施教。蒋英沉默寡言，但性喜音乐，蒋方震就鼓励她向音乐方面发展，并对她说："你将来学音乐，到了相当成就的一天，会感到内心的空虚，那时你不能灰心放弃，必须一面回想历史的过程，一面在大自然中去求解决你的难题。这是天人交战的关头，也就是一生学业成败的关头。"在两个女儿入学的前一天，蒋方震夫妇还带她们参观了柏林动物园。动物园母狮不久前生下了四只幼狮，蒋方震一家四口各抱一只合影留念。蒋方震还在相片上题词："垂老雄心犹未歇，将来付与四狮儿。"

在德国考察结束后，蒋方震偕夫人左梅前往法国、英国继续考察。1936年10月下旬，他们由伦敦乘坐德国大邮船"欧罗巴号"横渡大西洋前往美国，先后参观游览了纽约、华盛顿、芝加哥、旧金山等大城市。在美国期间，蒋方震还特地到麻省理工学院看望了老友钱家治（字均夫）的儿子钱学森，鼓励他攻读航空专业的博士学位，这是蒋方震与他未来三女婿的最后一次见面。在游历美国后，蒋方震等又到加拿大观看尼亚加拉大瀑布。在北美历时1个月有余，11月下旬蒋方震与胡适等从温哥华乘坐邮船回国，在日本横滨上岸，驱车至神户改乘另一艘轮船，于12月1日回到上海。

蒋方震此次出国考察，足迹遍及欧洲、美国、加拿大，历时半年多。第二次世界大战前夕的欧洲，各国的军事竞赛已进入白热化的阶段。世界军事形势的发展给蒋方震以极其深刻的印象，他感叹道："世界的变迁真如电光流火。"蒋方震将对各国的考察情况，先后写了7份考察报告，就"国家总动员"等重大战略问题作了详尽报告。

蒋方震对德国、意大利等国军民兼容、平战结合的国防建设方针很感兴趣。他说，"现代经济和其他各部门，无一不与国防有密切的配合，各国的情况虽不尽同，其以国防为中心思想则无二致。德国的国道计划，表面看来着眼于发展交通，骨子却是国防计划之一部。德国公路路基筑得极其坚固，汽车每小时可行150公里，这在战时便是绝好的炮兵阵地，这是一举两得的计划，比之临渴掘井高明得多”。

给蒋方震留下深刻印象的还有意大利的“杜黑主义”。

杜黑（Giulio Douhet，1869—1930），全名朱利奥·杜黑，意大利近代军事理论家。出生于卡塞塔，先后毕业于都灵炮兵工程学校和陆军大学。1912年任意大利陆军第一个航空兵营营长。1915年意大利参加第一次世界大战时，任步兵师参谋长，力主建立专门的轰炸机部队参战，并就此对意大利武装力量统帅部的建军与作战指导方针提出激烈抨击，于1916年被判监禁1年。1917年意军总结卡波雷托战役惨败的原因，始意识到杜黑批评意见的价值，于1918年宣布为其恢复名誉，并任命他为国防部航空处主任。1921年，晋升为少将。1922年意大利法西斯党上台后，出任中央航空管理局局长。1923年退役，潜心于制空权理论的研究与著述。1930年在罗马去世。杜黑军事著述甚丰，对于飞机在军事上的应用价值很早就敏锐地给予了关注，并形成了较为系统的思路。1909年，他就明确提出天空即将成为战场，制空权比制海权更为重要的思想。他的主要著作有《制空权》《未来战争的可能面貌》《扼要的重述》等。《制空权》是他的代表作，在世界范围内广为流传。该书较为系统地论述了空军建设和作战的理论，并反复强调空军的主要作用是夺取制空权；空军是一支无法防御的进攻力量，对未来战争的胜负具有决定作用；空军夺得制空权后，随之对敌国行政、经济中心以及其他城市等重要目标进行集中轰炸，摧毁敌国物质和精神的抵抗，便可赢得战争的胜利。杜黑的制空权理论，亦称“空军制胜论”，对两次世界大战之间各国的空军建设以及现代化军队建设与作战理论的发展都产生了重大影响。

蒋方震非常重视“杜黑主义”，在欧洲考察期间向蒋介石多次提出报告，介绍“杜黑主义”。1936年8月8日，蒋方震在向蒋介石提交的《考察义国空军建设之顺序与意见》报告中，对空军建设的原则、顺序及人才教育法作了详细论述。蒋方震指出，在军事技术设备方面，空军建设有一个重要的原则，这就是：“研究惟恐其落后，制造惟恐其争先。后起者秀，于空军为尤甚。一种新飞机之成立，自发意（即参长要求）、设计、造模、试验、制造、试飞、定式，至少须三年半，法国乃至五年，而其机既入勤务，则寿命曾不过三年。操演消耗之，保管又消耗之，敌人优秀机一成立，乃根本取消之。故今日各国空军建设计划，大概以三年为度，至多五年。盖竭国之财，以治空军，而三年后即为废物，此真不可为继者矣。故制造之，惟恐其争先也，为国家经济力故也。财力不能争先，而所可争者，则恃乎人之智慧。敌机一入现役，即不能保持其能力上之秘密，而技术上用心之方向，经参长之指道而定。如义国对俄作战，则轰机必须有持久力。对英作战，必须加增防御力。速度、高度、载重机形，必如何而后能较优于敌之种种方案出焉。此方案又经种种之实验成矣，而后核之以经费，征之以国情，而定暂时应用之数，而犹不欲尽其财力与脑力之量，以备敌之改良而留蓄其力，以备真正实战时之大举也。”①

关于空军建设之顺序，蒋方震认为，一是集中技术人才，二是联络资本家，三是确定教育计划，然后建立空军部队，设置空军港与中央统帅部。蒋方震指出：“关于空军建设人才教育之法，不妨取材于美；物质研究之法，不妨取材于德；惟建设之顺序及一切组织法，万万不能不学义大利。墨氏与我之亲交与否？义机之适用与否？在所不论也。盖第一财政之拮据相似；第二战略上对敌之需要相似；第三国民精神上之原质相似；有古文明、有创造力、无纪律、无持久力。尤有进者，治空军而不守杜黑主义，不如不治，即‘深入敌境破坏其抵抗力，为防空之唯一办法’。故以为节省各种财力，而集中于重轻轰炸一门，为今日唯一法门。盖绝对防空之必不可能也，敌与我共，而敌之工业发达，经济悉集中都市，正其大弱点也。”②

蒋方震回国后，又写了一个关于发展空军的详细报告。蒋方震在这个报告中提出了几个原则：第一，不论自制或由他国代制，几种制式非确实规定不可，所以在技术上与经济上有两句话：“制造惟恐其过早，研究惟恐其落后。”第二，地上组织比天空组织（指空军军队）更重要，空中部队还可以临时编成，地上

---

① 《蒋百里全集》第六卷函札，第194—195页。

② 《蒋百里全集》第六卷函札，第201页。

组织绝不能临渴掘井。这个报告原稿在西安事变中丢失。

西安事变中为化解危机斡旋

1936年12月1日，蒋方震回到上海。8日，蒋介石从西安打来的电报，约他到西安晤谈。蒋方震接到电报后，即于9日下午赶到南京，准备从南京乘飞机去西安。

当时周佛海已得到原改组派干部、张学良前任秘书钱公来的报告，钱公来深知张学良、杨虎城将军联合中共逼蒋抗日的内幕。钱公来从北平跑到南京，对周佛海说："张汉卿已和共产党妥洽，陈先生知道吗？"周佛海回答："我一概不知道，这恐怕是谣言罢。"钱公来说："事情很的确，因为张汉卿入陕之后，给共产党打了几次败仗，损失了好几万人，此后他的东北军，见了共产党差不多望而生畏。除了这个原因之外，又有两个近因：第一个是张汉卿自离开北平，他的底下人许多失了业，譬如王卓然他们就加入了人民阵线，有人还说他们加入了共产党。这班人早已钻入陕西张汉卿的幕下，自命为东北军的新派，日日怂恿张汉卿左倾。第二个原因是'陈立夫们'也太不管好歹了，五全大会张汉卿提出王树常和他的秘书长为中央委员，然而立夫选出不知名的CC系，使张汉卿和他底下的人都不满，这班失意的先生们，更日日怂恿他反南京。陈先生，你想涓涓不塞，汇成江河，我们为着国家，为着汉卿个人，也应该设点法。陈先生，你和汉卿是好朋友，所以我请你有机会劝劝他，以免他走入自杀之路。"周佛海进一步问："他怎样和共产党妥洽？"钱公来说："东北军不打仗已大半年了。他们也不打共产党，共产党也不打他们，听说他们还做军械的交易，东北军预先把军械埋在指定的地下，共产党来，一哄便走。等到共产党拿到了军械，把购买军械的钱埋在原处，东北军又哄回来去拿钱，这样交易而退，各得其所。"周佛海问："这样大事，难道蒋先生毫无所闻吗？"钱公来说："这个我不知道。蒋先生也许知道一点风声，但知道又哪能奈何张汉卿？不过他们实在那里干了。"周佛海又问："他们拿什么口号不打共产党？"钱公来："他们主张抗日，主张收回失地，打回老家去。"周佛海对此突然而来的消息有点半信半疑。恰巧蒋方震登门来看周佛海，并说他要去看蒋先生，顺道考察西北的军事。周佛海便将从钱公来口中得到的有关张学良的情报告诉了蒋方震，并对他说："最好只到洛阳为止，再不要上西安，恐怕东北军旦夕有变，不要受那无辜池鱼之累。"蒋方震对此天方夜谭式的新闻半信半疑，最后还是决定上路。

11日，蒋方震从南京飞抵西安。当时，蒋介石驻跸西安近郊的临潼华清池，调兵遣将，准备大举围攻陕北的红军。国民党高级军事将领卫立煌、蒋鼎文、陈继承、朱绍良、陈诚、万耀煌以及政府要员蒋作宾、邵元冲等云集西安。蒋介石的嫡系部队有的已开至临潼，有的集结在洛阳至潼关间待命，南京政府最新式的战斗轰炸机一队一队降落在西安机场。古都西安的气氛异常紧张，已是山雨欲来风满楼。当蒋方震抵达西安机场时，陕西省政府主席邵力子亲自到机场迎接。有关经过，蒋方震事后对报界有详细交代。他说：

余于十二月十一日乘机由京启飞，赴陕谒见蒋委员长，报告此次赴欧美考察经过。当日抵西安，下午二时，驱车至华清池谒见委员长，承垂询甚详。约谈一小时辞出。华清池为古代沐浴胜地，征尘甫卸，就沐一过，顿觉遍体轻快。四时许，由华清池折回西安招待所，小憩移时，即应张杨公宴。盖张学良、杨虎城二氏于是日傍晚邀宴各方来客，余等亦在被邀之列也。余行抵张宅，适张学良赴蒋委员长宴未归，仅有杨虎城氏出面款客，少顷，张自驾汽车匆匆而至。与张并坐司机位次者为陈调元氏，后排为蒋作宾、陈诚、陈继承、卫立煌诸氏。宴毕，余等辞出，返招待所休息。

招待所系一"人"字形建筑物，冠裳云集，客中颇不寂寞。余等聚谈至12时半，始各归室就寝，劳顿终日，不觉遽然入梦矣。翌晨，曙光未启，闻枪声四起，疑系军队凌晨演习，初未介意。俄而机关枪声大作，辨为实弹射击，然犹以为练习打靶，决未料及祸变发于俄顷也。未几，枪声自远而近，似在咫尺之间。时余伏案整理文稿，室未下键。有一青年营长排闼而入，询余姓名毕，即曰："请先生至客厅休息。"语未毕，两健卒挟余出。

> 厅事中首先触余眼帘者，为一年约七十许之抗日宿将。此公曾躬与甲午之役，姓吴，德国语甚流利，余之旧雨也。渠于最近奉委为军事参议院参议，老怀感篆，陈院长（调元）过徐时，坚请随行来陕，谒见蒋委员长，面伸谢悃，陈氏语之曰："公老矣，公之悃忱，当为代白，毋劳跋涉也。"吴不听，毅然登车随行，遂与余等受同一之待遇。[①]

12月12日晨，东北军卫队营在临潼华清池活捉蒋介石。与此同时，住在西京招待所的国民党党政军要人陈调元、卫立煌、蒋鼎文、朱绍良、陈继承夫妇、陈诚、万耀煌夫妇、蒋作宾、邵元冲、张冲及社会名流萨镇冰、蒋方震也全部被西北军特务营士兵解除武装，集中到招待所大厅。[②]这些要人们面面相觑，不知今天出了什么乱子。

还是蒋方震胆大，斗胆向看管他们的特务营营长宋文梅问了一句："这是怎么回事啊？""公等有年纪的人，哪知道我们青年的苦闷。没事没事，放心放心，再过一小时，真相当可大白。"宋文梅答非所问地吁了一口气。

说罢，宋文梅下令将这些大员的随从卫士集中到另一处软禁。大厅里顿时安静下来。大家坐下来，有一搭没一搭地谈论着。身居军事参议院院长闲职的陆军二级上将陈调元是天生的乐天派，为缓解大厅内沉闷压抑的气氛，竟然当场兜售起雪茄烟来。他高声叫道："咱带有茄力克香烟，谁想抽烟，每支大洋五毛，此时此地，这价钱不算贵吧？"宋文梅见此情景，命手下赶紧拿香烟来给这些大员们抽，以消解他们精神上的烦闷。

几个小时后，传来张学良、杨虎城两位将军对蒋介石实行兵谏的"号外"，号外列有八项政治主张：一是改组南京政府，容纳各党各派，共同负责救国。二是停止一切内战。三是立即释放上海被捕之爱国领袖。四是释放全国一切政治犯。五是开放民众爱国运动。六是保障人民集会结社一切政治自由。七是确定遵行总理遗嘱。八是立即召开救国会议。至此，被扣在西京招待所的政府要

---

① 《蒋百里全集》第四卷文史，第309—310页。

② 邵元冲是文人，一听到枪响就惊慌失措，在越墙逃跑时被杨虎城西北军特务营士兵击毙。

人和社会名流才知道了事情真相。

12日下午4时许，张学良赶到西京招待所，看望被扣留的大员，并左右两边作揖拱手赔不是："对不起，诸位受惊了！"张学良还向他们解释了发动兵谏的原因，并郑重表示对蒋介石、对他们这些人"都毫无恶意，请他们放心"[①]。

下午5时左右，张学良命副官将这批"政治俘虏"安置到西京招待所二楼，重新分配房间，一人一间，房门只许开不许关，每间房派士兵一人看守，不许彼此串门交谈。吃过晚饭，东北军的何柱国来到西京招待所看望被扣留的大员，何柱国是保定军校毕业生，见到蒋方震连忙称老师，执弟子礼甚恭。蒋方震处此情景之下，也只好漫应之。

张学良、杨虎城两位将军以武力扣留蒋介石及其部下，逼迫他放弃"攘外必先安内"的政策，实行联共抗日方针。这突如其来的事件，犹如一声惊雷，震动了各方面。

张学良、杨虎城发动兵谏，目的是逼迫蒋介石停止内战，一致抗日。因此，只要蒋介石能够接纳张、杨的主张，放蒋是毫无问题的。困难之处在于怎样才能使蒋介石既答应张、杨的条件，又使他不失"领袖面子"。蒋介石恰恰是一个封建伦理观念浓厚的统治者，对张、杨的兵谏行动，蒋介石开始不知道底细，以为自己必死无疑，所以最初几天一直采取对抗性态度，并骂张、杨"以下犯上""大逆不道"。12日，张学良首次去见蒋介石，本想有所陈述，不料蒋竟答："尔尚称余为委员长乎？既认余为上官，则应遵余命令，送余回洛阳；否则，汝为叛逆，余既为汝叛逆所俘，应即将余枪杀，此外无其他可言也。"此后连续几天，张学良每次去见蒋，蒋介石不是破口大骂，就是缄口不言，根本没有商量的余地。

既然蒋介石不肯也不可能直接答应张、杨的条件，便只有通过第三者出面。张、杨早就估计到了这一点。张、杨扣蒋后，致电南京政府军政要人孔祥熙、冯玉祥、孙科等人，邀请他们入陕"共商大计"，但迟迟没有回音。与此同时，南京政府且以"维护国家纪纲"为名，急匆匆于12月12日当晚通过决议，宣

---

① 申伯纯：《西安事变纪实》，人民出版社2008年版，第122页。

布："张学良应先褫夺本兼各职，交军事委员会严办，所部军队归军事委员会直接指挥。"[①]紧接着，国民党中央政治委员会又于12月16日通过《关于讨伐张学良之决议》，宣布"由国民政府即下讨伐令"，设立所谓"讨逆军总司令部"，"特派何应钦为讨逆军总司令"，"迅速指挥国军，扫荡叛逆，以靖凶氛而维国本"。[②]当天，南京政府空军飞机轰炸了陇海铁路沿线的渭南、华县。同时，地面部队亦已开进潼关、进逼赤水等地。对于南京政府咄咄逼人的攻势，西北军和东北军的将领均非常愤慨，内战大有一触即发之势。

面对这种局面，张学良内心非常焦虑。如果因兵谏而引起大规模内战，不仅与他们发动事变的本意相违背，而且有利于日本侵略者。为扭转这种局面，迟滞甚至制止南京政府内主战派的武力进攻和狂轰滥炸，张学良想到了被扣在西京招待所的蒋方震。蒋方震在南京政府里是一个无党无派的"客卿"，他的这一"超然"地位，最适合在蒋介石与张学良之间从事调停、斡旋。

据陶菊隐《蒋百里传》记载，西安事变发生后，张学良每天均与蒋方震见面。12日晚，两人第一次见面时，即有如下一段精彩的对话。

张学良："您的意见怎样？"

蒋方震："今天是力的问题。"

张学良："请您正面指示我一下。"

蒋方震："在西安，你们的力量很够，特别是在这招待所里，有两支枪就足够对付我们了。可是，西安以外又是怎样？"

张学良："西安以外，我们就处于劣势了。"

蒋方震："那么，你知道得很清楚，就用不着来问我了。"

张学良："您还在生我的气……我还有别的事，待会儿再来请教。"

以后连续几天，张学良每天均要抽时间来看一下蒋方震，并交谈几句。张学良特别关照蒋方震，将他从西京招待迁至皐丰里，解除了对他的看管。在张

---

① 杨瀚主编，中国人民政治协商会议全国委员会文史和学习委员会编：《西安事变历史资料汇编》第四卷，中央文献出版社2017年版，第199页。

② 杨瀚主编，中国人民政治协商会议全国委员会文史和学习委员会编：《西安事变历史资料汇编》第四卷，中央文献出版社2017年版，第216—219页。

学良的诚意劝说下，蒋方震同意出面斡旋。16日晚，蒋方震在张学良的陪同下来到玄风桥高桂滋公馆面见蒋介石。

蒋介石在《西安半月记》中对此有以下记载：

> 是晚，张同蒋百里先生来见余……为余言：“此间事已有转机，但中央军如急攻，则又将促之中变。委员长固不辞为国牺牲，然西北民困乍苏，至可悯念，宜稍留回旋余地，为国家保持元气。一再婉请余致函中央军事当局，告以不久即可出陕，嘱勿遽进攻，且先停轰炸。”余谓：“此殊不易做到。如确有一最短期限可送余回京，则余可自动去函，嘱暂停轰炸三天，然不能由张要求停战，则中央或能见信。如照彼等所言须停止七天，则明为缓兵之计，不特中央必不能见信，余亦决不受其欺也。”百里先生谓：“当再商之，总须派一人去传述消息。”①

据说，当时蒋方震还对蒋介石说过这么一句话：“你不怕死，但你也要顾虑无辜人民的安全及被幽禁于此者之生命。”蒋介石听了“为之心动，勉予应允”②。

蒋方震的女儿蒋和女士透露，蒋方震之所以能够说服蒋介石转变态度，还有另外的玄机。我们知道，蒋介石自1931年“九一八”事变以来一直紧抱着“攘外必先安内”的政策不放，一厢情愿地想先消灭中国共产党，然后腾出手来对付日本。但是日本也不是傻瓜，不可能等蒋介石消灭了中国共产党再来侵略中国，而事实上日本自1935年华北事变后加快了侵略中国的步伐。这次蒋方震与蒋介石会见时，刚从国外考察归来的蒋方震特别提醒蒋介石，日本陆军与海军互相争功，而日本天皇秘密接见的是陆军大臣，这说明日本陆军一定有大动作。言外之意是，再要坚持“安内”也来不及了。从国际形势看，美国正在大规模卖军火给日本；而在欧洲，德国法西斯正在跃跃欲试，其他欧洲国家如英

① 杨瀚主编，中国人民政治协商会议全国委员会文史和学习委员会编：《西安事变历史资料汇编》第七卷，中央文献出版社2017年版，第553页。

② 师武：《蒋方震做了张汉卿说客》，《天文台三日刊》1937年1月2日。

国、法国等列强自顾不暇。因此，面对日本的侵略，中国人只有依靠自己的力量，团结抗日才是唯一出路。在蒋方震的开导下，蒋介石改变了立场与态度。[①]

从上述记载看，蒋方震的斡旋使蒋介石对西安事变有了新的认识，及时改变了立场与态度，事变初期的僵持对立局面开始出现转机。

关于去南京传达蒋介石旨意的人选，蒋方震向张学良建议，应当派一位同南京中央关系很深，而且与张学良本人感情不太融洽的人，张学良同意这一建议。他们经过商量，认为同何应钦关系密切且与张学良关系很坏的蒋鼎文适合去完成这一使命。当晚，张学良即在皋丰里蒋方震住处派他的总务处长周文章去请蒋鼎文。

这一经过，蒋鼎文在后来的回忆录里是这么说的："16（日）傍晚，张在皋丰里百里先生处，派总务处长周文章来邀往晤。既至，张谓拟请先回京一行，余曰只要有益于大局，且得委座命，任何使命，在所不辞。张谓拟不日恭送委座还京，但须先有人传令停战，并已陈明委座，请明晨一同谒见。是晚，余宿皋丰里，并先电陈请饬前线暂停火勿前进，其余次日前来面报。"[②]

在蒋方震、张学良的安排下，蒋鼎文于17日面见蒋介石。蒋当即写了两封信，一封给何应钦，一封给妻子宋美龄，两封信一并交蒋鼎文带回南京当面呈交。蒋给何应钦的手令写道：

> 敬之吾兄：闻昨日空军在渭南轰炸，望即令停止！以近情观察，中于本星期六日（十九日）前可以回京，故星期六以前，万不可冲突，望即停止轰炸，为要！[③]

蒋鼎文于18日中午从西安飞抵南京，立即向何应钦面交了蒋介石的手令，并分别会见了南京政府各要员："恳切劝告，勿任南京、西安间之裂痕日见加

---

① 参见蒋和：《纪念我父亲蒋方震将军》，《国士无双——蒋百里先生诞辰130周年纪念集》，海宁博物馆2012年编印，第10页。

② 杨天石主编：《民国掌故》，中国青年出版社1993年版，第295页。

③ 中国社会科学院现代史研究室编：《西安事变资料》第1辑，人民出版社1980年版，第155页。

深，谩骂之无线电广播及恶意之报纸论文皆以中止为佳。”[①]何应钦接到蒋的手令后，随即下令于19日下午6时前暂停轰炸。

南京政府中止军事行动，为南京与西安的和平谈判铺平了道路。20日，宋子文以私人身份飞抵南京，在实地了解西安方面的情况后，于21日飞返南京报告。22日，宋子文、宋美龄、端纳、蒋鼎文、戴笠一行再飞西安，代表南京政府与西安及中共展开谈判。经过谈判斗争，中共和张、杨迫使蒋介石接受了停止内战、一致抗日的条件。12月25日下午4时，张学良亲自陪蒋介石离开西安。当飞机抵达洛阳时，蒋介石又令张学良给杨虎城去电报，将仍扣留在西安的蒋方震、卫立煌、陈诚、陈调元释放回京。杨虎城接到张学良的电报后，与东北军将领王以哲、周恩来等商量此事。他们一致认为，既然已把蒋介石放走，再扣留这些人已无意义，不如索性把所有被扣人员一齐放回。这个决定做出后，杨虎城于26日下午分别拜访被扣留的蒋方震与卫立煌、朱绍良、陈继承、陈诚、万耀煌、蒋作宾等南京政府的军政要人，向他们道歉，并于当晚在新城大楼设宴为蒋方震等人饯行。生性乐观的蒋方震在宴席上以玩笑的口吻说：“昨为阶下囚，今为座上客，真余等之谓矣！”满座闻言大笑。27日上午9时，蒋方震等人乘机离开西安返回南京。

在西安事变中，蒋方震以其无党派的“客卿”身份，为化解这场危机贡献了一份力量。薛光前对此评述说：“我们知道西安事变的转折点，在张汉卿（学良）的请求百里先生从中斡旋，请求中央停止轰炸。当经百里先生建议派蒋铭三（鼎文）先生赴京，因而获得委员长的同意，从此局势急转直下，化险为夷。这种当艰危之局，能变化应时，察人事之变，审权势之宜，所谓天下一言以兴，一言以亡者，百里先生可当之无愧。”

回到南京，蒋方震又碰到了周佛海，想起当初没有听从周的劝阻，受了一场惊恐。其实周佛海当时也只是谨慎提醒，便说了一句玩笑话：“不听山人之言，致有今日之祸。”

周急于了解西安事变的内幕，于是两人便聊了起来。

---

① 杨天石主编：《民国掌故》，中国青年出版社1993年版，第296页。

周："在事变当时，你受了惊恐没有？"

蒋："哪里没有？那时只好听天由命罢了。在别人还不知什么事，我倒忆起你的警告来，断定是张汉卿作反。"

周："我真替你担心。你本来不必去的；若真不幸，岂不是天外飞来的横祸？"

蒋："还算好，我们没有一个伤。只是一个不幸的邵元冲，他或者因为是一个文人，听了枪响慌了，赶快爬过西安宾馆的墙找地方跳，杨虎城军队看见有人在墙上爬动，放了一枪，恰恰打破他的肾囊，这样才丧命。"

周："你们被禁时，岂不苦闷吗？"

蒋："那倒没有什么。我们自幽禁一起之后，张汉卿跑来看我们，连说对不起，并每人给了2万元，叫我们打小麻将消遣。我们事到其间，也只好听天由命，终日大打麻将。"

周："那夜曾扩情还在西安电台广播，开首他说算不是受胁迫的，到底是不是出于自动？"

蒋："那倒确是自动的。现在蒋先生已把他关起来，说他无耻。"

周："听闻蒋先生在受困时，态度很强硬，这还像一个样子。"

蒋："是的，当时态度的确很强硬，但到蒋鼎文离西安时，态度反而软了。大概当他被捉之时，情知必死，所以不怕死；迨后来蒋鼎文可以离西安回京送信，又不觉有生还之望，所以反而怕死了。唉！人总是人，很难说的。"

周："我听见人说，蒋先生对张、杨的训话，还是过后补做登报的，你知道不知道？"

蒋方震沉默了一会儿才答："当时蒋先生夫妇在西安起飞时还很狼狈，大概他没有时间训话罢！"

视察南北防务和国防工事

由于拥唐反蒋的历史，蒋介石对蒋方震始终存有隔阂，尊而不亲。但西安事变"同难"后，蒋介石对蒋方震的态度为之一变，亲近起来。

1937年2月初，蒋介石由奉化溪口至杭州休养，蒋方震奉召到杭州晋见。见面时，蒋介石穿了一件棕色夹袍，笑容可掬，徐步走进客厅，双手撑腰，似乎腰部还有些疼痛。

蒋方震迎上前与蒋介石握手，问候道："委员长贵体如何？"

蒋介石答："很好，只是腰部还没有十分复原，想来没有多大关系。"

双方落座以后，随蒋方震一同晋见的薛光前，将意大利斯坦法尼顾问定期来华的时间及工作大纲等向蒋介石作了简报，将介石一一作了指示。

蒋方震谒见蒋介石后，又在杭州畅游了几天。蒋方震在杭的亲友故旧很多，受到各方的热情招待。

1937年3月29日，南京国民政府聘请的高等顾问艾尔伯妥·德·斯坦法尼（Alberto De Stefani）带着夫人和大儿子彼爱乐（Piero）、小儿子富士德（Fausto）、女儿嘉罗（Carla）一同到达上海。此外，还带了一位秘书马格利尼将军（General Magrini）。这位马将军原是斯坦法尼的学生，后来弃文从武，以阿比西尼亚战功升至中将。这次随同来华，大半也出于蒋方震的意见。蒋方震希望斯坦法尼在策划财经事务之中，兼顾军事国防之用。

斯坦法尼是意大利法西斯党领导人中的一位特殊人物，他在党内主管经济，曾任意大利罗马大学政治学院院长。他来华的使命是为中国改革调整行政机构、经济机构及财政机构提供参谋意见。斯坦法尼来华之前，曾与意大利法西斯元首贝尼托·墨索里尼（Benito Mussolini）和外交部部长加莱阿佐·齐亚诺（Galeazzo Ciano）举行了两次会谈。斯坦法尼指出，"正如领袖（指墨索里尼）所强调的那样"，"为了有助于在中国与日本间进行调解，我们将基于策略上的理由而保持与双方的友好关系"，"希望建立一个有秩序的、独立的、在远东拥有强大政治军事力量的中国"。他同时也强调齐亚诺所主张的"意大利应适时地与日本建立友好关系"的观点，但否认"满洲国将可能被承认或者存有在这一方面的任何行动意图——即使这是不正确的但却是事实上的存在"。

1937年3月，在斯坦法尼第二次会见墨索里尼之后，他明确了访问意图。在他的《使华日记》中，记录着墨索里尼曾向他询问到有关"支持中日间调解工作、促使中国摆脱英国势力影响的自治自立工作"以及"劝告中国采纳非官方的民众组织计划与在中国寻找合适的地方发展与我们同样的制度”等问题。可见，斯坦法尼来华还负有外交使命。

对于斯坦法尼的到来，蒋介石相当重视。他下令成立斯坦法尼高等顾问办公处，蒋方震任办公处主任。

斯坦法尼到达上海杨树浦码头时，蒋方震亲往码头迎接，将斯坦法尼一行安顿在上海迈尔西爱路的一家大旅馆里。次日，蒋方震陪同斯坦法尼一行赴杭州谒见蒋介石。

第一次见面时，蒋介石夫人宋美龄也在座，并以茶点款待。斯坦法尼和夫人对蒋介石及夫人宋美龄的中国服装大加欣赏，赞美不绝。等到斯坦法尼辞出回到下榻的杭州大华饭店时，蒋介石夫妇已派侍从室副官等候在饭店门口，这位副官带了两名裁缝，带了许多中国绸缎料子，让斯坦法尼和他的夫人和女儿随便选择。同时，由两位裁缝当场为其量好尺寸，赶工制作。第二天，斯坦法尼的蓝袍黑褂，斯夫人和女儿的绣花旗袍，都已齐全就绪。蒋介石的关照，让斯坦法尼一家感动不已。

从第二天起，蒋介石及浙江省政府主席朱家骅、杭州市市长周象贤等相继设宴款待斯坦法尼一行。蒋方震还全程陪同斯坦法尼游览了杭州的名胜。

游罢杭州，斯坦法尼遵照蒋介石的指示到南京办公。办公处设在卫岗八号，是一座二层楼的洋房，这里原是蒋介石的别墅，特别腾空出来作斯坦法尼一行办公之用。蒋方震则作为蒋介石的私人代表，以“史高等顾问办公处主任”的名义全程陪同斯坦法尼工作。另外，中方还指派了薛光前、徐绪昌、张仁家、狄润君等几位负责有关招待事务。蒋介石交给斯坦法尼的任务是：“对于以国防为主眼之经济、财政、社会各项建设工作，有所研究。”①

斯坦法尼第一阶段的工作，主要是与南京政府各部委会官员见面，了解有关情况。斯坦法尼先后约见了行政院政务处长何廉、资源委员会副秘书长钱昌照、财政部次长邹琳、财政部币制研究委员会委员长陈锦涛、财政部所得税办

① 《1937年国民政府聘请意大利高等顾问斯坦法尼访华的有关史料（上）》，《民国档案》1995年第1期。

事处主任梁敬錞、军政部兵工署署长俞大维、资源委员会统计处处长孙拯等。

参与其事的薛光前后来回忆说："在南京差不多天天开会、会客、宴会，足足忙了一阵。其间接触最多的是徐可亭（堪）和梁和钧（敬錞）两先生，因为他们对财政实务最为熟悉，遇事咨询，获益匪浅。平日百里先生自己和史顾问也经常见面。因为史顾问对财政经济理论固然是内行，可是对中国情形十分隔阂，不能不由百里先生尽量给他当顾问，为之多方说明，使之充分了解实际情况，不致隔靴搔痒。在这方面，我真是沾光不少，受用不尽。因为百里先生不但才思敏捷，学问广博，而且对于任何复杂的问题，经他一分析，一指点，无不析理精明，洞见原委。中国有句话：'与君一夕话，胜读十年书。'我因为替史顾问和百里先生通译，不知道听了百里先生多少次的话，也知道胜读了几十年的书。"

4月21日，斯坦法尼向蒋介石提交了来华后的第一次报告。其在报告中就财政、经济问题提出了以下四点看法：一是依目下国家与地方之经常预算，决不足以应发展经济，确立国防，改良社会各项建设计划之需要。二是就目下已有之赋税制度及正在创办之中之新税而言，苟能有良好之工具使法令之实施与遵守，能确实奉行。即便中国大部分之人民，处境贫困，或纳税能力薄弱，即使有数省份各有其政治行政上之特殊情形，仍可增加大量之岁入。三是为增进中央与地方财政之税收起见，虽人民纳税能力有限，然原有之税收制度仍须加以补充，其已经存在之税收亦须加以改进。欲达此目的，必须有一更健全之财务行政组织，并对现有之组织，作一彻底之改革。四是地方机关之财务行政，似宜大部分安置于中央政权的统治之下。必要时，并由中央予以直接管辖。此不但为增进全国财务人事之组织化与经济化，及为谋实施法律之公平性与全体性着想，且为巩固中央之权威及统一政治之意设计，尤至关重要也。

报告就健全中国国家及经济组织等问题提出了两个需重视之处：一是全国行政与经济组织之机构。二是各项人员之培养，此是就为适应现在与将来之需要，所应培养之数量与质量而言。报告还建议，为急速助长国民之经济活动及完成公共机关之组织以增进克尽其各个之功用起见，第一步应研究实行以下二项计划。一是应急起直追，培养技术人员与有专门技术工人，以应和发展中国工业计划之需要。盖发展工业，不但足以增进国民之经济能力与物质享受，借以对世界生产，为更完备之贡献；并为国防上之自给自足计，亦须赶速发展工业也。二是应急起直追，组织一批人员及改善或重新审定现行公务员任用与服务制度的实施情形，以应和国家与地方机关公务员之需要。培养与改善之方针，除为准备将来足以应付更繁重之职务外，并须予以精神上之陶冶，务使每人对于义务、公共利益，乃至为求全国政治统一而竭尽职守之良知，具有深切之体认。

斯坦法尼在报告中还对蒋方震的工作给予了高度评价："谨遵于第一步时期与钧座之代表蒋方震将军每日举行极有意义之谈话。蒋将军识验宏博，爱国心长，实予工作上以不少之助力。"①

从5月5日起，蒋方震与斯坦法尼、斯坦法尼秘书马格利尼将军、斯坦法尼长子彼爱尔、薛光前以及李如意等一行6人到全国各地旅行，他们先后去了济南、邹平、青岛、天津、北平、太原、石家庄、郑州、汉口、武昌、长沙、衡阳、南岳、广州、香港、上海。除上述地点外，马格利尼将军还访问了泰安、巩县、汉阳等地。蒋方震、薛光前陪同斯坦法尼与山东省政府主席韩复榘、河北省政府主席冯治安、山西省政府主席赵戴文、湖北省政府主席黄绍竑、湖南省政府主席何键、广东省政府主席吴铁城、武昌行营主任何成濬、广东绥署公署主任余汉谋、广东行营办公厅主任罗卓英、第四路军副总司令香翰屏、太原绥署公署参谋长朱绶光、太原绥署公署秘书长贾景德、青岛市市长沈鸿烈、北平市市长秦德纯、汉口市市长吴国桢、山西省财政厅厅长王平、山西省建设厅厅长樊象离、湖北省财政厅厅长贾士毅、湖南省财政厅厅长尹任先、湖南省建设厅厅长余籍传、广东省银行行长顾季高、广东省政厅代表桂竞秋等先后举行了会谈。

斯坦法尼这次到各地考察是由军事委员会安排的，事前由军事委员会办公厅以委员长名义电告各地招待。陪同的蒋方震曾任保定军校校长，虽为时不久，

① 《1937年国民政府聘请意大利高等顾问斯坦法尼访华的有关史料（上）》，《民国档案》1995年第1期。

但因蒋方震声望极佳，故保定军校毕业生均以蒋方震的私淑弟子自居，见必称老师。因此两层关系，斯坦法尼一行“每到一处，受到热烈的欢迎。有时火车经过车站，并不停靠，往往军乐大作，欢迎的行列，挤满了站头。这种热情，一面是对百里先生自然流露的敬意，也可见当时中央的威望，领袖的感召，实深入人心，无远弗届。百里先生深知此种人心的倾向中央，特别是军人的团结一心，实为对外战争最先最要的条件，应该因势善导，特别加以激发。所以每逢地方军政首长宴会时，不但他自己发表爱国演讲，还常常鼓励史顾问多多说话，加强地方拥护中央之心”。

在考察期间，蒋方震还于农历八月二十日特地到山东邹平，访问在那里从事乡村建设的梁漱溟。不巧的是，那天梁漱溟的夫人去世，因此他未能亲自接待蒋方震。8个月后，梁漱溟特意赶到上海国富门路20号蒋方震寓所拜访，并致歉意。当时，已是七七事变前夕，蒋方震与梁漱溟就即将到来的战争交换了意见。蒋方震对梁漱溟说，日本大举入侵我国将不在远，中国人虽是大难临头自不待言，而最后失败都将是惹是生非的日本人自己。他断言华北纵然有失，为时甚暂；就连失去东北，将来收回亦不成问题。从国际看，英美等列强不会让日本独吞中国，可援助中国抵抗；从国内看，中国目前还不统一，国势很弱，看来好像不难侵占，日本短时期内占领一大片领土也是可能的，但不足为忧，严重的外患一来，就会促成全国团结，合力抵御外侮，中国地大人多，只要在广大地区组织地方武装、发动游击战争，就能牵制敌人很大兵力。日本必先占领华北、华东，中国如在山东、山西两省广泛组织民间武装，凭借山地活动，相机出击袭扰，“强龙难压地头蛇”，定会给日本造成很大困难，使其无法全力西进。

蒋方震还指出，梁漱溟在山东开展乡村建设工作很有意义，可以组织领导广大乡村民众，建立地方武装，抵抗日本侵略。蒋方震还对未来的抗日战争提出了几点预见：一是中国民族夙非以武力见长，民族历史不以武功著称；但每每从自卫上发出力量来，亦能战胜强敌。二是国家观念在中国人心中向来不够明确，作为一个国家的中央若非当一代开国之时，亦往往力量不强；而有时一个新的、有生命力的力量常从地方（民间）起来。三是中国人在种族上素无狭隘之见，却在文化上自具信念，不稍放松。诚如古话“中国而夷狄则夷狄之，夷狄而中国则中国之”。蒋方震说，决定战争胜负的条件很多，总归“人”的条件和“物”的条件。“物”的条件有武器、地势、经济资源等，“人”的条件如主帅的才略、将领的合作、士卒的士气等。二者皆重要，但以“人”为主、为先。一次战役中，将帅才能关系最显，但战争规模大了、年月拖久了，则多数士卒关系更大。

蒋方震预料抗日战争可能是场面最大、年月最久的，战士群众的关系将居第一位。士卒长短优劣，例如体力、年龄、文化程度、技术精熟与否等都有可论，但不如其心理（精神）的因素要紧。大概战士对于其作战之意义有深切认识而从内心发出力量者，为最后制胜的基本条件。

蒋方震还说，全国形势中，山东半岛十分重要。中国人假如控制了山东、山西的高地，坚守一些山区不放，则中原非敌人所能得。袁世凯时代，一个叫乌德的美国将军来华考察，袁世凯派蒋方震陪乌德去青岛。乌德盛赞山东地方重要、地方好。日本向中国提出“二十一条”时，蒋方震曾向袁世凯陈说利害，认为必须保全山东。蒋方震还从文化历史上指出山东的价值与意义，说山东人的体质和民气都是好的等等。蒋方震还向梁漱溟询问了山东的工作，梁大略告知后，蒋方震于赞许之中，对其倍加鼓励，并再三向他讲明军队抗敌全靠人民力量，期望他所认识到的中国民族的力量将应验于山东。这一天的谈话，对梁漱溟启发很大，他很受感动。

进入湖南后，蒋方震、斯坦法尼等一行在省政府主席何键的陪同下首先登上了五岳之一的南岳衡山，登祝融峰观看日出。他们宿于上封寺，蒋方震还与方丈宝生禅师畅谈了佛经。

蒋方震一向认为，一旦全面抗日战争爆发，沿海一带首当其冲，工业建设应着眼于山岳地带。为便于防空及军事险要，应以南岳为工业核心地区，分布于株洲至郴州一线。所以蒋方震一到湖南，“特别起劲，先在南岳何芸樵（何健）公馆，后在长沙省政府内和主管财政及建设的首长，开了好几次会，商量许多计划”。在湖南期间，蒋方震还特别邀请曾经留学法国学习陆军的黄埔系军官廖耀湘一同参加考察。

5月31日，蒋方震陪同斯坦法尼考察完毕，从香港乘船回到上海，随即前往南京，整理在各地考察所得资料。

6月7日，以蒋方震和斯坦法尼、马格利尼的名义向蒋介石提交了《对中国经济社会问题的第二次报告》。这个报告认为，中国财经工作中存在以下5个问题：一是依目下国家预算岁入，绝对不足以应付政府为进行各项计划而需要之非常急用。二是目下已有之税赋法令，苟能予以良好的公平的实施，或苟能加以补充规定，可以增加中央与各省极大之收入。三是目下各省地方财政，大体言之，均有其极大限度之独立性，中央政府必须赶速对之加以有系统的管理与监督。四是关于确定纳税义务之方法与工具，尚感欠缺，或尚未有良好的全体的实施。五是依目下各省财务机关之组织，大体上甚难收遵从中央政府命令及指挥之功效。

报告认为，财务法令不能有效实施的原因，在于缺乏足以确定国民纳税责任之适当的便利的工具，即“人事登记”。报告建议，由中央政府将各地所有办理“人事登记”之工作，全部统率于中央之下，集中办理。报告还建议，设置一直属于蒋介石的中枢机关，从事财经改革，并赋予该机关以下列使命：一是就每省设计财务机关之组织，务使其组织趋于统一化、全体化，其工作趋于经济化、合理化。二是培养一般在各地方服务之中央、省或省以下各机关之财务人员。三是研究改良地方税收及其实施与征收之法令，务使依照公平负担之原则，扫除现行之漏税与逃税。①

6月13日，蒋方震又单独向蒋介石提交了《遍历七省观感》的报告。蒋方震在报告中对斯坦法尼的中心思想做出如下两点概括：

> 第一，地方财政，中央必须加以统制，而后国家始能得到实际的统一。其症结所在，则人尤其次，而事实为先。所谓症结，即国家财政上若干基础条件，必须由中央统筹者，而以事涉繁重，中央仅能以一纸法令诿之于地方；地方长官又各以其意，各自轻重于其间，在地方则能率不张，在中央则

---

①《1937年国民政府聘请意大利高等顾问斯坦法尼访华的有关史料（下）》，《民国档案》1995年第2期。

统制无术。譬如航空测量一事，无论从技术从经费方面，皆须绝对由中央办理，而各地方颇有欲以一省之力试办者，此徒费劳力，决无成效者也。

第二，欲真正之统一，必须使中央权力加大；欲中央权力之加大，必不能专恃法律之空文，而须实际负责做事。以财政言，则治本之策有三：一曰人事登记（此为将来推行直接税之基础）；二曰土地呈报；三曰土地测量。此三事皆当由中央在整个计划之下，直接派人办理，不能任各省各自为政。治标之策亦有三：一曰人才之中央教育；二曰机构（财务）之改善；三曰法令之整理。论普通行政言之，则前者属于内政部，后者属于财政部。惟史顾问以为当此非常时机，须求其行动迅速，能率加增，则须在委座直接指挥之下，另立一组，并附以一种财务监督上一种秘密团体（如缉私之类）。

之后，蒋介石又委托斯坦法尼研究国防财政问题，并由军事委员会通令资源委员会、司法行政部、财政部等单位为其提供有关资料。时值初夏，南京政府部分机构已经迁至江西庐山牯岭办公，蒋介石本人也已去了庐山。应蒋介石的电召，蒋方震陪斯坦法尼上庐山办公。

1937年7月7日，日本发动卢沟桥事变。7月17日，蒋介石在庐山庄严发布抗战声明。当天，蒋介石在庐山与斯坦法尼举行了简短会谈，意图摸清意大利墨索里尼政府对于中日战争的态度，争取意大利出面调解中日战争，蒋方震参加了这次会谈。

会谈开始，斯坦法尼即建议蒋介石借抗战之机独揽乾纲。斯坦法尼说：“阁下作为全中华民族的领袖，国人对您的信赖、拥护之持续，将会形成在战争危机阶段的政治领导中心，应该是事事服从您的命令，而不必要通过什么会议来讨论一切。例如在战时财政准备工作方面，如果阁下没有一个领导权力中心作为有效的控制手段，那就将很难产生工作效率。因此，我的意见是，阁下应立即要求你的政府授予你处理目前危机的最大权力，这种权力授予，并非贵国首创，其他国家的领袖们在他们的国家处于相似情况下时通常都会这样做。我相信，如果您在此危急关头向贵国政府及人民请求如此权力，是不会有任何人能够起而反对的。”“如果阁下能够仅用3年时间来加强特殊的地位，我将确信你的不可动摇的权威与稳固有力的领袖地位，中国也将不仅会有足够的力量面对敌人的侵略保卫自己，而且能够战胜其对手。这就是我的见解，同时也是墨索里尼的意见。”

蒋介石在谈话中将南京政府对日外交政策的底线告诉了斯顾问，希望意大利墨索里尼政府出面调停中日战争。蒋介石说：“中国一贯是在寻求和平，这样她才有时间致力于重建。如果日本愿通过合法途径与中国谈判，而不是诉诸武力侵犯其主权，中国愿通过和平的方法来解决问题。但事实上日本每天都在向中国增兵。从其政府声明中十分明显地可以看出，他企图分裂中国的领土，在华北制造另一个‘满洲国’傀儡政府。在这样的情况下，中国不得不奋起抵抗以保卫自己的国家。北平是中国具有五百年历史的故都，目前其重要性超过了南京，如果北平被日本人占领就等于中国就要亡国，这就标志着我的出于全面谨慎考虑的妥协政策的结束。如果日本始终贯彻其野心勃勃的计划，那不仅中国与日本将成为世仇，而且作为日本垄断的结果，列强各国也将在华精神及物质合作各方面遭受损害。因为我把墨索里尼先生看作是最诚挚的朋友，所以我告诉你我们最后的决定。如果墨索里尼能够帮助保持远东的和平与中国人民的平安，我们将感到无比欣慰。”对此，斯坦法尼表示，他将与蒋方震合作起草一封致墨索里尼的信，将蒋介石的意思转达给墨索里尼。①

蒋介石退席后，宋美龄继续与斯坦法尼谈话。宋美龄否认了南京政府与苏联及中共合作抗日的事实，重申了南京政府对意大利政府的企求。宋美龄说：“近几年来，中国为了集中精力致力自强，她容忍了来自那个侵略霸道邻国的多次进攻与侮辱。世人在错误的引导下，以为中国是一个弱者，无能的民族，没有自我防卫的能力。现在，我们的敌人已经派兵深入中国领土，再次侵略。我们不得不以战斗来捍卫我们的独立与主权。这就是为什么委员长受到全中国人民支持的原因，因为他能够真正地保卫中国的领土及其主权。在这种危急时刻，只要我们的敌人还侵占着我们的一寸领土，委员长将坚持战斗到最后胜利而不惜任何牺牲。‘宁可站着死，决不跪着生’，每一个中国人都将为了挽救自己的

① 马振犊译：《蒋介石与意大利特使斯坦法尼会谈纪要》，《民国档案》1994年第3期。

祖国而战斗到最后一口气。有人说中国政府是从苏联取得帮助来抵抗日本，这不是事实。这也许是日本散布的谣言，委员长已经与共产党努力奋战了10年，要他与他们妥协是不可能的。委员长对墨索里尼先生予以充分信任，当科特·齐亚诺（Conte Ciano）任意大利驻华大使期间，两国之间保持了非同寻常的友谊。我们对于在中国航空委员会内工作的意大利军事顾问，绝没有隐瞒任何事情，这充分显示了中国人对意大利比对其他国家更真挚。我希望阁下将对墨索里尼先生重申委员长的陈述，我们希望得到他的全力声援与支持。"

斯坦法尼对蒋介石政权持友好和同情态度，但鉴于埃塞俄比亚问题是中意关系中的最重要的障碍，斯坦法尼和蒋方震约定起草一份在意大利发表的关于中国对意大利外交基本原则基础的讲稿。在这份文件中，首先一点是中国承认意大利对埃塞俄比亚的绝对统治权，第二点是意大利许诺支持中国人民的自主原则。他们也期望英国能支持这份文件，特别是在一贯反对对意大利与德国采取绥靖政策的英国外交大臣安东尼·艾登（Anthony Eden）辞职后。文件的第二个目的在于，为在中国所担心的确认日本占领中国与意大利占领埃塞俄比亚两者之间并无任何类比关系提供保证。但是这一积极的努力，在日本政府拒绝英法等国的调解以及"民主力量"各国（包括美国）对于中日战争含糊动摇的表态之前，就停止了。对于列强这种既躲避又抵抗的战略，斯坦法尼讽之为"具有促使中国屈服同时又表示他们最后的同情的双重目的"。

7月19日，斯坦法尼顾问在庐山牯岭住所与财政部所得税办事处主任梁敬錞、财政部币制研究委员会委员长陈锦涛，就中国战时国债发行与对外贸易管制问题举行了首度会谈。随后，奉蒋介石之命，蒋方震陪同斯坦法尼顾问至上海，于7月26日、27日与宋子文就中国战时财政问题举行了两次会谈。在此期间，蒋方震向蒋介石提交了两项相关的报告。

1937年7月，蒋方震提交《改良印花税之意见》，共11条。其主要内容：一是扩充征税的范围；二是印花税法中可包括一切重要财产之流动及人事上、经济上一切事物之变动之注册税在内；三是调整纳税人负担；四是税率应采比例制；五是大众消费之日常必需品交易（即直接消耗者）免税；等等。

9月1日，蒋方震又在上海向蒋介石提交《物产统制之必要》的报告。报告说："窃维数年来中央统制金融，其有补于统一工作者，至深且大，今战事一起，则现品（物）之能力较之金融（钱）之力为大矣，钱易集中于都市，而物则胶滞于地方，故若不急将物产统制，则地方势力又将发展，此诚宜从速进行，不可一日迟滞者也。"①

斯坦法尼的聘用合同原至1937年9月5日止，后应蒋介石之命延长1个月，至10月5日为止。因中日战争扩大，淞沪会战开始后，意大利商轮不再驶入上海，斯坦法尼于8月19日携带妻子儿女搭乘最后一班由上海开往意大利的"维多利亚号"前往香港暂留，以便听候蒋介石之安排。斯坦法尼在香港期间，向新闻界发表了谈话，宣称"虽然中国并不喜欢战争，但他依然准备作战"，"中国以其民众的及军事力量，已经显示出其作为世界政治平衡的国际新要素的作用，因此中国的前途将不会失败"。

鉴于全面抗战开始后，斯坦法尼已经难以开展工作，蒋方震便于8月20日呈文蒋介石，建议请斯坦法尼即行回国。呈文如下：

委座钧鉴：

义大利史顾问因护送眷属，由本月15日由京赴沪，嗣以沪战事紧急，今后义大利商轮将不再驶入上海，史顾问当为便利归程起见，因于本月19日挈眷搭最后一次由沪开行之义大利轮维多利亚前往香港，暂留彼处，听候委座之传唤。窃以为国难最重至此，军事倥偬，交通艰难，史顾问逗留中国，亦难有所工作，且此次由京赴港，沿途历经艰辛，以彼年高之人，更不能有所跋涉，拟即以震名义，去电史顾问，一方略伸慰藉之意，一方因格于情势，请其即行束装回国，至以后工作上联系情形，一俟国事稍定，再行从详商议。是否可行，敬祈批示祇遵。谨请

钧安

蒋方震谨上

8月20日

① 《蒋百里全集》第六卷函札，第232页。

蒋介石批示同意，并继续聘请斯坦法尼为名誉高等顾问。为了表彰他的服务，蒋介石授予他青云勋章，这是南京政府给予外国人的最高荣誉。

8月31日，蒋方震又呈文蒋介石，就斯坦法尼回国善后事宜做出安排。呈文内容如下：

谨呈者：

窃义大利史顾问由沪护眷赴港候轮回国一事，业经呈奉核准，并蒙批谕继续聘其为名誉高等顾问，酌供微俸在案。谨将未了事宜及应行办理各项，胪陈如左，伏祈俯察：

一、史顾问应聘合同，原至9月5日为止，嗣奉钧示延长1月，至10月5日为止，为祈转饬军需署，将8月1日起至10月5日止，史顾问应领2个月零5天之薪俸，汇寄罗马刘（文岛）大使转交。并声明依照合同规定，史顾问归国旅费2万吕耳，原归我方负担，现史顾问既提早归国，此项旅费应予取消，不复支给。

二、史顾问离华之时，曾商请转恳钧座颁给函件二通（拟稿后附），另由震名义致史顾问秘书长函一件，表示谢意（拟稿附后），统祈赐核。

三、请发史顾问聘书1件（名誉高等顾问），并饬军需署依国民政府最高文官待遇，月支薪俸800元（自10月份起），每隔3月汇寄1次，由罗马刘大使转交。

四、以后史顾问与中国联络通信机关，请仍以资源委员会为主体，并指定该会专门委员薛光前负责其事，以资熟手。

以上所拟，是否有当，敬祈核示，一并批交资源委员会分转办理，实为公便。谨呈委员长。

蒋方震谨呈

8月31日

撰写《国防论》

1937年7月上旬，庐山暑期训练团开始训练。

庐山暑期训练团成立于1933年夏，1934年举办第二届。1935年蒋介石入川，改在四川峨眉山举办训练团。1936年夏发生两广事变，蒋介石赴广州，训练团停办一年。1937年在庐山复办。前三届训练的对象，全部是军队重要干部。训练团将所谓中央军、西北军、东北军、晋绥军、川军、湘军、两广军等军官集合在一起，在蒋介石“精神感召”及恳切训导之下，加以国家民族意识的培养，惕以敌国外患侵凌的危险，使得他们把以前的畛域派别观念和频年交相火并的夙隙前嫌都消弭掉，同时更积极地造成精诚团结、一致对外的新意识、新力量。

从1937年起，庐山暑期训练团仍由蒋介石兼任团长，陈诚任教育长，受训对象由高级军官扩大到军官、警官、县长、军训教官、政训教官、党务人员、中学校长、新生活运动职员及童子军干部。原计划举办三期，每期4500人左右，预计调训14000余人，但第一期尚未结束，卢沟桥事变爆发，全民族抗战开始，实际只办了一期。

7月4日，庐山暑期训练团第一期学员训练开始，孙连仲任团附兼第一总队总队长，黄绍竑任第二总队总队长，薛岳、吴奇伟、胡宗南、万耀煌、朱怀冰、刘茂恩、冯治安、李服膺、罗卓英9人分任大队长。

庐山暑期训练团所授课目繁多，包括哲学、管理学、逻辑学、统计学、地方财务行政、田赋土地制度、村垦、矿务、司法、监狱改良、地方自治、省县议会之设立与性质、地方卫生行政、公墓、乡村公产公款之调查统计等，每门课目授课2小时。主讲人都是国内的知名专家学者，比如由杨绰庵讲管理与办事效率，胡适讲颜习斋哲学与程朱陆王哲学，蒋方震讲军事学。

蒋方震在庐山暑期训练团讲授了《义务兵役制》与《总动员之意义及其实施办法纲要之说明》等。

《义务兵役制》，是蒋方震《军事常识》著作的一部分。此次在庐山演讲，蒋方震仅是对旧著作了说明。

在《总动员之意义及其实施办法纲要之说明》的演讲中，蒋方震首先对总动员的意义作了解释。他说这个“总”字就是“无所不备”。所谓动员，不是调兵，不是拿起枪就走，而是整顿行李预备出发。全国总动员不是全国人一齐拿枪上战场，是打仗的拿武器，种田的人拿锄头，织布的织布，做工的做工。现在打仗专靠血还不行，还得靠汗。地上1架战车打起仗来只要2个人，但是战线后方要46个人帮他；天上1架飞机，地上要有60个人的组织。

蒋方震接着指出了军队动员与全国总动员的区别。他说，军队动员是以军队为主体，向国内吸取一部分材料而加以组织；而全国总动员，则是以国家为主体，将国内一切的一切，熔铸锻炼起来，成一国的国力。有这个力量，国家才能自保，国民才能活命。蒋方震指出，总动员的责任应该由最高当政者担负。其有两个原则：第一，对于各项所需，事前要有一定的标准，同时要算计事实上时间的可能性。第二，要分工，各部分责任分明，同时又联络精密。蒋方震指出，一切的一切都要归结到三件事：人、物、组织。各国的国防经济学家对于“人”，大概一致注意到三件事：数量；统一的意志；健康。关于“数量”，蒋方震认为，我们千万不可小看这数量，这是我们雄飞世界又维持世界和平的基本。我们应当感谢我们祖宗留下“多子孙是幸福”的这一条遗训，我们要充分利用这伟大的数量。关于“意志统一”，蒋方震认为，从中国民族的文化上说，中国黄河、长江、珠江之间，没有像欧洲阿尔卑斯那样的山脉可以阻碍交通。尤其是黄河长江间竟是一片平原，容许民族融合工作（辛苦艰难地到近代才告完成），具有同一的文字、信仰、习惯，且最近发展出了近代国家的艺术。蒋方震讥讽日本那些半生不熟的“支那通”怀了一个主观的私意，带上了显微镜的眼光，自以为无微不至，却把历史地理上的常识都忘记了，“华南”“华北”的名词乱造。这种“小陆政策”，在他看来真是又可笑又可气。其次，从政制上看，各省省治的区划，也很精密地预备下统一的伏笔。就地形上说，浙江的杭嘉湖，江苏的苏松太，本来是一个区域，行政制度把苏松太并入江南而成江苏，把杭嘉湖并入浙东，不仅政治上有联络之功，而且经济上得有调剂之效。四川夔府栈道虽有一夫当关之险，但从湖北施南，即可直冲万县，而汉中却又是陕西管辖。武汉虽掌握长江的中枢，然而下不能管安庆，上不能领岳州，此种例子，数不胜数，所以要自信我们是天然具有统一性的，万不可上当自己摧毁了统一的自信力。

关于“健康”，蒋方震指出，中国的短处在于健康问题。因为国家贫困，国民平时就营养不足，卫生知识薄弱之故，恶性病就不断地蔓延，这两点已经比世界任何文化民族都不如。再加上两种特有的毁坏体格的习惯，一是女子的缠足，一是麻醉品的流行，这是一个灭种的问题，还谈不上“国不国”。蒋方震举山东邹平的统计为例，他说，山东邹平县1936年2月内，出生730余人，死亡620余人，而0至1岁之间的死亡者就占300多人。女子死亡的比例，则是中年死得多，老年死得少。从事村治建设已经10年的邹平县尚且如此，其他县更可想见。针对中国国民的健康问题，蒋方震提出了一种主义、两种办法。所谓一种主义，蒋方震认为，健康问题就是道德问题。他指出，一般人都把疾病看作是一种天然不可抵抗的东西，仿佛一个人受了不可抗的灾祸要求人家同情，这一种观念应当根本革除。疾病是可以抵抗的，不过是不道德的人不能抵抗罢了。个人不道德，所以饮食上有胃病，有伤寒，有赤痢，男女上有梅毒，有淋病，社会不道德，所以有结核、癞病等种种传统症。蒋方震说，国民健康了，就是道德提高了；道德腐败了，国民便不健康。他的结论是：“疾病是罪恶的变相”。关于两种办法，蒋方震认为，一是我们讲健康，要打穷主意，不必看富样了；二是中央政府应当设立几个短期的一切免费的学校，叫小学校教师的太太们来补习卫生与健康知识。如今乡间还留着尊师重道的风气，“师母”一般得人尊敬，还容易和社会家庭接近，请师母们作这个干部，全国就可以活动起来做女子的卫生与儿童的健康运动。

蒋方震最后指出，如今壮丁训练开始了，从军事上说，确实是添了预备兵，但还够不上说总动员的“总”，我们还要注意妇女，要注意儿童，这才是总动员的“员”，即“人”的基础。①而物可以分为三类：原料、动力和运用此种原料动力的工具，即人类的能力。关于原料，蒋方震认为中国在世界上排第3位。

① 《蒋百里全集》第五卷讲演 · 书法，第51页。

第1位是美国，第2位是俄国。但我们切不可以以地大物博自豪，况地大已经被列强占去了好几百万方里，而实际上天然物产的博，也并不如我们想的那样阔绰。我们的原料不过说是够敷衍，决说不上丰富。因此，我们决不可浪费。

关于动力，蒋方震认为，一国的强弱，不在于人的多少，不在于地的大小，就看他全国的动力有多少。打仗是一种力，动力多就强，动力少就弱，一丝不能含糊。动力的应用，可以分为两部分，一部分是生产，一部分是运输，两者是互相联系的。各个国家总动员的基础条件有以下几点：一是统一度量名称，也就是标准化。二是奖励保护工作机械之制造，即是造机器的机器。三是平战两时之转用预备，即检查器、模范器之整备完全与统一。

关于人类的能力，蒋方震认为，这比任何原料都更为重要。欧洲中部的瑞士，既没有煤，也没有铁，可以说够不上做工业国的资格，但是瑞士人说，“我们有脑子”。没有煤，可以用水发电；没有铁，可以用合金代替。因此，瑞士反倒迎头赶上，超过了其他国家。

关于组织，蒋方震认为，这是总动员的基本问题。组织这件事，有组织无钱可以变为有钱，无组织有钱可以变为无钱。如果1块钱在4万万人中间走一转，这一块就相当于4万万块钱。但如何才能转呢？这就要靠组织。外国所苦恼的是原料不足，而中国所苦恼的就是组织不健全。中国的当务之急，是健全组织。

蒋方震在庐山讲学期间，庐山暑期训练团编印了蒋方震的著作《国防论》。

《国防论》共7篇，第一篇为国防经济学；第二篇为最近世界之国防趋势；第三篇为从历史上解释国防经济学之基本原则；第四篇为20年前之国防论（即1917年出版的《军事常识》中的4章）；第五篇为15年前之国防论（即1922年出版的《裁兵计划书》）；第六篇为中国国防论之始祖（即1913年春著的《孙子新释》）；第七篇为现代文化之由来及新人生观之成立（即罗马游记之片段）。《国防论》汇集了蒋方震30年来军事著作的精华部分，是一部影响深远的军事学著作。在该书的扉页，蒋方震写下了这么一句话：“万语千言，只是告诉大家一句话：‘中国是有办法！’”

蒋方震的《国防论》，被誉为“民国国防思想的奠基石”。关于《国防论》

的学术价值，著名学者张其昀在1962年4月为《国防论》再版写的序言中作了如下的概括：

百里先生可称为中国近代军事学开山之祖。早岁肄业于杭州求是书院，即国立浙江大学之前身。甲午战后，东渡日本，入士官学校，以第一名毕业。再赴德深造，曾任德国第七军团连长，兴登堡元帅就是他当日的长官。百里先生于史学、哲学均有深邃研究，屡次周游世界，所以他的军事学识，可谓综罗百代，自成体系。生平著作宏富，尤重要者为《军事常识》《国防论》《新兵制与新兵法》等书。先生最大贡献在于把建国及建军合为一义，而倡生活条件与战争条件一致之学说。盖现代战争，非系单纯兵力之战争，乃为全体民族之战争。关于建国的基础条件要是不明白，国军的建立将始终不能成功，先生讲学的宗旨在此。

“兵可百年而不用，不可一日而无备”，此是古人成语。百里先生以为只这一个“备”字，已经可以将军队动员（即动员）与民事动员（即总动员）意义解释明白。而“不可一日无”更将动员（兼军队民事而言）之精神表现出来。“备”字有两种意义，一是“预备”之备，所谓“凡事预则立”，这是战略上唯一精义，所谓先发制人（不必一定先动兵）。用这个“预”字评判古往今来的胜败，可以说没有不准的。“预就胜，不预就不胜”，这是历史的铁则。所以《孙子》第一篇末尾就说“未战而庙算胜者……”云云，就是说，要想胜，必要求之于未战之先，就是预，你也预，我也预，到底谁胜呢？

这又有“备”字第二义，就是“完备”之备，所谓“体不备者不可以成人”。我们一天生活上需要种种东西，一件不齐全就感觉苦痛，况且再加打仗这件大事。这个“完备”的意义，也可以说致胜的唯一条件，其实与上文“预”字意义相联。比方我们新造一个家庭，要一天之内将各式家具备齐，是不可能的。一定要前几天准备，还得仔细想想，开一个账单（动员计划书），还得去住一天试验一下，恐怕临时缺少东西（动员练习），桌椅碗筷还得点过数目（动员检查），这才够得上说完备。

由这完备意义，就开辟了总动员这个“总”字。“总”字就是“无所不备”。平常以为有了金子，无事不可以解决，哪知到战时，金子不能变子弹，金子不能当饭吃，这就是不完备，就打败仗。至于“不可一日无”，就是说总动员这件事，要天天用心，不能有一丝一毫的疏忽。

世界的军事家注意到“动员”这件事，是发源于普法战争。当时德国人有埋头苦干的精神，而他又有生成爱秩序的性质，所以事前细针密缕一件一件地想到做到，得了大胜，完成了德国统一的大业。所以“动员”二字的根源是从德国来的，原名Mobimachung，意译起来就是“装备起来”，或“做到能动”。“动员”两字，见于中国文字上是在日俄战争之后，原来这个字是日本儿玉源太郎定的。至于“总动员”这个名词是第一次大战以后才发生的，就是对于战前专心于“军队动员”失败的反动。1918年德国不败于前线，而败于国内，物质与精神的封锁，使德国人民在饥饿中失去了抵抗的意志，而所向披靡深入敌境的雄师，乃不得不解除武装。总动员是以国家为主体，将国内一切的一切熔铸锻炼起来，成功一国的国力，有这个力量，国家才能自保，国家才能活命。

百里先生以为未来战争有三个方式，一曰武力战，二曰经济战，三曰宣传战。汗与血有同等的价值，一个好国民不一定要拿枪杆才算好汉，拿一把锄头一根米突尺，也是一个无名英雄。他的著作里不断提示“生活与战斗”一句名言，以为两者相副相应者强，相离者弱，相反者亡。如果国民经济脆弱，军人生活清苦，驱一群营养不良配备不全的士兵到战场，而后方充满着啼饥号寒的民众，民心动摇影响到前方士气，这样打仗是非常危险的。百里先生谓现在建设国防有两个前提，一在使国防设备费须有利于国民产业的发展，二则学理与事实造成紧密的沟通。当前的要求，迫着我们从研究到实行，实行惟恐其不早，研究惟恐其落后。

到底总动员的“总”字包括些什么东西，我们大约可分做三件事，一曰人，二曰物，三曰组织。对于人，又要注意到三件事，一曰数量，二曰健康，三曰统一的意志。百里先生曾说，我们千万不要小看数量，这是中国雄飞世界又要维持世界和平的基本。但我们需要镂心刻骨、轰雷掣电地补救我们的短处。短处在哪里？就是健康问题。我们因为贫穷的缘故，平时就营养不足；卫生知识薄弱之故，恶性病不断地蔓延。百里先生主张政府应当设短期的一切免费学校，令小学教师的太太们来补习卫生与健康知识。他甚至说："疾病是罪恶的变相。"至于意志统一也是必要基本条件，假如国民没有坚强的意志以自持自律，以忍受相当牺牲，则各种研究工作与制度规定，概不能有重大的价值。将来战争的要求于民族全体者，比过去更为重大，更为艰难。百里先生对岳飞所说"运用之妙在于一心"有新的解释。所谓"一心"，不是存乎主帅一人之心，是指全军的精神一致，过去把动词误解作形容语。他以为过去纪律赖刑法来维持，用感情来维系；现代的纪律是由各人内心自发的（即所谓人自为战），应该启发其爱国心与自尊心，使人人乐于为国家效命。他的新解释与民治精神正相符合。

今日国防与经济，两者已绝对不能分离，而两方智识的沟通，在中国尤为必要。盖欧美各国国民皆已自身切实了解，无待说明，而中国今日犹在文武隔离状态。所谓经济动员的意义，包括种种部署，藉令战争可以持久。每一次战斗行动可以引起经济的危机，这种危机在战争期间，日甚一日，到和平之时乃止。经济动员的任务，就是对于这种危机的事前设防，使之减轻。在缜密周至的计划经济之下，经济动员的要求，就是在原料需要之确定，及其输入与储藏，制成品之准备，军用工厂迁往空防的安全区域，和补充品之取得。现代战争就是给全国人民一场试验，这番考试的成绩，就决定于平时准备的成绩，换句话说，战争的胜利完全在于合理的及时准备，要把各种物质与精神资源组织起来，充分发挥它们的功能。这些资源可以称为"战争潜能"。

原料、食粮、机器、动力之类都包括在战争潜能之内。人口稠密的国家，农业务须求其自足，即使比世界市场付出更高的代价，也是在所不计。粮食进口税的增加，可以作为一种特别的国防税。在战时粮食的充分尤为重要，因此它对士气有极大的关系，农业上最重要的原料乃化学肥料，这是炸药工业的基础，所以应该归国家统制。动力包括煤力、油力和水力发电。现代国家电力占着重要地位，大都市的生活，无数工厂的活动，日增月盛的铁道网，都需要经常不断的电力供给，电力对于军用工业的必要，无待赘言。各国军用工业的趋势，是寓兵于工。盖国家无论如何决不能用如许财力，以从事于兵器制造，所贵者在善用民财与民力而已。民营工业，资本系自己血本，能会计确实，监督精密，时时向合理化走，是其长处。现在中国既苦财政困难，而民营之风气不开，百里先生主张将国营事业划一部分，用合股公司制，财政公开，而国家从而为之保息，或可得民间助力，使兵器独立一事，得以早日完成。经济动员之目的，不仅在应军队战斗之需要，而在能供全国国民生活之需要，使国民经济生活能保持其健全状态。百里先生以为地上的马奇诺防线比地下的好，法国马奇诺防线设在地下，用心是周密极了，但不合经济原理，是消费的国防。寓兵于工，藏器于民，在地面上设防，是生产的国防，平时战时两得其利。

物无法一件件列举，总合起来说，可以分三类，第一是原料，第二是动力，第三是运用此种原料动力的工具即人类的“能”。像欧洲瑞士国，既没有煤又没有铁，可以说够不上做工业国的资格；但是瑞士人说“我们有脑子”，没有煤可以用水电，没有铁可以用合金代替。百里先生说，人类的能力实在比任何原料为重要。不过“用物之道”，重要的不仅在“发明”而在能“运用”。至于如何运用，又可分为四类：(1) 是设计家，气魄要远大，眼光要精辟。(2) 是管理家，注意要细微，性格要坚强。(3) 技术研究者，要有想象力，要有独来独往的精神。(4) 熟练的工头，要有实地经验，并指导局部工人的能力。一件事业要成功，这四种人缺一不可。百里先生以为中国不患无建设家，无发明家，患的是没有管理家，没有指挥工人的工头，他以为今后办教育一定要充分注意这件事。

百里先生谓国防要素不外乎三：曰人、曰物、曰组织。有组织无钱可以有钱，无组织有钱可以变为无钱。他以为外国所究心的是原料不足问题，中国所应当究心的是组织不健全问题。中国人民未习于战，试举一例，历观一有事变，车站上逃难者即可阻塞交通。故平时运输计划虽完备，一有变故即生意外阻碍，而一事波折，全局计划为之停滞。组织问题实际就是如何位置得当。历代的开国元勋都是在前朝亡国时代养成的。位置得不好，到处出乱子；位置得好，破坏力就变成建设力。百里先生对世界各国的民族性，特别推崇英国。他说一个民族要有彼此容纳性格不同的雅量，英国人公平比赛的精神，就是这一种雅量的表现。所以他最善组织，到现在还是世界之王。他又说组织力之最大表现即为国民总动员，此其为功政府统率之力十之六，而人民之自觉与习惯亦居十之四。诚能将民族之组织力发展，则国防之树立易如反掌。

百里先生论统帅之重要，谓倘无一个真正的将帅能够很明白地确定应用所有的原则，那么所有原则是仍属无用的。坚强的决断，巧妙的运用，和不断的行动，这是一个指挥官的重要性质。他要过着严格的简单的生活，同时还要有很大的谦冲，不以浅近的成功而自矜。最高指挥官还有一个重要性格，就是不要躬亲细故，而要抽出时间来深思熟考。德国的失败，百里先生有一抽象的结论，谓“军阀之为政，以刚强自喜，而结果必陷于优柔而自亡”。百里先生论战略，谓只能靠攻与守二种方式之适当联络，乃能对于自己选择之要点，取强有力的攻势。守势之主要目的，是在战线的一点或数点上，节省兵力下来，以取决战的行动。用兵贵于出奇制胜。从世界战史上看来，大战争之决战，一定在敌人后方或侧翼。指挥之妙即在正面仅仅配置必不可少的力量，而将余力用于侧面。他以为今日战略上的持久主义与战术上的速决主义，具有绝对不能相离的理由。战略应于领导地位，战术应随之而行动。德国的失败都是偏重了战术，忘记了战略。俾斯麦遗言“德国万不可东西两面作战”，这是指远大的战略而说的。德国克劳塞维茨（Clausewitz）尝谓战争只是政略的延长，不过变换一种手腕而已。

百里先生竭力提倡瑞士的民兵制，以为正合于中国古代寓兵于农之旨。美国也是实行民兵制的国家，纵然以人民自由为立国基础，然而准备之完善与数量之巨大，竟可为世界之模范。民国8年3月他在法国凡尔登要塞参观战时遗迹，炮台建筑在地下，最深处距地面有达十丈的，下有教堂音乐厅消费合作社种种。他慨然说道，文明国家虽在存亡呼吸之顷，对士兵的待遇和个人的享受，那件事不尽量地顾到。百里先生虽然肯定地说，第二次大战当以空军为主力，但他深信地上组织比了天空组织（即指空军军队）

更属重要。空中部队还可以临时编成，地上部队决不能临渴掘井。他主张陆海空三军军部应该统一于一个部长之下，不仅在教育上编制上可获得很多的利益，同时在经费的适当分配上也有很大的效用。平时如此，战时又有统一的指挥，那么全国武力可以得到最完善的统制了。

“马拉松长距离的竞走员，纵然落到了最后，也要竭尽能力，用最大的速度前进。这是将来得锦标的唯一条件，也是运动家对于自己应负的道德责任。”这是《新兵制与新兵法》一书的自序，也是最可宝贵的遗训。百里先生挥着如椽之笔，来鼓动人心，感召青年，其于创造中华民国的新国运，实有无比的威力。

张其昀先生是著名学者，他的这篇序文对蒋方震的军事思想作了精辟的提炼和概括，也是一篇经典之作。

《国防论》是蒋方震各个时期有关军事著作的汇编，并不是一本系统性的著作。据蒋方震的随员记载，蒋方震曾经对他说过：“战争结束，静下来，规规矩矩我想做一部书，我相信可做一部像克洛司而的书一样带世界性的，自信最少可占200年的历史。”然而，蒋方震未能等到这一天就去世了。

蒋复璁介绍，《国防论》“原分上下两册，庐山训练团出版的，仅为上册，述国防之理论，与其所著之《新兵制与新兵法》相辅而行者也。下册讨论国防经济，资料皆已具备，但未编次而已。时值先叔奉令赴欧，余亦蒙派侍行，忆将此稿装入行囊，以备途中写定付印。乃以先叔在航行中读到室伏高信之南进论，觉尤重要，亟事翻译；盖欲借以提高英美人之警觉，使知日人志在南进，劫夺英美人之利益，非仅侵略中国而已也。译稿完成后，欲请人再译英文本出版，惜未实施；而国防论之下册原稿，亦以先叔猝卒于广西宜山，旅途辗转，运输艰难，乃寄存图书于贵州省立图书馆，遭炸毁去，竟致亡佚，尤可惜也”。

合作编译《新兵制与新兵法》

在出席国防参议会会议期间，蒋方震与谢诒征合作，编译出版了《新兵制与新兵法》。在该书的自序中，蒋方震介绍了他编译此书的目的。他说：

马拉松长距离的竞走员，纵然落到了最后，也要竭尽能力，用最大的速度前进。这是将来得锦标的唯一条件，也是运动家对于自己应负的道德责任。

今夏在庐山，原想把“未来”全体性战争的若干基础条件做一种研究，谁知道卢沟桥的炮声已经将这“未来”推进到了现在。咳！时间走得比我们快，我们也只好甘心做夸父罢！

不过我自己很引为欣慰的，每天清晨做两小时的翻译工作，因为请谢贻征合作的缘故，在短时期内居然完成了几万言的译事。

当前的要求迫着我们从研究到实行，明知道这里几篇文章未必有补现在的实际，但这几个基础条件要是不明白，国军的建立将始终将不能成功。①

……

在两周前，有一位朋友告诉我，京沪路车上有两位先生批评我的《国防论》，说是其中的文章，有些言之过早，有些说得太迟。我对于这两位不知姓名的批评者，大有一种知己之感。这部书或许是太迟了，但我还是愿意做马拉松最落后的竞走员身上的一个细胞。它对于筋疲力倦的时代，或许能有一点调整呼吸的作用，我这一个细胞的道德责任也算尽了千万分之一咧。”②

《新兵制与新兵法》一书有三大部分及五篇附录。

第一部分《国民皆兵新论》，是德国培利中校的著作。1883年，德国名将哥尔紫出版《国民皆兵论》，上卷讲军制，下卷讲用兵。此书出版后，轰动了全世界的军事学家。此后，哥尔紫三次修订此书。第一次世界大战爆发后，七十

① 《蒋百里全集》第三卷兵学下，第127页。

② 《蒋百里全集》第三卷兵学下，第129页。

高龄的哥尔紫担任土耳其最高司令官，最后病死战场。第一次世界大战结束后，哥尔紫的儿子又将此书重新修订出版。到20世纪30年代中期，德国培利中校在《国民皆兵论》的基础上，结合1925年至1935年这10年间世界军事形势的变迁，出版了《国民皆兵新论》。蒋方震认为，“《国民皆兵新论》，可说是现在国军建制的总纲”①。

《国民皆兵新论》后附录了3篇文章。第一篇《总动员纲要》（报告第一号与第二号），是1936年蒋方震考察总动员法归来后写的报告。蒋方震认为，这是办理动员事务的人所应当知道的。第二篇《总动员之意义及其实施办法纲要之说明》，是1937年7月蒋在庐山训练所作的演讲之一。蒋方震认为，这是民众方面，即被动员的人所当知道的。第三篇《与全国总动员关联之作战部队的辎重组织纲要》，这是蒋方震将他的意见告知外国顾问，请他详细研究而写成的一篇报告。蒋方震指出：“据我实际考察的结果，以为中国总动员事业，应当分做四个步骤，第一步是军队辎重组织之确定，第二步是后方仓库网之构成，第三步是仓库网到交通网之布置，第四步是各根据地集中物资人员的种种方法。”②

第二部分《现代空军力之基础》，是一篇集中探讨空军的价值与效用的文章。第一次世界大战以后，世界军事学界对空军进行了许多研究，研究的中心问题有两个：一是空军与陆军共同合作问题，二是强有力的轰炸机队深入敌境攻击问题。同时，世界军事学家对于空军的作用有极端的辅助兵力论和“过度的乐观论”两种对立的观点存在。自从杜黑主义在意大利成功后，世界其他国家也相继学习意大利，重视空军的建设。杜黑主义成为世界空军思想史上的重大转折。蒋方震认为，《现代空军力之基础》一文昭示了20世纪新兵器的最新趋势。

第三部分《最近法国之战见》，这篇文章探讨了第一次世界大战前后，法国作战观念及战略战术思想的重大变迁及其最新趋势。蒋方震将其概括为战略上的持久主义与战术上的速决主义。

---

① 《蒋百里全集》第三卷兵学下，第127页。

② 《蒋百里全集》第三卷兵学下，第128页。

《新兵制与新兵法》《军事常识》《国防论》是蒋方震一生中最重要的三部军事著作。

为抗战献计献策

1937年卢沟桥事变发生以前，蒋介石和汪精卫以国民政府负责人的名义联名邀请国民党重要军政人员、社会名流及著名学者到庐山召开谈话会。谈话会准备介绍国际国内形势，征询对召开国民大会及其日期和制定、实施宪法日期等方面的意见。

7月7日卢沟桥事变爆发后，庐山谈话会仍如期于7月16日在庐山牯岭图书馆举行，到会人员除蒋介石、汪精卫、于右任、居正、戴传贤、冯玉祥、张群等国民党重要领袖外，还有蒋方震、王云五、王立明、王世颖、云东美、皮宗石、江恒源、朱庆澜、朱经农、杜重远、吴贻芳、吴经熊、李建勋、李剑农、李璜、李文范、竺可桢、林志钧、胡适、马君武、马寅初、陶希圣、梅贻琦、陈之迈、顾毓琇、蒋梦麟、卫挺生、骆美奂、刘大钧、范寿康、刘湛恩、廖世承、杨公达、楼桐荪、程中行、傅斯年、曾琦、陈大齐、陈锦涛、陈长蘅、张西曼、张肖梅、张奚若、张志让等大学校长、教授、著名学者、党派领袖、社会名流等，共158人。谈话会的发起人汪精卫、蒋介石同时出席，汪精卫任谈话会主席并致辞，张君劢、张志让、王云五、张寿镛、江恒源等相继发言，会场气氛严肃和谐，与会者精神极为振奋。

7月17日，在庐山谈话会第二次会议上，国民政府行政院院长兼军事委员会委员长蒋介石就卢沟桥事变发表谈话，指出“卢沟桥事变已到了退让的最后关头”，“卢沟桥事变的推演是关系中国国家的整个问题，此事能否结束，就是最后关头的境界”，“如果放弃尺寸土地与主权，便是中华民族的千古罪人”。蒋介石还在谈话中提出了解决卢沟桥事变的四项原则：“（1）任何解决不得分割中国主权与领土之完整。（2）冀察行政组织，不容任何不合法之改变。（3）中央政府所派地方官吏，如冀察政务委员会委员长宋哲元等，不能任人要求撤换。（4）第29军现在所驻地区，不能受任何的约束。”蒋介石最后表示：“我们希望和平，而不求苟安；准备应战，而决不求战。”“如果战端一开，就是地无分南北，人无分老幼，无论何人皆有守土抗战之责任，皆应抱定牺牲一切之决心。所以政府必须特别谨慎，以临此大事；全国国民亦必须严肃沉着，准备自卫。在此安危绝续之交，唯赖举国一致，服从纪律，严守秩序。希望各位回到各地，将此意转达于社会，俾咸能明了局势，效忠国家，这是兄弟所恳切期望的。”①

对于蒋介石代表国民政府所作的表示，与会者在发言中均表示充分理解与赞同。

从18日起，庐山谈话会分政治组、经济组、教育组举行谈话，各代表分别对宪法草案、统制经济、非常时期财政以及教育净化、国防教育、教育独立等问题先后发言并提出意见。对于蒋方震在庐山谈话会上的表现，目前尚未发现任何资料记录。据出席谈话会的胡健中回忆，出席庐山谈话会的胡姓代表有4位，即胡适、胡健中、胡定安、胡次威。在与会者住的牯岭仙岩饭店餐厅里，当蒋方震碰到胡健中等人时，曾开玩笑说：“这次出席的人中间，幸而只有你们四胡，如再多一胡，中国岂不要大乱了吗？”在座的刘湛恩等听了蒋方震这个善意的玩笑，捧腹大笑。据胡健中说：“谈话会中出席诸君子亦引为美谈，传了很广。”

全面抗战打响后，蒋方震异常兴奋，热血沸腾，决心拼自己的老命以报国。蒋方震从庐山回到上海后，不断有高级军官登门求教。有一次，蒋方震留黄埔军校第一期出身的孙元良将军吃饭。席间，蒋方震多有勉励，孙元良忽然站起来将酒杯摔在地上，大声地说：“好，我们决心去打，打至最后一人！”蒋方震也慷慨激昂地说：“你们年轻人要活着看国家翻身的日子，我的老命却要拼在这一次！”②

蒋方震随即做出一个重要决定，在全民抗战的时代中止二女儿蒋雍去英国留学的计划。他写信告诉在德国留学的三女蒋英、五女蒋和：“我不让小二（指二女儿蒋雍）到英国来读书了，叫她到内地看看，中国抗战后整个都变了。在

① 彭明主编：《中国现代史资料选辑》第5册，中国人民大学出版社1989年版，第28页。
② 许逸云编著：《蒋百里年谱》，团结出版社1992年版，第153—154页。

这个百年难逢的大变动时代，亲自经历一下前线和后方，紧张和静穆，都是广大无边的课堂，比读死书好多了，你们没有机会参加，在外国要好好锻炼身体，不然就比不上在内地逃难的人们了。”①

1937年8月11日，国民党中央政治会议决定撤销“国防会议”与“国防委员会”，设立全国国防最高决策机关“国防最高会议”，并在其下设立“国防参议会”。国防最高会议成立的第3天，国防最高会议主席蒋介石、副主席汪精卫聘请蒋方震、张耀曾、张君劢、梁漱溟、曾琦、胡适、陶希圣、傅斯年、张伯苓、蒋梦麟、李璜、沈钧儒、黄炎培、马君武、毛泽东、晏阳初等16人为国防参议会参议员。9月中旬，又增补了9名参议员。

国防参议会参议员是由蒋介石亲自圈定的，其范围大致是从庐山谈话会出席者中选择5%。入选的标准是，“大致着重在野党派，社会人望和具有专长的人，总之，政府为了抗战，认为必须借重的，就可选任”。②第一批参议员，称得上是军事、外交、教育等各方面的硕望人才。《国防最高会议国防参议会组织要纲》规定：（1）国防最高会议为集中意见，团结御侮，设立国防参议会。（2）国防参议会参议员听取政府关于军事外交财政等之报告，得制定意见书于国防最高会议。（3）国防参议会参议员负责扩大全国国民团结之宣传，以期一德一心，达到抗战胜利之目的。（4）国防参议会参议员由国防最高会议指派或聘任之，开会时由国防最高会议主席或副主席任主席。（5）国防参议会设秘书处，设秘书长1人，由国防最高会议主席、副主席指派。（6）会员在会议中发表之任何言论，对外不负责任。（7）会员对于会议中一切报告与讨论，对外应守绝对之秘密。

国防最高会议的正、副主席是国防参议会的当然参议员，但身为国防最高会议主席的蒋介石从来没有出席过会议，主席一职始终由副主席汪精卫代理。国防参议会秘书长由汪精卫一派的交通部次长彭学沛担任。这就说明，蒋介石有意把国防参议会让给汪精卫来主持。为了便于开展工作，参议员以个人专长

---

① 许逸云编著：《蒋百里年谱》，团结出版社1992年版，第154页。

② 闻黎明：《国防参议会简论》，《抗日战争研究》1995年第1期。

分成政治、外交、教育、经济4个小组，蒋方震与胡适担任外交组召集人。

8月15日，蒋方震乘坐私人汽车从上海来到南京出席会议。到南京后，就主动将自己的小汽车献给政府以供抗战之用。

根据淞沪抗战爆发后的形势，蒋方震向蒋介石提交了《对日战局判断》："现在战局扩大，各方形势不同，就大势言之，沪宁方面，敌人不利于使用大部陆军，我方应取速决主义，不宜多控制预备队于后方，使敌人转得以少数兵力，牵制我大部兵力。平津方面，敌人仍将集中优势兵力，我方应取持久主义，兵力应有纵长之配置。山东方面，敌人所以犹未发动者，大约因平津方面未有南下企图之故，则此时正宜竭力构筑阵地。"蒋方震的这个判断，从纯军事战略的角度看是合理的。但蒋介石却从政略（即在上海扩大战争规模，以便争取英、美等西方列强干涉中日战争）出发，调集数十万精锐大军在上海一隅与日军展开了阵地拉锯战，使中国军队遭受了空前严重的损失，这是蒋方震没有预料到的。

8月17日，国防参议会第一次会议在南京举行，从这天起至1938年6月17日，共集会64次。蒋方震在会上提出，政府当务之急是收集战时情报，建议立即组织国防研究所。这个建议受到蒋介石的重视，国防研究所及香港中英情报联络处相继建立。在外交方面，参议员推荐胡适出任驻美大使，建议政府派蒋方震、孙科分别赴德、苏以争取国际上的援助。这个建议也得到政府的采纳。不久，蒋方震与胡适、张静江等分赴德、意、英、美等国开展外交，以争取这些国家对中国抗战的同情和支持。

9月1日，蒋方震在上海给蒋介石上了一个条陈，建议实行"物产统制"。条陈说："窃维数年来中央统制金融，其有补于统一工作者，至深且大，今战事一起，则现品（物）之能力较之金融（钱）之力为大矣，钱易集中于都市，而物则胶滞于地方，故若不急将物产统制，则地方势力又将发展，此诚宜从速进行，不可一日迟滞者也。"①

---

①《蒋百里全集》第六卷函札，第232页。

舌战纳粹头目

1937年9月5日，蒋介石正式委派蒋方震赴德国与意大利，派胡适赴美国，开展外交。蒋方震的外交使命是分化德意日关系，至少促使德、意两国对日关系不涉及中日问题。

蒋方震受命后，于9月7日赴南京中央军校蒋介石官邸请训。临别时，蒋介石将一张亲笔签署的半身照赠给蒋方震，并将一封写给意大利首相墨索里尼交给蒋，信件表示派蒋方震为其私人代表。

9月8日，蒋方震偕胡适从南京乘船西上汉口，从汉口换乘火车转香港，在香港候船出国。此前，蒋方震夫人左梅与两个女儿蒋雍、蒋华已经从上海转移到了杭州。蒋方震命蒋复璁前往杭州将她们母女三人护送到长沙，蒋方震则由汉口来到长沙与她们会合，然后一同南下广州转香港。到香港后，蒋方震将妻女三人安置在九龙暂住。不久，蒋雍即独自一人前往内地参加抗战后勤工作。

9月18日，蒋方震偕同先期抵达香港的斯坦法尼顾问乘坐邮船赴意大利。与蒋方震同行出国的除斯坦法尼顾问外，还有蒋方震的随从人员薛光前、蒋复璁、任显群、谢诒征及薛光前的妻儿，共七人。屈指算来，这是蒋方震第四次前往欧洲了，也是他最后一次出访欧洲。

船在新加坡停留时，驻新加坡总领事高凌百特在南天酒楼设宴款待蒋方震一行，饭后蒋方震的一位门生又开着汽车带着他们游览了新加坡著名的阿拉伯花园及蓄水池。抗战爆发后，许多留学欧洲的中国学生陆续自发回国参加抗战，有一批因乘坐的轮船损坏滞留在新加坡。他们得知大名鼎鼎的蒋方震先生路过这里，纷纷到船上拜访，征询他对军事前途的看法。

9月30日，蒋方震在船上赋《去国诗》一首："涕泪辞京国，艰难作远游。遥赴战场苦，白了少年头。"

在船上，蒋方震读到了日本学者室伏高信写的《南进论》，立刻着手翻译，以期引起英美的注意。但译稿因故未能出版。

到达罗马以后，蒋方震一行下榻于中国驻意大利大使馆，并由大使馆出面与意大利外交部交涉，表达蒋方震希望谒见意大利首相墨索里尼的意思。这时，以日本财阀大仓之子为团长的经济访问团已先期抵达罗马展开活动。日本方面财大气粗，以现款购买意大利旧飞机90余架，以取悦意大利。因此，意大利政府对蒋方震的到来相当冷淡，迟迟没有给出墨索里尼是否接见蒋方震的回复。

在这种情况下，蒋方震心生一计，于1937年10月20日以中华民国驻意大利大使刘文岛的名义，设宴为斯坦法尼顾问洗尘并欢迎蒋方震，借此邀请意大利全体内阁成员赴宴。在宴会上，蒋方震用中文发表演说，由薛光前当场译成意大利语。蒋方震的演讲虽然不长，但非常精彩，扣人心弦。他说："我这次到罗马，有一通讯社（日本同盟社）说，我是来买军火的。是的，我是来买军火的！（全场寂然）可是，我要的军火，不是看得见的，是看不见的；不是物质的，是精神的！"

接着，蒋方震又说："条条大路通罗马，这句话在中古时代通用，在20世纪也可以通用。罗马一词，在中国《后汉书》称为大秦。向慕之心，由来已久。罗马是西方精神遗产的结晶，一如中国是东方文化传统的中心。东西交应，大道流行，只有代表东西精神文明的中义（意）两国，才能负得起这责任，才能达到这目的。"

蒋方震最后说道："国际间友敌无常，唯中义（意）关系，自有史以来，只有友好，从无敌意。愿一同起立，尽此一觞，为这国际外交政治中罕有珍贵的中义（意）友好关系，继续共同努力！"

蒋方震的这一篇演讲打动了墨索里尼这位"枭雄"。第二天，意大利外交部部长齐亚诺派人到大使馆索取演讲稿。三天后，墨索里尼就给蒋方震发来请柬，约定于10月25日下午6时见面。

10月27日，意大利东方文化协会开会欢迎蒋方震。蒋方震在欢迎会上再次发表演说。他说：

> 中国的文化，宛如苍松古柏，根深蒂固，经得起风吹雨打。日本的文化，宛如桃李樱花，鲜艳夺目，但经不起微风细雨。今天中国国难重重，但深信雨过天晴，否极泰来。松柏长青，定有参天拔地一日。日本好像春

风得意，可惜美景不常，昙花一现而已。罗马文明悠久，与中国相伯仲，当能知所取舍，择善为友。

中国人最大的武器，就是坚强不屈的意志。敌人可侵占我城市，可屈服我政府，但决不能够屈服一国的文化，更不能屈服一个民族的意志。日本假口防共，想拿200万兵来屈服中国人的意志，等于梦想。日本一天不停止侵略中国，中国誓必抵抗到底。最后胜利，必属于中国！

10月28日，意大利外交部部长齐亚诺接见了蒋方震。一开始，蒋方震提出请齐亚诺在11月3日于比利时首都布鲁塞尔召开的会议上多多为中国帮忙，不料齐亚诺却表示对这个会议的态度很冷淡，并建议中国以保存国力为上策。

齐亚诺最后暗示两点：一是斡旋中日问题的中心在柏林；二是如果中、意成为政体相同的国家，则两国合作问题将达到意想不到的阶段。蒋方震不愿再听他的胡言乱语，便以严正的语气对齐亚诺说："你谈话的动机也许是可取的，但中日之战乃是日本侵略中国，而中国进行抵抗。侵略一天不停止，抵抗也就一天不会停止。"①

蒋方震在分化意大利与日本关系方面没能取得任何成果，但在中意贸易方面达成了协议，意大利答应以物物交换方式为中国提供工业机械及军火等。

10月31日，蒋方震在堂侄蒋复璁的陪同下由罗马抵达德国首都柏林，对德国展开外交活动。

自20世纪30年代初起，南京政府和法西斯德国一直保持着比较密切的关系。特别是1933年希特勒上台后扩军备战，德国对钨、锑、钼等战略物资的需求量急剧增长，供需矛盾十分突出。在希特勒看来，中国即意味着钨、锑等金属资源。为了确保获得稳定的战略原料来源，希特勒加强了同中国的关系。从1933年到1936年，中德关系达到了前所未有的亲密程度。德国庞大的军事顾问团活跃在蒋介石军队的各种机构中，在华南许多矿山和工厂中均能见到德国工程技术人员的身影，德国汉莎航空公司几乎垄断了中国国内的航

① 陶菊隐：《蒋百里传》，中华书局1985年版，第145页。

线。到1936年，德国成为中国的头号贸易伙伴。1935年11月27日，英国《泰晤士报》以不无嫉妒的口吻写道："同与其他列强的关系相比，中国同德国的关系更加密切，无论在经济关系、政治关系上，还是在军事关系上，德国人都独占鳌头。"

但是，希特勒与南京政府的这种亲密关系是建立在确保中国向德国提供战略原料的基础上的，这是法西斯德国的一种实用主义的外交政策。1937年7月7日，日本发动全面侵华战争，打乱了德国的对华政策。尽管德国与日本已于1936年11月25日签订了《反共产国际协定》，但德国担心日本对中国的全面控制会损害德国的利益，因此对日本发动全面侵华战争表示了强烈不满。1937年7月20日，德国外交部公开宣布对中日战争采取"中立"的态度。德国外交部还私下告诉日本：不要期望德国会赞成日本的行动。7月28日，德国外交部副部长魏茨泽克再次警告说，日本的对华政策很可能会驱使中国投入苏联的怀抱。他指责日本全面侵华违背了《反共产国际协定》的精神，并以不能逼迫蒋介石转向苏联为由，拒绝了日本提出的要求德国停止对华军火贸易和撤出德国军事顾问团的要求。7月底，魏茨泽克会见日本驻德大使武者小路时再次表示，德国坚持不支持日本侵华行动的立场。对此，日本威胁说，如果德国不停止向中国供应军火，日本准备废除《反共产国际协定》。当时，德国和英国正在进行秘密谈判，如果谈判成功，德国和日本的关系则有可能进一步恶化。但德国和英国的谈判没有取得任何结果。到1937年10月，希特勒感到有必要加强与日本、意大利的法西斯联盟，"以此来抵消一个可能的英、法、苏大联合"。从此，法西斯德国的对华政策开始出现转向。10月18日，德国二号人物戈林正式命令停止向中国提供任何物资。同时，希特勒也命令德国有关部门停止向中国提供新的贷款。他明确告诉下属，他原则上赞成与日本合作的主张。不过，此时德国并未下定抛弃中国的最后决心，为德国的某种利益计，他命令驻华大使陶德曼在中日间执行一项调停使命。不过，这项使命注定是要失败的。德国政府命令陶德曼"只执行一个消极调停者的角色，即只负责传递双方信息的角色"。

11月1日，蒋方震与戈林会谈，说明中国的抗战立场。戈林是亲日的纳粹头目，不可能指望他同情中国的抗战事业。在此之前，即1937年10月18日，戈林利用他掌握的“四年计划”大权，下令停止向中国运送武器，撕毁中德之间已达成的贸易协定。但国防部长布隆堡是中德关系的强有力支持者，他没有理会戈林的命令，下令以更隐蔽的方式继续执行中德“合步楼协定”，继续向中国运送武器。货物被伪装起来，由丹麦轮船运送到新加坡的一家英国公司，令参与者严格保密。

11月3日，蒋方震会见了德国国防部部长布隆堡，随后又会见了德国外交部部长冯·牛赖特男爵。布隆堡和牛赖特虽然同情中国，但他们在德国政府中处于被排挤的地位，对中德关系已无发言权，因此也是爱莫能助。

11月6日，德、意、日三国防共协定正式签字。

1938年2月，希特勒对德国政府进行了洗牌，一批具有亲华倾向、与蒋介石政府关系较深的高级官员被解职。国防部部长布隆堡被撤职，希特勒亲自掌握了武装部队的最高指挥权。外交部部长冯·牛赖特也被撤职，由里宾特洛甫取代，德国亲日的纳粹头目掌握了全部大权，中德关系急转直下。

蒋方震在德国的外交努力没有发挥任何作用，蒋方震提出的希望德国在亚洲保持中立的要求也未能得到满足。在德国的外交努力失败后，蒋方震派其侄蒋复璁先行回国报告。报告认为，德日意轴心势难分化，主张放弃德、意，加强拉拢英、美、法，联络苏联，以对付日本。12月14日，蒋复璁离开柏林回国。行前，蒋方震特地叮嘱他，将来无论政府迁往新疆或西藏，都要扛着“中央图书馆”的招牌，跟随到底。

蒋方震结束外交工作后，搬到柏林郊外的达勒姆（Danlem）暂住下来。在此期间，他往返于法国、英国、意大利之间，搜集情报，继续为中国的抗战事业奔波。

蒋方震在柏林见到了在德国留学的两个女儿蒋英与蒋和。两个女儿留学德国已经两年，成熟了许多，父女相见，分外高兴，使蒋方震感到无比的欣慰。

此时，希特勒与苏联正在进行贸易谈判，德国准备以提供贷款的方式，从苏联获得重要的战略原料，以取代从中国的进口。

1938年2月20日，德国纳粹政府宣布承认伪满洲国。在日本政府的要求下，德国政府又于1938年4月28日下令禁止对华运送战争物资，包括那些在

“合步楼协定”中已承诺提供的物资。

在这种越来越恶劣的国际情势下，蒋方震在德国郊外迎来了1938年中国的农历除夕。蒋方震有感而发，赋诗一首：“无端急景凋年夜，到处低徊遇古人。瓶里赤心甘必大，墓前青草史莱芬。雄师伤后威犹在，白马归来画入神。如此人才如此事，回天一梦到新正。”[①]1938年8月，蒋方震在汉口将此诗楷书屏条赠给张宗祥，并在诗后题曰：“阆孙（张宗祥字阆声，蒋方震在此误写为阆孙——著者注）要我写字，即录丁丑除夕在巴黎柏林间所感，装些外国古董给他看。”11月蒋方震去世后，张宗祥在屏条上题跋：“甘必大之心现在瓶中供养。史莱芬墓无人扫除，乱草纵横，墓铸一狮，受伤倦卧。白马句系指法国一名画，画拿翁捷后归来故事。此诗百里自欧洲归国至汉时，在汉寓所写。予因款字有误，付禾草侄收藏，今禾侄至桂林而百里已作古人，此纸仍在禾侄行箧中，夜雨挑灯，出以相示，不胜怆然！不知百里墓上宿草离离，何人为之扫除也？西望鹤山，栖魂何处？一叹！海宁张宗祥记。”

蒋方震在柏林期间，与在罗马的斯坦法尼名誉顾问一直保持通信联系。斯坦法尼同情中国的抗战，回到意大利后曾在报纸上发表《中国抗战之力量》《日本之压迫适足以促使中国之强盛》等文章，向意大利人介绍中国的抗战情况。在南京沦陷后的第二天，斯坦法尼又在都灵《时报》上发表《中国任何一地可作战时首都》的专论，说明中国不会因为南京的沦陷而放弃抵抗。蒋方震在1938年1月21日致斯坦法尼的信中，对日本的行为有如下评价：“有关中日和平谈判的消息，颇为不利。日本所提出的条件，不但对于蒋委员长，就是再迁就的中国人，都不能接受——日本御前会议决定的，并不是实际的决议。日本现在将和其他政府谈和，但是我以为‘从灰中造不出凤凰’，于此可得一证明。日本老是采取‘片面行动’，既不决战，也不讲和。国际政治，瞬息万变，如有有价值新闻及意见，望告知。”[②]

蒋方震无力扭转中德关系恶化的局面，继续留在德国已无益，便于1938年

① 《蒋方震将军诗》，《民族诗坛》1943年第5卷第2期。

② 《蒋百里全集》第六卷函札，第274页。

3月离开德国。蒋方震原本准备带两个女儿回国，但蒋英在柏林大学的音乐课程已到了最后阶段。蒋方震便决定让蒋英留在德国完成学业，带最小的女儿蒋和前往法国。在法国期间，蒋方震先后会见了法国总统勒布伦、总理达拉第、国防部部长甘茂林等，并对拿破仑兵法进行了专门研究。

4月，蒋方震与女儿蒋和等在法国马赛港乘罗素尔号轮船回国。航行途中，传来中国军队取得台儿庄大捷的消息，船长举杯向蒋方震等中国旅客致贺。蒋方震私下对蒋和说："你来看，国际礼貌是不爽毫厘的，我们表现一分力量，他们就给我一分颜色，你们年轻人应该牢牢记得这个规律。"5月，蒋方震回到香港，夫人及女儿蒋雍都在那里，女儿蒋雍正在香港皇后大学学习。数日后，蒋方震从香港到汉口向蒋介石汇报出使欧洲的情况，随即返回香港，住九龙酒店休息。

蒋方震回到香港，登门拜访的客人络绎不绝，张一麟老先生更是常客。当时在香港公干的国民政府要人宋子文、孔祥熙也时常宴请蒋方震，并听取他对于国防经济等方面的意见。这期间，他的一位门生看见老师的军服上挂的是中将领章，很不理解，就问老师为什么不挂上将军衔。蒋方震正色回答："国家名器应当重视，外国的一个中将就很不易，不是六七十岁的老头子，就是对国家有特别贡献的，做到中将正不容易，像我们张三、李四年轻小伙子随便就是将官，绝对不是国家的幸事。"其实，以蒋方震的资历与地位，当上将是合情合理的，但他自屈中将以重国家名器，其自谦品德令人佩服。

第十章　振奋国人的抗日必胜论

对日本军国主义的深刻剖析

蒋方震出使意大利、德国，虽然在外交上收获有限，却在德国完成了他一生中又一部不朽名著《日本人——一个外国人的研究》。

蒋方震写这本书还有一个小故事，他在书后有所交代：

在去年十一月十一日那天下午，我在柏林近郊“绿林”中散步，心里胡思乱想，又是习惯不适于新环境，——看手表不过五点，但忘记了柏林冬天的早黑——结果迷失了道路，走了两点多钟，找不到回家的路，不免有点心慌。但是远远地望见了一个灯，只好向着那灯光走找人家问路，那知道灯光却在一小湖对面，又沿湖绕了一大圈，才到目的地，黑夜敲门（实在不过八点半）居然出来了一位老者，他的须发如银之白，他的两颊如婴之红，简直像仙人一般。他告诉我怎样走，那样转弯，我那时仍旧弄不清楚。忽然心机一转，问他有电话没有，他说“有。”我说那费心打电话，叫一部车子来罢，他说那么请客厅坐一坐等车，一进客厅就看见他许多中国和日本的陈设，我同他就谈起东方事情来，哪知这位红颜白发的仙人，他的东方知识比我更来得高明，凡我所知道的，他没有不知道。他所知道的我却不能像他那样深刻。比方说“日本人不知道中国文化”等类，他还有《日本〈古事记〉研究》一稿，我看了竟是茫无头绪。我十二分佩服他。从此就订了极深切的交情。这本书是我从他笔记中间片段片段的摘出来而稍加整理的。现在不敢自私，把他公表，不久德文原本也快将出来。我临走的时候，他送我行，而且郑重地告诉我："胜也罢，败也罢，就是不要同他讲和！"①

蒋方震上面所说的那位"红颜白发的仙人"，即德国西门子电机公司经理爱斯德，此人曾任德国远东舰队舰长，驻防过中国山东青岛。第一次世界大战期间，日本出兵中国山东，攻下青岛，爱斯德为日军俘虏，并被押往日本东京囚禁了3年，因此对日本人极端痛恨。第一次世界大战结束以后，爱斯德获释回到德国，留心研究日本，成为德国的一名"日本通"。

而蒋方震则是中国的"日本通"，他从1901年赴日留学起，30余年坚持每天阅读日文报纸。他认为抗日必须先知日，每个中国人都应阅读日文报纸，以了解日本动态。当时日文报每月订购价为一元，故自九一八事变后，蒋方震提倡"一元救国"，即号召大家看日文报纸，知晓日本动态，以做到知彼知己。中、德两个"日本通"偶然相遇，于是抗战时期轰动一时的研究日本人的著作就诞生了。

这本书虽说取材于爱斯德的研究成果，实际上也是蒋方震30多年来研究日本的思想结晶。全书包括绪言及正文13章。13章的标题分别是：一、几个自然条件；二、几段历史事迹；三、明治大帝；四、欧战；五、固有的裂痕；六、军人思想之变迁；七、政治；八、财政经济；九、外交；十、精神上的弱点；十一、黄金时代过去了；十二、结论物与人；十三、这本书的故事。

蒋方震开篇即写道：

世界上没有像我那样同情于日本人的！

一群伟大的戏角，正在那里表演一场比Hamlet更悲的悲剧；在旁观者

---

① 《蒋百里全集》第四卷文史，第349—350页。

那得不替这悲剧的主人翁，下一滴同情之泪呢。

古代的悲剧，是不可知的命运所注定的。现代的悲剧，是主人公性格的反映，是自造的。而目前这个大悲剧，却是两者兼而有之。

日本陆军的强，是世界少有的。海军的强，也是世界少有的。但是这两个强，加在一起，却等于弱；这可以说是不可知的公式；也可以说是性格的反映。

孔子作《易》终于“未济”，孟子说“生于忧患，死于安乐”，这种中国文化，日本人根本不懂，他却要自称东方主人翁？

如今我像哥德批评Hamlet一般，来考察目前这个悲剧的来源。①

蒋方震具体分析了日本人悲剧性格产生的几种自然条件：

1.情热的人种。从日本人的习惯，诸如洗澡、衣服、饮食、居住来看，日本人种无疑地是从南方移去的。其间当然也有一部分是从北方——中国山东与高丽的移民，但这并不是主流。所以北方的风格，在日本是看不见的。事实上，北方苦寒的生活，非日本人所能接受。北海道为日本国国土，经过五十年的开拓。中国的东三省——满洲二十年前，日本就想移民，五年来他可以自由移民。但统计数字的雄辩，确实告诉我们，日本这种移民企图已经怎样的失败。日本人怎样的不愿到北方去！

2.地理上的影响……日本的气候风景，真可以自豪为世界乐土。但它缺少了国民教育上的两种材料。日本自以为是东方的英国，但他缺少了伦敦的雾（雾锻炼了英国人体格之强健与眼光之正确）。日本人要实行他的大陆政策，但他缺少了中国的黄河、长江（黄河、长江养成中国人特有的气度）。明媚的风景——外界环境轮廓的明净美丽，刺激了这个情热人种的眼光，时时向外界注意，缺少了内省的能力，同时因为事事要注意，却从复杂的环境中找不到一个重点。短急清浅的水流，又诱导他成了性急的，矫

① 《蒋百里全集》第四卷文史，第315页。

激的，容易入于悲观的性格。地震、火山喷火，这些不可知的自然变动，也给予日本人一种阴影。

3. 鱼……即无限制的海上生活资源——鱼。但是这个鱼，又给日本民族性格上一种影响。日本古代拿鲤鱼来比武士。因为只有鲤鱼受了刀伤乃至临死也不会动。恐怕切腹这个风俗，与吃鱼有关系吧。因为鱼非新鲜不可口，日本人吃鱼便要把鱼活活的宰死了吃，才有风味。日本人不懂中国孟子所说的“闻其声不忍食其肉”与“君子远庖厨”的意义。所以他们的残忍性，还保有岛人吃人肉的遗传。

4. 酒。世界各国的酒都是越陈越好。白兰地一百年，绍兴酒五十年，但日本的酒却是要新鲜，越新越好。而大量饮酒在日本人却认为豪杰的象征。尤其陆海军将领，对于酒，都是经过长期奋斗而升级的，所谓“死且不惧，卮酒奚足辞”。

5. 音乐。假如你在月明之夜听日本人的笛——尺八。假如你在黄昏时分，听日本农夫的民谣。假如你在灯红酒绿中听他们的三味线，你总能得到高亢激烈，与长声哀怨的音色。外国人要学他，一定呼吸会转不过来。在中国琴弦，因为过高而断，是个不祥之兆。假如拿中国的琴来和日本的三味线，琴弦一定会断。

6. 花。“花是樱花，人是武士！”多么美呵！但它的意义却是印度悲观主义的“无常”。因为樱花当它最美的时候，正是立刻要凋谢的象征。好像武士当他最荣誉的时候，就是他效命疆场的一刹那间。(勇敢是可赞美的，但太悲观了啊!)

所以日本人在制造文字时代，节取中国文字，来做他的字母，就有了一首诗。开首是“色香俱散”，结束是“人事无常”。直译的意义是：“色与香都是要散的呀！……我们的人生谁能维持永久呢?”①

接着，蒋方震剖析了日本的所谓武士道与大和魂。他说，从表面上看，日

① 《蒋百里全集》第四卷文史，第316—318页。

本的武士道与欧洲中古时代的骑士无大区别，他们的美德是忠实、勇敢、同情、俭朴、守礼节，只有一件与骑士不同，即对女性的观念不是尊重，而是蹂躏。除此以外，日本人还有欧洲人所没有的“内在精神”，即所谓“大和魂”。这个大和魂，不仅外国人不能捉摸，就是日本人也不能说明。在他看来，美学有所谓忘我的境界，这种容易导入于忘我境界的性格，恐怕就是大和魂的真谛。而这一刹那的异常境遇，是从佛教禅宗所谓“悟”、所谓“空”而来的，但其中有厌世悲观的色彩。

蒋方震指出，日本武士的长处就是所谓“道”，但它的背面有一个阴影，就是“不道”。日本面积很小，长期分作几百个小国，彼此毗连邻接，他的首领随时有被袭击的可能，故其对四面八方不能不有着十二分警戒，其侦探术就特别的巧妙。几百年来，日本人养成了间谍的天才。日本的上层社会，常常不自觉地喜用诈术，就是那时候养成的。

蒋方震指出，第一次世界大战给予日本社会的第一个影响就是烦闷。随着日本工业资本主义的迅速成长，日本社会贫富对立、分化加剧。第二个影响就是诱惑。在第一次世界大战中，俄国发生了十月革命，德国失败了，英国也在战争中被削弱了，而日本却在战争中增强了国力。日本可以自由进展到西伯利亚，印度洋要仗日本的海军来保护，日本还趁机攫取了中国的山东青岛，借此向中国腹地活动，整个亚细亚都成了日本的势力范围。日本虽然害怕美国，但远隔太平洋，美国向亚太地区扩张必须经过日本群岛的关门不可。欧美有钱，日本人也有钱；欧美人有机器，日本人也有机器；日本称雄世界的诱惑，就日见其不可抵御了。

蒋方震指出，在历史上看来，无论哪一个民族哪一个时代，从没有像日本在欧战时代这样的急速变迁。一个原来缺少内省能力、缺少临时应用能力的急性的民族，一方面遭遇了社会的莫大矛盾（不安与烦闷），一方面当着千载难逢的机会（诱惑与希望），就像一艘渔船遇到了飓风，一高高到天上，可以征服亚洲，即可以征服世界；一低又低到了地狱，国内贫富不均，生活困难，虚无主义，暗杀手段，应运而生。不仅把舵的失却了罗盘针，全民族也导入了一种疯狂状态——战争！革命！

蒋方震分析了日本社会的种种裂痕和矛盾。

第一个裂痕是政治家与军事家在政治上的对立。军人操纵政治，是日本政治的传统习惯，欧战以前还只是几个最高级的军人留心政治，到欧战以后这种习惯已经影响到了下级军官。

第二个裂痕是海军与陆军的对立。日本的陆军与海军出于对外扩张的需要，互相争夺预算。日本海军想取得世界霸主地位，不仅企图封锁亚洲海岸，还想控制整个太平洋；日本陆军又要实行他的大陆政策。日本执政者若对陆海军中的任何一方有所偏袒，就会被另一方指为卖国贼。

第三个裂痕是日本下级军人与社会的对立。日本实行征兵制，入伍当兵的大多数是最困苦不堪的农民子弟，这些士兵和下级军官常常受到上层社会的讥笑和侮辱，他们对于日本财阀，对于日本政党，就产生了一种不可解的仇恨。他们希望内政改革，但改革运动（十月事件、三月事件）失败，日本青年军人产生了极大的烦闷。在这种时代背景下，日本政治史上遗传下来的一种产物，即所谓浪人，趁机活动，煽动青年军人闹事。其策划了多次行动。第一次是想在议会中投炸弹，借此实行戒严，解散国会，这是一个高级军官策划的，但为警察发觉，没有成功。第二次是假造高贵人的命令，令近卫第一师团出动，这是下级军官策划的，但被长官发觉，也没能成功。第三次是青年候补生刺杀总理犬养毅，袭击警察局。第四次是近卫师团并第一团第三联队暴动，占领了东京中心的一区，刺杀斋藤、高桥，这就是“二二六暴动”。由此可见，日本军官的思想远不像日俄战争时期那样单纯了。

蒋方震在分析了日本的政治后指出，日本的政治，“除了‘阴谋’‘煽动’‘贿赂’‘威吓’以外，我不知道政治运动中还有何种方法。我不愿将日本这种一般的恶性的政治内幕揭露出来。不过在上述的几种情形以外，日本政治史还有两件事，是日本所独有而值得记述的”。①

第一，是日本政治家的不幸。日本有力量的政治家，若非遭遇意外不幸，便是被人暗杀，这是日本开国以来不断发生的事实。维新动乱时代姑且不提，

① 《蒋百里全集》第四卷文史，第333页。

政府安定以后，西乡隆盛以暴动起兵而自杀于战场，大久保利通被指为国贼遭暗杀，大隈重信因外交问题被炸弹袭击，伊藤博文又在哈尔滨遇刺而亡。这是日本极盛的明治时代最重要的四位人物，均遭了横祸。又如日本最大政党政友会的首领几乎个个横死。星亨为首，继之者为原敬。田中义一大将下野不久，一夜间猝死，是否自杀，迄成疑问。犬养毅被士官生击死于首相官邸，高桥是清78岁高龄亦被军人击死。60年来，政友会首领，只有西园寺可望善终，然而也是屡屡遇险。至于民政党首领，总理大臣滨口雄胜，财政大臣井上准之助，财阀、元老团乃至超然的海军大将斋藤实盛都遭遇了同犬养毅一般的命运。此外，幸免的冈田启介海军上将、铃木贯太郎侍从武官长、牧野伸显宫内大臣，也受了相当惊吓。这种疯狂的暗杀行为，还波及到俄国皇太子尼古拉、中国钦差大臣李鸿章。蒋方震由此得出的结论是："日本政治家，可以说天天在火山上跳舞。"①

第二，后台操纵日本内阁的命运。蒋方震指出，日本内阁的背后总有一群人在那里操纵着，内阁的生死完全决定在这群人手里。明治天皇死后，可以分为三个时期，第一是元老操纵时期，第二是枢密院、贵族院操纵时期，第三是青年军人操纵时期（1931年九一八事变以后）。日本自有议会以来，政府因众议院多数反对而辞职的只有两次。在野党欲推翻政府，不在对于大众演说，而在于秘密与内阁后台接洽。伊藤博文公开组织政党的时代，山县有朋就竭力反对；而对抗的方法，就是一面收买议员，一面蓄养浪人，遗后世以无数恶例。

在《外交》一章中，蒋方震分析了日本"二重外交"的由来。

他指出，明治二十四年（1891）以前日本无外交可言，而外交官的位置多数是贵族的游戏品。但当时陆海军派往各地的留学生，倒能通达语言，深入各国社会。所以参谋本部的外国情报，常比外交部来得早。自中日甲午战争（1894—1895年）和日俄战争（1904—1905年）以后，参谋本部的地位自然提高，故遇到重要事件发生，军人对外交常有发言权。特别在中国，许多

① 《蒋百里全集》第四卷文史，第334页。

浪人做侦探，都是由参谋本部接济的。外交官人数有限，自然不及参谋本部情报网细密。随着日本军人势力的增长，外交官只能仰军人的鼻息，以保持其地位。日本退出国际联盟，原不是外交部所赞成的，而是参谋本部作战部部长石原一手造成的。自九一八事变以后，日本的外交声明与军队的行动往往相反，这种情形的出现，“我们不敢说外交人员撒谎，只能以二重外交解释它”。蒋方震指出：“比较缺少自省力的日本国民经‘胜仗’‘发展’‘大陆政策’尽量的鼓舞人民的气势，结果自己收缩不下来，例如日俄战后的东京烧打事件。”①

在《精神上的弱点》一章中，蒋方震剖析了日本国民在精神上的空虚与矛盾。日本的文明除去从中国、印度输入的文字和思想，从欧美输入的机器和科学，就所剩不多了。因此，几千年来，日本国民原是崇拜外国人的。但自日本明治维新走上军国主义道路以后，却妄自尊大夸示他独有的能力，并且将原先的崇拜心理，转移到了嫉妒上去。一方面对中国用兵，一方面却主张人种战争。于是在良心上发生一种矛盾，日本天天以东方文化自豪，实则无一不是模仿西方：“拿了拿破仑创造莱茵同盟的故智来制造‘满洲国’；学了英国的故智，企图将中国分裂成几个小国，互相对立。日本在对外扩张的道路上野心愈来愈膨胀，得了朝鲜还想南满，得了南满不够，更想满蒙全部，更想中国北部，如今又扩大到全中国，要以有限的能力来满足无限的欲望。”

蒋方震嘲笑说，日本人研究外国情形，了解了许多秘密的知识，比外国人自己知道的还丰富。但正因为精于细密之故，倒把大的、普通的忘记了。日本人研究中国人物，虽然很细微，但却忘记了中国地理的统一性与文字的普遍性，而想用武力来改变五千年历史的力量，将中国分裂，这是徒劳的。

在《黄金时代过去了》一章中，蒋方震指出，从内政上说，日本虽然想向举国一致的方向走，但缺少了一个先决条件，就是国民不能了解敌人到底是谁。(1) 陆军对俄国，海军对英国，现在为什么对中国？(2) 日本军人向来夸称中国不够做它的目标，只须一出兵就可以占领中国，但现在事实却正相反。(3) 对

① 《蒋百里全集》第四卷文史，第341页。

付中国尚且如此困难，将来如何对俄对英美？从国际上说，华盛顿会议实为日本独步东亚的时代，但随着日本对外扩张野心的暴露，引起了美国、俄国、英国等世界强国的疑惧，形成了日本与世界各强国为敌的严重局面。

蒋方震总结说："日本，在极小的一块空地中常能布置出十全的庭园山石。这个想象力很大的日本民族，悲剧性的自造了一个国难，以为悲壮的享乐。本是一个理想的阴影，现在竟变成了事实的魔鬼。日本的厄运，实在是爱国志士造成的啊！"①

在第十二章《结论物与人》中，蒋方震指出，日本政治家和军阀的脑筋里装着无数的数字，油多少，煤多少，铁多少，乃至船多少吨，炮多少门，却忘记了一件根本大事，即日本"人"的健康状态。他征引日本统计材料说，日本国民壮丁役不及格的比例，1925年为25%，1932年为35%，1935年为40%，1938年为48%。从这一严重事实出发，蒋方震说：

夸称日本文明者，当然说他教育制度如何完备，国民学校如何发达，可是这教育势力下所养成的学生，其兵役不及格的程度，占各职业中之最高度。一九三五年全国受验壮丁632886人中，不合格的百分率占百分之五十以上。而且不论乡村都会，工业区与农业区，一律的不行。列表如下：

东京	大阪	北海道	东北	北陆	四国	九州
57.4	59.6	56.0	53.0	52.1	52.5	49.7

更显著者，学生体格之不良，随着教育程度而递增。不及格者大学生最多，其次为高等学校、专门学校毕业者，再次则中小学，但国民小学毕业者比高等小学者其不及格之比率更大，一九二五年来此种现象更为显著。

缺乏内省能力的日本国民呵！身长是加增了，体重是仍旧。这是一件怎样严重的象征！向外发展超越了自然的限度，必定要栽一大筋斗！

白种人中一两个穷小子受了银行老板的气，不得已跟着这位挥霍无度，

① 《蒋百里全集》第四卷文史，第346页。

内在空虚的大阔少，想出风头，一定会上当会倒霉！[①]

蒋方震的这部著作于1938年夏在武汉《大公报》上连载。蒋方震以哲学家与史学家独到的眼光，把日本人、日本民族的性格与日本地理条件、环境之间的关系阐述得非常透彻，对日本的所谓“武士道”“大和魂”进行了无情的解剖，对日本明治维新以来的政治、军事、外交等特点进行了剖析，指出了日本军国主义的悲剧命运。这是蒋方震30多年来研究日本问题的结晶。这本书立论中肯，处处击中要害，将日本人刻画得入木三分，很快引起了广大读者的注意。在汉口《大公报》上连载时作者并没有署名，于是人们纷纷猜测作者是谁。有人猜测是郭沫若，有人说是陈布雷，直至连载至最后一期，《大公报》在最后披露“蒋方震于汉口”，人们才恍然大悟，承认也只有他才能写出此等有特色的文字。

蒋方震的这篇文章在抗战后方引起轰动，《大公报》销量骤增1万多份。蒋介石的机要秘书汪日章看完后，称赞它“是抗战以来第一篇轰动文坛、轰动智识界的好文章！说得好，骂得好，骂了日本人，但这篇文章日本人自己看到了也要佩服”。[②]汪日章立即要求蒋方震将著作印5万册，并翻译成各国文字，广为宣传。后来，这本书印了10余万册。9月，汉口《大公报》还登载了一则别出心裁的广告，题目是《蒋方震先生出卖日本人》，以标题党的方式推销蒋方震的这本著作，再度引起国人的关注。

好友张宗祥见到蒋方震时，也称赞《日本人——一个外国人的研究》“一书最佳”。他还说：“举国半有恐日病，留日学军事者更甚。子独能详细分析日本人情形，此真知彼知己之谈。独叙日本财阀尚未明彻。我意资本主义国家之一切政权，久尽操于财阀手中，譬如日本自明治变法以来，除伊藤博文一任内阁总理与财阀无关外，其余非三井、三菱子侄即为其甥舅，虽犬养毅亦辗转与财阀有关，此点何以不详细列入？”蒋方震笑着回答：“子说诚是。《日本人》昨

① 《蒋百里全集》第四卷文史，第348页。

② 蒋百里：《蒋百里抗战论集》，新阵地图书社1939年版，第9页。

日闻有五百‘个’（意指五百本《日本人——一个外国人的研究》，当时百里故意说成‘个’字）到重庆了，此即予平日所谓何以中国人不肯日费数分钱定一份《朝日新闻》之类看看，略知日本国中大势。”

《日本人——一个外国人的研究》成为抗战期间“国人对敌研究必读的书”。1939年1月中上旬，国内另一个“日本通”、孙科“太子系”要角周一志撰写了《〈日本人〉的读后感》一文，对蒋方震的《日本人——一个外国人的研究》一书进行了比较详细的解读。

周一志首先指出：“在阅读中，使我对于日本的了解与中国抗战的前途都随时感觉到新的启发，其文章的生动而充满了文学意味之值得赞美，那尤其是余事。无论如何，蒋先生诚不愧被称为一个最聪明的人！”①接着，周一志写道：“我想，在现在的时候，无论什么人看了这本书，印象最深的，一定是结语那句名言：‘胜也罢，败也罢，就是不要同他讲和。’多少人们的意见，都以为蒋先生这句名言非传不可了。同时，据朋友们所告诉我，蒋先生在9月间长沙某次的宴会席上，也曾有过很精透的演说，以极鲜明的态度说明我们的抗战确是大有前途的。这样看来，蒋先生从德国回来之后，言论与著述完全一致地坚决主张中国之抗战到底，那是很清楚的事实。”②周一志还说：“据我个人所知道蒋百里先生，他在军事学以及其他学识方面，当然是极有地位的一个人……到了认清中日抗战的局势之后，断然发出不可与敌寇讲和的呼声，可谓有眼光而忠于国家了。我也同有些人们的意见一样，蒋先生所描述的德国老人恐怕是假托之词，实在还是蒋先生自己的看法。”③

对于蒋方震在《日本人——一个外国人的研究》一书中论及的日本国民性格问题，周一志以一个“日本通”的知识，做了如下的补充论述：“蒋先生特别地提出日本因自然条件之故，是情热的人种，时时向外界注意，缺少了内省的能力；同时成了性急的、矫激的容易入于悲观的性格，这确是深知日本之论。我个人在日本住过一年，同日本人也曾有过短期间的接触，觉得蒋先生的批评完全是对的。大概因为日本人热情，所以大都是神经过敏的。他们判断中国的

①②③ 周一志：《〈日本人〉的读后感》，《中山半月刊》1939年第1卷第6期。

事情，往往太神经过敏了，而流于错误者极多极多。我在日本的一年中，看他们的报纸观察中国的政情就是如此。以一个缺乏内省力，既性急又神经过敏的民族，处在一个暴发户的幸运的环境，无怪乎会闹到今次中日长期战争的地步，他们虽心中已感觉苦痛万分，可是已陷于欲罢不能之势了。”①

关于日本外交问题，周一志写道：“谈到日本的外交，蒋先生对我们也很有所启发。尤其是日本的对俄的问题，蒋先生指出日本在与英美接近以外，后面还有一条暗流，便是亲俄，但是这条暗流却每次调到失败。指出广田就是这个政策的代表人物。在日德防共协定的时节，广田竟秘密地向俄国驻日本大使说‘防共是对英而非对俄’这个看法，我们本来也很有如此的感觉，现在经蒋先生明白地说出来，更证明了这种看法是不错的。有一点眼光的日本人一定会知道同像只熊的俄国战争，失败了日本将不得了；侥幸而胜，也必然把自己的国力消耗十之八九，而所得却是没有经济价值的西伯利亚中的一块荒地，同时更不会使俄国的立国根本发生什么动摇，随时还可以报仇的。这完全是太冒险，而不智的作为。所以，日本外交之有亲俄这条暗流，确是有道理的。”②

关于日本武士道问题，周一志指出：“蒋先生论日本武士道一节……我也觉得有重视的价值。日本的间谍，在世界上已经是驰名的了。其原因，蒋先生给予了我们以很好的解答。他们在中国，特别利用了中国人民族意识的低下与民族道德的堕落，从九一八以来造就了无数的大小汉奸，我们政府中的秘密，日本往往了如指掌。因此，日本人或者以为这样就可以亡中国了。其实，那是大大的一个错误。他们执坏的一面以推论一切，不晓得中国方面的优点也是很多很多。同时，到了真正为求全民族生存的大战争中，又自然会产生新的好因素来适应大时代的要求。这一些事情，日本人事先是不会想得到的。”③

周一志最后说：“我个人在读完《日本人》一书而连带发生的一点粗浅的感想如此，自然万万不是说此书有价值的地方就是几点而已，这是最后应当声明

①②③ 周一志：《〈日本人〉的读后感》，《中山半月刊》1939年第1卷第6期。

一下的。”[1]

蒋方震逝世后，黄炎培在哀悼蒋方震的挽联中特别突出了《日本人——一个外国人的研究》一书：

> 天生兵学家，亦是天生文学家，嗟君历尽尘海风波，其才略至战时始显；
>
> 一个中国人，来写一篇日本人，留此最后结晶文字，有光芒使敌胆为寒。[2]

从历史与文化阐述抗日必胜

1938年7月27日，蒋方震结束在香港的休息，携女儿蒋和飞抵汉口，下榻汉口法租界德明饭店。蒋方震抵达汉口的当天，即晋见蒋介石就抗战问题有所商讨。结束后，蒋方震对记者发表谈话称，世界各国热切同情中国，抗战前途殊可乐观，切盼全国人民咸抱必胜之信心，抗战到底，雪耻复仇。

南京失守后，国民政府宣布迁都重庆。

在近一年的全民族抗日战争中，中国军民面对强大的敌人进行了殊死抵抗，粉碎了日本军国主义三个月灭亡中国的野心，但也付出了惨重的代价和牺牲，北平、天津、张家口、上海、杭州、石家庄、大同、太原、南京、徐州、济南等大城市和战略要地相继沦陷，国民政府军队遭受日军重创，北平、南京、上海等地的傀儡政权继东北、冀东傀儡政权之后相继建立。在这种局面下，以国民党副总裁汪精卫为首的一批民族失败主义分子对抗日战争悲观失望，大唱抗日亡国的谬论，形成了以汪精卫等人为中心的所谓“低调俱乐部”。后来沦为大汉奸的周佛海回忆说，“汪先生的主张，是完全和我们一致

---

① 周一志：《〈日本人〉的读后感》，《中山半月刊》1939年第1卷第6期。

② 《蒋百里先生纪念册》，中国人民政治协商会议浙江省海宁市委员会文史资料委员会1993年编印，第229页。

的”，“所以，我们当时就无形中以汪先生为中心，酝酿和平运动”，“企图以外交方式结束战争”[①]。

以汪精卫为首的这伙民族失败主义分子地位高、能量大，任凭他们活动下去，对中国的抗日事业是极为有害的。在这种时代背景下，蒋方震应《大公报》之约，拿起他的如椽大笔，写下了一系列煌煌大文，驳斥失败主义论调，鼓舞中国人民争取抗日战争胜利的信心。

《抗战的基本观念》一文是蒋方震在出使意大利、德国等国期间写的。蒋方震在欧洲期间，有机会便向欧洲各界人士说明中华民族抗战到底的决心。欧洲人听了虽然表面上应承，但内心总带着怀疑。蒋方震为了消除欧洲人的疑虑，就以中国军事家的身份，在德、法两国杂志上撰文，阐明中国抗战必然胜利的原因，这篇文章就是其文的中文稿。

蒋方震指出，中国人思想有两个基本点为西方人所不易了解，第一点是我们的乐观态度，这是中华民族在几千年的历史进程中形成的历史观念，即强者未必永久强，弱者未必永久弱。汉、唐、宋、明，曾经几度败亡，但未来复兴的模糊希望始终存于国民潜意识里。王夫之（王船山）、顾亭林（顾炎武）在反抗失败以后，仍拼命著书。这种悠久的乐观态度，非今日在物质文明眼前享乐的人们所能明白。

蒋方震说，如果有人以为中国机器不如人，所以绝不能取胜，这是根本错误的。历史上复国英雄与革命志士起事的时候，弱国抵抗强权的时候，武力与机器总是不如人，但终究获得最后胜利，其原因就在于他们有坚定乐观的信仰。抗战以来，中国虽然丢掉了上海、南京等大城市，但这并不是中国的失败。中国是农业国家，并非工业国家。工业国家全部国力集中几点，一个纽约可以抵半个美国，一个大阪可以抵半个日本。中国因为是农业国家，国力中心不在都会，敌人封锁了与内地隔绝的上海，但那只是一个死港，占领了点缀着几所新式房子的南京，只是几所房子而已。它们的沦陷，对于中国抗战力量没有太大影响。

---

① 黄美真、张云：《汪精卫集团叛国投敌记》，河南人民出版社1987年版，第25页。

蒋方震指出，第二点便是我们的决心。蒋方震说："我们现在的抗战，便是我们的直觉，但这直觉已经过了一番计算的洗练。你们现在再用纯粹计算的眼光来看我们这次抗战，就是轻视我们断然决然的意志。战略家异口同声说，战争目的在于屈服敌人的意志。屈服一个将军的意志，使他放弃抵抗，这是可能的；屈服一个政府的意志，使他改变政策，这是可能的；但要屈服一个民族求生存求自由的意志，这在古今中外都是不可能的。就中日战事来说，抗战乃我们民族决心的表现。"①

1938年1月，蒋方震在德国柏林写了《速决与持久》一文，寄给汉口的《大公报》发表。文章阐述了中国抗日持久战的基本原则，指出："我们要以持久为目的，须以速决为手段。""要达到持久固守之目的，应以增加运动性为唯一条件。""在一个持久战区之内，反是用了运动战可以达到持久的目的。简言之，这便是所谓'以攻为守'……就是寓死守于运动之中。"②

4月，在从欧洲回国途中，蒋和向父亲建议写一篇中国历史上抵御外寇的文章，以激励抗战士气。蒋方震欣然接受女儿的建议。经过数月的酝酿和构思，终于在1938年8月至9月初写成了《抗战一年之前因与后果》，并在汉口《大公报》上发表。

蒋方震在文章中将中国历史分为三个大时期，每一个时期有一个特别的注意点，即文化发达的特别主流。

第一期从周朝开辟中原到秦汉统一中国，这是中华民族完成自己文化的时期。"这个时期已经种下了两颗种子：一是同化力，一是抵抗力。其工具就是当时发明的井田封建制。封建就是筚路蓝缕，以启山林，是取攻势的；井田就是垦荒，九家相保，出入扶持，是取守势的。这两个力，同化与抵抗，攻势与抵抗，如同车之两轮、鸟之两翼，互相的补助着其自身的发展。"由此推论，长城象征着守势，象征着抵抗；运河象征着攻势，象征着同化。在这个大文化完成过程中，还有一个世界上所没有发现的妙处，就是同化的攻势与武力的守势。

① 《蒋百里全集》第一卷政论，第400页。

② 《蒋百里全集》第二卷兵学上，第281页。

我们取攻势时，用不着杀人。因为我们是大平原的文化，地广人稀，我们尽有让他种人发达的雅量，不像欧洲希腊那样一块小土地，非你死我活拼命不可。取守势时，却能不客气地拼命。

第二期从汉朝张骞开辟西域到宋末文天祥成仁为止，这是养成中华民族同化力的时期。这个时期，“华族”发挥了特有的长处，即我们自己有文化，而同时能诚恳地接受外来文化。到唐代，形成了一个无比的伟大国家，诞生了无上的进步文化。同化力的意义，一方面在发展自己固有的东西，另一方面又能接受外来的新事物。从六朝到唐代中叶，一群发疯似的留学生，冒着性命的危险，向印度出发，表现了不入虎穴、焉得虎子的精神，他们只希求内心之满足，并无丝毫升官发财的念头，社会也被这勇敢高洁的人格所感动。在这个同化力养成的时候，我们的抵抗力并不因此而丧失。这就是民族南迁逐步地开发了长江南部。

第三期从宋末到孙中山在南京就任临时大总统，这是锻炼我们抵抗力的时期。蒋方震指出，历史上压迫我们的异族都是从北方来，而怀抱强烈抵抗心的民族英雄一步一步地南移，至于大海。到了近代，新文明从海上倒灌过来，自然地使我们活用了同化力，以助长我们的抵抗力。近代中国的革命，单单起源于广东，这是地理历史上的大因素，绝不是一件偶然的事。

蒋方震以十分肯定的语气断定日本发动的这场战争必然失败：“失败之大原因即完全因为侵略主战。野心家视此土既肥，彼岛更美，南进北进，名曰双管齐下，实是宗旨游移，而其可怜之人民只有一命，则结果必至于革命而后已。”“日本的军事后辈们！你们一辈子研究军事学问，锻炼军事精神，连‘宗旨游移’四个字的大毛病还不能了解，靠一点不完全的从欧洲偷来的小技术，混充东方主人翁？回回头罢！我是千万分的好意呵！”[①]

蒋方震指出，伟大的抗日战争对于中华民族来说，还有两种意外的作用。

第一是考试作用。“敌人是最公平不过的，在那里考试我们：我们有办法，肯拼命，能够意志坚固，心气和平，敌人就会用他们自己的血把我们做

① 《蒋百里全集》第一卷政论，第429页。

的文章红圈子密密地圈起来，同时还有外国新闻记者一字一句地不惜电报高价向世界报告着，同时还有本国的老百姓手舞足蹈地向他儿孙演讲着。谁还敢忌刻你们，造你们的谣言，说你们的坏话？所以平时或许有出力不讨好的事，战时却是出力必讨好，不出力必不讨好。一个歪曲的社会，到了抗战时代，天然地会正直起来。”①

第二是特别的排泻作用。“人类有一种病，名曰‘癌’，这不是外来的一种微菌，而是自己变坏的细胞。这种细胞如果停顿在身体里面，必定成一种不治之症。一个民族同一个人一样，有了坏细胞没法排泄，是最危险不过的。如今天幸的敌人却送我们一种妙药，替我们分别贤奸，将那种毒细胞尽量吸收去，使我们民族的血液加一层的干净健康。这个妙药，就是南京、北平的汉奸团体。我们试一回想，如果没有这抗战，那多么危险？有的曾经受过社会欢迎，是‘好人政府’的要角，有的竟做到现代政府的高级官吏。就是诸葛公在今日，也未必能事前指出，如果王荆公或竟将倚以了事。如今清浊分明，再不容鬼混了。这种现状，一方可以使中国社会从此可以明白，怎样是汉奸型的人才？应当如何加以卫生的警戒？一方敌人却将那种坏种子吸收进去，自己破坏，自己传染，以为自身将来破坏之准备。”②

应当指出，现在来看，蒋方震在上述文章中存在着过高肯定国民政府抗日意志和决心的问题。后来的历史已经证明，国民政府的抗日意志和决心并非如蒋方震所说的那样异常坚定，而是呈现出摇摆不定的状态。在整个抗日战争中，最终能够坚持抗战到底的基本保障完全是中国共产党坚持不懈的斗争以及抗日民族统一战线的影响力，中国共产党在国民党领导的正面战场之外独自开辟了敌后战场，两个战场相互支持、相互支撑，才使中国人民的抗日战争得以坚持到最后并取得胜利，这是蒋方震当时所没有认识到的。由于身份与地位的局限，在抗战刚刚开始的历史背景下，蒋方震没有预见到这一点也是可以理解的。

抗日战争爆发后，南京国民政府一面抵抗，一面通过外交途径，谋求所

① 《蒋百里全集》第一卷政论，第423页。

② 《蒋百里全集》第一卷政论，第424—425页。

谓就地解决，并对西方列强寄予很大希望，幻想他们能够出来制止日本侵华。为配合南京国民政府的外交努力，蒋方震还撰写了《为国联开会敬告英伦人士》《外交烟幕与宣传者自己中毒》《从国际上观察各国外交之风格》等多篇论文。

抗战初期，英、美列强对于中日战争采取所谓“不干涉”政策，德、意两个法西斯国家则与日本结成了同盟。在这样的国际格局下，蒋方震认为，在远东太平洋地区有重大利益的英国，对中日战争不应袖手旁观。在《为国联开会敬告英伦人士》一文中，蒋方震希望英国带头在国联提议制裁日本。文章一开头，蒋方震即引用了德国纳粹总头目希特勒和一位法国记者攻击国联的两段话。希特勒说：“国联是一根稻草，中国人却想抓住这根稻草渡河。”一位法国记者写道：“日内瓦碧绿的树林里面露出半截白石的宫殿，远远望去，辨不明白到底是和平之宫，抑或是和平之墓？但是一走近，才恍然大悟：这是一个华奢的病院。一进门，只听见沉痛的叫喊，尤其是受了空袭的残骸叫喊得格外惨痛（指中国与西班牙）。内中几位医生也会抚摸一下，以示慰藉；但如果叫得厉害，就给他一针吗啡针，不准他扰乱人家办公。如果是连叫喊的资格也没有的（指阿比西尼亚），就用科学的实验方法，证明他已经死了。仪式的送去火葬，送葬人中间，只有一位艾登先生一只眼睛里掉了一点眼泪。而张伯伦先生却着急地说道：‘本来好好的可以大家商量，如今一个一个地跑走了，这家伙弄得半身不遂，叫我有什么办法？’”[①]蒋方震在引用上述攻击国联的言论后指出，尽管别人恶意地攻击和嘲笑国联，但中国人自始至终对国联抱有敬意和信任，这是因为中国人有相信世界大同的传统思想。蒋方震称赞英国在国联的表现，并对英国的对华政策表示感谢。

但是，蒋方震基于以下两点理由，不能不向英国政府提出忠告：（1）英国的特殊地位。英国不是一个普通国家，而是二十世纪唯一的世界帝国，它负有两种任务，一是国家的义务，二是世界帝国的义务。无论在哪一小地方出一件事故，没有不与英国有关系的，别国可以把世界忘记，英国不能。换言之，世

① 《蒋百里全集》第一卷政论，第434页。

界的事情，就是英国的事情。因此，英国不能以传统的单纯的国家观念来看待世界问题。（2）日本的特殊情形。日本现在虽然推行大陆政策，但其终极目标仍是南进政策。考虑到以上两点，中国的抗战也有两种意义：（1）单纯的国家意义，即争取中华民族的自由、独立。（2）中国的抗战也是替英国掩护着新加坡、印度等地，“是在替英国世界帝国挡着最前线，同时是在替国联的和平政策守着最后的堡垒”。蒋方震在文章中提醒英国当政者，对此应有清醒的认识。

蒋方震的这篇文章在汉口、重庆、香港三地报纸同时发表。其后日本南进、进攻东南亚、偷袭美国珍珠港，均不出蒋方震的预料。

抗战初期，蒋方震发表一系列文章阐述抗日必胜论，以其真知灼见，一扫“亡国论”的阴霾，振奋了国人，在当时产生了极大的影响。

黄萍荪说，蒋方震“运用他那支纵横不羁，犀利精刻，富于文学、哲学、军事、政治情调的妙笔，衡断敌我之得失，以坚强国人抗战的志念。因为拿得出真凭实据，不说一句空话，故每篇一出，遐迩传诵，万人钦仰”。

褚道庵说：“他是中华民族转变时代伟大的导师，长夜漫漫中的彗星或灯塔，他常在大家苦闷中予人以安慰，彷徨中指人以光明的路途，增加人们对民族前途的乐观，加强抗战必胜、建国必成的信念。”①

1938年11月8日，国民党《中央日报》在蒋方震去世后发表“社评”，指出：“三年来，先生文字，精气充盈，格调朗畅，所以发扬民族自信心与激励青年情绪者，惟先生之力为伟。抗战军兴，先生驰驱南北，跋涉欧亚，每际艰屯繁难之会，独能秉其学养，发为文章，一扫举世沉郁悲戚之音，一纸争传，万众振奋。”②

11月11日，薛光前在长沙出版的《中央日报》上发表《敬悼蒋方震》一文，指出：“抗战以来百里先生发表的文章，每每使国人于苦闷中求得安慰，于失望中得到鼓励。他那深渊的思想，好像一道光，于黑暗中，益显得光芒万丈，遍射到各个心灵深处；他那高超的见解，又好像一种波，在汪洋中激荡得万马

① 吴仰湘：《中国近代国防理论的奠基——蒋方震思想研究》，人民出版社2012年版，第132页。

② 《悼蒋方震先生》，《中央日报》1938年11月8日。

奔腾，影响到全体精神的去向。所以，假使国家是一架机器的话，那么百里先生绝不是一个轮子，或是一颗螺丝钉。他是国家生命的电力，全体民族的脑筋！”①

12月29日，国民党《中央日报》负责人程沧波以“本报记者”名义发表《追悼蒋方震先生》一文，指出：“他根据学识经验，鼓励青年，勖勉中年。一年来，他的言论，抵过十万军队。他现在不幸死了，但是后死的人，只要能够发扬他的精神与言论，那十万大军力量还没有动摇。”②

周莹在《蒋百里出卖日本人》一文中说：“百里先生也常在这种艰屯繁难的时候，独秉他的学养发为文章，坚定我们抗战必胜的信念，扫除我们沉忧悲戚的情绪，如今抗战进入新的阶段，可惜蒋先生已不在人间，不能亲自提醒我们了，我们只有记住蒋先生遗给我们最后的一句话：‘胜也罢，败也罢，就是不要同他讲和！’敬悼百里先生，应该坚定抗战必胜的信念，贯彻抗战必胜、建国必成！”③

因此，有人称赞蒋方震“文笔生动，感情丰富，论断明决，尤尽力建设国民之心理国防，影响军人青年心理甚大，功在文坛，不下战场。”蒋方震因此被誉为“抗战文坛健将”。

蒋方震在宣传抗日战争必胜论的同时，对“空军文学”持赞赏与鼓励的态度。他鼓励有关方面多创作正面宣传中国抗日战争烈士事迹的优秀作品，以鼓舞中华民族的士气与斗志。

1938年9月13日，《中国的空军》杂志总编辑丁布夫到汉口德明饭店拜访蒋方震，蒋兴致很高，与丁布夫聊了很多。蒋方震对他说：“我觉得在这一年来的新文学中，最出色的是空军文学。当然从前在亭子间里，现在在天空中，居移气养移体，吐属自是不同，而空军的环境，可以说事事都是新奇，都是可以惊异的。所以，激荡出来的文字，比人家的不一样。不过，在我的直觉上，似乎灵敏方面多，空阔方面少，我好希望将八千尺高空上的灵性再用加速度的发

① 薛光前：《哭蒋方震先生》，《大公报》1939年1月13日。

② 程沧波：《悼蒋方震先生》，《中央日报》1938年11月8日。

③ 周莹：《蒋白里出卖日本人》，《民意周刊》1938年第51期。

展……我希望空军的勇士们，多给我们国民以伟大包容的气象，把我们固有的界限、摩擦等习气扫除了！”蒋方震希望《中国的空军》杂志更加努力，繁荣空军文学，“为文学史开一奇葩”。[①]

国民政府空军第一队政治指导员朱民威在汉口《大公报》上连续发表两篇关于国民政府空军部队作战情况的新闻特写稿。一篇是《梅元白跳伞记》，描写空军健儿梅元白分队长在率领中国空军编队轰炸驻安徽马当要塞的日本军舰时，中了敌人的高射炮，在飞机炸毁前一瞬间成功跳伞生还的经过；第二篇是《马当封锁线外炸日舰记》，介绍中国空军编队轰炸日本马当要塞的经过。蒋方震在《大公报》上读了这两篇十分生动、富有感染力的报道后，对此非常称许。有天，朱民威到《大公报》报馆面见主笔张季鸾，恰巧蒋方震正在张季鸾办公室。蒋方震得知来者正是朱民威后，立即以赞许的口气对他说：“你写的空军作战文章，我都看过，很好，很清新。希望你以后除了写新闻性的报道文章外，能再把空军英雄及烈士的传记，多多搜集资料，加以撰述。”与军学前辈蒋方震不期而遇，谈话虽然不足5分钟，但对朱民威来说是一个极大的鼓舞。不久，他写的第一篇空军英烈传记《记高志航》在汉口《大公报》刊出，从此一发不可收拾。在以后的七年时间里，他前后为《大公报》撰写了近百篇空军英雄及烈士的故事，在社会上产生了良好的反响。

---

① 丁布夫：《与蒋百里先生谈空军》，《中国的空军》1938年第16期。

第十一章　抗战烽火中的最后岁月

陆军大学代理校长

1938年7月底蒋方震抵达汉口时，以武汉为中心的武汉会战已经全面展开。武汉素称“九省通衢”，有长江水道连接东西，平汉铁路与粤汉铁路贯通南北，是水陆交通中心枢纽。其北连中原四战之地河南，南接山川险峻的湖南，东连皖赣，背靠巴蜀沟通西南、西北地区，历来为兵家必争之地。北平、天津、上海、南京相继沦陷后，从国外购买的各种战略物资，经由唯一出海大口岸广州北运武汉，然后分运各个战区。因此，武汉的战略地位极为重要。

早在1937年12月13日，国民政府军事委员会就在武昌拟定了《军事委员会第三期作战计划》，决定“以确保武汉核心、持久抗战、争取最后胜利为目的，应以各战区为外廓，发动广大游击战，同时新构筑强韧阵地于湘东、鄂西、皖西、豫西各山地，配置新锐兵力，待敌深入，在新阵地与之决战”，“消耗敌人之力量，赢得我之时间，以达长期抗战之目的”。为此，国民政府军事委员会通令各战区在交通要线上，纵深配置部队，同时破坏公路，迟滞日军行动。

1938年1月，蒋介石下令成立武汉卫戍司令部，负“保护核心之全责”，任命陈诚为武汉卫戍总司令，万耀煌为副总司令兼第十五军团军团长。

陈诚、万耀煌均是保定军校毕业生，万耀煌还是一期毕业生，与蒋方震有师生之谊。因此，蒋方震与女儿蒋雍下榻汉口的德明饭店时，每天都到万耀煌家吃午饭。蒋方震与万耀煌见面，即让万耀煌取来《湘军志》，详细探讨清军与太平军攻守武汉各战役的经过，并让万耀煌画了许多图表，以作印证。蒋方震对万耀煌表示，敌人攻近武汉，他一定要到战场上去观战，亲眼看看敌人的真面目。蒋方震说到做到，几次到最前线视察战况。

在武汉的几个月，蒋方震生活异常忙碌。黄征夫回忆说："这一年的夏初，先生赴武汉，住德明饭店，发表了很多军政及国际外交的宏论（刊《大公报》），轰动了全国。于是，先生成为武汉的一个中心人物，访问者，请讲演者，踵接而来，先生老当益壮，终日忙碌，不以为苦。"①

《万耀煌回忆录》也说："在武汉那一段，恐怕是百里先生一生中最忙的日子。一方面领袖咨询，几无虚日。一方面他写了很多篇的文章，作了很多次的讲演，此外还要会见无数的客人。他早年枪伤以后，体力既已较差。加以这种繁剧疲劳，确不是望六之年的人所能受得了。但他因为过于兴奋，根本不想到疲劳。他所住的德明饭店，简直是人潮不息。他仅只是每天到我家里吃一顿午饭，借此稍为休息。"

不过，虽然日子紧张忙碌，但蒋方震也有忙中偷闲的时候。据时在交通部驻武汉留守办事处任职的薛光前回忆，蒋方震所住的德明饭店与交通部武汉办事处所在地汉口特二区兰陵路相距不远。交通部武汉办事处仅有4人，其中徐济、杨廷栋、金其堡3位简任秘书均是年近花甲的老先生，只有薛光前是不到30岁的年轻人。办事处有一厨子，烧得一手好菜。蒋方震喜欢浅酌小饮，所以也常来参加办事处的饭局。金其堡喜围棋，蒋方震也深通此道，有时两人会对上一盘，不过蒋方震心不在此，往往不终局而散。蒋方震喜欢喝铁观音浓茶，有时他高兴起来，会捧一套宜兴陶器小茶壶、小茶杯来，教薛光前等怎样净器、怎样煮水、怎样冲茶、怎样饮茗，一股飘然若仙之情。

不久，一件让蒋方震感到非常得意的事发生了。

1938年9月10日，国民政府军事委员会委员长向主管高等军事院校的军令部发布手令，派蒋方震任陆军大学代理校长。

---

① 黄征夫：《蒋百里论（人物，及其思想，理论的体系）》，《杂志》1945年第6期。

之所以有此任命是因为蒋方震当面向蒋介石请缨，要求到西北军队中去服务。蒋介石衡量之后提出让蒋方震担任陆军大学代理校长。当时，各军事院校的校长全部由蒋介石本人兼任，另任命教育长实际负责教学管理工作。因此，蒋方震一再辞谢，愿任教育长，但蒋方震是军界前辈，蒋介石不便让其屈尊，破例让出校长位置。鉴于蒋方震谦让，双方妥协，才有了代理校长的任命。

据说，蒋介石在公布任命的同时，还给陆军大学的全体学员写了一封介绍信，向他们介绍新校长，大意是说："有了这样一位名师来指导你们，我很放心，很高兴，你们服从他的训示，如同服从我一样。"①

陆军大学是当时的最高军事学府，蒋介石将校长一职让给蒋方震代理，是对他的极大信任，蒋方震为此感到非常高兴。

据薛光前回忆："有一天傍晚，百里先生突然来到兰陵路。他全副军装，披风佩剑，精气非凡。平时他穿长袍马褂，手里还拿了一根手杖，虽年方五十余岁，走起路来，背有些弯，不免有些老态。这次身穿军装，胸膛毕挺，腰也顶直，显得十分年轻，十分矫健。他不待坐下，就笑嘻嘻对我说：'这次我真够体面了，虽还只是两颗星（说时他指指领圈上的两颗金星，系中将阶级），但徐次辰（永昌）部长传谕委员长派我代理陆军大学校长，委员长这样看重我，真使我高兴，我要好好地干一番！'"随后，蒋方震特意穿这身军装拍了一张半身照。

时任军事委员会军令部部长的徐永昌回忆说："（民国）27年，先生代长陆大，以职务上之切磋，关于建国建军各问题，时促膝长谈，乃深识先生之为人。其谋国之忠诚与料敌之透辟，至今使余心折无已。先生主张建国必先建军，余深韪其言……对先生代长陆大，实具甚深之信念与期待。"

蒋方震十分重视情报研究工作。他担任陆军大学代理校长后，向蒋介石提出在陆军大学设国际问题研究所的建议，得到蒋介石的认可。随后，蒋方震拟定了国际问题研究所建设方案及人选，他推荐当时以撰写国际问题文章见长的上海《新闻报》记者陶孝正（字菊隐）担任国际问题研究所主任，主持相关工

---

① 黄征夫：《蒋百里论（人物，及其思想，理论的体系）》，《杂志》1945年第6期。

作。但陶孝正不愿意辞去干得很顺手的记者职务，没有接受蒋方震这个忘年交的建议。蒋方震便与蒋介石商量好，如果陶孝正对国家问题有心得或建议可以直接与蒋介石联系，以提出建议或对策。

蒋方震一心一意地想把这所最高军事学府办好，为中国培养一批出色的军事人才，使之成为建设现代化军队的中坚力量。他在担任保定陆军军官学校校长时，就曾制订了一套使知识与行为合一的理想方案，因北洋派的阻挠没能实施。这次，蒋方震认为是实现自己夙愿的时候了。他脱下穿了多年的长袍，换上戎装，腰挂指挥刀，以自嘲的口气说："老夫老而不死，好为人师！"

此时武汉会战已进入后期，武汉军民正准备撤退，蒋方震奉命率陆军大学由湖南桃源县迁往贵州遵义。9月29日，蒋方震与陶菊隐离开汉口，取道湖南长沙前往桃源县。

他们在长沙小住了数日，准备了在陆军大学的两篇讲演，即《参谋官之品格问题》与《"知"与"能"》。蒋方震口授，陶菊隐笔录并整理成文。

陶菊隐与蒋方震在长沙分手时，有预感地对友人说："百里先生见重于当局，一言而为社会师，现在是他一生中最发扬的时期。我们当然不会主观迷信，如果说句过虑的话，当花朵开放得最美的时候，也许就是它要萎谢的时候。"朋友听了陶菊隐的这番话，连忙问："你何所见而云然呢？"陶答："我看他一切都很好，就是不懂得养生之道。我看他饮酒、吸烟无节制，好客而又健谈，好学、好深思、写文章、啜苦茗，起居饮食无定时，精神过度的消耗，对垂老的身体是不适宜的。我很为他的健康担心"。

"是啊，"友人同意陶的看法，"他最肯接受别人的意见，只是对他个人健康的意见，就不肯虚心接受。他早就说过，要在这次战争中拼老命，他没有在战场上拼老命，而在日常工作中，那一件不是拼老命去干！他自我牺牲的精神是始终不变的。"

当时在陆军大学学习的是第十五期和特别班第三期。特别班第三期比较有名的学员有石敬亭、黄伯韬、李振等人，军事委员会副委员长冯玉祥有时也以学员的身份来特别班听课。蒋方震在代理陆军大学校长的一个月时间里，先后为学员作了四次演讲。

蒋方震第一次演讲的题目就是《参谋官之品格问题》。

蒋方震首先讲了吕洞宾点石成金的传说故事。他说，吕洞宾想找一个得意徒弟渡之成仙，常常物色试验，都不中意。有一天遇见一个人，便把一块石头点成了金子送给他，那人却不要。吕洞宾以为他是不爱钱的，就很高兴地问他："你爱什么！"他却回答："我不要金子，我要你的指头，随时随地就取之不竭，用之不尽了。"

蒋方震讲述完故事后说："我到此来，不想给你们金子，想给你们这个指头，有了这个指头，你们就自己可以制造学问，创造知识了。不过我这个指头，不是随便给人的！英国有一本小说，述说有一人能制造金子，想用钱来救济村子的人，但后来把一村子的人都变坏了。所以我要郑重声明'不随便给'。如何才能给？就是要注意到品格问题。"

蒋方震指出，"参谋"两个字虽然是从日文翻译过来的，但中国自古以来就有这个职务，这就是"军师"和"幕宾"。中国最早的参谋总长要算姜太公。其后，黄石公送太公兵法于张良，并对他说："读此可为王者师"。这就是"军师"二字之来源。因此，参谋长可谓帝王的先生。姜太公穷到那个地步，还在那里安心钓鱼，宁可钓鱼，不愿自己跑出来找人谋差事，一定要等到文王找他，才肯出来。他不肯升官发财，不肯到处钻门子，这就是所谓"品"。汉初的张良，祖上世代相韩，韩国灭亡后，张良散尽家财，发誓为韩国复仇，一个文弱书生摇身一变成为暗杀党首领。他最初就抱定"牺牲自己，以为他人"的信念，这就是蒋介石委员长训示的"武德之锻炼"，这就是军人和参谋官的"格"。最重要的基础是"意志坚定"，这是陆军大学初审试验及格的"格"字。及了格，黄石公才肯教训他。要他穿鞋，骂他，是教他忍耐。有勇气的人学会忍耐了才算真是可教，这是陆军大学的第一课。张良的一贯精神是"牺牲自己，以为他人"，他的目的始终在"为韩报仇"。等到天下大定之后，他便摆脱一切，从赤松子游，这是他没有功名心的表现。张良的无我精神，也影响了诸葛亮。诸葛亮说："臣本布衣，躬耕南阳。"他原本抱定主意"苟全性命于乱世，不求闻达于诸侯"，直到刘备三顾茅庐，他才肯出来为刘备驰驱。当刘备向他托孤时说，"孩子可抚则抚之，不可抚君自取之"，诸葛亮报以"鞠躬尽瘁，死而后已"。这是何等的伟大、何等的道德。

蒋方震指出，参谋官的地位，由古代的“军师”渐渐降为“幕宾”，成了“客”。人家称之为“师爷”，虽然地位不在司令官之上，但仍然有重要作用。再到后来，参谋官的地位又由“师”降为“宾”。自清末新军成立以来，再降为“军属”。到民国初年的时候，参谋官简直是高等的差役。蒋方震认为，参谋官的地位今后要一步一步地提高起来，纵然不能提高到“师”，至少也要有“宾”的地位。参谋官地位的提高，全靠高尚的人格去争取。如果只是去找人，以弄钱混饭吃为目的，参谋官的地位是不会提高的。

蒋方震在陆军大学第二次演讲的题目是《“知”与“能”》。

蒋方震在这个演讲中阐述了研究军事学问的方法问题。蒋方震指出，做学问有两个条件：第一个条件是要有大海般的心，即度量，尽量吸收世界上各种细流；第二个条件是骨头虽然要硬，但脑筋却要柔软。如果一个人脑筋僵化，墨守成规，对于新的事物不能接受，这就没有求学的资格。

蒋方震指出，参谋教育的方向就是要培养“慧眼”。他说：“陆军大学的教育，是德国菲列德大帝创始的，在他不久以前，是骑兵战争为主的战术，骑兵运动性很大，前面发见有敌人，立时就要决定，所以总司令带了骑兵到前线，全靠一刹那间的判断和决定，这就是‘慧眼’。菲列德那时的兵队，渐渐增加，他到了一地之后，当面的情形虽然知道，左右两翼还不明了，所以他要派人到两翼去侦察，这个人就要以指挥官之心为心，要有‘慧眼’，他的报告才能适合要求，这就是最初陆军大学的起源。陆军大学开始是绘画略图及地形判断，渐渐变为测量学，所以测量和参谋是分离不开的，中国把测量局附设在参谋本部，也就是沿此习惯而来。毛奇将军最初在测量班，俄国的尼古拉斯大学，也是注重测量，当年菲列德大帝因为军官都是些老粗，所以选出一批贵族子弟，给陆军大学的教育，教以地理和数学，地理就是测量地形的基础，数学是以已知求知，养成推理能力和判断力，所以陆大的开始是地理和数理，目的是养成‘慧眼’。你们想必听过传说像兴登堡在坦能堡一役建立不世的伟绩，他在第一团的时候把德国东部地形探测得很熟，实在是一个极大的原因。各种地形不同，各种敌人的情况也各不相同，自有历史以来，没有一件事是像演戏一般完全一样的，每次各有新的状况，这全靠我们能虚心，能体验，能适应才行，所以能变，才能打胜仗，不能变，就不能打胜仗。这是讲学问的基础。”蒋方震指出，“知”有三层含义，第一层是“闻”，第二层是“了解”，第三层是“发明”，这是“知”的最高阶段。从“知”到“能”，还“尚须一跃”，这就需要自主精神。

1938年10月10日，在陆军大学举行的国庆纪念会上，蒋方震作了报告，再次阐述了中国抗战一定成功的道理。他说，中华民族有三千年统一的文字，语言也是相通的，信仰、风俗、习惯，也是相同的。“从世界历史上看，我们是一个不但大而且是统一的国家，在贤明领袖领导之下，我们一定可以发挥我们民族固有的抵抗力，把敌人打出去!”这是蒋方震在陆军大学发表的最后一篇演讲。

对于蒋方震最后一个月的教学生涯，当时在特别班的学员王安世有如下精彩生动的回忆：

我们班是毕业班（第三期特别班），当时本班同学有冯玉祥、黄伯韬、李振、石敬亭等人。我是他学生中比较年轻的。他就给我们班在湖南讲了一个月的学。他绕道广西在遵义途中，病故在宜山，他病故时我们刚刚毕业。遗憾的是在遵义举行有冯玉祥将军参加的毕业典礼时，蒋方震先生已经去世了。

在1个月的讲学中，他的卓识高见，给了我很深的印象，耐人寻味……

他曾给我们上讲堂，给我们出题目，也曾叫我们写东西，也在晚上随便座谈。他曾给我们讲话说：你们这两年，装了一脑子战术战略，现在你们要“忘”，把这一切忘掉。那怎样真的忘掉呢？他说的“忘”，有三点涵意：（一）忘就是化，就是消化，就是融会贯通，深入浅出；（二）忘就是领会精神，不背条文，忘掉条文，在自己脑中变为自己的东西。随时可以活用，而合乎原则，所谓“万变不离其宗”；（三）忘就是不要用那些讲义将脑子塞满了，要吸收新东西，联系外交、时事……等，不要偏重一方面，成了指挥官的“肿腮”。

正因为如此，他给我们讲话，就当堂出了一个简单题目，问："一个人打十个人，如何打法?"这个小题目把人唬住了，在大家嗡嗡声中，他说了："一个人打十个人，就是一个一个的打，打了一个再打一个。"这是深入浅出的说法，"忘"的讲法。那不就是内线作战各个击破、拿破仑的战术吗？至于一个人能否打了一个再打一个，这就要看指挥官的天才，运用之妙了……

那时，我们的口号是"抗战到底、抗战必胜"。有人问蒋方震先生：何日抗战胜利？他不假思索，很干脆地回答："明日"。他讲解事物总带有哲理味道。后来日本投降，鞭炮齐鸣，蒋百里言犹在耳，令人深省。

百里先生很注意培养人才。他说在"陆大"要培养些研究员，及驻外武官。他也很重视指挥官的素养。他介绍克罗塞维茨，也谈鲁登道夫，也谈普法战争的指挥官。他要我们看《大战学理》，他又说他治学是以历史为基础的。他也嘱咐我们，在天气剧变的时候，要到野外去，可以陶冶指挥官的性情。

他博学多才，诲人不倦。在他的房子里，我们围成一个大堆，每提问题他都答的滔滔不绝，好像肚子里的丝老抽不完。

至于谈到百里先生怀才不遇，我倒觉得并不遗憾。在国外先进国家，对"陆大"毕业生，总是将最优秀的留为研究员，充任教官。因为他们是将帅之师，不优秀行吗？百里先生所处时代，当然受半封建半殖民地社会的历史局限。我揭穿说吧，那时军队是私有制，军队是主官（尤其是派系的核心头子）的"资本"，有了这些"资本"，就可以在国家政治舞台上长袖善舞了。百里先生何取于此！

反观我国古今军事家，最受人尊敬的莫如孙武子，因为他著有《兵法》十三篇。蒋百里先生没有掌握兵符，如孔明"出帅入相"；但将来能把他的著作编纂起来，肯定是名副其实的军事哲学家及饱学者；其受人尊敬当在将帅之上。

他和大家烟酒说笑，平易近人，一点没有架子；他肚子里有甲兵，不由你不尊敬他，无须乎"君子不重则不威"，"像煞有本事"，使人望而生畏。

总之，百里先生可称才兼中外，儒将风流。他自讽“好为人师”，也确实，桃李满门、将帅满堂。[①]

10月中旬，蒋方震主持了陆军大学特别班第三期的毕业典礼。在八一三抗战爆发前，军事委员会副委员长冯玉祥曾在南京随班听课，算是编外学员。八一三抗战爆发后，冯玉祥先后出任第三、第六战区司令长官，担任了重要的战区指挥任务，不得不中断在陆军大学的旁听。举行毕业典礼时，冯玉祥已经不再担任战区司令长官职务，故蒋方震特地以个人及学校的名义写信给冯玉祥，请他出席毕业典礼并讲话。典礼当天早晨，学校又派出学员代表亲自登门邀请。冯玉祥问学员代表：“是你个人的意思呢，还是全体同学的意思呢？学校当局是否也同意？”学员代表回答：“不但是全体同学的意思，而且也是学校当局的意思。”冯玉祥欣然说：“那就好了，不然，我这个没有把功课听完的学生，是没有资格和你们站在一起的。”

毕业典礼开始，全体学员照相合影并行礼后，蒋方震请冯玉祥讲话，冯玉祥谦让说，我今天是以学员的身份来参加的。蒋方震随即对全体学员大声说：“副委员长练兵是严格的，最注重爱国教育的，我们今天要副委员长教给我们训练军队的道理。”盛情难却，冯玉祥不得不走上主席台对学员发表讲话。

心愿未了溘然去世

1938年10月下旬，武汉会战接近尾声，中国抗日的大本营决定撤离武汉。陆军大学决定由教育长周亚卫负责将学校撤往西边的贵州遵义。蒋方震则准备与家人取道湖南长沙、衡阳，经广西桂林北上贵州遵义。

蒋方震抵达湖南衡山与从香港赶来的夫人及3个女儿会合。到衡阳后，得

① 《蒋百里先生纪念册》，中国人民政治协商会议浙江省海宁市委员会文史资料委员会1993年编印，第107—110页。

知年近古稀的恩师陈仲恕身陷上海孤岛，靠画竹为生，生活十分艰难，特从中国银行汇去500元，以补贴老人的生活。

在衡山时，蒋方震身体已感不适，心跳加快，每分钟达102次。夫人左梅劝他在衡山静养数日再启程，但蒋方震惦记陆军大学的事务，不愿多停留一天。他让夫人携带3个女儿及随员沿湘桂公路先行去桂林，他则乘汽车到位于湘桂边界的东安县拜访唐生智。

抗日战争爆发后，唐生智于1937年11月出任南京卫戍司令长官，率领7个军13个师以及少量炮兵、装甲兵共10余万人守卫南京。唐生智指挥中国军队进行了英勇顽强的抵抗。后唐生智在离开南京时感叹说："我带兵20年，大小百余战，从未有今日之狼狈。"南京保卫战的失败，使唐生智东山再起、掌握军权的愿望彻底落空。他在武汉闲居一段时间后，于1938年3月回到湖南东安老家，一面休息，一面筹办教育。蒋方震在东安唐生智家住了两个晚上。为了安抚情绪有点低落的弟子，蒋方震挥笔写下五言诗："犹有书生气，空拳张国威；高歌天未白，长啸日应回。旧学深沧海，新潮动怒雷；老来逢我子，心愿未应灰。"令人遗憾的是，师生此番聚首，竟成了最后的诀别。

蒋方震离开东安，直奔广西桂林。当时，桂林是广西省会所在地。10月27日，蒋方震应广西省政府主席黄旭初的邀请，在省政府作了题为《半年计划与十年计划》的演讲。蒋方震在演讲中表扬了广西的"行政能力"为他省所不及。他向广西省政府提出两个条陈：第一，根据本省实际情况，制订切实可行的"半年计划"。千万不要好高骛远，不要唱高调，不要空谈，应将本省原有的物力，运用到抗战上。第二，制订"十年计划"或"廿年计划"时，一定要立足于科学的发明创造。西欧各国之所以强大，是因为他们各自在科学上有自己的专长作为立国的基础。因此，蒋方震建议广西成立科学研究院，不惜财力，下定决心，拿出科学上的发明和成就，只要有了专长的科学基础，就可以复兴民族。

蒋方震还应桂林市政筹备处处长庄仲文之请，发表了关于国事的十点意见："（1）兵力当求集合使用，而训练新兵，可仍袭曾文正公办法，以营为单位较当。军政部只物色适合之师长人才，由师长认识其师属9营长，每营营长物色其排长9人、班长27人，如此则每人所需明了能力与个性者，只数人至30余人，每营必集中训练，单位不大，荫蔽亦易，有3个月之训练，自能成立强固之个头，易于进退自如，各营训练成功后，集合成师，则全师亦能有坚强之战斗力，孙子所谓治水如治寡也。（2）目前各省公路，因车辆经过太多，大都崎岖颠簸，致车辆之汽油消耗加增，机件损坏较剧，而汽油机件均为舶来品，应竭力求其经济适用，故各省应增强修路队，即雇用民工，亦属值得，以民工所费，仍在国内流通也。（3）军事期中，通信频繁，故电报积压，不易流通，往往数日方能到达，然某人新任或调任，各方例致贺电，不但虚靡物力，亦复阻害正当通信，应予以切实取缔。（4）一般人因习惯于乘坐汽车，遂视汽车为唯一之公路运输工具，然现在车辆不敷，往往有等候数日或一二月，而未能成行者，殊失其求迅速之作用，故各地应尽量利用公路，留以其他交通工具如马车、骡车、人力车等分站任运输之责，即组织挑夫队，每50里为一站，以搬运行李疏散人口亦可。（5）有各种新工具、新武器，然发明者不能随时随处指示其使用者，而全恃使用者虚心研求以得之。现在我国部队，对新式武器尚未能使用完善，而并非武器完全不如敌之锐利，故使用武器之重要，尤甚于有好武器，新工具亦然，此点必要国人彻底明了。（6）抗战不必好高骛远，要若干飞机，要若干大炮、若干坦克车，方能制胜云云，是则以不能办到之事为言，其言亦为废言，亟应脚踏实地，将现有物力运用到抗战途上。譬如欧战时，比军会利用酒瓶以阻碍德骑兵之迅速前进，即是一例。（7）有一种科学之发明或特殊成就，较之各门同时并举，而因陋就简者为佳。故建国而提倡科学，应集中人力物力于一门，虽十年二十年而成，仍是经济而合算，将来可以吾之特长，以交换他人之特长，譬如英国‘玛丽皇后号’大轮船之钢，系捷克之司高达厂所供给，即是很好例子。至于英法等国之畏义（意）俄德，亦因义（意）德近年集中精力于空军，故能出奇制胜也。（8）湘军每营有夫160名，故部队行止自如而迅速，不必扰民。其后承平，而有营官吃夫额之弊，王士珍见其弊，而取消伕额，然北方傜役并重，各县有办徭之机构，尚无问题；而南方则向来‘一条鞭’，有赋无徭，故北洋军队到南方必拉夫，致为民诟，而军无辎重，即使攻地而能克，则士兵之弹药已尽，必不能再事追击，而收战果。（9）我国近年建设，因无通盘计划，顾全各方面，故往往因局部之利而成全局之害，譬如石家庄之滹沱河，蜿蜒曲折，本为形势要地，足资防守，然以土豪争水坝阻上游，而形势遂坏。故各项建设之始，必先研究历史与地理，方免恶果。（10）抗战以来，通都大邑如北平、南京、广州等处，以为必可坚守者，往往不崇朝而失，而台儿庄、广济、德安等不甚著名之地，反获胜仗，故将来之最大胜利，或将于无意中得之。唯所要有'战志'，'战志'既立，再想'办法'。袁世凯练兵，未尝使兵有战志（对外作战），造成二十余年之内战；国民革命军有战志，而时代潮流与环境未能尽适其意，致有今日之吃亏。今后抗战中，宜求战志于坚定，而异日议和之后，更宜确定军队战志，以备未来之国患。"

蒋方震获悉在平汉铁路局任职的总角之交张宗祥已经由汉口撤退到桂林，特登门拜访，并向他提出两点请求："第一须为我觅一医生检查心脏。第二想请你太太烧点家乡菜吃吃。"张宗祥夫人笑着回答说："正欲赴菜市，此间牛羊肉甚多，又有芋头。"说完即携筐上菜市采购。张宗祥告诉蒋方震，平汉路局有一张姓医生住处距此不远。蒋方震即雇车偕张宗祥前往就诊。张医生经过仔细听诊后，告诉蒋方震：心脏确有病，但不甚危险。蒋方震听医生这么一说，也就放心了许多。

蒋方震与张宗祥仍同车回到张宗祥寓所，张宗祥夫人已将海宁家乡风味的饭菜备好。两人坐下开怀畅饮桂林名酒——三花酒，吃芋头煨鸭子和红烧羊肉。吃完，两人又海阔天空地畅谈半日方尽兴而别。在之后的几天里，两人又聚谈数次。在兵荒马乱之际，至交好友客地相逢，倍觉亲切兴奋。张宗祥特赋《百里来桂》："四十余年交谊亲，白头仍是走风尘。漓江江上重相遇，各有伤时泪满襟。"

在桂林期间，蒋方震频繁的应酬加重了他心脏的负担，即使穿上丝绵袍子还是感到冷，夜里常出冷汗。一次赴宴归来，竟然躺在床上不能动弹。夫人左梅见此情形，再次建议丈夫谢绝应酬，在桂林好好养息几天，但蒋方震一心想早日到岗，坚持抱病动身，到遵义后再静养。

10月底，蒋方震偕夫人及3个女儿离开桂林，取道柳州前往遵义。一家五口人挤在一辆小汽车内。车抵柳州，原拟住一天，因最小的女儿蒋和感冒发烧，不得不多住一天，让女儿蒋雍、蒋华押着行李先行。此时蒋方震身体也虚弱到了极点，特别怕冷，夜间冷汗涔涔。11月1日，从柳州启程后，蒋方震觉得胸口作痛，而且大汗不止，他才感到问题严重，吩咐前方有房屋即停。不久，汽车抵达宜山县城，几人住进了当地的乐群社（广西省官方的招待所）。夫人左梅急忙找县政府医生为蒋方震打了一针吗啡针，以减少他的痛苦，蒋方震昏然入睡。左梅替他更换衣服时，发现里面的毛衫都湿透了。

此时，中央军校第八分校（原在广州）和浙江大学（原在杭州）都已迁移至宜山县城。这个原本偏僻荒凉的桂北小城热闹了许多。蒋方震是浙大前身求是书院的学生。蒋一行抵达的第二天，浙大校医周某（蔡元培内兄）赶来为蒋方震诊治，并为他打了一针麻黄针，蒋方震顿时觉得好了许多。

11月3日，蒋方震在乐群社为中央军校第八分校的学生作了一次演讲。他讲得很兴奋，一直到中午12时才结束。下午出门散步时，路遇浙江大学文学院院长、浙江同乡张其昀教授，遂被邀请到浙江大学畅谈，浙江大学教育长、浙江海宁同乡郑晓沧教授也在座。在谈话中，蒋方震提出陆军大学与浙江大学两校合作，文武配合，以树立现代化国防教育等，得到两位同乡教授的积极回应。

4日上午，中央军校第八分校学生陆续上门看望蒋方震，进行了长时间的谈话。下午3时许，郑晓沧教授来访，两人又进行了长谈。这天，蒋方震还给张其昀教授写了一封信，交代有关事宜，这封信成了蒋方震的绝笔。信件全文如下：

晓峰吾兄有道：

连日得晤，甚快。弟定明早启行，期年内再回。不晤仲奇先生，屡费清神，又劳赠以各种药材，请为深致谢忱。附菲仪为在僻地添补药材之用，恳便中转致。渎神，至罪。即颂道安！

弟方震顿首

民国27年11月

4日晚餐时，蒋方震胃口似乎很好，吃了一碗鸡蛋面。饭后洗了澡，然后上床就寝。蒋方震刚睡下，陆军大学教育长周亚卫又赶来，周是自贵阳专程赶来迎接蒋方震的。到宜山后，打听到蒋方震下榻乐群社，就赶来报告学校迁移情况。蒋方震就披衣躺在床上与周亚卫谈话。周亚卫告诉蒋方震：“这次从贵州到宜山，路上碰到土匪开枪，真是危险得很。”左梅听了，连忙说：“那么我们过几天再走，等路上太平点走吧！”蒋方震不以为意，回答说：“不见得土匪就向我们开枪，我们已决定了明天走，不要随时变更，就是有危险也得走。”

周亚卫告退后，蒋方震安然入睡。当天夜里9时50分，左梅夫人闻蒋方震喉咙里痰声急促，连呼不应，急忙请医生来注射强心针亦无济于事，医生诊断是心脏麻痹症。

身后之哀荣

蒋方震去世后，由国民政府和广西地方政府派员主持丧葬事宜。14日，国民政府军事委员会政治部副部长黄琪翔抵达宜山，主持丧礼。宜山乃弹丸之地，物质非常匮乏，幸亏蒋方震在当地的一个学生将其为老母预备的一口棺木让出来，才使蒋方震得以成殓。蒋方震停柩在宜山县党部礼堂，接受社会各界的吊唁。19日，蒋方震被安葬于宜山鹤岭。

1938年12月28日，国民政府在陪都重庆举行了隆重的公祭，由国民党总裁、军事委员会委员长蒋介石主祭。蒋介石的祭文如下：

维中华民国二十七年十二月二十八日，蒋中正谨以香花清酒之奠致祭于蒋方震先生之灵曰：

呜呼！杕杜怀贤，鼓鼙思将，中道折衡，安危孰仗？先生于学，独运心匠，大川孤航，空绝倚傍。兵甲罗胸，罔测涯量，千载孙吴，颜行傥抗。巨霆震聋，厉砭时尚，谠言起废，懦夫克壮，惠其绪余，犹为世载。国有先生，实伊天贶，世运方棘，横流待障。念我良执，交期直谅，曩共艰危，在险弥亮，兹参帷幄，讦谟晓畅，莘莘群英，陶钧是望，如何征路，遽婴疠瘴？军国拳拳，逮于属纩，呜呼哀哉！云山凄怆，江流漭漾，追念平生，云胡可忘？金铁有摧，名德岂丧，化身千亿，尚克予相，中词荐悲，临风怏怅，呜呼哀哉！尚飨。[①]

国民政府主席林森的挽词是：

老成凋谢为国家社会惜之
追悼
蒋方震先生[②]

邵力子在追悼会上说，曾亲闻蒋方震先生说，日本靠吸收中国文化立国，发动侵华战争是愚蠢之举，必然失败。侵占中国大片国土只是暂时的现象。可惜蒋方震先生竟没有亲眼看到中国的胜利和日本的失败。

蒋方震的至交好友以及社会各界人士纷纷撰写文章或诗词，表达哀悼、痛惜之意。大家一致认为蒋方震的突然去世，对于中国的抗日战争来说是一个无可弥补的损失。

冯玉祥在《悼蒋百里先生》一文中，追述自己与蒋方震生平交往事迹后写道：“百里先生，请安息吧！抗战虽然艰苦，可是前途非常光明。为着伟大的革命事业，我们一定加倍努力，不把侵略者完全毁灭在我们的国境之内，是不会中止的。”

陈立夫《悼蒋百里先生》则说：“海宁蒋百里先生，志虑忠纯，国之耆宿，诲人不倦，治学精勤。抗战方殷，遽捐馆舍，老成凋谢，悼惜同深！其所著述，皆指陈大计，洞中机宜，谋国之忠，道途无间。典型未远，叹息弥襟！”文章最后说：“内审国情，外衡敌力，先生往矣，而其至理名言，犹仿佛大声疾呼，以昭告于国人也！”

张君劢《哭蒋百里先生》说：“公之所以不朽者，不在武功，而在文治。所

① 《蒋百里全集》第八卷附录，第3页。
② 《蒋百里全集》第八卷附录，第2页。

著有《军事常识》与《国防论》，今之孙武十三篇也。民国八年公归自欧西，携《欧洲文艺复兴史稿》以返，与五四运动作桴鼓应。同时，主持共学社，印行有关文艺与学术之书数十种。又尝办讲学社，杜威、罗素、杜里舒、太戈尔之东来，皆出于公与新会先生（指梁启超）之罗致。呜呼！公为军人，而有造于近年新思潮之发展者如是。盖公之学有远出于军旅之学之上者矣。”①

胡健中在《吊蒋方震先生》一文中沉痛地说：“蒋方震先生之死，是中国对日抗战以来人才上最大的损失。这个损失的价值，在我们做文化事业的人看起来，觉得实不在一个名城或重镇的陷落之下。”

高子白《哀百里》说：“呜呼！百里逝矣。出师未捷身先死，精气长留天地间。我丧益友，国失瑰宝，所望后起之秀，于此抗战最后胜利将届之际，乘此军事实地经验之日，精研力学，待他日军事专家辈出，蔚为国用，以完成建设近代国家复兴民族之大业，竟百里未竟之志，然后以生刍一束，祭百里于宜山之巅，吾知百里必含笑地下矣！”

黄征夫《蒋百里论（人物及其思想、理论体系）》指出：“太史公写张留侯（张良）貌如妇人女子，蒋先生之清秀文雅及一种大涵养的温存，殆近似之。他头脑精密，观察力特别敏锐，精通历史及地理地形，尤其是战史，例如拿破仑怎样用兵，日俄大战某役成败关键，兵力多寡，双方如何配置，他能一一指明。此外，更特别注重数字，尤为军人所难能，古今政治兴废利病，人物出处及才干，无不如数家珍。总之，近代名家或各有专长，但不及先生之淹博；或有淹博，则不及先生之深入专长。有的食古不化，或泥今而异古，独先生能融会古今，贯通中外。总之，有东方玄学的本质，也有西方科学的头脑。凡平素我人以为不足重轻的事物，一经先生道出，便别有妙用。古人所谓运用之妙，在乎一心，先生之心，可谓运用到最妙的阶段了……先生学术思想之崇高如此，而德行之纯洁，自甘淡泊，尤其余事。爱护国家民族之热情，至老不衰，更值得后人之崇拜。大约不久的将来，先生的思想及理论，必将受更多人的崇拜信仰，

① 张君劢：《哭蒋百里先生》，《再生》1939年第12期。

先生有知，当亦可含笑于九原矣！”[①]

还有不少知交朋友、后辈以诗词的形式表达对蒋方震去世的哀悼与感怀之情。诗词很多，不能一一列举，这里仅录几首。

张宗祥的挽诗：

白头离乱聚南荒，三日分襟各慨慷；
磨烛半生悲往命，黄花晚节盼青香。
宵深病急难求药，地僻医迟未处方；
如此人才如此死，旅魂凄绝鹤山傍。

高子白的挽诗：

方觊功能济国艰，岂知讣报发宜山！
论兵迈古开中外，揽辔澄清志羽纶。
天下英才犹待育，云霄立鹤早间关。
腥膻遍地迷无路，渺渺征魂可易还。
忍将老泪哭齐年，童稚情亲倍黯然。
岂仅文章垂后世，更无谈笑获随肩。
攘夷方急中原日，赍志长悲欲晓天。
伯道乏儿苏武妇，我来何处吊新阡。
松坡早谢韵松亡，黯黯同侪欲息铓。
驱狄方期峰井伯，挥戈忽丧鲁灵光。
才闻汉节旋殊域，遽报箕星陨鬼方。
寂寞宜州山下月，只应黄九与参行。
龚生虽夭却成仁，殉国亡躯志已伸。
还忆伤心严谴日，翻成尽瘁鞠躬身！

① 黄征夫：《蒋百里论（人物，及其思想，理论的体系）》，《杂志》1945年第6期。

青灯往昔几年少，白发而今一故人。
从此逢秋倍增感，重阳风雨菊花晨。

章士钊的挽诗：

文节先生宜水东，千年又致蒋山佣。谈兵稍带酸儒气，入世偏留狷介风。

名近士元身得老，论同景略遇终穷。知君最是梁夫子，苦忆端州笑语融。

梁寒操的挽诗：

藉甚才名三十载，本从儒服易戎衣；
功无赫赫缘天厄，言总炎炎为世师。
绛帐马融风庶近，白头李广数何奇？
湘垣谈宴成长诀，风雨宜山入梦思。

萧一山的挽诗：

忽报人天成永诀，星槎瀛海赋初归。
千秋精诣孙吴辈，一代宗功郭李誉。
名世奇韬存战史，老成谋国有遗书。
平生风谊兼师友，腹痛回车涕泪余。

1939年3月22日，国民政府发表褒扬令：

军事委员会顾问兼代理陆军大学校长蒋方震，精研兵法，著述宏富。比年入参戎幕，讦谟擘划，多所匡扶。方冀培育英才，用纾国难，不幸积劳病逝，轸悼良深。应予特令褒扬，追赠陆军上将，发给治丧费五千元，交军事委员会依例议恤，并将生平事迹存备宣付史馆，用示政府眷念耆贤之至意。此令。

主　席　林　森

行政院院长　孔祥熙[①]

上述祭文、挽词、挽诗和褒扬令，一致肯定了蒋方震在军事理论上的建树和贡献，将他与中国古代的著名军事理论家和名将孙武、吴起、诸葛亮、郭子仪等相提并论，评价不可谓不高。

抗战胜利后，浙江省政府于1948年11月30日呈请南京中央政府举行公葬，将蒋方震遗体由广西宜山迁葬至浙江杭州西湖以南之凤凰山万松岭。在宜山起棺时，在场的人发现，10年后其尸身依然未朽。浙江大学校长竺可桢见此情景，鼻子一酸，连忙说："百里，百里，有所待乎？我告你，我国战胜矣！"在场的人泣不成声。

1949年后，因万松岭征作他用，在征得左梅夫人同意后，由蒋方震的学生杜伟主持，将蒋方震遗体请出，火化后另行安葬于万松岭附近的南山公墓。自此，蒋方震长眠于风景秀丽的凤凰山下。1978年，蒋方震夫人左梅在北京去世。1984年，三女儿蒋英护送母亲的骨灰到杭州，与父亲蒋方震合葬在一起。

蒋方震逝世时，三女蒋英尚在德国柏林学习，接到父亲辞世的噩耗，她悲痛万分。她强忍哀痛，写下了一篇情真意切的悼念文章《哭亡父蒋公百里》，以寄托哀思。文章写道：

凭空像一个霹雳般地，我接到您的噩耗。当时我正在欧洲这多事的角落里快乐兴奋地用着功。即刻我的神经立刻痉挛起来，心也震动了！浮现在我眼前的，是您不久以前离开欧洲时的容貌，为祖国奔走的矍铄精神，谆谆嘱我埋首上进的声音，没有想到那些话竟成为永诀的遗言了，我仰天

① 《蒋百里全集》第八卷附录，第1页。

痛哭，我几乎发了狂！我想起这时家中披麻带素的妈妈，想起可怜无恃的手足，我好像听到她们绝望的嚎啕，我意识到了自己永恒的孤单！我失措了，我像一只掉在沙漠里的羔羊。可是，我又恍然地安定下来，决不能，我决不能信您会离开我们的。我们几个孩子需要您，临危的祖国需要您，您不能弃下国难当头的祖国独自飘然而逝。您忍得弃了您白头偕老陪您奋斗一生的妈妈么？您更不肯丢下您这群弱小的毛羽未丰的孩子，我等待，我希望能再得到您健在人间的佳音，然而一天、两天……我绝望了！现在我眼前的只是一片无尽头的黑暗，我看不见太阳！甚而也没有了星光。我的生活失了光明！只有黑夜——连续不断的黑夜呀！我怎么能活下去呢？没有了您的向导，没有了您的鼓励！爸爸，您是我生命的火炬，失了您，让我永远和黑暗接近罢！好！让黑暗吞蚀了我，那么我还许在梦中拜见您，听您的声音，作您吩咐的事。唉！爸爸，真的快来看我吧！您不会嫌柏林太远的罢？

六年前那时您刚从南京回来。咱们一家重聚，是多么快乐呀！每次您上街回来，总是大包小包的水果带回来。照例老佣人总会站在楼梯上叫声：“老爷你回来啦！”我们便打雷鼓似的从楼上跳下来，这个喊，那个的叫。呀，什么广东荔枝啰，新会橘啰，外国香瓜啰，葡萄啰，说不尽的好东西。十只手，来得快，一会都抢光了，您总是说：“给妈妈留些啊！给妈妈留些啊！”于是又一齐闹着去找妈，妈妈不是在书桌上记账，就是坐在沙发上结毛线衣。于是一家子便坐在一块儿，有时谈正经的，有时闹着玩，家，真是说不出来香甜呵！

两年后，病魔插足到我们那乐园的门槛了，一向多忧的大姊被它侵袭了。一个月两个月，终不见起色，于是一家都慌张起来。最慌张的还是您！什么中国郎中，外国医生都请到了，你急得连客也不会了，门亦不出了，整日闷在屋里看书。最后，还为了想随大姊的心愿，一家都搬到北平去，为她养病，哪知3个月后，我们重踏津浦路时，大姊已经一病不起的长眠了。您那时脸上两行流不尽的泪，真是表示出天下最伟大的父爱啊！唉，爸爸！我们何福，竟蒙您这般的怜爱？可是我们现在又有何罪，竟半空中失去了您——我们的光明，我们的一切！还记得大姐临终时，她左手搂着您，右手搂着妈妈，带着满足而惭愧的微笑，同你们道了永诀。有人在旁边看见了都说：大姊真有福气，能有这样熨帖的父母！唉，现在想起来您竟一人在陌生的小城中，左不见妈妈，右不见孩子们，空房冷榻的就这样悄悄地去了，连一声再会也没有说。世界上还有什么事比这个更可悲的呢！

记得1936年，我们随您一同来欧。初在维也纳城外住家，开始学德文。有一天，您刚从德国参加秋操完毕回来，我们为了欢迎您，大家一同下厨房，妈妈大显身手，做了一大桌菜，我们一面细嚼，一面高谈，乐气融融，渐渐南欧媚人的夜幕垂下了，妈妈命我们上床后，自己亦预备休息。哪知她胃病复发，不能安睡。她不愿再打扰我们，自己又不愿起来，所以还是躺在床上自言自语地说："唉，到外国来，真不如在国内享福。如果在国内的话，只要一嚷：'老三妈——'小脚娘（家中19年的老佣人）一定要连跑带跳地下楼拿热水袋，现在只能忍着算了。"哪知道，您听见了这话竟一个人悄悄地走到厨房去，生着了火，静静的一面抽烟斗，一面守着水壶，水开了，装满热水袋，再回房去，悄悄把热水袋搁在妈妈床脚，一声不响地又去看书去了。第二天妈妈把这事讲给我们听的时候，我们互相怔忡着，我们骄傲您这位充满了人性的父亲呵！

最后，我们来到德国，您把我们的一切学校手续安定好了，在进学校的前一天，您还带我们到动物院去玩。那时柏林动物院的大狮子刚养了四个小狮，我们好奇心重，特意一人去抱了一个小狮子，一块儿照了一张相。后来您把照片寄给我们时，还在相片后面附着这几个字："垂老雄心犹未歇，将来付与四狮儿。"唉！爸爸，两年前柏林的狮子已经能跳出院吃人了，我们还如此幼稚呢，您怎忍竟弃下我们在这艰难的人世呢！

严冬去而复来，大姊逝世已经四年了，却始终没有重来过，您此去什么时候再来呢！从前死神把大姊从妈妈怀抱中攫去时，我们时常从母亲心坎里，听到这几个血泪的字："你们五姊妹，正好比我的一只手，如今大姊去了，好像人家把我的拇指割了一般，怎么能叫我不痛心呢！"唉，爸爸现在您又走了，为妈妈想，不是比人家割了她的心还痛呢！唉，我们是失去了心的妈妈，失去了光明的孩子呀！

爸爸，您真的去了吗！不，不，您不能去呀，小妹的唐诗还没有背完，我书棹上Schiller的*Anoder Gtloeke*也何曾讲完了呢！呀！还有许多书，我们需要您那生动有趣的解释呢！回来！爸爸，祖国需要您，我们不幸的这一群需要您！①

近来陆续有出版社出版《谈父亲》之类的书，蒋英的这篇文章是有资格收入此类汇编而流传于世的，但不知何故，没有引起编者的注意。

持续影响及余波

蒋方震虽然突然去世了，但他留下的精神遗产继续发挥着巨大的影响力。

蒋方震的论文与著作在他辞世后，相继编辑出版或再版。

1939年，张禾草编辑的《蒋方震抗战论集》上下册，在浙江丽水出版。

黄萍荪编辑的《蒋方震抗战论集》《蒋方震文选》《蒋方震先生文选》，先后在浙江金华、重庆、福建永定等地一版再版，成为抗战期间著名的畅销书。

此外，还有褚道庵编辑的《英雄跳，我们笑：蒋方震先生遗书》、《大公报》西安分馆编的《蒋方震先生抗战论文集》等。

黄萍荪在《蒋方震先生文选・编印缘起》中写道，蒋方震的著作“关系抗战建国之道，整军经武之术，至匪浅显。凡从政典兵作育治学之士，胥不奉为圭臬，秉若南针”。

1949年前后，香港和上海两地出版了冯玉祥将军所著的《我所认识的蒋介石》一书。书中有一节涉及蒋方震与夫人左梅，书中说：

在柳州听见说，蒋百里先生在宜山死了。我就打听什么缘故死的，有人说，蒋百里在宜山的南边路上，汽车坏了，他受了一下惊，就有一点半

① 《蒋百里全集》第八卷附录，第10—13页。

身不遂的样子。我记得蒋方震在长沙的时候，有一次陆军大学特三期毕业，我看到他喝酒喝得很厉害，当时我劝他小心些，喝多了伤人。他举起杯来说："死都不怕，还怕酒么？"恐怕喝酒太多与他这次的病有关系。我又见到陆军大学负责的周先生，他们夫妇俩没有孩子，说话很确实，他们不会造谣的。

周先生对我说："在宜山蒋百里住在他们楼上，他住在楼下。百里回来还能说话，他的日本太太要给他打针，蒋方震说等医生来再打。这位日本太太说，先打针好。结果日本太太替他打了针，就再也不能说话，没两天就故去了。"周说这话，他总觉得，蒋百里先生是主张坚决抗日的；他的日本太太是说过的："你爱你的国，我爱我的国。"[①]

由于冯玉祥的书是内部出版的，能够看到的人不多，因此在当时并没有引起太大的反响。

1966年3月1日香港出版的《春秋》杂志第208期，刊登了二十世纪三四十年代任广西省政府主席、时寓居香港的黄旭初的文章，题目是《蒋方震暴逝宜山疑案》，黄氏在文章中重复了冯书中的说法。文章发表后，引起蒋方震亲属及其弟子的愤慨，并相继发表声明和文章予以反驳。

蒋华首先在台北《传记文学》杂志发表7点声明称：（1）家母决定与先父结婚时，在日祭告祖先："佐藤已经死去，其本人现为一中国妇人，因仰慕蒋将军及热爱中国而嫁至蒋氏。"（2）家母个性坚强，遇到困难，均未见其落泪，平素教育儿女，命吾等姊妹应有坚强性格。例如，先父坐牢时期，家母每日送饭。又如西安事变，先父被困，同时我在上海患盲肠炎，需即开刀，家母在双重精神压迫下，均泰然处理，未见落泪，证明其个性的坚强。（3）吾等姊妹自幼至中学时代均受中国教育，少年时代不知家母为日人。而家母从未施予日式教育，灌输日本历史文化思想及生活习惯，也从不带吾等姊妹到日本游玩，故吾等姊妹均不懂日本话，也无日式生活习惯。（4）家母继先父遗志，为子女教育需精

① 冯玉祥：《我所认识的蒋介石》，黑龙江人民出版社1980年版，第107页。

通另一国语文及知识，故于抗战期间将我及二姐送美攻读，三姐在德国留学，五妹于抗战前曾在德国读书，随同先父回国，所以在四川陪侍家母。(5) 在桂林时，先父两肩经常疼痛，经检查身体，据医生告称，此为心脏病之预兆，当时遵医嘱，不得吸烟及饮酒，并需充分休息。(6) 家母如有意加害先父，应于事后即赴上海沦陷区，或赴日本，何以自愿留在后方吃苦。(7) 将来传记文学社编印先父全集时，请注意并表扬家母的爱国精神。①

蒋复璁也在《传记文学》同一期上发表《先百里叔逝世追记》，对蒋方震逝世前后经过有所说明，并指出："先叔与家婶鸿案相庄，情好弥笃，家婶随侍在先叔之侧，如要加害，何时不可，何必要在宜山，在众目昭彰之下，打针加害。先叔故后，何以不回上海。一切猜测，都因先叔病起仓卒，不知其心脏病由来已久，也是那一个时候对心脏病了解不深，致有误会。我侍先叔二十余年，于先叔生活及家婶为人知之甚深，所以将逝世情形追记，以告一切关心者。"②

稍后，万耀煌也写信给蒋复璁，对蒋方震逝世前后经过有所补述，并且指出："百里师之爱国家爱民族，国人皆能知之，而不知左梅夫人因百里师之所爱而爱之，其热爱中国，爱丈夫，爱女儿，并不较之任何一个中国的贤妻良母，有所逊色。""左梅夫人对百里师之生活起居，照料得无微不至，百里师忧国伤神，体气素弱。在宜山病逝前，早有许多征候，左梅夫人虽常婉言请百里师珍重，惟百里师以国事为重，经常力疾从公，在宜山病逝前，尚与浙大教务长张晓峰及陆大教育长周亚卫两位长谈，当晚突以'心脏麻痹症'病逝于医药缺乏、交通不便之偏僻小县，实中国军事上莫大之损失。当时为百里师看病的浙大校医曾说：'蒋先生患的心脏麻痹症，我早来也救不了他。'以当时医药设备及环境，虽和缓复生，也必束手无策，当年绝无一人对百里师之死因有所怀疑，卅年后，而有不明当时实况，又不在当地者，居然有此异议，余不知其用心何在？虽已有师妹蒋华女士及慰堂先生为之声明，而门人健在者，岂能默而不言？须

① 参见《蒋百里全集》第八卷附录，第14—15页。

② 《蒋百里全集》第八卷附录，第34页。

知百里师母是爱中国而恨日本军阀的，就其于归百里师后之身教言教家教，均足击破任何谬论。”

综合上述材料推断，所谓左梅加害蒋方震的说法当系没有根据的猜测和臆断。此种说法最早出自陆军大学教育长周亚卫之口，由冯玉祥写成文字公之于众。中华人民共和国成立后，黄旭初避居香港当寓公，闲来无事，写写回忆录打发时光。也许是黄旭初看到冯玉祥的著作后未加考证即采用了该书的说法，写成文章并公开发表。著者以为，左梅加害蒋方震的说法，虽然查无实据，但却是事出有因。这就是20世纪30至40年代日本帝国主义疯狂侵略中国的时代背景。在那个时代，中国人对出生在日本国的左梅女士在感情上难免有隔阂，对其有所猜测和议论亦属于情理之中的事。因此，如果要说周亚卫、冯玉祥、黄旭初等人故意造谣和诬蔑，也是不大妥当的。

逝世后的蒋家境况

蒋方震去世后，留下4个未满20岁的女儿，一家的重担全部落到了左梅夫人身上。安葬丈夫后，左梅夫人携蒋雍、蒋华、蒋和3个女儿定居云南昆明。蒋雍入西南联合大学学习，蒋华进云南大学学习，后得蒋方震至交于斌总主教之助，蒋雍、蒋华获得留美奖学金，先后赴美留学。留在德国的蒋英，亦得到教育部部长陈立夫之助，由教育部续汇学费，得以完成学业。

1941年，因昆明遭受日本飞机空袭，左梅夫人携小女蒋和迁居重庆，先住白沙坪，并将蒋和送入中央大学读书。不久迁至重庆郊外新桥，盖茅屋3间，靠国民政府所发遗属抚恤金度日。后来，在交通部任简任秘书兼川湘川陕水路联运总管理处处长的薛光前，为左梅夫人在嘉陵江运输处安排了一个职位，每月除了领一份薄薪外，还能领到平价米、配给煤、布之类的东西，聊以维持一家生计。

抗日战争中期，在陪都重庆主持国际问题研究所的王芃生想请左梅夫人赴日本，以探听日方消息。王芃生首先征求蒋方震堂侄、中央图书馆馆长蒋复璁的意见，蒋复璁回复道：“先叔在日，她专管家务，不与外事，不必惊动她，并且也无济于事。”王芃生表示理解，提议作罢。事后，蒋复璁将此事告知堂婶左梅夫人，她亦很以为然。

左梅夫人迁居重庆时，陆军大学在此前已经由贵州遵义迁到了重庆山洞，教育长是蒋方震的学生万耀煌。左梅夫人即向万耀煌提出，愿将蒋方震生前积累的藏书赠送给陆军大学。万耀煌欣然同意，当即派遣两名高级教官赴贵阳与蒋复璁接洽，将蒋方震藏在贵阳的图书运抵重庆，在陆军大学开辟“百里图书室”贮藏之。蒋方震的藏书包罗万象，以德文书籍居多，其他军事、政治、文学、哲学等书籍均有。后来，陆军大学又购买了法国于1937年出版的《第一次世界大战史》105巨册及各兵科学校讲义7大箱，将“百里图书室”扩充为“百里图书馆”。图书馆开幕之日，特请左梅夫人莅临启锁。以后陆军大学每有晚会，必请左梅夫人观赏。

抗日战争胜利后，左梅夫人返回上海。她60岁生日时，堂侄蒋复璁特作寿序一篇，叙述左梅夫人数十年来相夫教子所经历的种种辛劳。

蒋方震的5个女儿除长女不幸夭折外，其余4人均学有所成。

次女蒋雍（1918—1980），1940年赴美国留学，初入明尼苏达大学，后入哈佛大学继续深造，主修历史。1943年，在美国与广东籍留美工程师黄立富（有的资料写成黄力富）结婚。蒋雍毕业后定居美国，先后在美国国会图书馆、华盛顿里士满公共图书馆工作，育有一子一女。1949年后，由于中美关系严重对立，蒋雍与国内亲人失去了联系，直到20世纪70年代中美关系正常化后，蒋雍几经努力，终于得以回到北京探望已经多年未见的母亲及妹妹。此时，年迈的母亲因患阿尔茨海默症多年，母女相见不相认；而小妹蒋和则在“文化大革命”中致残，情绪也一直不稳定。此次探亲之旅，对蒋雍精神上打击极大，她回到美国后终日郁郁寡欢，于1980年4月14日在美国去世。

三女蒋英（1919—2012），1941年毕业于柏林音乐大学声乐系，1942到1944年在瑞士卢塞恩音乐学院研究生班学习，师从著名歌唱家杜利哥教授和德国著名歌剧演员克吕格教授。1946年学成归国，与美国麻省理工学院副教授钱学森在上海结婚。1947年随钱学森赴美国，1955年与丈夫钱学森携一子一女回到祖国，在中央音乐学院任教数十年，先后担任声乐系教研室主任，歌剧系副主任、教授等职，培养了众多音乐人才，桃李满天下。

四女蒋华（1921—2007），在上海中西中学毕业后，于1940年赴美国留学，先后获得明尼苏达大学学士、波士顿大学营养学硕士。1946年从美国取道欧洲回国，在船上认识外交家魏宸组的公子魏需卜，回国不久即结为夫妇。蒋华回国后，担任上海国防医学院营养部中校主任，后任上海震旦大学教授、生物系主任。1951年随丈夫移居比利时。1965年在比利时创办第一所中文学校，教授当地华人华侨子弟，为传播中国语言文化做出重要贡献，成为当地华人领袖之一。晚年在比利时发起并成立中国和平统一促进会，担任第一任会长，坚决反对"台独"，为中国的和平统一摇旗呐喊。

五女蒋和（1923—2015），早年与四位姐姐均就读于上海中西女子中学，1936年跟随父亲去欧洲，一度就读于德国柏林女子中学，1937年随父亲回国，先后就读于昆明西南联大与重庆中央大学英文系。1950年到北京参加工作，先在冶金部任翻译员，后调北京钢铁学院任外语教师。因家庭背景问题，"文化大革命"中受到严重冲击。1978年，她与当年德国柏林女子中学的同学取得联系，应同学的邀请并由同学支付机票及其他费用前往西德治疗，但因为伤势拖延过久已经无法进行手术矫正，西德医生给她特制可以四季穿的皮鞋才得以恢复行走。后由同学联系安排进入西德大型轧钢机器制造厂西马克公司工作，数年后因精神疾病再次发作，不得不于1986年回国静养，直到2015年11月1日在北京去世。

1945年抗日战争胜利后，左梅夫人从重庆回到上海。1955年，钱学森、蒋英一家从美国回国定居北京。后在有关部门的安排下，左梅夫人从上海迁居北京，随蒋英、钱学森一家生活。1978年10月17日，左梅夫人在北京去世，享年88岁。11月6日，在北京举行了追悼会，廖承志、罗青长、刘斐以及全国政协、中共中央统战部送了花圈。新华社电讯称蒋方震为"我国早年著名的军事理论家"。这是党和国家对蒋方震的权威评价。

国防事业后继有人

蒋方震在国防事业上的继承人是他的三女婿钱学森。

钱学森是浙江杭州人，1911年12月11日出生于上海。其父钱家治（字均夫，一作均甫）与蒋方震同庚，又是浙江求是书院同学，后又同赴日本留学。钱家治学史地，蒋方震学军事，一文一武，意气相投，成为要好的朋友。钱家治只有钱学森一根独苗，而蒋方震却有“五朵金花”，钱家治便多次要求老友过继一个女儿给他。蒋方震欣然应允，曾经一度让三女儿蒋英住进钱家，并更名为“学英”。那时，蒋英3岁，钱学森11岁，像兄妹一样，一块学习，一块嬉戏，共同度过了一段青梅竹马、两小无猜的美好时光。因此，后来钱学森向友人介绍蒋英时，戏称“她是我家的童养媳”。蒋方震家没有男孩，他将老友的独生子视作自己的孩子，关怀备至。1934年，钱学森从上海交通大学毕业，考取了清华大学公费留学的资格。蒋方震对他说：“中国将来空军发展，必需培养航空技术人才。你可以去学习造飞机，研究空军建设和国防力量。”

1935年，钱学森赴美，进入麻省理工学院学习，次年获得航空工程硕士学位。1936年蒋方震奉派去欧洲考察“总动员法”时，顺道将三女蒋英送入德国读书。1936年下半年，蒋方震夫妇从欧洲来到美国，顺便看望了钱学森。

钱学森在获得硕士学位后，准备到加州大学深造航空理论学。从应用工程改习基础理论，引发了钱氏父子之间的一场激烈争论。钱老先生强烈反对儿子的选择，他写信训斥钱学森：“重理论而轻实际，多议论而乏行动，是中国积弱不振的原因。国家已到了祸燃眉睫的最后关头了，你不好好儿在航空工程上继续研究，却要改头换面而走上理论的途径，你见识太浅，而且太见异思迁了。”对于父亲的这种指责，钱学森感到难以接受，便远隔重洋与父亲展开了笔战。

当他们父子展开笔战时，蒋方震正在横渡大西洋前往美国的途中。蒋方震抵达美国后，钱学森专程赴纽约拜见了蒋伯伯，向他报告了自己在美国学习的情况以及他所作的新的选择，并请他回国后做父亲的思想工作，蒋方震对钱学森的选择表示了赞许。他从美国回来后，钱家治立即去拜访了老朋友，一是向他探询儿子在美国的情况，二是征求他对钱学森改习航空理论的意见。蒋方震对老朋友作了一番开导："你儿子改习航空理论是对的，因为美国和德国的航空理论的新趋势是工程与理论一元化，工程是跟着理论走的，而且美国是一个富强的国家，中国是一个贫弱的国家，美国造一架飞机，如果有新理论发现，可以马上拆下来加以改造，中国就没有这样大的气魄，因此中国人学习航空工程就更应该在理论上下功夫。"钱家治历来佩服蒋方震的学问，经他这么一解释，顿时恍然大悟，便立即复信大洋彼岸，同意了儿子的选择。

1936年，钱学森在美国加州理工学院考取了冯·卡门教授的博士研究生。冯·卡门是一位来自匈牙利的犹太人，人称"超音速飞行之父"。这位大名鼎鼎的科学家，十分欣赏和器重这位来自太平洋彼岸的黑头发、黄皮肤的学生，经常对别人称赞自己有位才华横溢、富有想象力、具有数学天赋的中国学生。1938年，钱学森从加州理工学院毕业，后获得航空数学博士学位，冯·卡门教授将钱学森留在自己身边工作。很快，钱学森便在数学和力学这两个领域崭露头角，获得了一系列的突破。与导师合作提出著名的"卡门—钱学森公式"。之后，钱学森又科学地证明了冯·卡门教授首先提出的高超声速流的概念，为飞机早期克服热障、声障提供了理论依据，为国际空气动力学的发展奠定了基础。这项科研硕果被称作航空科学史上闪光的篇章之一。正是他们师徒的共同努力，使国际航空航天事业取得了质的飞跃，极大地推进了高速空气动力学和喷气推进科技的全面发展。

在第二次世界大战中，德国的V2火箭大发神威，引起了军事革命，美国把研制火箭工作列为最重要的科研项目之一。美国军方在1943年委托钱学森开展火箭发动机推动导弹的研究项目，他不仅担任了火箭组的组长，还担任了美国空军科学顾问团的顾问。他和F·马林纳教授共同完成了《远程火箭的评论与初步分析》这篇研究报告，受到美国军方的高度重视。他的杰出贡献为美军研制地对地导弹和探空火箭事业打下坚实的基础，钱学森成为美国公认的复合推进剂火箭发动机导弹的先驱。美军高度称赞钱学森为美国，为反法西斯战争所做的"巨大的、无法估价的贡献"，"帮助美国成为世界第一流军事强国的科学家银河中一颗明亮的星"，"制定空军从螺旋桨式向喷气式飞机速度并最后向遨游太空无人航天器过渡的长远规划的关键人物”。一位美国海军将军曾这样评价钱学森：“钱学森无论走到哪里，都能抵得上五个师。”

第二次世界大战全面爆发后，一直在德国学习音乐的蒋英开始了她最为艰苦的生活。由于法西斯德国承认了南京伪政权，中国宣布与德国断交，蒋英便转到瑞士继续她的学业。直到战后，她才得以离开欧洲，转道英国赴美。在美国，钱学森和蒋英这对青梅竹马的有情人很快坠入情网。1947年，他们在上海共结百年之好。左梅对这对新人极为满意，唯一可惜的是蒋方震再也见不到爱女蒋英，也没能看到高才生钱学森成为自己的女婿。婚后不久，夫妇俩悄悄去了美国。

1947年2月，年仅36岁的钱学森成为麻省理工学院最年轻的终身教授。1949年又任美国加州理工学院喷气推进中心主任、教授。然而，无论名或利都无法泯灭钱学森的那颗中国心，他时刻关注着祖国的命运，准备着有朝一日回归多灾多难的中华热土。当时有人发现，他没有像美国人那样把一部分收入存在保险公司以备养老。对此，钱学森笑道：“其实这也不奇怪，我是中国人，我的事业在中国，我的归宿在中国，我根本没有打算在美国生活一辈子。”

法国著名科学家曾有一句名言：科学是无国境的，但科学家是有祖国的。钱学森便是这样一个有气节的爱国科学家，回国后他曾说：“我从1935年去美国，1955年回国，在美国待了20年。20年中，前几年是学习，后十几年是工作，所有这一切都是在做准备，为了回到祖国后能为人民做点事。”

1949年，当中华人民共和国成立的喜讯传到美洲大地时，钱学森激动得热泪盈眶，竟高兴得彻夜难眠，站在窗前遥望祖国，归心似箭，毅然决定立即返回中国。当时，他刚刚提出火箭助推的滑翔机作为洲际运载火箭的设想和核火箭的设想，再次受到美国军方的高度重视。钱学森不动声色地和中国学者暗自商量归国的计划。

钱学森等人庆祝新中国的诞生，美国当局虽然不悦，但尚可睁一只眼闭一只眼。然而，得知钱学森准备回国时，美国当局是绝对不会听之任之的。一时间，美国军界的一些同事劝阻他不要回国，一些好心的朋友也劝他不要轻易离开美国，一些头面人物也用名誉、地位和前途等诱人的字眼挽留他；官方更是千方百计地阻挠他，派特务监视他的一举一动，甚至无端盘查、传讯和监禁。

1955年9月17日，与美国当局整整进行了五年艰苦抗争的钱学森终于踏上了回归的航程。在嘈杂的船舱里，他和中国学者一起亲自赶制了一面庆祝中华人民共和国成立六周年的国旗。在庆祝共和国的生日晚会上，钱学森热泪盈眶地对大家说，我们报效祖国的日子指日可待，新中国一定会成为世界强国。

1955年10月28日，回到北京的当天钱学森带领全家人赶往天安门广场，仰望高高飘扬的共和国旗帜，滚滚热泪夺眶而出："祖国啊祖国，我终于回来了!"

1956年2月，钱学森提出了《建立中国国防航空工业的意见书》。在这个报告中，他对发展我国火箭和导弹科技，提出了科学的发展战略、措施和步骤。

很快，新中国第一个导弹研究机构——国防部第五研究院成立了，钱学森出任院长。从此，中国的火箭和导弹科研工作得到了快速发展。

1960年11月5日上午9时，中国第一枚国产近程火箭在戈壁大沙漠腾空而起，风驰电掣般地飞向预定目标，一举获得成功。

1964年，中国的中近程火箭发射成功。

1966年，中国箭载原子弹试验成功，从第一颗原子弹爆炸成功到第一枚箭载原子弹的试验成功，美国用了13年，中国仅用了2年多。

1970年，中国第一颗人造地球卫星发射成功。

之后，在中国三大尖端国防科技——战略导弹、洲际导弹、人造卫星的研制过程中，钱学森继续做出了巨大贡献。1980年5月18日，中国第一枚洲际导弹发射成功，震惊了世界。

20日，美国合众社向世界播发了记者罗伯特·克莱伯撰写的专稿《中国导弹之父——钱学森》。该专稿写道：

主持研制中国洲际导弹（远程运载火箭）的智慧人物是这样一个人：在许多年以前，他曾经是美国陆军上校，美国政府由于害怕他回归中国，把他扣留了5年之久。

他的名字叫钱学森，今年69岁。在这个名字的背后，有着一段任何科学幻想小说或侦探小说的作者都无法想象出来的不寻常的经历。

50年代，美国海军次长金波尔对钱学森博士的才能的高度评价，已经被1955年钱学森获准离开美国回中国大陆以来的事实所证明。

正是因为有了钱学森，中国才在1970年成功地发射了第一颗人造地球卫星。现在，由他负责研究的火箭，正在使中国成为同苏联、美国一样能把核弹头发射到世界上任何一个地方的国家。

本星期四，是钱终生事业中的一个里程碑。在这一天，中国宣布，它成功地向新西兰和澳大利亚周围海域，发射了一枚洲际导弹火箭……

钱学森为祖国国防高科技的发展做出了杰出贡献，党和国家也同样给予了他崇高的荣誉。

1991年10月，在庄严神圣的北京人民大会堂，党中央、国务院和中央军委在这里举行隆重仪式，授予钱学森英雄模范奖章。

1995年1月，钱学森获得首届何梁何利基金优秀奖。

1999年9月，中共中央、国务院和中央军委又隆重授予钱学森等23名科学家“两弹一星”功勋奖章。

从1958年起，钱学森先后担任国防科学技术委员会副主任，中国科协副主席、主席等职，为发展我国的航空事业做出了卓越贡献。

同时，钱学森也是交叉学科和横断学科的倡导者和实践者，并将控制论发展成一门全新科技学科——工程控制论，把中国导弹武器和航天工作归纳升华为系统的工程理论，还应用到军事运筹、地球表层和生态环境及社会经济系统领域，发展为军事系统工程、地球生态系统工程、农业系统工程、草业系统工程、法制系统工程、社会系统工程等。进入20世纪80年代，钱学森进一步研究整个科学技术的体系和结构，大力倡导思维科学和人工智能的研究，并认为这将是未来科学的前沿，其对人类社会将产生巨大的影响，不亚于核科学、航天科学。

与他的岳父蒋方震一样，钱学森也是一个多才多艺的才子，在哲学、艺术、医学，特别是音乐方面，都有相当的造诣。钱学森与蒋英这对教授夫妇，分别在国防科学和音乐艺术领域取得了杰出的成就，为中华民族屹立世界民族之林做出了巨大的贡献，可以说他们正好实现了蒋方震未尽的夙愿。钱学森常常怀着深深的感情和敬意说："对我这一生影响和帮助最大的有两个人，一个是周恩来总理，一个是蒋方震先生。"1999年秋，中央音乐学院为蒋英教授执教40周年举行盛大的演唱会。88岁的钱学森回顾往事，感慨地对友人说："蒋方震先生不仅是我的岳父，他还是我和蒋英最早的师长和引路人。"

作为一代科技巨星，钱学森经常告诫青年人，我是从半殖民地半封建社会、资本主义社会和社会主义社会生活过来的知识分子，亲身经历告诉我，只有社会主义才能救中国，只有中国共产党才能领导中国走向复兴。作为一个爱国知识分子，只有把自己的聪明才智奉献给祖国的时候，才会感到最大的荣耀。

大事年表

1882年（清光绪八年　壬午）　诞生

10月13日（农历九月初二）出生。

1885年（清光绪十一年　乙酉）　4岁

在海盐城天宁寺住所随母杨太夫人开始识字。

1886年（清光绪十二年　丙戌）　5岁

随母杨太夫人学唐诗及四书。

1887年（清光绪十三年　丁亥）　6岁

开始听杨太夫人讲稗官野史。

1889年（清光绪十五年　己丑）　8岁

入海盐张氏私塾伴读，先后学完《论语》《孟子》《学庸》《诗经》《尚书》等，已能作应制诗及制艺之起讲。

1892年（清光绪十八年　壬辰）　11岁

奉父命从海盐回原籍海宁硖石镇入同族私塾继续读书。

1894年（清光绪二十年　甲午）　13岁

继续在硖石镇同族私塾读书。根据堂兄的安排抄录上海《申报》时论，得知中日甲午战争爆发的消息，产生民族主义思想。父亲病故于海盐住所，扶柩归葬硖石祖坟。

1895年（清光绪二十一年　乙未）　14岁

母杨太夫人病，效古人割股疗亲之举，悄悄割左臂小块肉煎汤奉母。母不久好转，而其创口却因感染而腐烂，母子相抱大哭一场，延医敷治始愈。

1897年（清光绪二十三年　丁酉）　16岁

学完十三经。

1898年（清光绪二十四年　戊戌）　17岁

春，应童子试，中秀才。夏，补郡学生员。秋，入上海经济学堂学习，因学费困难不久退学。

1899年（清光绪二十五年　己亥）　18岁

春，到海宁伊桥镇孙氏私塾任塾师，课余阅读孙氏藏书《经世文编》，知识面大为开阔。春夏，答桐乡新任县令方雨亭观风题，写成数十万字交卷，大得方雨亭赞赏，其批示："此真我中国之宝也。"破例赏给银圆30块，并派人约至桐乡相见。

1900年（清光绪二十六年　庚子）19岁

春，赴桐乡谒见方雨亭县令，两人纵谈天下事。听方雨亭劝告，放弃科举之路，辞塾师职务，随方县令至省城，经介绍入杭州求是书院读书，一切费用由方雨亭供给。参与浙会活动，求是书院监院陈敬第（字仲恕，杭州人，翰林出身）私下告诫说："子对政治不平，乃分所当然，但不可落痕迹，最忌形诸笔墨也。"

8月，唐才常发动自立军起义失败遇难后，赋诗哀悼唐才常（诗佚），为求是书院总理陆懋勋察觉，拟除名。监院陈敬第力争无效后，遂请杭州知府林启派其赴日本留学，并由林启与方雨亭（此时已调任丽水县令）分摊费用。

1901年（清光绪二十七年　辛丑）　20岁

4月赴日本留学，先入日本横滨东亚商业学校，与蔡锷（湖南邵阳人）相识，从此成为志同道合的至友。不久，自费进入日本东京的成城学校（陆军初级军校）学习。在成城学校期间，与蔡锷、范源濂等联络湖南、浙江的部分留日学生30余人，秘密结社，以推倒清廷、建设新国家为宗旨。东京留日学生秘密结社，即从此开始。

在成城学校期间，还与蔡锷、胡景伊等参与了邹容《革命军》一书的写作。

1902年（清光绪二十八年　壬寅）　21岁

林启、方雨亭相继去世后，经费来源中断，课余不断为留日中国学生创办的《译书汇编》（后改名《政法学报》）译稿，以支付留学费用。

为梁启超在横滨创办的《新民丛报》翻译《军国民之教育》，提倡军事教育。后日本人下河边五郎将此文与蔡锷的《军国民篇》合编为《军事篇》一书，先后印行7版。

秋，发起成立留日学生浙江同乡会，草拟会章。10月，浙江同乡会成立，当选为干事，并负责筹办《浙江潮》杂志。

本年毕业于成城学校。8月，编入日本近卫步兵第一联队，为士官候补生。

1903年（清光绪二十九年　癸卯）　22岁

2月17日（农历正月初二）《浙江潮》在日本东京创刊，与蒋尊簋、王嘉榘、许寿裳、蒋智由等为主要撰稿人。以“飞生”“余一”等笔名发表《国魂篇》《民族主义论》《俄罗斯之东亚新政策》等长篇连载论文，主张陶铸“国魂”，提倡具有民主内容的民族主义和爱国主义（“祖国主义”）。有学者指出：“在革命风暴到来的前夕，国魂问题的郑重提出，是近代中国民族运动发展到正规的资产阶级民主革命阶段的一个表征，它标志着中国人民的爱国主义觉悟到达了新的水平。”

12月1日，入东京陆军士官学校第三期步兵科。同期中国留学生还有蔡锷（骑兵科）、蒋尊簋（骑兵科）、张孝准等。

1904年（光绪三十年　甲辰）　23岁

10月24日，以第一名的成绩毕业于陆军士官学校，蔡锷名列第五，与蔡锷、张孝准合称“中国士官三杰”。章太炎称：“浙之二蒋，倾国倾城。”毕业后，以少尉资格回近卫步兵第一联队见习，后又入经理学校学习后方勤务。

1905年（光绪三十一年　乙巳）　24岁

在东京陆军士官学校对面一个叫小田园的日本老妇家里租了一间房，开办临时士官预备班，为准备进入士官学校学习的中国留学生服务，深受欢迎。

1906年（清光绪三十二年　丙午）　25岁

春，回海宁硖石省母。浙江巡抚张曾扬拟聘其为浙江新军第二标标统，复函云：“夫以不教之民，授之以不祥之器，而教之以杀人之事，吾恐今日之惟恐其无者，他日将惟恐其有。”蒋拒绝应聘，并推荐蒋尊簋以自代。

夏，经陈敬第推荐，入盛京将军赵尔巽幕府任参议。10月下旬，参观在河南彰德府举行的新建陆军秋操大典后，与张孝准、林摄三人奉赵尔巽派遣，取道日本赴德国继续深造。

1907年（清光绪三十三年　丁未）　26岁

到德国后，先入德军第七军任见习连长，与伯卢麦将军侄子结为亲密朋友。

1910年（清宣统二年　庚戌）　29岁

秋，为德国皇太子访华做准备，偕驻德公使荫昌取道俄罗斯，经西伯利亚回国。临行前，拜访《战略论》作者伯卢麦将军，伯卢麦赠新版《战略论》1

册，许以中文版翻译权，并鼓励说："抑吾闻之，拿破仑有言，百年后，东方将有兵略家出，以继承其古昔教训之原则，为欧人之大敌也，子好为之矣！"

在德国4年多，除钻研军事学外，还大量涉猎了西方文学、哲学、艺术书籍，如《歌德集》、德译《莎士比亚全集》、《席勒集》、但丁《神曲》等，对西方资本主义文明有了深刻的印象，为今后多方面发展打下了基础。

冬，经士官学校同学良弼（士官学校第二期毕业）推荐，出任清廷禁卫军管带（相当于营长），所部500余人，驻南苑。

1911年（清宣统三年　辛亥）　30岁

春，回海宁硖石镇奉母亲严命，与同县袁花镇查品珍成亲，对此桩婚姻极不满意。婚后不久即北上。查夫人终身不育，一直居住在硖石老家，侍奉杨太夫人，于1939年冬去世，享年59岁。

3月，随赵尔巽去东北任东三省督练公所总参议，获二品顶戴，从禁卫军管带骤升二品顶戴，这是史无前例的。

10月10日，武昌起义爆发，赵尔巽勾结巡防营统领张作霖镇压革命，鉴于处境不利，由陈敬第资助乘火车离开东北南下杭州。

1912年（中华民国元年　壬子）　31岁

1月15日，蒋尊簋出任浙江都督，应聘出任浙江都督府总参议。

2月6日，云南都督蔡锷致电中华民国南京临时政府大总统孙中山和陆军总长黄兴，推荐蒋方震任南京临时政府参谋总长，后因南北议和，此议未及实行。

2月25日，南京临时政府陆军总长兼参谋总长黄兴通电为其辩护："阅昨日报，有电称蒋方震君为汉奸一节，殊为失实。现在南北统一，人人尽力民国，断未有甘心向虏者。前有小愆，亦在所不咎，请登报声明，以彰公道。"

撰写《参谋勤务书》（未完稿）。

12月15日，经荫昌、陈敬第推荐，被临时大总统袁世凯任命为保定陆军军官学校校长，12月17日到校视事。

12月23日，晋升为陆军少将。

1913年（中华民国二年　癸丑）　32岁

锐意整顿陆军军官学校，初见成效。当改革深入进行时，却受到北京政府陆军部军学司的刁难，理想不得实现，愤而于6月18日晨开枪自戕。遗书称："仆之殉职，为国家故。虽轻若鸿毛，而与军人之风气有关。乞告老母，不可悲伤，总长处，请告以军事非至善之目的不能成功，徒以彼善于此之言，聊以自慰，则军事永无振兴之日。"因幸未伤及要害，经抢救脱险。

9月3日，辞去军校校长职务，由曲同丰继任。任校长近7个月，所教为第一期，该期学生中后来出名的有唐生智、陈铭枢、刘文岛、万耀煌、龚浩、孙震等人，军校以后各期学生均奉之为师。

由袁世凯委任为总统府军事处一等参议，月薪300元大洋。

1914年（中华民国三年　甲寅）　33岁

5月，总统府军事处改组为陆军大元帅统率办事处，下设参议处，被袁世凯委任为8名参议之一。潜心于军事学术研究，征引西方军事学家克劳塞维茨、毛奇、伯卢麦等人的言论，注释《孙子兵法》，以《孙子新释》为题在梁启超主编的《庸言》杂志上连载。稍后，又应袁世凯之命，与刘邦骥合著《孙子浅说》，以《孙子兵法》十家注为依据，对孙子十三篇详加注释。全书4万余字，由徐世昌作序，于1915年出版。

与蔡锷、阎锡山、张绍曾、尹昌衡等11人组织军事研究会，经常聚会讨论和演讲各种军事问题、军事计划，还请外国军事学家讲演，谋图改进军事教育，提高军事学术水平。

秋，与日本护士佐藤屋登小姐在天津德国饭店举行婚礼，次日偕归北京。因新婚夫人喜爱梅花，因此替夫人取汉名"左梅"。后又在海宁硖石镇东山西麓购地数亩，建立梅园，园中造屋数间，以为晚年偕左梅夫人归隐所在。

1915年（中华民国四年　乙卯）　34岁

继续研究军事学术。校订浙江同乡林摄所著《军制要义》。为周斌翻译的《战史摘例步兵操典证解》作序。

袁世凯复辟帝制企图暴露后，协助蔡锷出京南下领导反袁的护国战争。12月25日，蔡锷与唐继尧、李烈钧等在云南昆明起兵讨袁后，蒋方震在京受到严密监视。秋，硖石同乡徐志摩考入北京大学预科，住蒋方震家中。徐志摩以同乡晚辈，称蒋方震为福叔。

1916年（中华民国五年　丙辰）　35岁

1月，伺机离开北京乘火车南下。行前，写了5封信分致袁世凯、徐世昌、段祺瑞等，交夫人左梅，请她在他安全到达目的地后发出，信中劝袁世凯悬崖勒马，取消帝制，劝段祺瑞、徐世昌勿助纣为虐。临行前还交代夫人："我到南京就有电报来，那时我已脱离险境了，北京倘有乱事，你不妨到东交民巷暂避，随身细软早点准备好，我留下200元作为家用。"

3月22日，袁世凯被迫宣布取消帝制，废除"洪宪"年号。

5月1日，广东肇庆成立两广北伐联合军都司令部，应梁启超之召南下肇庆任都司令部出师计划股主任，执行参谋长职务。到任后，提议实行突击战略，出湖南以攻武汉，因时局变化未及实行。

7月6日，北京政府任命蔡锷为四川督军兼省长。应邀入川商讨川局善后事宜，从肇庆回到上海后，将夫人左梅从北京接到上海，然后送回日本娘家。送走妻子后，化装带着随身仆人由长江溯流而上，在泸州附近与蔡锷会合。当时，蔡锷的肺结核病侵及喉部，病情相当严重，蔡锷有意让蒋方震任参谋长兼代督军，蒋方震婉辞。8月9日，以总参议身份随蔡锷离开成都，经泸州，乘船从长江东下，于8月28日抵达上海，会见共同的老师梁启超。9月10日，从上海乘轮前往日本，14日入住日本九州福冈医科大学病院治疗。蒋方震在旁照料一切。蔡锷终因沉疴不起，于11月8日凌晨2时去世，享年34岁。蒋方震含泪代蔡锷写了遗电。

11月下旬，与石陶钧、李华英等扶蔡锷灵柩回到上海，接受各界吊念。

12月8日，以"学弟"身份挥泪撰写《蔡公行状略》，回顾好友短暂而又轰轰烈烈的辉煌一生。

12月14日，在上海各界人士举行的追悼大会上演说。又与梁启超等共同在上海发起成立“松社”，附设松坡图书馆，以资纪念。

12月20日，黎元洪大总统下令为黄兴、蔡锷举行国葬典礼。

1917年（中华民国六年　丁巳）　36岁

2月，偕夫人左梅重返北京，住迺兹胡同。

2月16日，北洋政府宣布蒋方震为陆军少将加中将衔。

4月，长女昭出生。2日后乘车南下长沙，与湖南都督谭延闿亲自踏勘岳麓山，选定了蔡锷的墓址。4月12日，蔡锷的国葬典礼在长沙隆重举行，一代英灵，魂归故土。

6月，翻译的《职分论》（A Tromslation of Smile’s Duty，英国斯迈尔著）由商务印书馆出版。

7月，《军事常识》（上下册）由上海商务印书馆出版。该书出版后，风行一时，成为军中必备之书。

7月，应四川代督军、省长兼军务会办戴戡之邀入川，行至重庆以西的山阴镇时，迎面遇到化装成乞丐从成都逃出来的学生李拯中，获悉川军以刘存厚为首发难，戴戡与其参谋长张耀亭已于7月21日遇难。闻此消息，如雷轰顶，不由得仰天长叹，此真乃天不助人！

8月，返北京，被黎元洪大总统任命为总统府军事顾问。在府院之争中，支持黎元洪大总统反对北洋政府对德国宣战。

1918年（中华民国七年　戊午）　37岁

5月28日，次女蒋雍出生。

7月18日，北洋政府晋升蒋方震为陆军中将。

12月20日　北洋政府赠予蒋方震二等大绶嘉禾章。

12月28日　随梁启超任团长的考察团在上海乘日本“横滨丸”号启程前往欧洲。

是年，奉母命，纳杨太夫人义女王若梅为侧室。王若梅一直居硖石老宅，亦终生没有生育，于1982年去世，享年86岁。

1919年（中华民国八年　己未）　38岁

2月11日，欧洲考察团抵达英国伦敦。一周后，赴巴黎，巴黎和会开幕已经1个月。“他们在巴黎住在中国使馆附近，每晚必举行餐谈会讨论中国应当提出和会的各种问题，以备中国代表团参考。”从3月7日起，偕梁启超对第一次世界大战西战场进行1个多月的考察。应梁启超之邀，撰写《德国败战之诸因》，从政略和战略两个方面分析德国战败的原因，其结论是：“军阀之为政，以刚强自喜，而结果必陷于优柔而自亡。外强而中干，上刚而下柔，是其征也。”该文受到梁启超的推崇，后全文收入梁氏的《西欧战场形势及战局概观》，梁启超加按语说：“自德国败后，各国人著书论他致败原因的很多。我觉得我们老朋友蒋方震所著的一篇，最为精到。我就把他录出来，做这一篇的结论。”

9月7日，三女蒋英出生。

1920年（中华民国九年　庚申）　39岁

1月23日，欧洲考察团成员从法国马赛港乘法国邮轮启程回国。考察团先后游历了英国、法国、比利时、荷兰、瑞士、意大利、德国等国家，历时1年3个月。3月5日，抵达上海。在考察期间，蒋方震写了数万字的考察日记。经过这次考察，军事思想发生巨大变化。早年留学日、德时，一度认为“非军国主义无以救中国”。面对德国军国主义酝成的人类惨祸，转而“服膺瑞士的民兵制”。

3月，研究系同人杂志《解放与改造》自第3卷第1期起改刊名为《改造》，梁启超任主编，蒋方震实际主持编辑工作。在主持编务的同时，还撰写了《新思潮之来源与背景》《中国之新生命——军国主义与立宪政治之衰亡》《代军阀而兴者谁?》《今日之教育状态与人格》《欧洲文艺复兴时代翻译事业之先例》《联省自治制辨惑》《我的社会主义讨论》《社会主义怎样宣传?》《如何是义务兵役制》《裁兵计划书》等文章，参与讨论。

以梁启超主要助手、“智囊”之身份参与梁氏发起的社会文化活动，是“共学社”主持人之一，并担任讲学社总干事，负责接待美国哲学家杜威，英国哲学家罗素，德国生物学家、哲学家杜里舒，印度诗人泰戈尔来华讲学。

与郑振铎、沈雁冰（茅盾）等在北京发起成立文学研究会。

1921年（中华民国十年　辛酉）　40岁

春，参与湖南省宪法起草工作。

4月，所著《欧洲文艺复兴史》由上海商务印书馆出版。该书出版后，深受读者欢迎，到1927年该书共印刷了5版。商务印书馆刊登广告称："此书为蒋方震先生游欧时所著，叙论西洋文化之来源，简要精警，梁任公先生甚重其书，谓为求曙光之路，其价值可知。"

6月，当选为浙江省宪法会议制宪议员。

9月，陪湘军总司令赵恒惕到岳州（今岳阳）与吴佩孚签订和约，规定湘鄂两省按联防旧约，辅助湘省厉行自治。

1921年以后，每逢秋季都要前往湖南一游。学生龚浩说："民国十年以后，每逢秋季，常往来于湖南；凭吊伟人黄、蔡诸公之墓。独喜衡岳麓之风景，流连于爱晚亭畔，摄领红叶诗魂；且赞美衡岳之伟大有如巨人默坐；恒讲学兴游于其间。先生观楚风之强悍，鉴于北洋军阀恶势力被歼灭于湘中者以数万计，其时起为领导者，为谭（延闿）、赵（恒惕）诸公。于是新兴之自卫湘军势力，孕育于斯时，仍继曾、胡、左传统之精神与习尚。先生为著五十年湘军演进史，谓全国军事之基础在湖南，以其历史地理及民风之关系，如中欧之普鲁士然；尝对湘中门人领军者，多所诏勉。先生视湘军之发展，为中国新军之转机，民国十四年吴佩孚盘踞武汉，先生为蓄养湘军之实力，培植其新出之苗芽，不惜委身应聘。其真意为此，皆事前与门人等密商者。"

四女蒋华出生。

1922年（中华民国十一年　壬戌）　41岁

3月，《改造》杂志（已出至第4卷第10号）宣布停刊。在致梁启超函中说明停刊原因："盖现在作文诸人生活不定，再积压下去，将愈出愈迟，于销路名声均不大好，不如暂以本卷为止，俟此半年内各方面之部署既定，再商进行。"

所著《裁兵计划书》由上海商务印书馆出版，该书呼吁废督裁兵，并仿效瑞士，推行义务民兵制。

发表《军国主义之衰亡与日本》，明确断言日本为中国的假想敌国。

5月后，应河南督军冯玉祥之邀请，不时到开封为冯玉祥部队讲演。10月31日，冯调任陆军检阅使，所部驻南苑，仍每周请蒋方震、黄郛等人去军中讲演，颇受冯军官兵欢迎。冯玉祥在其编辑的一本古今军事名人治军格言的小册中，把“蒋方震曰”与“岳飞曰”“曾国藩曰”“胡林翼曰”并列。冯玉祥回忆说：“远在逊清光绪三十年，我在天津就买到一本百里先生的著作，那本书便立刻变成我的好朋友，每天都抽出工夫来读几段。民国十二三年，在南苑练兵的时候，我特敦请百里先生来对营长以上的官长讲战术，百里先生对我直接间接的帮助很不少，从这里可以看出。”自1923年6月冯军官兵参与逼迫黎元洪总统下台的事件后，不再到冯军中讲课。

12月27日，任北京政府将军府“俊威将军”。

1923年（中华民国十二年　癸亥）　42岁

1月26日，五女蒋和出生。

3月，杨太夫人病逝于硖石，享年69岁。在硖石老宅附近建“怀萱堂”以为纪念。请梁启超撰《蒋母杨太夫人墓志铭》。

“断七”以后，乘火车从津浦铁路前往北京，车过徐州，对随行在侧的学生龚浩将军说，中日战争一旦爆发，京汉、津浦两路必然被日军占领，中国国防应以洛阳、襄阳、衡阳一线以西为根据地。

是年，与蔡元培、张宗祥、蒋梦麟、陈大齐等联名提出建立浙江大学堂提案，获得通过。

是年，应邀到洛阳与直鲁豫巡阅副使吴佩孚见面，备受礼遇，从而对吴佩孚产生好感。

1924年（中华民国十三年　甲子）　43岁

春，在上海慕尔鸣路（今茂名路）37号租屋，以为来往南北的落脚点。

4月，在上海《武铎》杂志第3期发表《国民军事学》（一名《共武论》）

上半部分。

4月12日，印度著名诗人泰戈尔应“讲学社”的邀请来华讲学，乘船当日抵达上海。泰戈尔除了在上海的活动外，还先后访问了杭州、南京、济南、北京等地，蒋方震全程主持，徐志摩担任翻译。

9月，第二次直奉战争爆发，吴佩孚在北京中南海四照堂点兵，蒋方震应邀客串“军师”。

10月，冯玉祥联合孙岳、胡景翼阵前倒戈，自称“国民军”，直军大败。

译著《近世“我”之自觉史》（日本朝永三十郎著），又名《新理想哲学及其背景》，由上海商务印书馆出版。

年底，应聘出任孙传芳的总参议。

1925年（中华民国十四年　乙丑）　44岁

7月，在上海《武铎》杂志第4期发表《国民军事学》（一名《共武论》）下半部分及《欧战之大要及德国失败之原因》。

10月，应吴佩孚的邀请到汉口担任“十四省讨贼联军总司令部”参谋处处长，夫人左梅随行。

1926年（中华民国十五年　丙寅）　45岁

春，因政见不合，与吴佩孚不辞而别。到上海后，明电公开向吴佩孚辞职。吴佩孚认为“范增辞项王而行，乃是项王的奇耻大辱”，大为气愤。

5月，赴日本治病。

是年，与日本人冈村宁次一同担任五省联军总司令孙传芳的高等军事顾问。

蒋方震对吴佩孚、孙传芳这两个直系的后起军阀有如下的评价：“吴子玉（吴佩孚字）虽是举人（应为秀才——著者注），但读书不化，刚愎天成。他之一意想描摹‘关’、‘岳’，就是读书不化而强求其解的缘故。但亦正因有此，所以在旧式军人中能够以坚贞著称，其实是勉强的。不过这种勉强的功夫，常人殊难学到，仍觉可贵。其败，在自信过甚，总以为人谋皆出己下，所以一蹶之后，不易再振。孙馨远（孙传芳字）天资有余，惜少读书。然而礼贤下士，自谓兄弟一介武夫，但习军旅，不谙政治，还请诸位帮忙。这种小心眼儿的地方，较吴子玉的常拿关壮缪、岳武穆的面孔对人，高明得多。其败，在自作聪敏，好弄玄虚。且待人不诚，阴险可虑，所以不得善终。但这两个人在位的时候，毕竟都想做一番事业，纵使大权在握，尚不敢故为非分。这是一部民国军阀史中，对吴孙二人最适当的评语，不能以我曾参其幕而歧视之。”

1927年（中华民国十六年　丁卯）　46岁

4月，应国民革命军总司令蒋介石之邀到南京晤面，两人进行了多次谈话，备受礼遇。向蒋介石分析形势说，国民党统一中国不成问题，问题在于外交方面。中国的外交第一线是日本。如果日本对中国革命怀有戒心，势必引起中日纠纷。革命军在打倒本国军阀的阶段，对日本宜采取缓兵之计，莫让他袒护中国的残余军阀；等到统一告成，国防建设有了头绪，再和日本清算不迟。蒋介石对此深以为然，遂请蒋方震以私人资格赴日，与日本首相田中义一及朝野人士接洽。

8至9月间，偕蒋介石盟兄黄郛赴汉口，劝说唐生智与蒋介石合作以对付桂系李宗仁、白崇禧。他对唐生智说：“膺白（黄郛字）的主张，也就是蒋先生同样的主张。现在是你和蒋（介石）、桂系、阎（锡山）、冯（玉祥）、张（学良）的势力最大，蒋与桂系之间已有意见，黄膺白主张你和蒋、张合作，而以你与蒋先生的合作为中心，再拉拢阎、冯，这样，桂系也不敢动了。”蒋方震还特别强调唐生智与蒋介石合作的重要性，要唐与蒋结拜为金兰兄弟。但唐生智对蒋介石无好感，不愿和他合作，拒绝上述建议。

10月，桂系李宗仁、白崇禧联合湖南实力派程潜、谭延闿出兵讨唐。蒋介石派陈仪与蒋方震联络，再次要蒋方震出面劝说唐生智与蒋介石合作，要唐生智不要离开部队，能打垮桂系则打，否则退回湖南，经济上由蒋接济。蒋方震通过汪时璟将蒋介石的意见转告唐生智。唐生智权衡再三，再次拒绝与蒋介石合作，并于11月11日晚宣布辞职下野，从汉口乘日本轮船去日本“休养”。唐下野后，部队全部为桂系收编，蒋方震寄予厚望的唐部湘军被全部纳入桂系副帅白崇禧麾下。

1928年（中华民国十七年　戊辰）　47岁

夏，专程赴北平协和医院探视病重的梁启超。

是年居上海，静观时局发展。

1929年（中华民国十八年　己巳）　48岁

3月，由蒋方震作保人，蒋介石起用唐生智为第五路军总指挥。唐生智受命后，派龚浩先行北上与唐生智部接洽，唐旧部将领一致表示欢迎唐生智东山再起。龚浩北上时，曾向唐生智建议，将白崇禧捉起来杀掉，但唐生智不同意，说："杀了他，以后没有好戏可唱了。"故决定网开一面。号称"小诸葛"的白崇禧在廖磊的保护下仓皇离开部队南下。在白崇禧仓皇南下的当天，唐生智由上海北上接受旧部。龚浩称："十八年春，余间关至河北收军，得吾师（蒋方震）指导功成，惊喜覆书，奖藉至千言……"

4月，应唐生智电请，偕夫人左梅北上，住进锡拉胡同旧居，这是他们夫妇当年结婚的洞房。向唐生智建议，对蒋介石实行"韬晦"之策，以待时机，以成就一番大业。

5月24日，蒋介石内调唐生智为军事参议院院长，并电召蒋方震到南京，抵京时受到盛大欢迎，自下关至新街口一带，沿途高悬"欢迎军界泰斗蒋方震先生"的横幅标语。蒋介石设宴洗尘后邀蒋方震至密室谈话，请其出任第五路军总指挥，率唐部参与讨伐冯玉祥，蒋方震不忍以师道之尊而夺门生的兵符，当即婉谢。

10月10日，蒋（介石）冯（玉祥）战争爆发。战事开始时，冯军攻势猛烈，蒋军极为被动，纷纷向蒋介石告急。经蒋方震担保，蒋介石决定将自8月31日起已被软禁的唐生智放回前线，指挥所部与冯军作战。在放唐生智离开南京之前，蒋介石特邀唐生智到南京郊外的汤山温泉共度周末，由戴季陶作陪。戴趁机提议蒋、唐结为异姓兄弟，唐表示不敢高攀而作罢。

冬，唐生智的密宗方士顾和尚对唐说："孟公今年事业登峰造极。"唐信以为真，并对部下夸口说："我这一生一定要做一任总统。"抱着做总统的野心，唐生智决定起兵反蒋。其计划是：乘四方异动，蒋介石的中央军疲于奔命，武汉南京空虚之际，起兵南下首先占领武汉，恢复1927年时的态势，然后东下安徽，与在浦口起兵反蒋的石友三合攻南京。蒋方震在上海寓所设电台与唐生智联络，并派保定军校第一期学生叶南帆（浙江青田人）游说蒋介石嫡系第六师师长赵观涛反蒋。叶南帆对赵观涛说："我们都是浙江人，蒋介石是浙江人，我们没有不爱护蒋介公的道理。可是还有一个蒋方震先生也是浙江人，蒋方震先生对蒋介公之爱护也是无以复加的，而今日竟指导唐生智反蒋，其意义之深刻，你们可以想想吧。"第六师团长以上将领都是保定军校同学，又都是浙江人，蒋方震对他们有很大号召力。赵观涛左右为难，后听从第十三师师长万耀煌的意见，拒绝与唐生智合作，策反未成。

12月1日，唐生智领衔发表通电宣布讨蒋，军事行动很快陷于不利的境地，蒋方震电告唐生智"东不如西"，要唐生智率部西进靠拢冯玉祥，以保持西北局面，但未果。

1930年（中华民国十九年　庚午）　49岁

1月6日，唐生智兵败再度下野，化装逃往天津，从天津乘船南下香港，流亡东南亚。接到败讯，蒋方震"抚膺流涕，若割肝胆"。受此牵连，蒋方震被蒋介石软禁。15日被押送至杭州，监禁于西湖之蒋庄。不久，被押至南京，关押在三元巷军法处看守所待审，老友陈仪（时任军政部次长）尽力设法拖延开庭审理。几个月后，蒋介石火气大消，蒋方震处境开始好转，左梅夫人便带四女、五女到南京租屋居住，每日带两个女儿进监照顾蒋方震生活。

蒋方震在狱中思想上相当消沉、落寞，自号"澹宁"。每天打太极拳、打坐、写字、看书，并教女儿唐诗，讲三国、水浒等故事，晚饭后还和两幼女打桥牌消遣。之后，又潜心研究西方哲学、东方佛学、历史及文学，手抄佛经颇多。

1931年（中华民国二十年　辛未）　50岁

8月19日，国民党左派领袖邓演达被捕，也进了三元巷军法处看守所，与蒋方震对门而居。邓与夫人通信，都由每天出入狱中的左梅母女传递。

11月18日，同乡文学家徐志摩到狱中探监。次日，徐志摩因空难去世。蒋方震对失去这位文学天才极为伤感。

12月15日，蒋介石辞去国民政府主席、行政院院长、陆海空军总司令，由林森代理国民政府主席、陈铭枢代理行政院院长兼京沪卫戍司令。经陈铭枢、唐生智（粤方推选的中央执行委员）力保，蒋方震获释出狱，结束了为时近2年的"囚徒"生涯。出狱后，回上海居住。

1932年（中华民国二十一年　壬申）　51岁

1月28日，日军进攻上海，蒋光鼐、蔡廷锴指挥第十九路军奋起抵抗。战斗打响后，十九路军参谋长张襄、淞沪警备司令部参谋长林建铭经常到国富门路蒋方震寓所跟老师商讨战略战术问题，蒋方震力主进攻上海租界，但未被采纳。

3月，淞沪抗战中止。蒋方震家居韬光养晦，生活上完全转入潜心研究学问时期。每天5时起床，培育花草，练太极拳，打坐，习字，读书著述。有时课女以自娱，5个儿女均在上学。著述方面，整理狱中读书心得，撰《东方文化史及哲学史》，由商务印书馆出版。还撰写了《法西斯与民主》《辅佐阶级与主权阶级》等论文，对中国历史及知识分子的作用发表了独到见解。

是年，经徐新六等朋友推荐担任农商银行常务董事，经济状况大为改观。

1933年（中华民国二十二年　癸酉）　52岁

以私人身份赴日本考察，访问陆军士官学校同学荒木贞夫、小矶国昭、真崎甚三郎等，这些人都是当时日本军国主义的实力派人物。见面时，他们毫不掩饰其侵略想法，蒋方震严词驳斥他们的"共荣"论调："你们无论说得怎样漂亮，终不能掩饰侵略者的野心。"真崎蛮横地说："中国东北地广人稀，富源委藏于地，而日本人口多，不能不求一出路。"蒋方震怒斥道："那么你们强占就是了，讲什么冠冕堂皇的一套理论！"日本皇族闲院宫亲王参谋总长在宴请蒋方震时，要蒋方震给中国政府传话，要中国军队停止抗日，坐下来和日本人谈判，他还警告中国政府不要去求助英国、美国，指望他们是远水救不了近火。蒋方震以在野之身，默不作答。

日本之行深受刺激，感到中日战争已日益迫近。回国后着手草拟有关国防建设的种种计划，包括炼油计划、炼钢计划、煤铁计划、战时交通计划、制造汽车及飞机计划等。蒋方震特别重视湖南在国防上的重要地位，这些计划大都以湖南为中心。这些计划都寄存在友人家中。1937年全民族抗战爆发后，友人房舍被毁，蒋方震心血化为乌有。

1934年（中华民国二十三年　甲戌）　53岁

5月，撰《从历史上解释国防经济学之基本原则》一文，建立了国防经济学理论，这是蒋方震军事思想的核心。蒋方震通过古今中外历史的分析，提出了国防经济学的一个根本原则："生活条件与战斗条件一致则强，相离则弱，相反则亡。"

夏，携全家到佛门圣地浙江普陀山避暑，大病一场。

8月，至青岛小住，为谢诒征所编《宋之外交》一书作序。该书系由蒋方震口述，而由谢诒征记录整理而成的，约5万字。蒋方震历来重视宋代外交史，以为弱国强邻，其外交最可为今日殷鉴。序云："谢君诒征编《宋之外交》一书以相示，余喜其制断有法，且事事以先哲之言为评断，而不涉以己意也，用敢为之序曰：昔北平遭拳乱，某氏有诗曰：'多少兴亡谁管得，满城争说叫天儿。'呜呼！叫天儿岂可厚非哉！读书者自命为通人。彼视全体民族若蚩蚩，而不知其自陷于蚩蚩也。彼叫天之所能，若'叹杨家，秉忠心，大宋扶保'者，盖正我北方华族，低徊思慕彼效命疆场之勇士，历千余年蒙古女真之变，而不能时刻或忘者之迴声也，孰谓华族不尚武哉！不尚武者，历代之皇帝，与识字之宰相耳。昔宋之太祖，于五代士大夫辱人贱行之余，独垂不杀士大夫之遗训，船山、亭林皆尊之以为天牖其衷，焉有为我千年以来，数万亿众民族之所纪念所悲歌所演进遗传，而不能旦暮相忘之边士，而不能自效于危亡之际哉。不然则书中所谓'浔阳江卖鱼，景阳岗打虎'，亦足为社会放一异彩。华族之经两度经验，而犹能视息于此大陆者，以此也夫，以此也夫！"

8月20日，长女蒋昭因肺结核病逝，年仅18岁。蒋昭聪慧，有音乐天才，擅长小提琴，在上海曾考入世界音乐队，相片刊登于英文报上。其容貌风度亦颇似父亲，蒋方震最为钟爱。爱女夭折，蒋方震最感悲痛。

11月，为上海《申报》经理史量才书写碑文（立于海宁史量才遇难处）。

1935年（中华民国二十四年　乙亥）　54岁

夏，携全家到青岛避暑。教女儿学游泳、骑马。

秋，应邀到南京近郊汤山观看军事演习。

1936年（中华民国二十五年　丙子）　55岁

3月26日，以南京国民政府军事委员会高等顾问名义，从上海乘坐意大利邮船“维多利亚”号启程赴欧美考察总动员法，偕夫人左梅及三女蒋英、五女蒋和同行，同行的还有驻法国大使顾维钧和驻意大利大使刘文岛两位外交官。在英国殖民地新加坡停留时，英国总督请蒋方震及顾维钧、刘文岛参观刚落成的防御工事。蒋方震惊叹他们设计和施工的雄伟气魄，可他以军事家敏锐的眼光预感到这是一座防海而不防陆的工事，敌人从海上进攻几乎是不可能的，但如从陆地来，那么这个工程就成了一笔巨大的浪费。果不出他所料，后来日军进攻新加坡时，是取道泰国从陆路攻进来的，防御工事几乎没有发挥什么作用。

5月初，抵达意大利，下榻驻意大利大使馆，受到刘文岛大使的周到接待。正在罗马大学攻读博士学位的留学生薛光前向蒋方震介绍他的导师斯坦法尼。斯氏在第一次世界大战以后出任意大利财政部部长。蒋方震对斯坦法尼的“财政论”十分欣赏，当即向蒋介石建议由南京政府聘请斯坦法尼担任财政顾问，建议为当局采纳。

7月，抵奥地利，将家属安顿在维也纳小住。本人只身赴南斯拉夫、捷克、匈牙利等国继续考察。在捷克参观布拉格秋操。

10月，携家属至德国柏林。晤德国国防部部长布隆堡等。布隆堡是蒋方震当年在德国留学时同营实习的朋友，经布隆堡介绍，蒋方震两个女儿得以进入德国一所贵胄小学读书。蒋方震对女儿的教育，历来强调因材施教。三女蒋英沉默寡言，但性喜音乐，蒋方震即鼓励女儿向音乐方面发展。蒋英不负父望，后来成为著名音乐家和音乐教育家，桃李满天下。1999年秋，中央音乐学院为蒋英教授执教40周年举行了盛大的纪念活动。

考察完德国后，偕夫人左梅前往法国、英国继续考察。10月下旬，由伦敦乘船赴美国，并至加拿大观看尼亚加拉大瀑布，然后从温哥华乘船回国，于12月1日回到上海。

此次赴欧美考察，历时8个月，就总动员有关的问题，先后撰写了7个报告，其中心思想是：（1）现代经济以及其他部门，无一不与国防有密切配合，各国技术不同，其以国防为中心则一。（2）过去为平面战争，今后将蜕化为立体战争。（3）海陆空当平均发展，应置空军于主要地位，三军以上，冠以统筹国防之总机构。（4）国家用人，应令勇者受勋，能者在位。

12月11日，应蒋介石电召飞抵西安，下榻西京招待所，当天下午2时赴临潼华清池见蒋汇报。次日凌晨发生震惊中外的西安事变，蒋方震与陈诚、蒋鼎文、陈调元、卫立煌、朱绍良、蒋作宾、张冲等南京政府军政大员一起在西京招待所被杨虎城的西北军卫队看管了起来。蒋方震在弄清张学良、杨虎城两位将军的真实意图后，利用其无党无派“客卿”的超然地位，在张学良与蒋介石之间斡旋，并与张、蒋商定派蒋鼎文回南京传达蒋介石的停战手令，以制止南京政府内部讨伐派的鲁莽军事挑衅，为西安事变的和平解决尽了一份力。

1937年（中华民国二十六年　丁丑）　56岁

1月，撰《张译鲁屯道夫全民族战争论序》，指出：“未来的战争，不是‘军队打仗’，而是‘国民拼命’，不是一定时间内的彼此冲突，而是长时期永久的彼此竞走。”

同月，应《军事杂志》主编龚浩之请，撰《世界军事之新趋势》。

2月初，应在杭州养伤的蒋介石之召赴杭州见面，商谈意大利斯坦法尼顾问来华时间及工作大纲等。

3月29日，到上海杨树浦码头迎接斯坦法尼顾问一行。次日，陪斯坦法尼一行赴杭州谒见蒋介石，并游览杭州风景名胜。

4月1日，在杭州笕桥中央航空学校作《兵学革命与纪律进化》的演讲。

4月上旬，以“斯高等顾问办公处主任”名义陪同斯坦法尼赴南京办公，并负责全程陪同活动。第一阶段，斯坦法尼与南京政府各部会官员见面，了解情况，先后约见了行政院政务处长何廉、资源委员会副秘书长钱昌照、财政部次长邹琳、财政部币制研究委员会委员长陈锦涛、财政部所得税办事处主任梁敬錞、军政部兵工署署长俞大维等。

5月5日起，陪同斯坦法尼到全国各地游历，先后访问了济南、邹平、青岛、天津、北平、太原、石家庄、郑州、汉口、武昌、长沙、衡阳、南岳、广州、香港，5月31日回到上海，随即前往南京，整理在各地考察所得资料。

6月7日，蒋方震与斯坦法尼及其助手马格利尼联名向蒋介石提交了《对中国经济社会问题的第二次报告》。这个报告对中国财政工作中存在的问题及其改进措施提出了详细意见。

7月上旬，为庐山暑期训练团学员讲授军事学，先后讲授义务兵役制、《从“国防经济学”观察中国“人”的问题》、军事教育之要旨、总动员纲要等。蒋方震学识渊博，口才敏捷，颇受学员欢迎。

7月17日，在庐山陪同斯坦法尼谒见蒋介石，举行了简短会谈，蒋介石有意争取意大利出面调解中日战争。会谈结束后，蒋方震与斯坦法尼起草了一封致墨索里尼的信，转达蒋介石的意图。

7月下旬，陪斯坦法尼赴上海，与宋子文就中国战时财政问题举行会谈。

7月，蒋方震将讲稿与历年重要军事著述编成《国防论》，由庐山训练团出版，作为辅导教材，全书约15万字。《国防论》汇集了蒋方震一生军事著作的精华，被誉为“民国时期国防思想的奠基石”。该书出版时正值抗战前夕，由于敌强我弱，国人恐日心理相当严重，为此蒋方震特地在《国防论》卷首写道：“万语千言，只是告诉大家一句话：‘中国是有办法的！’”表达了中华民族不屈服的坚强意志。

8月14日，担任国防参议会参议员。在国防参议会上建议立即组织国防研究所，以收集战时情报。建议得到最高当局的采纳，不久，国防研究所及驻香港的中英情报联络处相继成立。

8月20日，呈文蒋介石，鉴于全面抗战已经开始，斯坦法尼在华已无法开展工作，建议请斯坦法尼即时回国。经蒋介石批示同意，继续聘请斯坦法尼为名誉高等顾问。

7至8月间，与谢诒征合作，编译出版了《新兵制与新兵法》。

9月8日，从南京乘船西上汉口，从汉口换车转香港乘船，以蒋介石私人代表身份赴欧洲开展外交活动，其使命是分化德、意、日关系，至少促成德、意两国对日关系不涉及中日问题。

10月10日，抵达意大利，先后会见意大利首相墨索里尼、外交部部长齐亚诺，意大利方面同意以物物交换方式为中国提供工业机械及军火等。

10月31日，由罗马抵达德国首都柏林，先后会见纳粹二号人物戈林、国防部部长布隆堡、外交部部长冯·牛赖特。蒋方震在德国的外交努力没有发生什么作用，他提出的希望德国在亚洲保持中立的要求也未能得到满足，在德国的外交努力失败后，派侄子蒋复璁先行回国报告。报告认为：德、意、日轴心势难分化，主张放弃德、意，以加强拉拢英、美、法，以对付日本。

冬，在德国柏林完成不朽的名著《日本人——一个外国人的研究》。

1938年（中华民国二十七年　戊寅）　57岁

1月26日，在柏林撰《速决与持久》。

7月3日，撰《外交烟幕与宣传者自己中毒》。

7月27日，由香港飞抵汉口，晋见蒋介石报告出使德、意的经过。

7月31日，撰《从国际上观察各国外交之风格》。

8月，修改并发表《抗战的基本观念》。

8月下旬，撰《营官二百两长夫一百八十人》。

8月下旬，《日本人——一个外国人的研究》在汉口《大公报》上连载，该文是蒋方震几十年来对日本观察、体认、研究的结晶。文章不仅立论中肯，而且击中要害，将日本人刻画得入木三分，发表后立即引起读者的注意，轰动一时。《大公报》销量陡增1万多份，每日出版前读者排队争相购买。后即出单行本，行销十余万册。该文最后有句掷地有声的名言：“胜也罢，败也罢，就是不要同他讲和!”著名学者张宗祥对蒋方震说:“举国半有恐日病，留日学军事者更甚。子独能详细分析日本人情形，此真知彼知己之谈。”

9月1日，在汉口记者节集会上，作《欧洲考察军事经过的判断》的讲演。

9月4日，在三青团新闻服务团座谈会上，讲演《从保卫武汉谈到世界军情》。

9月5日，撰《为国联开会警告英伦人士》，在武汉、重庆、香港三地同时发表。

9月12日，应银行界励志会之邀，在汉口总商会讲演《外交、军事、经济》。

9月15日，出任陆军大学代校长。喜极赋诗一首:“犹有书生气，空拳张国威;高歌天未白，长啸日应回。”

9月15日起，《抗战一年之前因与后果》长文在《大公报》连载，全文约1.3万字。

9月30日，撰《欧局与英国外交》。

10月初，撰《欧洲大陆英雄之覆辙》及《新式游击战术纲要》。

10月，到湖南桃源接任陆军大学代校长，先后为陆大学员作了《参谋官之品格问题》《“知”与“能”》的演讲，强调参谋教育的方向就是要培养“慧眼”。他说“陆军大学的教育，是德国菲列德大帝创始的，在他不久以前，是骑兵战争为主的战术，骑兵运动性很大，前面发见有敌人，立时就要决定，所以总司令带了骑兵到前线，全靠一刹那间的判断和决定，这就是‘慧眼’。”那么，怎么样来培养“慧眼”呢?蒋方震认为:“各种地形不同，各种敌人的情况也各不相同，自有历史以来，没有一件事是像演戏一般完全一样的，每次各有新的状况，这全靠我们能虚心，能体验，能适应才行，所以能变，才能打胜仗，不能变，就不能打胜仗。这是讲学问的基础。”

10月下旬，陆军大学由教育长周亚卫负责向贵州遵义撤退，蒋方震则取道长沙、衡阳经广西桂林北上贵州遵义。抵达衡山时，与从香港赶来的夫人及两个女儿会合。蒋方震让夫人带领两个女儿及随员沿湘桂公路先行去桂林，本人则乘车到位于湘桂边界的东安县看望南京保卫战失败后赋闲回老家的唐生智，在唐宅住了两个晚上，这成了这对交往了30多年的师生最后的诀别。

10月24日，抵达桂林。与在此地的军事委员会副委员长冯玉祥见面商谈时局。冯玉祥在当天日记中写道："10时许，蒋方震先生来访。讨论甚久，蒋先生见解每有独到处，可以多多领教。"

10月27日，应广西省政府主席黄旭初之邀请，在省政府作了题为《半年计划与十年计划》的演讲，表扬广西的"行政能力"为他省所不及。应桂林市政筹备处处长庄仲文邀请，发表了十点关于国事的意见。

10月底，偕夫人及女儿离开桂林，取道柳州前往遵义，11月4日凌晨，在广西宜山县城因心脏麻痹症溘然去世，享年57岁。国民政府派军事委员会政治部副部长黄琪翔到宜山治丧，19日安葬于宜山鹤岭。12月28日，陪都重庆各界举行公祭，《中央日报》《大公报》都出了追悼特刊。

1939年3月22日，国民政府明令褒扬，追赠陆军上将。

1948年11月30日，浙江省政府呈请中央政府公葬，蒋方震遗体由广西宜山迁葬至浙江杭州西湖以南的万松岭。后因万松岭另有他用，征得左梅夫人同意，由学生杜伟主持将蒋方震的遗体启出火化后安放万松岭附近的南山公墓。从此，蒋方震长眠于凤凰山下。

参考文献

一、著作类

蒋复璁、薛光前主编:《蒋百里先生全集》(第1辑至第6辑),传记文学出版社1971年版。

《蒋百里(方震)先生文集》,文海出版社1973年版。

蒋百里著:《蒋百里抗战论集》,新阵地图书社1939年版。

陶菊隐著:《蒋百里传记资料》(第1册至第3册),天一出版社1985年版。

《蒋百里先生纪念册》,中国人民政治协商会议浙江省海宁市委员会文史资料委员会1993年编印。

《蒋百里先生诞辰140周年纪念集》,海宁市社会科学联合会、海宁市档案馆2022年编印。

陶菊隐著:《蒋百里传》,中华书局1985年版。

许逸云编著:《蒋百里年谱》,团结出版社1992年版。

李娟丽、包东波著:《军学奇才——蒋百里》,兰州大学出版社1998年版。

张学继著:《兵学泰斗——蒋方震传》,杭州出版社2004年版。

刘仕平著:《蒋百里军事思想研究》,国防大学出版社2005年版。

曹聚仁著:《蒋百里评传》,东方出版社2010年版。

吴仰湘著:《中国近代国防理论的奠基——蒋百里思想研究》,人民出版社2012年版。

谭徐锋主编:《蒋百里全集》(八卷本),北京工业大学出版社2015年版。

杜继东著：《蒋百里传》，中华书局2018年版。

刘成海、张向南著：《天生兵学家：蒋百里传》，华中科技大学出版社2020年版。

王文华、王曦编著：《蒋百里画传》，四川人民出版社2020年版。

《纪念蒋百里先生诞辰140周年学术研讨会征文优秀成果汇编》，海宁市社会科学界联合会2023年编印。

杜春和、林斌生、丘权政编：《北洋军阀史料选辑》（上下册），中国社会科学出版社1981年版。

张侠、孙宝铭、陈长河编：《北洋陆军史料（1912—1916）》，天津人民出版社1987年版。

河北省政协文史资料研究会、保定市政协文史资料研究会编：《保定陆军军官学校》，河北人民出版社1987年版。

杨瀚主编，中国人民政治协商会议全国委员会文史和学习委员会编：《西安事变历史资料汇编》（第1卷至第8卷），中央文献出版社2017年版。

浙江省辛亥革命史研究会、浙江省图书馆编：《辛亥革命浙江史料选辑》，浙江人民出版社1981年版。

陈益轩编：《浙江制宪史》，浙江制宪史发行所1921年编印。

《浙江省宪法草案》（修正），1921年铅印本。

《日本军国主义侵华资料长编》，四川人民出版社1987年版。

天津编译中心编：《日本军国主义侵华人物》，中国文史出版社1994年版。

徐勇著：《征服之梦——日本侵华战略》，广西师范大学出版社1993年版。

袁品荣主编：《享誉世界的十大军事名著》，海潮出版社1998年版。

朱宗震、杨光辉编：《民初政争与二次革命》，上海人民出版社1983年版。

广州平社编：《广州事变与上海会议》，文海出版社1986年影印。

毛注青编著：《黄兴年谱长编》，中华书局1991年版。

丁文江、赵丰田编：《梁启超年谱长编》，上海人民出版社1983年版。

梁启超著：《饮冰室合集》，中华书局1989年版。

曾业英编：《蔡松坡集》，上海人民出版社1984年版。

侯宜杰著:《袁世凯全传》，当代中国出版社1994年版。

李喜所、元青著:《梁启超传》，人民出版社1993年版。

耿云志、崔志海著:《梁启超》，广东人民出版社1994年版。

谢本书著:《讨袁名将——蔡锷》，兰州大学出版社1997年版。

陶菊隐著:《吴佩孚传》，上海书店出版社1998年版。

谭崇恩著:《楚天骁将唐生智》，未刊稿。

彦奇主编:《中国各民主党派史人物传》（三），华夏出版社1991年版。

谢本书主编:《西南十军阀》，上海人民出版社1993年版。

方汉奇主编:《中国新闻事业通史》（第1卷至第2卷），中国人民大学出版社1992、1996年版。

（美）柯伟林著，陈谦平等译:《蒋介石政府与纳粹德国》，中国青年出版社1994年版。

中国第二历史档案馆编:《冯玉祥日记》（第1册至第5册），江苏古籍出版社1992年版。

沈云龙编著:《黄膺白先生年谱长编》，联经出版事业公司1976年版。

冯玉祥著:《我的生活》（上下册），黑龙江人民出版社1981年版。

沈亦云著:《亦云回忆》（上下册），传记文学出版社1971年版。

陈公博著:《苦笑录——陈公博回忆》，香港大学亚洲研究中心1979年编印。

《万耀煌先生访问纪录》，台北“中央研究院”近代史研究所1993年编印。

韩信夫等编:《中华民国大事记》（第1册至第4册），中国文史出版社1997年版。

中国人民政治协商会议浙江省委员会文史资料研究委员会编:《浙江百年大事记》，浙江人民出版社1986年版。

《浙江历史大事记稿》，浙江省地方志编纂委员会办公室1996年编印。

二、论文集及论文类

谢本书著:《南杨北蒋——杨杰蒋方震之比较研究》，《军事史林》1989年第5期。

刘一兵著：《蒋百里简论》，《徐州师范学院学报（哲学社会科学版）》1990年第2期。

吴仰湘著：《蒋百里的御日国防思想初探》，《军事历史》1993年第3期。

刘一兵著：《论蒋百里的抗日思想》，《徐州师范学院学报（哲学社会科学版）》1994年第3期。

姚家坤著：《蒋百里军事思想简论》，《南京社会科学》1995年第4期。

屠文淑、沈谦芳著：《赍志而没的军事理论家蒋百里》，《史学月刊》1993年第4期。

吴晓迪著：《蒋百里对中国近代军事学的贡献》，《上海大学学报（社会科学版）》1996年第5期。

王德中著：《论我国抗战"国防中心区"的选择与形成》，《民国档案》1995年第1期。

余子道著：《蒋百里国防经济思想述论》，《军事历史研究》1990年第3期。

金盛萍著：《一代军事学家蒋百里》，《军事历史研究》1986年第1期。

金光耀著：《蒋百里抗战思想述评》，《军事历史研究》1987年第2期。

张学继著：《蒋百里与西安事变的和平解决》，《团结报》1991年2月13日。

吴仰湘著：《近代中国的杰出军事家蒋百里》，《历史大观园》1993年第3期。

蒋连根著：《钱学森与蒋百里》，《浙江日报》2000年11月10日。

郭凤宏著：《留日士官生的兴衰》，《军事史林》2000年第3期。

李继锋著：《分合之际：二十年代初省宪运动的背景分析》，《民国档案》1996年第3期。

李蓓之著：《略论20年代初"联省自治"运动》，《上海大学学报（社会科学版）》1996年第3期。

胡有瑞、卢申芳、徐圆圆整理记录：《蒋百里先生百年诞辰口述历史座谈会纪实》，台北《近代中国》1981年第25期。

三、报刊类

东京《浙江潮》

北京《庸言》

上海《申报》

长沙《大公报》

北京《晨报》

北京《改造杂志》

后　记

蒋方震是我国近代著名的军事理论家和军事教育家，也是一位忧国忧民的杰出的爱国主义者，为中华民族的独立自由贡献了毕生的精力。更难能可贵的是，蒋方震还是新中国“火箭之父”——钱学森的泰山和事业上的引路人。有文章报道说，钱学森曾怀着深深的感情和敬意说：“对我这一生影响和帮助最大的有两个人，一个是周恩来总理，一个是蒋方震先生。”“蒋方震先生不仅是我的岳父，他还是我和蒋英最早的师长和引路人。”（参见2000年11月10日《浙江日报》第14版）翁婿两代均为中华民族的国防事业做出了巨大的贡献，堪称一代佳话。

对于蒋方震这样一位具有重要影响的历史人物，我国学术界曾很少有人关注他。历史学家谢本书先生曾在《军事史林》1989年第5期发表《南杨北蒋——杨杰蒋方震之比较研究》一文，郑重发出呼吁：“总的来说，我们对蒋、杨以及近现代军事学术的研究都是不够的。而杨杰的军事著述仍未加以整理，至今尚无‘选集’，更无‘全集’出版；蒋氏之著作，台湾已出‘全集’，而大陆要找他的著作亦甚不易。整理出版他们的著作，这是本文结束时的一点呼吁和建议。缺少蒋、杨的作品，所谓的研究、借鉴，便成了空话。”受谢本书先生大作的启发，著者不揣浅陋，于1997年向本人所在的浙江省社会科学院申请了“蒋方震研究”的课题，开始了研究工作。

蒋方震先生与湖南人特别有缘。与蒋方震关系最密切的同学和战友是“再造共和”的护国英雄蔡锷（字松坡）；蒋方震最得意并寄予厚望的学生，是一代名将、民国陆军一级上将唐生智（字孟潇）；第一个为蒋方震作传的是著名记者陶孝正（字菊隐）。蔡、唐、陶三公都是湖南人氏。到了新时代，轮到我这个后辈来研究蒋方震先生，为他续写传记，可以说是赓续前辈善缘，深感荣幸，也诚惶诚恐。

本书的写作得到了蒋方震先生外孙钱永刚先生、外孙女周瑾教授、海宁市博物馆吴德健先生等各位师友的帮助与支持，谨在此致以谢意！